Aglaja Przyborski

Gesprächsanalyse und dokumentarische Methode

Aglaja Przyborski

Gesprächsanalyse und dokumentarische Methode

Qualitative Auswertung von Gesprächen, Gruppendiskussionen und anderen Diskursen

SPRINGER FACHMEDIEN WIESBADEN GMBH

SPRINGER FACHMEDIEN WIESBADEN GMBH

Entstanden mit Beginn des Jahres 2004 aus den beiden Häusern

Die breite Basis für sozialwissenschaftliches Publizieren

Bibliografische Information Der Deutschen Bibliothek

detaillierte bibliografische Daten sind im Internet über <http://dnb.ddb.de> abrufbar.

1. Auflage November 2004

Ursprünglich erschienen bei VS Verlag für Sozialwissenschaften/GWV Fachverlage GmbH, Wiesbaden 2004

www.vs-verlag.de

Umschlaggestaltung: KünkelLopka Medienentwicklung, Heidelberg

Gedruckt auf säurefreiem und chlorfrei gebleichtem Papier

ISBN 978-3-531-14413-9 ISBN 978-3-531-90347-7 (eBook)
DOI 10.1007/978-3-531-90347-7

für Stefan

„Das Leben und insbesondere das Leben im konjunktiven Erfahrungsraum
schafft ... die Begriffe nicht zum Zwecke theoretischer Kontemplation,
um bei ihnen auszuruhen,
sondern *um in ihnen und mit ihnen weiterzuleben.*"
(Mannheim 1980, S. 220; Hervorhebung im Original)

Ich danke: Ralf Bohnsack und Peter Vitouch,
Johanna Lalouschek und Thomas Slunecko,
Michael Meuser und Peter Loos
sowie ganz besonders allen, die vor dem Mikrofon miteinander geredet haben.

Inhaltsverzeichnis

Vorwort

Es ist das vordringliche Anliegen der Gesprächsanalyse der dokumentarischen Methode, zu der auch das Gruppendiskussionsverfahren zählt, kollektive Orientierungen herauszuarbeiten, d.h. Orientierungen, durch die Menschen in einer Art und Weise miteinander verbunden sind, die es rechtfertigt, von (der Zugehörigkeit zu) einem Milieu, einer Generation, einem Geschlecht zu reden. Ob die Teilnehmer/innen über derartige gemeinsamen Erfahrungsräume verfügen oder nicht und welcher Art diese Gemeinsamkeiten oder Unterschiede sind, findet seinen formalen Ausdruck in der Art und Weise, *wie* die am Diskurs Beteiligten interaktiv aufeinander Bezug nehmen. Diese formale Art der Bezugnahme haben wir *Diskursorganisation* genannt: In einem Sich-wechselseitig-Steigern-und-Fördern, im diametralen Gegeneinander, in der kommentierenden Ergänzung oder auch in der systematischen Vereinnahmung der anderen finden jeweils andere Formen *fundamentaler Sozialität* ihren Ausdruck, und es zeigt sich, ob den Beteiligten ein Erfahrungsraum gemeinsam ist oder nicht.

Mit der Arbeit von Aglaja Przyborski liegt zum ersten Mal eine empirische Arbeit vor, die diese Metatheorie zum zentralen Gegenstand macht, und damit auch ein erster systematischer Überblick *unterschiedlicher Modi der Diskursorganisation.* Für diejenigen, die mit der dokumentarischen Gesprächsanalyse und dem Gruppendiskussionsverfahren arbeiten wollen, ist dies eine kaum zu überschätzende Wegbereitung und Hilfestellung. Dies gilt gleichermaßen für die hier in Form eines *Begriffsinventars* geleistete präzise Klärung der wichtigsten Begriffe. Auch diese ist bisher nirgends zu finden.

Zum ersten Mal auch ist es mit dieser Arbeit gelungen, in empirischer Analyse nachzuweisen, was bisher eher theoretisch postuliert wurde: Die Teilnehmer/innen eines Gesprächs gehören – auch wenn sie eine Gruppe bilden – nicht lediglich zu einem, sondern zugleich zu unterschiedlichen Erfahrungsräumen (also bspw. zu solchen geschlechts- wie auch generationsspezifischer Art). Entsprechend kann der Erfahrungsraum und somit der Diskursmodus auch innerhalb einer Gruppe bzw. innerhalb einer Diskussion wechseln. Die dokumentarische Gesprächsanalyse gewinnt auf diese Weise systematisch Zugang zur Mehrdimensionalität von Erfahrungsräumen und sozialen Zugehörigkeiten.

Vor genau 15 Jahren ist die erste Veröffentlichung zur dokumentarischen Gesprächsanalyse und zu Formen der Diskursorganisation erschienen. Es freut mich ganz besonders, dass das Erscheinen dieses Buches von Aglaja Przyborski insofern auch zugleich ein kleines Jubiläum darstellt.

Ralf Bohnsack Berlin im August 2004

Einleitung

Der vorliegende Text ist zugleich ein Lehrbuch und eine Studie. Die Einleitung dient dazu Hinweise zum jeweiligen Gebrauch zu geben.

Das *Lehrbuch* erklärt die Praxis der dokumentarischen Gesprächsanalyse und übt systematisch in diese ein. Das methodologische Erkenntnisinteresse der Studie (s.u.) hat es erfordert, die forschungspraktischen, d.h. methodisch-technischen Schritte präzise auszuformulieren. Dadurch liegt u.a. ein Nachschlageteil für die Terminologie der dokumentarischen Gesprächsanalyse vor. Des Weiteren offeriert dieses Buch den Lernenden eine große Anzahl von interpretierten Gesprächstexten, die in drei Aspekten didaktisch aufbereitet sind: Zum Ersten *steigern* sie sich *systematisch* in der *Komplexität* der empirischen Grundlage. Die Möglichkeit das empirische Material nach diesem Gesichtspunkt zu ordnen ergibt sich nur in einem Lehrbuch oder – wie hier – auf der Grundlage eines ganz bestimmten methodischen Interesses. In anderen empirischen Studien kann man sich die Reihenfolge der Komplexität des Materials nicht aussuchen. Zum Zweiten wird in den Interpretationen durchgängig der *Weg zum Interpretationsergebnis* explizit reflektiert. Zum Dritten kann der Nachweis der *Reproduktionsgesetzlichkeit* von einem Interpretationsergebnis, d.h. z.B. von einem kollektiven Orientierungsmuster, in allen Interpretationen *nachvollzogen* werden.

Das erste Kapitel ist für jene wichtig, die beim Erlernen zunächst einen festeren theoretischen Boden brauchen oder die am Aufbau einer empirischen Studie interessiert sind. Im zweiten Kapitel wird die theoretische Grundlage noch einmal ganz knapp aufgegriffen, die Lektüre kann also hier beginnen. Es beschreibt Schritt für Schritt die dokumentarische Interpretation von Texten. Da dieses Kapitel wie ein Nachschlagewerk aufgebaut ist, lässt es sich für die Interpretationspraxis auch gut immer wieder zur Hand nehmen. Die Lektüre des empirischen Teils ermöglicht die dokumentarische Interpretation von Texten zu erlernen und zu üben. Sie ergänzt damit eine Interpretationsgruppe mit einem/einer erfahrenen Interpreten/Interpretin. Dabei empfiehlt es sich aus den oben genannten Gründen beim gegebenen Aufbau zu bleiben.

Die *Studie* stellt sich empirisch einer methodologischen Fragestellung: Gibt es alltägliche Standards der Kommunikation, mit welchen Kollektive einander verständigen, zum Beispiel darüber, ob sie ein Kollektiv – einen konjunktiven Erfahrungsraum, wie es in der Arbeit ausgeführt wird – bilden oder nicht? Diese Standards ermöglichen damit – und das ist das methodologische Problem – einen empirischen Zugang zu elementaren Formen der Sozialität, wie sie sich jenseits des Subjekts bzw. primordial zur (persönlichen) Identität ausbilden. Das Ergebnis sind klar benennbare formale Strukturen, welche den Schlüssel zum Auffinden milieu- oder z.B. generationsspezifischer Gemeinsamkeiten und damit kollektiver Einheiten und ihrer Grenzen bilden. Die Merkmale der alltäglichen Standards der Kommunikation werden auf der Grundlage des empirischen Materials ausgearbeitet. Es wird der Nachweis erbracht, dass diese formalen Strukturen der Kommunikation *nicht* im Zusammenhang mit konkreten milieutypischen Ausprägungen, wie dem Geschlecht, der Entwicklungsphase, dem Sprach- oder Kulturraum, stehen. Ebenso sind sie unabhängig von der konkreten Gruppe, der spezifischen Zusammensetzung der Teilnehmer/innen an einem Gespräch, aber abhängig von den jeweiligen kollektiven Strukturen, der Form der Sozialität, welche die Teilnehmer/innen im jeweiligen Gesprächsabschnitt repräsentieren.

Für die Lektüre der Studie ist das erste Kapitel von zentraler Bedeutung. Hier finden sich die erkenntnislogischen Grundlagen und die Anlage der Studie. Eilige Leser/innen mögen das umfangreiche zweite Kapitel vielleicht nur überfliegen. Das Werkzeug und dessen Gebrauch in der empirischen Arbeit als Gegenstand dieses Kapitels mag vielleicht von nicht allzu zentralem Interesse sein. Die einzelnen Fälle im empirischen Teil falten immer aufs Neue ein kleines Universum auf, welches aber ‚nur' hinsichtlich seiner kommunikativen Gestaltungsmerkmale Verwertung findet. Hier kann man sich von inhaltlichen Präferenzen oder Geschmack an diesen Universen durch den Text tragen lassen. Die Ergebnisse werden jeweils in knapp gehaltenen Zusammenfassungen festgehalten. Ganz ohne empirische Beispiele mögen diese Zusammenfassungen allerdings rätselhaft bleiben, da sie gänzlich ohne Empirie gehalten sind. Die Forschungsperspektiven, welche die Studie abschließen, beinhalten neben Vorschlägen für zukünftige Forschungsbemühungen auch einen Blick auf die Ergebnisse aus der Perspektive anderer Forschungstraditionen.

1 Problemstellung, Gegenstand und epistemologische Reflexion

Das vorangestellte Zitat markiert keine Resignation für die textbasierte, empirische Sozialforschung, sondern u.a. eine Ermutigung, sich der Dynamik des Lebens zu stellen. Als *eine* Lösung schlägt diese Arbeit die Erforschung von Prozessstrukturen der Kommunikation vor. Gerade wenn man die „dynamische Konstitution" (Slunecko 2002) des sozialen Lebens einbezieht, finden sich klare, gut generalisierbare Strukturen – wenn diese auch nicht für alle Zeit zutreffen mögen.

Der Aufriss der Problemstellung, die theoretischen Grundlagen und die Relevanz der Arbeit für rekonstruktive Methoden der empirischen Sozialforschung, die nun folgen, sind eher knapp gehalten. Das Zentrum der Arbeit bildet die empirische Analyse der lebendigen Rede.

1.1 Diskursmodi und semantische Form als Analysegegenstand

Im folgenden Kapitel wird der Gegenstand der Arbeit zunächst eher frei von theoretischen Überlegungen dargestellt, um ihn dann von unterschiedlichen, für die empirische Arbeit relevanten, theoretischen Perspektiven aus kurz zu beleuchten.

1.1.1 Phänomenologische Beschreibung des Untersuchungsgegenstandes

Aus dem Alltag mag das eine oder andere Phänomen, welches Gegenstand der vorliegenden Arbeit ist, vielleicht bekannt sein: Im Gespräch mit Freund/inn/en oder Bekannten erzählt man sich angeregt Begebenheiten, Anekdoten, beschreibt wiederkehrende Szenen aus dem alltäglichen Leben. Diese Darstellungen führen z.B. immer wieder zu Lachen oder zu Empörung. Es ist keine Frage, dass jeder und jede der Beteiligten weiß, worum es geht. In seltenen Fällen bemüht man sich besonders, auf den Begriff zu bringen, worum es nun eigentlich geht, was denn hier amüsant ist, was die unterschiedlichen Geschichten und kleinen Szenen zusammenhält.

In anderen Gesprächen geht es konkurrierend und widersprüchlich zu. Immer wieder wird nachdrücklich das Gegenteil behauptet. Erzählungen und Beschreibungen werden zur Untermauerung dieser gegenteiligen Position herangezogen. Man könnte sich – wäre man in das Gespräch nicht so involviert – sogar denken: „Wenn uns jemand zuhörte, müsste der denken, wir streiten fürchterlich." Schließlich gelingt einem oder einer Gesprächsteilnehmer/in eine Äußerung oder ein Statement und man ist zufrieden – und fühlt sich endlich verstanden. Das Gespräch wendet sich einem anderen Thema zu.

In wieder anderen Gesprächen, hier wohl besonders unter Freundinnen, sprechen alle gemeinsam, immer wieder entsteht ein engagiertes bis hitziges gleichzeitiges Sprechen. Sogar bei Telefongesprächen kann es zu solchen Überschneidungen kommen. Es ist kaum möglich, dass eine die Worte der anderen genau versteht und dennoch: Es entstehen keine Verständnisfragen. Das Gespräch gerät ganz im Gegenteil nach solchen Höhepunkten zumindest zeitweilig wieder in ruhigeres Fahrwasser, in welchem nicht der geringste Zweifel darüber aufkommt, worum es bei diesen Höhepunkten gegangen ist.

In manchen Gesprächen mag man sich mit Beispielen und Argumentationen durchaus bemühen, findet aber trotzdem beim Gegenüber kaum Widerhall. Es wird an bestimmte Themen oder Beispiele angeknüpft, aber eigentlich, bemerkt man schnell, geht es um etwas anderes. Mag man noch so sehr um einen gemeinsamen Abschluss einer Thematik ringen, der Ausstieg aus einem Thema ohne großen Gesichtsverlust gelingt oft nur durch das Bemühen einer allgemeinen Floskel oder einen mehr oder weniger geschickten Abbruch des Themas. Manchmal erhitzen sich die Gemüter in einem derartigen Gespräch so, dass es nur durch ein wütendes Durcheinander oder ein räumliches Auseinanderrücken der Gesprächsteilnehmer/innen abgebrochen werden kann.

(Hoffentlich) weniger aus der eigenen Erfahrung, vielleicht aber vom Zuhören ist Folgendes bekannt: Ganz oberflächlich geben die Gesprächsteilnehmer/innen einander Recht, schließen aneinander an und greifen Sachverhaltsdarstellungen auf, und dennoch: Sie reden aneinander vorbei, kommen auf keinen grünen Zweig. Je länger man zuhört, desto unbefriedigender wird das Gespräch und desto mehr hat man das Gefühl, es ginge darum, dass hier einer/eine oder ein Teil der Gesprächsteilnehmer/innen gewinnt.

Diese fünf unterschiedlichen Gesprächsstile bzw. „Modi der Diskursorganisation", wie ich sie im Anschluss an Bohnsack (u.a. 1989, 1999, 2000a) nenne, die ich im empirischen Teil auf der Basis transkribierter Gespräche detailliert rekonstruiere, habe ich hier zunächst möglichst erfahrungsnah beschrieben. Diese fünf Modi sind der Anfang einer Systematisierung. Es ist nicht anzunehmen, dass mit den fünf in der Arbeit diskutierten Modi alle Möglichkeiten abgedeckt sind. Vielmehr erscheint es sinnvoll, sich in weiteren Forschungsbemühungen auf eine Vervollständigung der Modi zu richten.

1.1.2 Erkenntnisinteresse und Analysematerial – Entstehungszusammenhang

Meine Aufmerksamkeit wurde bei der Mitarbeit in zwei Forschungsprojekten, in denen mit der dokumentarische Methode der Interpretation (s.u.) gearbeitet wurde, auf die Modi der Diskursorganisation gelenkt. Gegenstand der Projekte waren Orientierungen in Gruppen Jugendlicher, insbesondere im Zusammenhang mit der Erfahrung von Ausgrenzung und Kriminalisierung. Im ersten der beiden Projekte beschäftigte sich die Projektgruppe mit Hooligans, Fußballfans, stilistisch unauffälligen Jugendlichen, Musikgruppen und Bands sowie auch politisch engagierten Gruppen. Im zweiten Projekt lag der Schwerpunkt auf Jugendlichen mit Migrationserfahrungen.[1]

Wir als Mitarbeiter und Mitarbeiterinnen der Forschungsprojekte verbrachten in der Phase der Erhebung viel Zeit in Jugendzentren, Parks und Kneipen. Als schwierig stellten sich lediglich zwei Felder dar. Erstens konnte für junge Frauen und Mädchen türkischer Herkunft kaum ein Ort der Begegnung und der Erhebung gefunden werden. Sie bewegten sich nicht im halböffentlichen Raum und im öffentlichen Raum nur für eng umgrenzte Tätigkeiten, wie das Einkaufen. Von daher ist gerade dieses Material besonders wertvoll (vgl. Kap. 3.1.1.1 und 3.1.3.1).

Zweitens waren die jungen Männer, die bereits Kriminalisierungserfahrung hatten, zwar leicht zu finden. Sie begegneten uns auch freundlich, wir wurden aber einem ständigen Test der Vertrauenswürdigkeit unterzogen. Je mehr Erfahrungen mit Instanzen der Kriminalisierung junge Männer türkischer Herkunft hatten, desto unwahrscheinlicher war es, sie vor ein Mikrofon zu bekommen. Eine Aussage eines jungen Mannes umreißt das Problem in seinem Kern: „Einer von uns war mal zehn Jahre mit einer Deutschen verheiratet. Alles war gut und alle hatten sie gern, dennoch stellte sich nach zehn Jahren heraus, dass sie von der Polizei war." Das heißt, so sympathisch wir ihnen auch sein mochten und wie lange wir es auch versuchen würden, sie würden uns nie trauen können. Unsere Bemühungen waren dennoch nicht umsonst, denn die Nähe zu diesen Gruppen verschaffte uns Vertrauen und Anerkennung bei anderen Gruppen türkischer und arabischer Herkunft aus dem Umfeld dieser Gruppen, die ebenfalls – wenn auch weniger – Erfahrungen mit

1 Beide Projekte wurden von der Deutschen Forschungsgemeinschaft gefördert und hatten den Titel „Entwicklungs- und milieutypische Kriminalisierungs- und Ausgrenzungserfahrungen in Gruppen Jugendlicher". Sie wurden von Ralf Bohnsack geleitet (zu den Ergebnissen vgl. u.a. Bohnsack et al. 1995, Schäffer 1996, Wild 1996, Nohl 1996 und 2001a, Bohnsack/Loos/Przyborski 2001).

Gewalt und Kriminalisierung hatten. Teile dieses Materials finden sich in den Kapiteln 3.1.2.2 und 3.2.1.1.

In diesen beiden Projekten wurde neben den Methoden der teilnehmenden Beobachtung und des biographischen Interviews auch mit der Methode des Gruppendiskussionsverfahrens gearbeitet (vgl. u.a. Bohnsack 2000a, Loos/Schäffer 2001 und Bohnsack/Schäffer 2001 sowie Kap. 1.3). Für die Auswertung kam die dokumentarische Methode der Interpretation zu Anwendung. Das Gruppendiskussionsverfahren diente der Rekonstruktion von „kollektiven Orientierungen“ und „kollektiven Habitus“ (vgl. Bohnsack et al. 1995, S. 436).

Neben Material aus den beiden genannten Forschungsprojekten findet sich in der vorliegenden Arbeit auch Material aus anderen Projekten, in welchen mit dem Gruppendiskussionsverfahren gearbeitet wurde, zudem fanden auch authentische Gespräche, also Gespräche, die ohne den Einfluss eines Interviewers/einer Interviewerin stattfanden, Eingang in die Arbeit.[2]

Bei der Interpretation der mittels Gruppendiskussionen gewonnenen Gesprächstranskripte kamen systematisierte Analyseschritte zur Anwendung (vgl. Kap. 2), die einen interpretativen Zugang zu kollektiven Orientierungen und Habitus ermöglichten. Die Art und Weise der wechselseitigen Bezugnahme aufeinander, d.h. der jeweilige Modus der Diskursorganisation, stellte sich als Schlüssel zu der in den Texten aufgespeicherten Kollektivität dar. Das ‚Wie‘ der Darstellung der verschiedenen Themen, die formale Struktur der Performanz, waren Wegweiser und Grundlage für die kollektiven Sinnstrukturen. Diese Wegweiser wurden mir als Psychologin bei der Auswertung, der Interpretation der Daten, sehr wichtig, da ich doch anfänglich eher auf die ‚Einzelseele‘ gerichtet war.

In meiner Auseinandersetzung mit dem methodisch-(interpretations-) technischen Zugriff auf die Art der wechselseitigen Bezugnahme erschloss sich mir eine zunehmende Verfeinerung der Ausarbeitung dieses Zugriffs, dieses Elements dokumentarischer Interpretation. Die forschungspraktische Darstellung des methodisch-technischen Zugriffs auf die kollektive Ebene des Diskurses hielt dabei kaum mit. Das mag damit im Zusammenhang stehen, dass mit zunehmender Etablierung der Methode methodische Bemerkungen in den Publikationen empirischer Ergebnisse zu bestimmten Gegenständen nicht mehr in diesem Ausmaß notwendig waren. Es finden sich beispielsweise in Bohnsack (1989) detaillierte Diskursbeschreibungen und zahlreiche Hinweise, auf welche Weise sich Kollektivität im Diskurs dokumentiert. In wissenschaftlichen Qualifikationsarbeiten aus dieser Zeit finden sich ebenfalls detaillierte Diskursbeschreibungen sowie auch zahlreiche vollständige Interpretationen von Passagen, in welchen die Formalstruktur der

2 Der Zusammenhang, aus welchem das jeweilige Material stammt, ist jeweils an der entsprechenden Stelle vermerkt.

Diskurse ausgearbeitet wurde. (vgl. u.a. Behnke 1990) In späteren Arbeiten erhalten der formale Aufweis und die Dokumentation, dass es sich bei Ergebnissen aus Gruppendiskussionen um gemeinsame, kollektive Orientierungen und Habitus handelt, immer weniger Gewicht. (vgl. u.a. Breitenbach 2000, Nohl 1996 und 2001a, Nentwig-Gesemann 1999) Dagegen wurde die methodisch-methodologische Ausarbeitung des Verfahrens auf abstrakterer Ebene, bspw. auf der Ebene der Typenbildung, auch seitens der Publikationen stark vorangetrieben.

Letztlich ist diese Entwicklung zu begrüßen, denn Studien, bei welchen das Dickicht methodologischer Erörterungen den Blick auf die Ergebnisse verstellt, sind anstrengend zu lesen. Diese Entwicklung bedeutet also eine teilweise Entflechtung der Darstellung gegenstandsbezogener Theorieentwicklung auf der Grundlage rekonstruktiver Methoden und der Rekonstruktion der formalen Strukturen, die für die Gültigkeit (vgl. Kap. 1.3 und 1.5) und die (Weiter-)Entwicklung rekonstruktiver Methoden von Bedeutung sind. In der Forschungspraxis, bei der konkreten Arbeit am empirischen Material, bleiben diese Elemente miteinander verbunden.[3] Die Rekonstruktion der formalen Strukturen kollektiver Verständigungsprozesse ist Erkenntnisinteresse und Gegenstand der vorliegenden Arbeit. Die empirische Basis für dieses methodologische Interesse sind Gespräche, u.a. Gruppendiskussionen. Damit bringt diese Arbeit die methodologische Auseinandersetzung mit der dokumentarischen Interpretation von Gesprächen auch auf der Ebene der Darstellung (wieder) nah an die empirische Praxis heran.

1.1.3 Soziolinguistische Perspektiven auf das Analysematerial

Die wissenschaftliche Auseinandersetzung mit der Analyse und Interpretation von gesprochenen und transkribierten Texten[4] bzw. Gesprächen bewegt sich zwischen den Polen *Form* und *Bedeutung*. Wenn die formalen Gesichtspunkte von Gesprächen im Vordergrund des Interesses stehen, wird das Gespräch meist als Entität, als Sinneinheit mit eigenen Strukturen aufgefasst. Diese Strukturen werden quasi durch die einzelnen Individuen hindurch, mithin in dieser Perspektive *kollektiv* verwirklicht. Wenn die Bedeutung, die Semantik im Vordergrund steht, ist meist die Intention der *individuellen* Sprecher/innen Bezugs- und Angelpunkt.

3 Denn für die rekonstruktiven Methoden ist es geradezu kennzeichnend, dass die „Explikation der Standards erst nach erfolgreich etablierter Forschungspraxis" (Bohnsack, erscheint) erfolgt, in welcher sie entwickelt werden.

4 Wesentlichen Einfluss übten hier Hymes z.B. 1974, Gumperz z.B. 1982a und b, Labov z.B. 1980 und Sacks z.B. 1995, aber auch Goffman z.B. 1972 und 1981 aus.

Die Konversationsanalyse (u.a. Sacks/Schegloff/Jefferson 1987, Sacks 1995, Streeck 1983) beispielsweise betrachtet das Gespräch als ein sich selbst steuerndes System. Es lassen sich Regeln erforschen, die dieses System hervorbringen und in Gang halten und die sich auf nichts anderes beziehen als auf das Gespräch selbst. Es lässt sich auch sagen, dass die Konversationsanalyse das Gespräch als „autopoietisches System“ betrachtet. (vgl. auch Bohnsack 2003a, S. 121) „Die Konversationsanalyse rekonstruiert Phänomene sprachlicher Kommunikation nicht in Begriffen des individuellen Handelns, (...); sie subsumiert vorfindliche Empirie nicht unter empirieunabhängig gewonnenen theoretischen Kategorien, sondern versucht, die Kategorien der Analyse aus der Analyse selbst herzuleiten; und schließlich verzichtet sie nicht zugunsten einer Explikation von gemeintem Sinn auf eine Erklärung der Form, sondern lässt sich [sic] vielmehr gerade die Frage der Gestaltung der Form sprachlicher Äußerungen durch interaktive Ordnungsprozesse angelegt sein.“ (Streeck 1983, S. 73) Die Form steht mithin im Vordergrund. Es finden sich auch Arbeiten zu einem analytischen, interpretativen Zugang zur Semantik (z.B. Sacks 1995, S. 533ff.), aber nicht zum kollektiven interaktiven Umgang mit Sinn bzw. Bedeutung.

Goffman z.B. übertrifft die Konversationsanalyse hinsichtlich ihres systemischen und damit kollektiven Charakters fast (vgl. 1981 S. 5ff.), wenn es um formale Aspekte des Gesprächs und um die Organisation der Interaktion geht. Dennoch verankert er seine Analysen, wenn es um die Semantik geht, im Individuum. In seiner „Rahmenanalyse des Gesprächs“ (1974a, S. 501) schreibt er: “(A) central function of talk is to provide the talker with some means of taking up a self-saving-alignment.” Das heißt, hier wird das Gespräch in seiner Funktion für die Selbstpräsentation der beteiligten Individuen gesehen. Der kollektive Charakter entschwindet.

Der Sprachwissenschaftler Schwitalla bspw. argumentiert mit der Intention der einzelnen Sprecher/innen, wenn es um die semantische Dimension geht – obwohl er „kollektives Sprechen“ (1992, S. 83) untersucht. Bei Schwitalla geht dies konform mit seiner theoretischen Position. Nach eindrucksvollen Analysen, wie z.B. „die ganze Gruppe den Sprechakt“ übernimmt (1992, S. 87), kommt er zu dem Schluss: Es besteht kein Anlass „an der Kategorie ‚Subjekt‘ im Sinne eines individuellen Zentrums von kommunikativen Akten zu zweifeln“ (a.a.O., S. 95).

Im Unterschied zu den bisher dargelegten Ansätzen wird in der vorliegenden Arbeit argumentiert, dass der Überwindung der Reduktion auf das Individuum in formaler Hinsicht auch in semantisch-inhaltlicher Hinsicht eine Überwindung der Reduktion auf individuelle Redebeiträge und den individuellen Intentionen und Motiven der Diskursteilnehmer/innen entsprechen muss.

Das Konzept der Kontextualisierungshinweise („contextualization cues“), wie es von Gumperz (1992 und 1994) sowie Auer (1986 und 1999) ausgearbeitet wurde, bietet in diesem Zusammenhang große Anschlussmöglichkeiten. (vgl. Bohnsack/Loos/Przyborski 2001 und Bohnsack 2003a, S. 122f.) Als relationales und dynamisches Element diskursiver Praxis verleihen Kontextualisierungshinweise u.a. der Zugehörigkeit zu bestimmten Gruppen Ausdruck und geben jeder einzelnen Äußerung ihre spezifische kontextuelle Bedeutung. Je größer die Gemeinsamkeit und Nähe in einer Gruppe, desto stärker wird die Bedeutung von diesen relationalen Markierern getragen, wie Rhythmus, dialektale Färbungen, Geschwindigkeitswechsel und dergleichen, und desto eher kommt es auch zu einem gemeinsamen Rhythmus (vgl. Gumperz/Cook-Gumperz 1981, S. 433f.). Umgekehrt kommt es, je weiter die Sprecher/innen einer Sprache soziokulturell voneinander entfernt sind, auf der Ebene der Kontextualisierung zu Missverständnissen.[5]

Die Form (der Performanz) *und* die damit verbundene Bedeutungskonstitution sind mithin in diesem Ansatz kollektiv gefasst, dennoch bezieht sich Gumperz sowohl in seinen Analysen als auch in seinen metatheoretischen Ausführungen immer wieder auf den „intent" (bspw. 1982a, S. 207), also die individuelle Intention, was letztlich in Widerspruch zu seinem grundsätzlichen Anliegen steht, herauszuarbeiten, wie soziokulturelles Wissen die sprachliche Praxis formt. (vgl. Gumperz 1992, S. 41)

Bei der Untersuchung von Gesprächs*stilen*, z.B. der Unterscheidung eines kooperativen von einem belehrenden oder konkurrierenden Stil, müssen Form und Bedeutung zusammen betrachtet werden. Hier reicht es nicht, nur nach dem Inhalt einer Äußerung zu schauen, man muss auch fragen, wie dieser Inhalt in eine Ausdrucksform gebracht wird, wie er gestaltet ist; umgekehrt reicht auch die Betrachtung der Form einer Äußerung nicht aus. Kollektivität erscheint in Analysen mit diesem Gegenstand oft unter einem Etikett. In den Analysen von Coates z.B. geht es hier um das Geschlecht, um unterschiedliche Gesprächsstile in männlichen und weiblichen sowie auch gemischtgeschlechtlichen Gruppen (vgl. 1996 und 2003). Sowohl Unterschiede als auch Gemeinsamkeiten von Stilelementen in weiblichen und männlichen sowie in gemischtgeschlechtlichen Gruppen werden immer wieder auf *eine* kollektive Dimension, auf das Geschlecht reduziert. An konkreten Analysebeispielen, Reinterpretationen aus dem Korpus von Coates, wird diese Reduktion ebenso wie die Ähnlichkeit des Analysezuganges von Coates und der dokumentarischen Interpretation gezeigt. (vgl. Kap. 3.1.1.5 und 3.1.3.2)

In ihrem programmatischen Aufsatz „Sprache und Geschlecht" fordert Günthner (1996, S. 243), sich erstens dem „WIE" der „Unterbrechungsversuche bzw. Redeeinsätze" und ihrer Einbettung in den „sequentiellen Kontext" zuzuwenden und zweitens Geschlecht als eine Dimension aufzufassen, welche durch andere

5 Eindrucksvolle Beispiele dazu finden sich in Gumperz und Cook-Gumperz 1981, S. 434ff. und Gumperz 1982b.

mitstrukturiert ist: „Sprache und Geschlecht" werden von Günthner „als Teil einer größeren Fragestellung" aufgefasst, „nämlich nach dem Zusammenhang von Sprache und sozialer Bedeutung (...), wobei das ‚Geschlecht' eine dieser Bedeutungen ist und nicht immer die relevante" (Günthner 1996., S. 257). Beide Forderungen stellen zentrale Anliegen der empirischen Analysen in der vorliegenden Arbeit dar. Die theoretischen Grundlagen dafür werden im folgenden Kapitel erläutert.

1.2 Sinnebenen, Sozialität und Diskurs in der dokumentarischen Methode

In der Weiterentwicklung der dokumentarischen Methode Karl Mannheims (u.a. 1980 und 1964) durch Ralf Bohnsack (u.a. 1989, 2001a, 2003a) liegt ein Modell von Kollektivität für die Analyse von Gesprächen vor, welches einen mehrdimensionalen Zugang zu Kollektivität erlaubt und zugleich die Semantik stark in den Blick nimmt: die dokumentarische Methode der Interpretation.

Die dokumentarische Methode wurde bereits an vielen Stellen umfassend dargestellt (vgl. u.a. Bohnsack 1983, S. 9ff., 1992, 2001a und 2003a, Loos/Schäffer 2001, S. 36ff., Schäffer 1996, S. 253ff. und 2003, S. 77ff.). Zentral für die Methode und die vorliegende Arbeit ist die Unterscheidung zwischen zwei Sinnebenen, der *immanenten* und der *dokumentarischen* [6]:

Als immanent sind Sinngehalte zu verstehen, die sich auf ihre Richtigkeit – unabhängig von ihrem Entstehungszusammenhang – überprüfen lassen. Ein philosophisches System kann man z.B. aus einem anderen philosophischen System heraus verstehen und aus dieser Perspektive seine Richtigkeit, seine Gültigkeit beleuchten, es überprüfen. Auch wenn man ein philosophisches System aus sich selbst heraus überprüft, seine innere Widersprüchlichkeit oder Widerspruchsfreiheit herausarbeitet, versteht man es immanent. Einen Sonderfall stellt in diesem Zusammenhang der subjektiv gemeinte Sinn dar. Denn hier wird es fraglich, wer oder was die Instanz der Bewertung sein kann. (vgl. Przyborski 1994, S. 253ff.) Denn oft ist einem/r selber nicht so ganz klar, was man mit der einen oder anderen Aktion eigentlich will. Andere können ihn, mit Schütz (1974) und vor allem Garfinkel (1981) gedacht, letztlich nur unterstellen.

Der dokumentarische Sinngehalt ist jener, der den Entstehungszusammenhang bzw. das, was sich davon manifestiert hat, in den Blick nimmt. Das wäre zum Beispiel

6 zu den folgenden Ausführungen vgl. Mannheim 1980, S. 85–93

7 Wissenschaftstheoretisch interessant ist, dass derartige genetische oder dokumentarische Interpretationen wissenschaftlicher Erkenntnisse immer dazu angetan waren, ihre Mangelhaftigkeit zu entlarven, ihre Kontamination zu zeigen, selten jedoch um auf ihre erkenntnisgenerierende Kraft aufmerksam zu machen (vgl. zu dieser Kritik Knorr-Cetina 1988).

die Frage der Genese eines philosophischen Systems aus ‚seiner' Zeit ‚heraus'. Auch die Beschäftigung mit der Frage, unter welchen biographischen Bedingungen des Künstlers und seiner Zeit ein Werk entstanden ist, hebt auf den Dokumentsinn ab.[7]

Mannheim (1980, S. 78) arbeitet heraus, „dass es bei einem *jeden* objektiv verstehbaren Gebilde eine Möglichkeit gibt, dieses als Funktionalität eines Erlebniszusammenhanges zu sehen"[8] (Hervorhebung A.P.). Das heißt, jedes Kulturprodukt, sei es geistiger oder gegenständlicher bzw. bildhafter Beschaffenheit, kann eben nicht nur allgemein verstanden werden, sondern auch im Hinblick auf den „Erlebniszusammenhang", aus welchem es entstanden ist, als dessen Resultat es vorliegt.

Das eröffnet zunächst zwei Fragen: Wie kann man sich den Erlebniszusammenhang vorstellen? Und wie haftet er den verstehbaren Gebilden, den Kulturprodukten an, wie ist er darin gespeichert?

Für die Beantwortung dieser Fragen ist bei Mannheim und der dokumentarischen Methode der *konjunktive Erfahrungsraum* (u.a. Mannheim 1980, S. 216) zentral: 1. Er fasst das menschliche Miteinandersein, das sich im Medium des Selbstverständlichen in der gelebten Praxis fraglos vollzieht. 2. Das Wissen, das in dieser Praxis angeeignet wird und das diese Praxis zugleich orientiert, ist ein präreflexives, in Mannheims Begrifflichkeit „atheoretisches Wissen" (Mannheim 1964, S. 100). Es ist vergleichbar mit dem „tacit knowledge" bei Polanyi (1966).[9] Eine Geste erhält im atheoretischen,

8 Dieser Ansatz, den wir nun gleich auf die Sprache als „verstehbares Gebilde" anwenden wollen, eröffnet auch fruchtbare Möglichkeiten zur wissenschaftlichen Erfassung anderer „verstehbarer Gebilde" wie Bilder und Filme (vgl. Bohnsack 2001d und 2003a, Schäffer 2001) oder gegenständlicher Dinge (vgl. Städtler 1998, Schäffer 2003).

9 Die „Kontagion" als die elementarste Form des Erkennens sowohl von gegenständlichen Dingen als auch von anderen Menschen bei Mannheim erscheint hier zentral und müsste, um präzise zu bleiben, eigentlich an dieser Stelle ausgearbeitet werden. Hier liegt m.E. die Basis für die Primordialität der Kollektivität, wie sie uns gleich mit dem konjunktiven Erfahrungsraum begegnet. Dennoch scheint sie an dieser Stelle zunächst zu weit von unserem Gegenstand der Sprache wegzuführen. (vgl. Polany 1966, S. 205ff.) Mit Kontagion ist eine „Aufnahme des Gegenübers in das Bewusstsein" angesprochen, (a.a.O., S. 206), gegenständliches ebenso wie menschliches Gegenüber. (vgl. auch Schäffer 2003, S. 77f)

> „Unsere Erkenntnis" eines anderen Menschen spielt sich mithin „nicht im leeren Raume des Geschehens überhaupt" ab, „sondern (...) unsere erste der Kontagion folgende Erfahrung" ist „stets fundiert (...) durch jene spezifische existentielle Beziehung zum Gegenüber, die sofort aufleuchtet und sich neu konstituiert, sobald wir uns auf ihn (...) einstellen, sei es daß wir ihm wieder begegnen, sei es daß wir seiner und seinem Fernsein in Form von Sehnsucht und Erinnerung gedenken" (Mannheim 1980, S. 210).

Im Ausblick formuliere ich die Möglichkeit, die Ergebnisse der vorliegenden Arbeit aus der Perspektive der Kontagion in Zusammenhang mit Erkenntnissen der Säuglingsforschung zu stellen. (vgl. Kap. 5.2.6)

im praktischen Vollzug ihre Bedeutung in der Reaktion auf sie, eine Handlung erhält als solche durch die Reaktion auf sie Bedeutung. Dabei ist der Handlungsvollzug immer schon als ein gemeinsamer gedacht. Womit auch der bei Mead nicht weiter ausgearbeitete Gedanke anklingt, dass „der gesellschaftliche Prozeß zeitlich und logisch vor dem bewußten Individuum besteht, das sich in ihm entwickelt" (Mead 1968, S. 230, vgl. auch Bohnsack 2001a).

Als Beispiel sowohl für die Art des Wissens bzw. der Vorstellungen, die angesprochen wurden, als auch für die Art der Kollektivität eignet sich folgende Textstelle von Mannheim:

> „Ein jeder Kult, eine jede Zeremonie, ein jeder Dialog [wie auch jedes noch so alltägliche Ritual z.B. in einer Familie, A.P.] ist ein Sinnzusammenhang, eine Totalität in der der einzelne seine Funktion und Rolle hat, das ganze aber etwas ist, das in seiner Aktualisierbarkeit auf eine Mehrzahl der Individuen angewiesen ist und in diesem Sinne über die Einzelpsyche hinausragt. Ein Individuum kann sich die ganze Zeremonie zwar denken [muss es aber nicht als Teil von ihr, denn A.P.] (...) als Kollektivvorstellung ist diese ja zunächst nicht etwas zu Denkendes, sondern ein durch verschiedenen Individuen in ihrem Zusammenspiel zu Vollziehendes." Mannheim (1980, S. 232)

Der praktische Vollzug gewinnt durch seine Exemplifizierungen als Zeremonie, Kult oder Ritual, wie ich in Anlehnung an Mannheim (1980, S. 229) selbst hinzugefügt habe, Plastizität. Die Handlungsvollzüge sind durch eine gewisse Regelhaftigkeit gekennzeichnet. Ihre Gesamtgestalt muss als solche aber nicht von jedem/r Einzelnen umfassend gewusst werden. Sie verteilt sich auf mehrere Individuen und gelingt durch ihr Zusammenspiel. Das notwendige Wissen um dazu zu gehören ist in die Handlungspraxis eingelassen, besteht mithin im Mitmachen-Können und muss nicht reflexiv verfügbar sein. In diesem Sinne ist das atheoretische Wissen auch und ganz wesentlich ein ver-körpertes Wissen, das durch „körperlich-habituellen, szenisch-mimetischen Nachvollzug" (Wulf et al. 2001, S. 342) angeeignet wird. Durch diese Verkörperung (von Prozessen) gewinnt auch der „Körper" selbst Bedeutung als „Gedächtnis des Sozialen" (a.a.O., S. 343). Konjunktives Wissen durchdringt uns also geistig-seelisch-körperlich als Individuen, ragt ebenso über uns als Einzelne hinaus und ist letztlich erst im Miteinander oder im gedachten Miteinander vollständig.[10]

In diesem Zitat geht es darum, den Charakter der Kollektivität und des atheoretischen Wissens, wie sie für den konjunktiven Erfahrungsraum kennzeichnend sind, be-greif-barer, nachvollziehbarer zu machen und damit auch die Frage danach, was ein Erlebniszusammenhang sein kann, welcher als Resultat

10 Robinson Crusoe in Daniel Defoes gleichnamigem Roman verwirklicht auf der einsamen Insel allein den Habitus der englischen Aristokratie seiner Zeit. Die Handlungsvollzüge muten in der Einsamkeit der Insel eigentümlich an. Diese Eigentümlichkeit verschwindet, wenn man ein Gegenüber mitdenkt, bzw. in dem Moment, in dem es in Form von Freitag auftaucht – immerhin soll er ja was lernen.

in einem Kulturgebilde gespeichert ist. Die zweite Frage, die beantwortet werden sollte, war die Art der „Speicherung". Die Art des Wissens ist atheoretisch, und seine Verkörperung und damit der Habitus[11] gewinnen als Gedächtnis des Sozialen Bedeutung.

Die Art und Weise, wie eine Praxis vollzogen wird, schreibt sich in die Körperlichkeit ebenso wie in andere praktische Vollzüge, z.B. in die diskursive Praxis (s.u.), ein und gibt diesen eine typische Gestalt. Das heißt, ebenso wie es für das Erlernen eines Handlungsvollzuges oft weniger wichtig ist, zu wissen, was man macht, als zu beherrschen, wie man es macht, ist der Handlungsvollzug auch in der Gestalt, in dem, wie sich jemand bewegt, hält, schaut, spricht, enthalten.

Ausgangspunkt unserer Überlegungen war, dass in allen sinnhaften Gebilden bzw. „Kulturgebilden" oder „geistigen Objektivationen", wie es bei Mannheim heißt (1980, u.a. S. 93 und 87), eine Sinnebene abhebbar ist, die sich als Resultat eines Erlebniszusammenhangs ergibt. Dieser Erlebniszusammenhang hat sich als kollektiver herausgestellt, der sich zunächst als praktisch zu vollziehender bisher noch (fast) ohne Sprache denken ließ. Als Form der Speicherung bzw. des möglichen Zugangs zu dieser Ebene des Sinns konnten wir die Gestalt, die Gestaltung, das ‚Wie' herausarbeiten. Aus einem gemeinsamen praktischen Vollzug ergeben sich konjunktive, für die an dem Erlebnisvollzug Beteiligten selbstverständliche, gemeinsame, Bedeutungen, die sich zunächst nicht aus ihrer Beziehung zu dem jeweiligen praktischen Vollzug lösen lassen.

An etwa dieser Stelle kommt bei Mannheim (1980, S. 217ff.) Sprache ins Spiel. Dabei geht es Mannheim nun ganz zentral darum, dass sich Sprache *nicht* vollständig aus der konjunktiven Erfahrungsgemeinschaft herauslösen lässt, wie das im wissenschaftlichen Ideal der Begriffsbildung gefordert ist. Wissenschaftliche Begriffsbildung als kontextfreie stellt wohl den reinsten Idealtyp in dieser Hinsicht dar und dürfte bei den Leser/inne/n dieser Arbeit wohl bekannt und in ihrem konjunktiven Erfahrungsraum, dem akademischen, auch gut nachvollziehbar sein. Mannheim (1980, S. 217) nennt die Bildung von überzeitlichen, in ihrer Bedeutung ein für allemal definierten Begriffen, die auch in ihrer Relation zu allen anderen Begriffen ein für allemal definiert sind, ein „utopisches Ideal der Begriffsbildung". Und dennoch dient die Sprache dem Bannen einer Bedeutung, und sei es nur in der ganz mit der Handlungspraxis verbundenen Weise, wie man sie mit dem Geben und der Verwendung eines Namens vollzieht.[12]

Die Sprache, der Diskurs, ist mithin eines jener sinnhaften Gebilde, welchen ein immanenter, in diesem Fall ein wörtlicher, lexikalischer Sinn innewohnt und ein

11 zur Diskussion des Habitusbegriffes bei Mannheim und Bourdieu vgl. Meuser 2001

12 Mannheim spielt sehr genau die Möglichkeiten der konjunktiven Abstraktion sprachlicher Bedeutung durch, immer bleiben sie an das Perspektivische der in der Bedeutung gespeicherten Erfahrung

dokumentarischer Sinn, den wir nun auch als konjunktiven Sinn beschreiben können. Nachdem das Hauptgewicht der Arbeit auf der empirischen Analyse (des praktischen Vollzuges) von Sprache liegt, werden wir am Beispiel Sprache die beiden Sinnebenen noch einmal beleuchten. Mannheim stellt dem Beispiel der wissenschaftlichen Sprache politische „Revolutionsreden" gegenüber, die während ihres praktischen Vollzuges die Gemüter erregten und „gedruckt gelesen (...) oft als nichtssagend und unbedeutend" (Mannheim 1980, S. 219) erscheinen. Dies rührt daher, dass wir beim Lesen die Rede nicht mehr wirklich verstehen, eher auf die allgemeine Bedeutung der Worte konzentriert sind, und nicht in die konjunktive Erfahrungsgemeinschaft eintauchen können, die zum Zeitpunkt der Versammlung lebendig war. „Hieraus ist bereits ersichtlich, was durch ein ausschließliches Eingestelltsein auf den anderen Typus der Wortbedeutungen zumeist übersehen werden mußte: daß sie nicht nach der Analogie der streng definierten Begriffe im Sinnbilde einer einmalig abhebbaren Begriffsebene erfaßbar sind, deren letzter Sinn sich nur erschließt, wenn man die Wortbedeutung und die ganze Rede rückverankert in jenen existentiellen Bezug, aus dem und für den sie entsprungen ist." (Mannheim 1980, S. 219)[13]

Bohnsack (2001a, S. 330) verdeutlicht den Unterschied der beiden Sinnebenen am Beispiel des Begriffes „Familie": So ist uns allen „der Begriff ‚Familie' als ‚Allgemeinbegriff' (...) zugänglich (...). Dieser vermag auf der Grundlage von Rollenerwartungen und (...) rechtlichen Definitionen oder auch religiösen Traditionen eine Verallgemeinerbarkeit als Institution über milieuspezifische und kulturelle Grenzen hinweg zu entfalten. Eine darüber hinaus gehende z.T. völlig andere Bedeutung erhält der Begriff ‚Familie' für diejenigen, die Gemeinsamkeiten einer konkreten familialen Alltagspraxis miteinander teilen."

Auch in Gesprächen mit Personen, mit welchen man gemeinsame Erfahrungen hat, funktioniert die Verständigung anderes als in Gesprächen mit Personen, die nicht über diese Erfahrungen verfügen, besonders dann, wenn es auch um diese Erfahrungen geht. Der Austausch wird knapper und zugleich frageloser. Ein Außenstehender versteht wenig – umso präziser ist das Verständnis derer, die über den gleichen Erfahrungshintergrund verfügen. Es ist ein „Einander-Verstehen im

gebunden. Man findet bei ihm wenig, wie es zu der Idee des „Allgemeinbegriffs" kommt, der „trachtet alles auszumerzen, das an diese Perspektive gemahnt" (Mannheim 1980, S. 226). Erhellend sind in diesem Zusammenhang die Ausführungen von Slunecko (2002, S. 193ff.) zur Entwicklung von Schriftsystemen, des Vokalalphabets und des Buchdrucks. Kontextbedingte Gestaltungselemente entfallen zunehmend, Schrift und Buch ermöglichen die Abstraktion von Produzent/inn/en und ihrer Perspektive. Eine „Wissenschaft" nimmt ihren Aufschwung, die den „Wahrheitswert abstrakter Aussagen" bestimmt und „so wie Popper das vorschlägt, (...) [eine] ganze Methodologie an der Frage" aufhängt, „ob Hypothesen (d.h. abstrakte Sätze [...]) den Kontakt mit der empirischen Welt überleben oder dabei untergehen" (Slunecko 2002, S. 200) ... und „befriedigt schiebt sich begriffliche Ordnung vor das, was Denken begreifen will" (Adorno 1966, S. 17).

13 siehe dazu auch Kleist (o.J.) „Über die allmähliche Verfertigung der Gedanken beim Reden"

Medium des Selbstverständlichen", wie wir mit Gurwitsch (1976) sagen können. Dieser Unterschied ist also nicht rein quantitativer Natur, in dem Sinne, dass man vielleicht weniger erklären muss. Es handelt sich um einen qualitativen Unterschied. Die Allgemeinbedeutung tritt hinter die konjunktive Bedeutung zurück. Man *erklärt* einander nicht mehr, sondern *versteht* einander.

Es lassen sich also nicht nur an der Sprache als kulturellem Produkt die beiden Sinnebenen immanenter Sinngehalt und dokumentarischer, konjunktiver Sinngehalt ablösen, bei der je konkreten Verständigung selbst lassen sich auch eine (eher) konjunktive und eine (eher) kommunikative voneinander unterscheiden. Diese beiden Arten von Verständigung unterscheiden sich ganz grundlegend dadurch, wie miteinander geredet wird. Durch die Gestaltung der Sprache, wie wir etwas ansprechen, mit welcher Intonation, welchem Rhythmus usw., betten wir es in den jeweiligen Kontext ein. *Je konjunktiver* die Verständigung ist, desto stärker werden Bedeutungen durch die Gestaltungsebenen mitgetragen, desto feiner funktioniert auch diese Ebene. *Je kommunikativer* die Verständigung ist, desto stärker liegt das Gewicht der Bedeutung auf den einzelnen Worten und weniger auf der Ebene der Gestaltung.

Die dokumentarische Interpretation stellt die begrifflich-theoretische Explikation jener Bedeutungsgehalte dar, die bei der konjunktiven Verständigung unmittelbar verstanden werden – auf der Grundlage von je milieuspezifischen kollektiven bzw. konjunktiven Erfahrungen. Es ist die Explikation jener Orientierungen, durch die die Praxis der jeweiligen konjunktiven Erfahrungsräume gestaltet ist, wie z.B. der Habitus der männlichen Ehre. Jugendliche der zweiten und auch der dritten türkischen Migrationsgeneration entkommen nicht einer (zumindest handlungspraktischen) Auseinandersetzung mit den Handlungsorientierungen, die dem Habitus der männlichen Ehre entspringen (vgl. Bohnsack/Loos/Przyborski 2001, Schiffauer 1983 und 1987 sowie Kap. 3.1.1.1, 3.1.2.1 und 3.1.3.1).

Die Rekonstruktion der Gestaltung des ‚Wie' diskursiver Praxis ist ein Zugang zum konjunktiven, zum dokumentarischen Sinngehalt seitens eines/r dem jeweiligen Erfahrungsraum fremden Interpreten/in. Dabei wird der ‚ver-körperte' Anteil des Diskurses in den Blick genommen. Zum einen: alles, was an erlebter Interaktions- bzw. Handlungspraxis, Körperlichkeit, Bildhaftigkeit in den Diskurs einfließt, in ihm zum Ausdruck gebracht wird, also seine *Metaphorik*. Zentrale Textsorten sind dabei Erzählungen und Beschreibungen. Zum anderen: die Art und Weise der Hervorbringung, alle gestalterischen Elemente des Diskurses, wie z.B. und ganz wesentlich die wechselseitige Bezugnahme aufeinander, also die *Performativität* des Diskurses. Dazu zählen u.a. die Kontextualisierungshinweise (s.o.). Hier eröffnet sich ein empirischer Weg zum „Gedächtnis des Sozialen" (Wulf et al. 2001, S. 343) im Diskurs, dem sich der empirische Teil dieser Arbeit widmet.

Zur Hilfe kommen der/dem Interpretin/en (möglichst lautgetreuer Transkripte) noch weitere Eigenschaften konjunktiver Erfahrungsräume und ihrer Habitualisierung: Die Regelhaftigkeit praktischer Vollzüge, die angesprochen wurde, entsteht und wird zugleich aufrechterhalten durch die Struktur, die der Prozess ihres Vollzuges aufweist. Diese Prozessstruktur, der Modus Operandi, repräsentiert sich nämlich in homologer Weise auf unterschiedlichen Ebenen und über unterschiedliche Themen hinweg.

Der Habitus des zerstreuten Professors z.B., der gern für Witze und Anekdoten herangezogen wird, wohl weil sich der Kern des Habitus oft im scheinbaren Widerspruch von Zerstreuung und Erkenntnisgewinn zeigt, findet sich auf den verschiedensten Ebenen und anhand unterschiedlichster Themen. Die Zerstreuung findet sich in allen Bereichen, die nicht zum Kern seines Interesses gehören, in welchem er herausragende Leistungen erreicht. Damit ist der Habitus, der Modus Operandi als strukturierendes Prinzip und zugleich Verkörperung desselben auch schon beschrieben.

Typische Beispiele lassen sich vielfältige nennen: Er mag auf Kollegen wenig zugänglich wirken, für kurze Momente vergessen, ob eine Mahlzeit schon eingenommen wurde, oder dahin gehend wenig Aufwand betreiben. Kennzeichnend für sein Arbeitsumfeld ist vielleicht, dass er eine liebevolle und genaue Sekretärin hat, die ihm sehr wichtig ist. Und kennzeichnend für sein Äußeres ist ein etwas runder Rücken, ein leicht nach vorn gestreckter Hals und ein angehobenes Kinn. Die Schwere des Kopfes scheint auf Hals, Schultern und Rücken zu drücken, dennoch bleibt der Blick aufmerksam und wach nach vorn gerichtet. Bei einer Einladung zu einem Vortrag mag er mit großer Skepsis umständliche Fragen zur Veranstaltung stellen und eine scheinbare Unfähigkeit, den Weg zum Veranstaltungsort zu finden, an den Tag legen. Der Vortrag selbst mag kaum hörbar sein und dennoch die Zuhörer/innen bannen und polarisieren.[14]

Folgende Bereiche lassen sich festhalten: Hinsichtlich der Kollegen dokumentiert sich ein Desinteresse an *sozialen Beziehungen* um ihrer selbst willen und hinsichtlich der Mahlzeiten eine geringe Ästhetisierung der Befriedigung des *Grundbedürfnisses* Essen. Im Kern seines Schaffens und damit Interesses sind harmonische Beziehungen von Bedeutung, wie sich an der Sekretärin zeigt. Alles, was nicht zum Kern des Interesses gehört, sollte möglichst von anderen erledigt werden, von daher ist sie wichtig. Lesen und Schreiben als wesentlichste *Tätigkeiten* haben sich in seiner *Körperlichkeit*

14 Der Einfachheit halber wurde hier als Beispiel ein Individuum gewählt. Zwar scheint der Professor recht einsam, wenig kollektiv zu sein. Doch ist der Habitus des Professors ohne eine Institution wie die Universität denkbar? Verkörpert nicht die Universität selbst auch diesen Habitus? Und wer erschuf sie?

manifestiert. Die Präsentation der Erkenntnisse in der *Öffentlichkeit* tritt hinter den Erkenntnisgewinn zurück. Wir können folgende Themen festhalten: Kollegen, Essen, Sekretariat, Körperhaltung, Veranstaltung und Vortrag.

In allen Bereichen und bei allen Themen bildete sich derselbe Habitus ab, derselbe Modus Operandi. In den Bereichen und Themen findet sich eine Homologie, die es bei der dokumentarischen Interpretation zu entschlüsseln gilt (vgl. auch Kap. 2).[15]

1.2.1 Abstraktheit des Begriffes Erfahrungsraum

Konjunktive Verständigung klappt interessanterweise nicht nur bei Gesprächspartnern, die einander kennen, sondern – wie sich in Mangolds Analysen von Gruppendiskussionen empirisch schon gezeigt hat (vgl. Mangold 1960 und Kap. 1.3) – auch bei anderen sozialen Einheiten, z.B. Vertretern einer Berufsgruppe. Auch sie sind in der Lage, einander unmittelbar zu verstehen. Die Verständigung beruht weniger auf der allgemeinbegrifflichen Bedeutung der Sprache, es bedarf keiner Erklärungen. Beschreibungen und Erzählungen werden unmittelbar verstanden und können von unterschiedlichen Individuen gleichermaßen erzählt oder fortgesetzt werden.

Das Konzept des konjunktiven Erfahrungsraums fasst also eine von der konkreten Gruppe gelöste Kollektivität grundlagentheoretisch. Es verbindet diejenigen, die an Wissens- und Bedeutungsstrukturen teilhaben, welche in einem bestimmten Erfahrungsraum gegeben sind. Zugleich ist diese Kollektivität, wie wir gesehen haben, keine dem Einzelnen externe, ihn zwingende oder einschränkende, sondern eine, die Interaktion und alltägliche Praxis ermöglicht, die gemeinsame Handlungsvollzüge ohne Umweg über den Subjektbegriff beschreibbar macht.

1.2.2 Überlagerung von Erfahrungsräumen und ihre Repräsentation im Diskurs

Jede/r von uns ist Teilhaber/in vieler unterschiedlicher Erfahrungsräume. So lassen sich z.B. geschlechts-, bildungsmilieu- und generationstypische Erfahrungsräume voneinander unterscheiden. Geschlechtstypische Erfahrungsräume konstituieren sich beispielsweise in der Kombination aus der Handlungs- bzw. Interaktionspraxis geschlechtsspezifischer Sozialisation und des Erlebens von (Fremd-)Zuschreibungen

15 Diese „Reproduktionsgesetzlichkeit" (vgl. Wohlrab-Sahr 2003, S. 127) von Prozessstrukturen hat Bohnsack zu einer Methodologie des Gruppendiskussionsverfahrens ausgearbeitet. (vgl. u.a. Bohnsack 1997b und 2000a)

und Interpretationen in dieser Hinsicht.[16] Bildungsmilieutypische Erfahrungsräume sind im gemeinsamen Erleben von Wissensvermittlung in den je unterschiedlichen öffentlichen Institutionen fundiert und den entsprechenden biographischen Ablaufmustern. Generationstypische Erfahrungsräume nehmen ihren Ausgang in gemeinsamen Handlungspraxen, die zeitgeschichtliche Bedingungen und Entwicklungen bzw. Verläufe mit sich bringen. Das kann zum Beispiel das (aktive) Erleben eines Krieges sein, ein besonderer zeitgeschichtlicher Wandel wie die so genannte Wende, die Wiedervereinigung der beiden deutschen Staaten, oder eine besonders stabile Zeit, in welcher sich zeitgeschichtliche Veränderung allmählicher vollzieht. (zu Unterschieden der beiden letzten Punkte mit Bezug auf Jugendliche vgl. Przyborski 1994 und 1998 sowie Lalouschek/Przyborski/Schmid 1995)

In einzelnen Gesprächszusammenhängen treffen Personen zusammen, die einige Erfahrungsräume gemeinsam haben und andere nicht. Das Geschlecht – wie schon erwähnt oftmals die einzige kollektive ‚Kategorie' bei der Analyse von Gesprächen – ist nur einer von mehreren konjunktiven Erfahrungsräumen, der zudem von diesen anderen Erfahrungsräumen mitstrukturiert ist. Eine „Gruppe", in welcher ein konkretes Gespräch oder eine Diskussion stattfindet, „ist somit nicht der soziale Ort der Genese und Emergenz, sondern derjenige der Artikulation und Repräsentation (…) kollektiver Erlebnisschichtung" (Bohnsack 2000a, S. 378).

Liegen selbstläufige Gespräche und Diskussionen als Ausgangsmaterial vor, gilt es zu rekonstruieren, ob die Verständigung auf stärker konjunktiver oder stärker kommunikativer Ebene basiert. Das heißt, es ist zu rekonstruieren, ob das Gespräch auf unterschiedlichen oder gemeinsamen Erfahrungen beruht. Erst dieser Schritt ermöglicht, von *kollektiven* Wissens- und Orientierungsbeständen zu sprechen. In einem nächsten Schritt, mittels komparativer Analyse mit anderen Gruppen, können die spezifischen Überlagerungen von Erfahrungsräumen sukzessive identifiziert werden.

Die Formen, d.h. die formalen Strukturen der Artikulation gemeinsamer bzw. – wo sie nicht gegeben sind – unterschiedlicher Erlebnis- oder Erfahrungshintergründe, sind zentraler Gegenstand des Erkenntnisinteresses der vorliegenden Arbeit (vgl. Kap. 3 und 4). Gespräche werden hinsichtlich Form *und* Inhalt, in ihrer „Performativität", als kollektives Geschehen gefasst. Ziel ist es, herauszuarbeiten, wie sich diese Artikulation gestaltet, in welchen Formen sich konjunktive und kommunikative

16 Es ist nicht so leicht, es mit der geschlechtstypischen Sozialisation ein wenig anders zu versuchen. Mein Kind hatte im Alter von 2 1/2 Jahren blonde Locken und war stolz darauf. Beim Spiel größerer Mädchen mit dem „herzigen" Kind schlug die Stimmung einmal plötzlich um. „Ich bin ein Bub. Ich hab einen Penis", hörte ich meinen Sohn verzweifelt rufen. Die Mädchen verneinten. Ein Mädchen sagte schließlich: „Aber du hast doch blonde Locken." Abends sagte er traurig: „Die sagen, ich bin ein Mädchen, weil ich Locken habe. Ich bin doch ein Bub." In den nächsten Tagen entschloss er sich zu einem Haarschnitt, einer Bubenfrisur, auch für seinen kleinen Bruder … Zwei ‚richtige' Buben.

Verständigung vollziehen kann. Anders ausgedrückt: Wie repräsentieren sich unterschiedliche und wie gemeinsame Erfahrungsräumen im Diskurs?

Die Rekonstruktion erfolgt also ohne Umweg über das Subjekt, ohne individuelle Habitus oder Identitäten in den Blick zu nehmen. Unser alltägliches Denken ‚hängt' allerdings sehr am Subjekt als Entität und Anker. In den empirischen Analysen werden von daher auch individuelle Fokussierungen rekonstruiert, um in ihrer gemeinsamen Betrachtung bzw. ihrem Vergleich umso genauer die (Art der) kollektiven Prozessstrukturen deutlich zu machen.

Wie zuvor schon ausgearbeitet wurde, liegt die konjunktive Bedeutung vor der subjektiven Bedeutung, die Einbindung in den konjunktiven Erfahrungsraum vor dem individuellen Handeln. Dies führt zu folgender groben Definition des Begriffes „individueller" oder „persönlicher Habitus": Er ist die durch die je individuelle Biographie strukturierte individuelle Zusammenstellung oder Aufschichtung konjunktiver Erfahrungsräume. „Identität" ist der reflexiv verfügbare Anteil dieser individuellen Aufschichtung, wie z.B. erzählte Biographie oder gemeinsame Geschichte und ihre eigentheoretische Verarbeitung.

Es gilt zu zeigen, dass die Diskursstile bzw. Diskursmodi, auf welche das Erkenntnisinteresse der Arbeit gerichtet ist, weder an bestimmte Individuen, also persönliche Habitus bzw. Identitäten, gebunden sind noch an konkrete Gruppen, d.h. an bestimmte Erfahrungsräume, wie das Geschlecht oder die Generation. Der Diskursmodus ist die Form, das Medium, in welcher/m die Gesellschaftsmitglieder mit unmittelbarer Gemeinsamkeit oder ihrem Fehlen umgehen. Die Frage ist also, wie weit sich Modi der Diskursorganisation generalisieren lassen.

1.3 Die Relevanz formaler Pragmatik für das Gruppendiskussiverfahren

Für die formale Struktur der Diskursorganisation, die Strukturen der Verständigung als Erkenntnisziel der vorliegenden Arbeit, bieten Erhebungen in gruppenförmigen Settings geeignetes Ausgangsmaterial. Umgekehrt stellt die vorliegende Arbeit einen Schritt der Weiterentwicklung der Methodologie dieses empirischen Zugangs dar. Gruppenförmige Erhebungssettings gewannen zwar in den letzten Jahren sowohl im deutschen als auch im angelsächsischen Sprachraum stark an Bedeutung.[17] Zur Analyse des so gewonnenen Materials werden jedoch unterschiedlichste Verfahren angewandt, die sowohl an die Forschungslogik standardisierter Verfahren anknüpfen

17 vgl. allein seitens methodisch orientierter Publikationen im Bereich qualitativer Methoden u.a.: Bohnsack/Schäffer 2001, Heinzel 2000, Kormrey 1986, Lamnek 1998, Liebig/Nentwig-Gesemann 2003, Loos/Schäffer 2001, Morgan 1998

als auch an jene rekonstruktiver oder anderer qualitativer Verfahren (vgl. Bohnsack/ Schäffer 2001, Lamnek 1998).

Die Gruppe und der durch sie vollzogene Diskurs ist aber meist methodologisch kaum oder nicht gefasst, die Erhebungs- und Auswertungstechniken sind methodologisch nicht in Begriffen von Kollektivität und der Organisation von Interaktion reflektiert. Zugleich werden ertragreiche Anstrengungen in diese Richtung wenig wahrgenommen: Mangold merkt 1960 (S. 13f.) an: „Obwohl das Gruppendiskussionsverfahren allmählich zu einem Standardverfahren der so genannten Markt- und Meinungsforschung sich entwickelt, das Methoden der Einzelbefragung ergänzt oder gar ersetzt, sind die methodologischen und theoretischen Implikationen der verschiedenen Ansätze, (...) bisher noch nicht umfassend und systematisch untersucht worden." Fast 40 Jahre später konstatiert Lamnek (1998, S. 5) „die Tatsache, daß die Gruppendiskussion an (...) Bedeutung bei gleichzeitiger mangelnder methodologischer und methodischer Absicherung zugenommen hat (...)". Es scheint, als wäre in diesen Jahren nicht an der methodisch-methodologischen Absicherung des Verfahrens gearbeitet worden.

Hier geht es nicht um die Aufarbeitung dieser Entwicklung (vgl. dazu Loos/ Schäffer 2001, Bohnsack/Schäffer 2001, Bohnsack 1997b und 2000a). Ein kurzes Schlaglicht auf unterschiedliche theoretische Zugänge dient einer Einbettung der vorliegenden Ergebnisse in eine breitere Diskussion. Viele methodische Ansätze, und schließlich auch ihre empirische Anwendung, geraten in Schwierigkeiten, da sie den Gegenstand, der mit dem Verfahren erhoben werden soll, methodologisch nicht fassen oder ihn zu stark individuell konzipieren.

In der Tradition der Marktforschung steht die Gruppen*befragung*, häufig auch mit dem Terminus „Gruppendiskussion" bezeichnet. Im angelsächsischen Raum ist mit dieser Tradition der Begriff „Focus Groups"[18] verbunden. Gemeinsam ist den Vorgehensweisen, dass die einzelnen Äußerungen auf die jeweiligen Sprecher bzw. Sprecherinnen bezogen werden. Das einzelne Individuum ist Angelpunkt der Untersuchung. Der Untersuchungsgegenstand sind Meinungen und Einstellungen, wie sie – mehr oder weniger – wörtlich genannt werden. Das Gruppensetting dient in erster Linie der Ökonomisierung der Erhebungssituation.[19] Das Gespräch untereinander, die Interaktion, ist nicht Gegenstand der Analyse und von daher auch nicht der Erhebung. Vielmehr werden einzelne Fragen der Interviewer/innen von einzelnen Teilnehmer/inne/n individuell, nacheinander beantwortet. Das Problem

18 Ursprünglich geht der Begriff auf Studien von Merton und Kendall (1976, orig. 1946) zur Erforschung von Zuseherreaktionen zurück.

19 Für diese Ausrichtung sprechen auch die jüngsten Entwicklungen in diesem Bereich. Die Gruppendiskussionen werden über das Internet erhoben. (vgl. Harrer 2002)

der „Schweiger" (vgl. z.B. Lamnek 1998, S. 150ff.) findet hingegen starke Beachtung, da hier die Meinung eines Individuums fehlt.[20]

Egal, ob das so gewonnene Material einer quantitativen oder qualitativen Analyse zugeführt wird, kämpft die so angewandte Gruppendiskussion mit methodischen Problemen: Bei wiederholten Zusammenkünften ändern sich sowohl die Themen, die von einzelnen Personen angesprochen werden, als auch der gesamte Verlauf der Diskussion. Das heißt, das Verfahren ist, wenn man dem „Ein-Personen-Paradigma" verhaftet bleibt und die formalen Strukturen der Verständigung nicht rekonstruiert, weder reliabel[21] (im Sinne einer Wiederholbarkeit und damit auch einer intersubjektiven Überprüfbarkeit von Ergebnissen) noch valide (im Sinne eines praktisch aussagekräftigen Kriteriums).

Im Vorfeld von meist quantitativen Erhebungen – einem weiteren Einsatzgebiet neben der ressourcenschonenden Befragung – werden qualitative Gruppendiskussionen als heuristisches Instrument eingesetzt. Hier sind die genannten Probleme irrelevant. (vgl. Merton 1987) Die Diskussionen dienen zur Generierung von Ideen und Hypothesen, nicht aber zu deren Überprüfung bzw. empirischen Fundierung. In beiden Anwendungsbereichen ist weder die Erhebung noch die Auswertung von Gruppendiskussionen nach methodologischen Gesichtspunkten reflektiert.

In der Tradition des Centers for Contemporary Cultural Studies in Birmingham steht die „group discussion", die im Bereich der Analyse jugendlicher Stile (bspw. Willis 1977) und der Mediennutzungs- und Rezeptionsanalyse zur Anwendung kam. Vor allem in ihrer methodologischen Reflexion durch Morley (u.a. 1996) wurden zwei wichtige Bedeutungen des Verfahrens rekonstruiert: Interaktionen, nicht individuelles Verhalten, in ihrem sozialen Kontext sind Gegenstand. Die Diskussionsgruppen werden als Repräsentanten von makrosozialen Einheiten („Klassen") gesehen. Für die Erhebung heißt das, dass die Interaktion Berücksichtigung fand und die Gruppen zumindest nach demographischen Daten homolog zusammengesetzt wurden. Auch die Analyse erfolgte in Beziehung zu den genannten makrosozialen Einheiten.

Im deutschen Sprachraum ist der Ausgangspunkt des Gruppendiskussionsverfahrens bei empirischen Arbeiten des Frankfurter Instituts für Sozialforschung in den 1950er-Jahren zu suchen. Thematisch ging es hier um die Erforschung „der ‚öffentlichen deutschen Meinung' (…), das, was auf dem Gebiet der politischen Ideologie in der Luft liegt" (Pollock 1955, S. 34), methodisch wandte man sich gegen eine Konzeption der öffentlichen Meinung als „Summenphänomen" (Pollock 1955, S. 20ff.) und gegen entfremdete Laborbedingungen bei sozialwissenschaftlichen

20 zu den Folgen von Eingriffen in das Rederecht bei der Erhebung von Gruppendiskussionen vgl. Kap. 3.2.1.2, zu Prinzipien der Erhebung vgl. Bohnsack 2003a, S. 207ff.

21 vgl. u.a. Lunt und Livingstone 1996

Untersuchungen. Die öffentliche Meinung sollte also nicht als Summe der abfragbaren Meinungen von je einzelnen Individuen konzipiert werden und die Gesprächssituationen sollten alltäglichen Situationen näher kommen. Von den Ausgangsideen betrachtet, sind Gegenstand und Verfahren kollektiv konzipiert, also die Einzelindividuen umgreifend, transzendierend. Die Psychoanalyse als prägendes Konzept der Frankfurter Schule nimmt ihren Ausgang jedoch bei *individuellen* psychischen Dynamiken. Sie strukturierte die Auswertung der Gruppendiskussionen. Entsprechend wurden die Redebeiträge voneinander getrennt und in ihrem Bezug zu den *Einzelindividuen*, deren Abwehrmechanismen und Rationalisierungen, analysiert.

Als Vertreter der Frankfurter Schule beschäftigt sich Werner Mangold (1960) in „Gegenstand und Methode des Gruppendiskussionsverfahrens" eingehend mit diesem Problem. Er kommt zu dem Schluss, dass dem Verfahren für die „Untersuchung individueller Bewußtseins- und Verhaltensphänomene (...) erhebliche Grenzen gesetzt sind" (Mangold 1960, S. 28). Diese Einschränkungen liegen vor allem in den Gütekriterien Reliabilität und Validität begründet, denn die Zusammensetzung der Gruppe, ihre „Struktur" (Mangold 1960, S. 28), beeinflusst, wie sich die einzelnen Teilnehmer/innen verhalten und äußern, und somit das Gesamtergebnis. „Je nach Zusammensetzung der Diskussionsgruppe kommen (...) anders gerichtete Beeinflussungsversuche und Kontrollen ins Spiel; je nach ihrer Position in einer Diskussionsgruppe bestimmter sozialer Struktur sind darüber hinaus die einzelnen Teilnehmer verschieden betroffen." (Mangold 1960, S. 28)

Zugleich entdeckte er in Gruppen, die „soziologisch oder ideologisch einigermaßen homogen" (v. Hagen 1954, S. 57 nach, Mangold 1960) sind, „Integrationsphänomene" (Mangold 1960, S. 39) auf der Ebene der Beziehung der einzelnen Gesprächsbeiträge zueinander. Diese Beobachtung führte zu seinem Konzept der „Gruppenmeinung" (a.a.O., S. 39), das für ihn zum Schlüssel für die Analyse von Gruppendiskussionen wird.

Das heißt, der Gegenstand des Verfahrens wird bei Mangold bereits konsequent *kollektiv* konzipiert, als „Gruppenmeinung", die nicht „Summe von Einzelmeinungen, sondern das Produkt kollektiver Interaktionen" (a.a.O., S. 49) ist. Zudem – das ist seine zweite methodologische Wendung – ist der zu erforschende Gegenstand nicht die konkrete, aktuelle Gruppe und ihre Interaktion, sondern sie *repräsentiert* ihn: Denn die Gruppenmeinung darf „nicht als Produkt der Versuchsanordnung, nicht als Endresultat eines aktuellen Prozesses gegenseitiger (...) Beeinflussung in der Diskussionssituation selbst verstanden werden", sondern hat sich „in der Realität unter den Mitgliedern des betreffenden Kollektivs bereits ausgebildet" (Mangold 1967, S. 216). Das „Kollektiv" ist somit losgelöst von der konkreten Gruppe gefasst. Sowohl in bestehenden „informellen Gruppen" als auch bei „Vertretern sozialer Großgruppen", z.B. Vertretern einer Berufsgruppe, „waren die

Gesprächspartner an (...) Gruppenmeinungen orientiert". (Mangold 1967, S. 216) Ob die Kollektivität nun normativen, äußeren Zwängen, die in Gruppen wirksam werden, geschuldet ist, also sich verselbstständigenden „faits sociaux im Sinne Durkheims", wie Horkheimer und Adorno (1960, S. 7) im Vorwort zu Mangolds Dissertation anmerken, oder im Individuum verankert ist und gerade dann wirksam wird, wenn die oben angedeuteten Gemeinsamkeiten angesprochen sind, lässt sich als immer wiederkehrendes Spannungsverhältnis in Mangolds Arbeit beobachten. Die empirischen Befunde sprechen für letzteres:

Die Gruppenmeinungen „werden gleichsam arbeitsteilig vorgetragen. Die Sprecher bestätigen, ergänzen, berichtigen einander, ihre Äußerungen bauen aufeinander auf; man kann manchmal meinen, es spreche einer, so sehr passt ein Diskussionsbeitrag zum anderen. Eine Zerlegung des kollektiven Prozesses der Meinungsäußerung in die Ansichten der einzelnen Sprecher ist vielfach unmöglich. Die Gruppenmeinung ist keine ‚Summe' von Einzelmeinungen, sondern das Produkt kollektiver Interaktionen. Die einzelnen Sprecher haben an ihrer Darstellung zwar in verschiedenem Umfang Anteil, jedoch sind alle aneinander orientiert (...). Die Gruppenmeinungen lassen sich nur aus der Totalität der verbalen wie nicht-verbalen Stellungnahmen herauskristallisieren." (Mangold 1960, S. 49)

Damit sind im Ansatz schon jene formalen Strukturen der Verständigung angesprochen, die sich nur mit einem konsequenten Blick auf eine kollektive Hervorbringung des Texts weiter entschlüsseln lassen und um die es in der vorliegenden Arbeit geht. Erst ca. zwanzig Jahre später wurde dieser Ansatz weiter ausgearbeitet (s.u.).

Zuvor, in den 1970er-Jahren, fand die Gruppendiskussion besonders bei Vertreter/inne/n der Tradition des „Interpretativen Paradigmas" Anwendung und Kritik. Sie beachteten zwar die Interaktion der Gesprächsteilnehmer/innen, d.h. „den Prozesscharakter von Interaktionen und Gesprächen", reduzierten ihn aber „auf den Aspekt des lokalen und situativen Aushandelns, also auf denjenigen der *Emergenz* von Bedeutungen" (Bohnsack 2000a, S. 371, Hervorhebung im Original). Ist aber der Gegenstand, auf den die Analyse abzielt, allein prozess-, d.h. situationsabhängig, lassen sich die Ergebnisse nicht generalisieren und bleiben auf eben die aktuelle Situation beschränkt. Entsprechend wurden die Ergebnisse (nur) direkt in der erwachsenenpädagogischen Arbeit mit den jeweiligen konkreten Gruppen angewandt und Gruppendiskussionen als weder reliable noch valide methodisch kritisiert (Nießen 1977, Volmerg 1977).[22] Diese Kritik haftet dem Verfahren bis heute hartnäckig an.

22 Das Verfahren wurde in dieser Tradition methodisch nicht weiterentwickelt. Zu einem ausführlicheren Rückblick vgl. Loos/Schäffer 2001.

In den 1980er-Jahren knüpfte Bohnsack an die Ergebnisse Mangolds an. Er entwickelte das Gruppendiskussionsverfahren zunächst in Zusammenarbeit mit Mangold zu einem Instrument, das seinen Gegenstand kennt und sich einer Bewertung auf der Grundlage „qualitativer" *und* klassischer Gütekriterien stellen kann. Diese Weiterentwicklung gelang im Zusammenhang mit der Ausarbeitung der dokumentarischen Methode (vgl. Kap. 1.2) auf der Grundlage der Arbeiten von Karl Mannheim (u.a. 1980 sowie Bohnsack 1989, S. 12ff., 1997c, 2001a, 2003a) und neuerer Methoden der Textinterpretation (u.a. Schütze 1977 und Oevermann et al. 1979). Diese Methoden wiederum konnten erst auf Basis der in den 1970er-Jahren neu entstandenen gesprächsanalytischen Verfahren amerikanischer Wissenschaftler (exemplarisch Sacks 1995, Schacks, Schegloff, Jefferson 1978 und Labov 1980) entwickelt werden.

Als Gegenstand von Gruppendiskussionen arbeitete Bohnsack „kollektive Orientierungen" (vgl. u.a. 1989, 1992 und 2003a) heraus. Damit sind Handlungsorientierungen angesprochen, die konjunktive Erfahrungsräume strukturieren und durch sie strukturiert sind (vgl. Kap. 1.2). Sie sind dann – valide und reliabel – rekonstruiert, wenn sich ihre Reproduktionsgesetzlichkeit über unterschiedliche Themen und Phasen der einzelnen Gruppendiskussion wie auch über den Vergleich mit anderen Gruppen hinweg nachweisen lässt.

Die empirische Evidenz zeigt, dass sich ein Gespräch von mehreren Teilnehmer/inne/n – egal ob diese eine Realgruppe bilden oder nicht – rasch auf Zentren des gemeinsamen Erlebens zu bewegt, also jene Erfahrungsdimensionen, in welchen es (strukturelle) Gemeinsamkeiten gibt.[23] Diese empirische Evidenz lässt sich mittlerweile auch begrifflich-theoretisch explizieren. In Anknüpfung an die Arbeiten von Gumperz/Cook-Gumperz (1981) und Erickson/Shultz (1981) können wir sagen, dass sich Gesprächspartner auf der Ebene von Kontextualisierungshinweisen (s.o.) in den ersten Minuten eines Gesprächs über ihre Zugehörigkeit zu Erfahrungsgemeinschaften verständigen. Diese Verständigung erfolgt mithin nicht intentional, sondern auf der Ebene habitualisierter Gesprächspraxen, auf der Ebene der formalen Gestaltung des Diskurses.

Zentren des gemeinsamen Erlebens zeichnen sich im Diskurs – wie sich auch bei Mangold bereits zeigte – durch eine hohe interaktive Dichte, durch einen gemeinsamen Rhythmus, eine Einstimmung der Gesprächsteilnehmer/innen

23 Gibt es gar keine Gemeinsamkeiten, dann entsteht auch kaum ein Diskurs, es sei denn, die Gesprächspartner stehen in einem äußerlich strukturierten Verhältnis zueinander. Von daher läuft das Ansinnen, wie man es häufig beim Einsatz von Gruppendiskussionen findet, möglichst unterschiedliche Personen zusammenzusetzen, um möglichst viele (verschiedene) Informationen zu bekommen, dem empirischen Potenzial des Gruppendiskussionsverfahrens, nämlich der Erfassung „kollektiver Orientierungen", zuwider.

aufeinander aus. (vgl. u.a. Gumperz 1992, S. 42) Bohnsack hat diese Zentren des Diskurses „Fokussierungsmetaphern" (Bohnsack et al. 1989 und 2003b) genannt.

Die Verständigung über gemeinsame Orientierung basiert offensichtlich ganz wesentlich auf einem gesprächspraktischen Wissen, auf einer formalen Pragmatik. Dieses Wissen bzw. handlungspraktische Vermögen entzieht sich unserer Intentionalität und wird kollektiv entfaltet. Für die Analyse kollektiver Orientierungen ist es folglich unerlässlich, diese formalen Strukturen, wie die Dramaturgie des Diskurses und die Form der wechselseitigen Bezugnahme, zu rekonstruieren. Es sind gerade die sprachlichen Strukturen, die uns von der Bedeutung der einzelnen Äußerung hin zum diskursiven Miteinander als Dokument kollektiver Orientierungen kommen lassen.

Die Rekonstruktion der Strukturen der Verständigung in Gesprächen, denen sich die vorliegende Arbeit widmet, bedeutet für die Gruppendiskussionsverfahren mithin eine methodologische Weiterentwicklung, z.B. für die Fragen, was formale Indikatoren für Kollektivität sind, wo Grenzen kollektiver Orientierungen liegen bzw. formale Indikatoren für unterschiedliche Orientierungen und welchen Einfluss das Interviewer/innenverhalten im Diskurs hat.

Bohnsack hat in „Generation, Milieu und Geschlecht" (1989) mit der Arbeit der Rekonstruktion von Modi der Diskursorganisation begonnen. Hier finden sich drei der im empirischen Teil ausgearbeiteten Modi der Diskursorganisation umrissen. Sie sind eines der vielen methodologischen Ergebnisse einer Arbeit, deren ‚nicht-methodologischer' Gegenstand eine „Typologie biographischer Orientierungen jugendlicher Gruppen" (a.a.O., S. 199ff.) ist.

Die drei, von Bohnsack bereits entfalteten, Diskursmodi werden in der vorliegenden Arbeit empirisch angereichert und zu einer Typologie ausgearbeitet, die zwei weitere Typen, zwei weitere Diskursmodi beinhaltet. Zudem geht es – wie gesagt – um den Aufweis der *Unabhängigkeit* der Diskursmodi von einzelnen Erfahrungsräumen, wie geschlechtstypischen, sozialräumlichen oder entwicklungstypischen Erfahrungsräumen und ihrer *Abhängigkeit* vom Verhältnis der jeweiligen Erfahrungshintergründe, wie sie durch die jeweiligen Teilnehmer/innen am konkreten Gespräch repräsentiert sind, d.h. ihre Abhängigkeit davon, ob und wie konjunktive Erfahrungen durch die Teilnehmer/innen repräsentiert sind. Diese Rekonstruktion wird durch eine systematische komparative Analyse geleistet. (zur komparativen Analyse vgl. Bohnsack 2001c und Nohl 2001b)

1.4 Ziel der Arbeit

In der vorliegenden Arbeit werden formale Organisationsprinzipien von Diskursen in ihrer Bedeutung für die interaktive Umsetzung bzw. Inszenierung von Kollektivität und damit formale Strukturen der Verständigung empirisch rekonstruiert. Die Organisationsprinzipien diskursiver Praxis werden mithin als formales ‚Medium' von Kollektivität beleuchtet. Im Zentrum der Analyse steht dabei die Performativität des Diskurses, in welcher Formen der Sozialität (z.B. Kollektivität) vollzogen und ihre Entstehungsbedingungen zugleich (in praktischer Weise) reflektiert werden. Die empirische Grundlage bilden selbstläufige Diskurse, d.h. Konversationen, Gruppendiskussionen, erzählgenerierende Interviews (mit mehreren Teilnehmer/innen) und andere vorab wenig reglementierte Gespräche.

Mit dieser Arbeit werden Bemühungen zu einer Überwindung des „Ein-Personen-Paradigmas", welches in der Psychologie (vgl. Slunecko 2002) und in anderen Sozialwissenschaften dominant ist, vorangetrieben. Hierzu wird an Mannheim angeknüpft, der bereits in den 1930er-Jahren des letzten Jahrhunderts eine Primordialität des Kollektiven postuliert und vor allem metatheoretisch begründet hat. (vgl. Bohnsack 2003a und 2001a sowie Schäffer 2003) Zentral in Mannheims Konzeption des Kollektiven ist dessen praktischer Vollzug. Die qualitative bzw. rekonstruktive Methodologie, die u.a. auf dieser Grundlage entstanden ist, die dokumentarische Methode (vgl. u.a. Bohnsack 2001a) in ihrer Anwendung auf sprachliche Ausgangsdaten, erfährt mit dieser Arbeit einen Schritt der Weiterentwicklung: Im praktischen Vollzug des Diskurses werden alltägliche Standards der Interaktion herausgearbeitet[24], Elemente einer formalen Pragmatik, deren „Rekonstruktion gleichermaßen Voraussetzung für die Gültigkeit wie die Zuverlässigkeit qualitativer Methoden" ist. (Bohnsack 2004, o.S.)

1.5 Explikation formaler Pragmatik: Herausforderung rekonstruktiver Methodologie

Gegenstand sind Formen der Sozialität, Formen der Vergemeinschaftung. Sie konstituieren sich in Gesprächen *unabhängig* von der Intention der einzelnen Beteiligten, aber *abhängig* von Gemeinsamkeiten und Unterschieden der sozialisationsgeschichtlichen Erfahrungen und Milieuzugehörigkeiten der Beteiligten, wie sie

24 Diese Standards oder Regeln sind auf einer ähnlichen Ebene angesiedelt wie das „turn-taking-system", welches in der Konversationsanalyse (zuerst: Sacks/Schegloff/Jefferson 1978) entwickelt wurde, die narrativen Strukturen, wie sie für die Narrationsanalyse vor allem durch Schütze (vgl. u.a. 1987) oder auch die Gattungsanalyse (u.a. Günthner/Honer 1997) ausgearbeitet wurden.

ebenfalls u.a. auf der Grundlage dieser Gespräche rekonstruiert werden können. Ausgangspunkt ist mithin nicht das Subjekt und seine Intention, sondern die kollektive Entfaltung.

Die formalen Gestaltungsprinzipien der kollektiven Entfaltung von Gesprächen, also die Rekonstruktion der Formalpragmatik, ist angesichts des gegenwärtigen Standes der methodologischen Diskussion qualitativer Verfahren von zentraler Bedeutung. Dabei geht es um die wesentliche Frage der Begründung ihrer Gültigkeit und, weiter gehend, um die Frage, was denn überhaupt *das Besondere* der qualitativen Methoden ausmacht.

Flick, Kardorff und Steinke (2000, S. 18) stellen bspw. im „Handbuch zur Qualitativen Forschung" einleitend die Frage: „Was ist qualitative Forschung?" Damit dokumentieren sie, dass dieser Begriff, diese Klammer, fragwürdig ist. Was sich in ihren weiteren Ausführungen wohl bestätigt. Qualitative Forschung sei ein „Oberbegriff für unterschiedliche Forschungsansätze", die in „ihren theoretischen Annahmen" ebenso wie „in ihrem Gegenstandsverständnis und methodischen Fokus" differieren (a.a.O., S. 18). Die Formulierung der Gemeinsamkeiten dieser unterschiedlichen Ansätze mutet beliebig an: Es geht um die „subjektiven Relevanzhorizonte", den „Prozesscharakter, die Reflexivität und Rekursivität sozialer Wirklichkeit" (a.a.O., S. 20) und dass „‚objektive' Lebensbedingungen (...) durch subjektive Bedeutungen (...) relevant" (a.a.O., S. 22) werden. In Selbstdarstellungen einzelner qualitativer Verfahren versichert man sich eher der eigenen Tradition(en) als Anschlussmöglichkeiten an andere qualitative Verfahren zu formulieren. (vgl. u.a. Flick/Kardorff/Steinke 2000, Hug 2001)

Ein zentrales Problem des gegenwärtigen Standes qualitativer Methodologie besteht in der fehlenden Verständigung über *gemeinsame Standards*. Diese Verständigung fehlt sowohl bei den qualitativen Verfahren untereinander als auch bei den qualitativen mit den quantitativen Verfahren. Gerade in der Verständigung über gemeinsame und unterschiedliche Standards, in einer Begrifflichkeit, die allen Seiten zugänglich ist, liegt das Potenzial, das Verhältnis der einzelnen Verfahren empirischer Sozialforschung neu und angemessen zu definieren.[25]

25 Zum Verhältnis qualitativer und quantitativer Methoden formuliert Meuser (2001, S. 207), dass sich die „qualitativen (...) auf der Seite der ‚armen Verwandten'" (Meuser 2001, S. 207) finden, die für die Mikrosoziologie bzw. in der Psychologie für Tiefenstrukturen oder für die Störvariable „Kultur" (vgl. Slunecko 2002, S. 167ff.) und in den Sozialwissenschaften insgesamt für eine Felderkundung (vgl. Flick/Kardorff/Steinke 2000a, S. 25) zuständig sind. Die „quantitativen Verfahren" vermögen diese Felder ebenso zu bearbeiten, sie allein sind aber für das wissenschaftliche Hauptgeschäft zuständig. Mit ihnen können makrosoziologische Fragestellungen beantwortet werden und die großen, räumlich und zeitlich nicht gebundenen Gesetzmäßigkeiten der menschlichen Psyche dingfest gemacht werden.

Damit eine Verständigung über Standards auf der Basis einer gemeinsam verständlichen Begrifflichkeit nicht zu einer Nostrifikation, einer Vereinnahmung, der einen Seite durch die andere Seite gerät (vgl. Steinke 2000, S. 319), muss zunächst der Unterschied klar gefasst werden. Dabei erscheinen die zuvor dargestellten Gemeinsamkeiten qualitativer Verfahren als Ausgangspunkt einer derartigen Standortbestimmung eher ‚weich', wie es zu dem Gesamtbild der qualitativen Methoden passt. Eine ganz klare Grenze markiert dagegen der Unterschied der Methoden der beiden empirischen Zugänge zu ihren Erfahrungsdaten, ihrem Verhältnis zur Kommunikation mit den Untersuchten. Diese Kommunikation ist bei quantitativen Methoden standardisiert. Vor oder nach der Datenerhebung müssen die Erfahrungs- bzw. Beobachtungskategorien, die überhaupt zugelassen werden, eindeutig definiert werden. Das heißt, die Kommunikation mit den Untersuchten ist standardisiert. Anders verhält es sich bei den qualitativen Methoden. Hier – und diese Unterscheidung finden wir in den letzten 20 Jahren nur zu häufig – ist die Kommunikation offen. Das ist aber nicht der springende Punkt. Viel wichtiger ist, dass die Kommunikation zwischen den Forschenden und den Erforschten, bei welcher Bedingungen der Möglichkeit für die Entfaltung der Relevanzsysteme der Untersuchten zu schaffen sind, rekonstruiert wird und erst auf der Grundlage dieser Rekonstruktion weitere Schritte im Forschungsprozess erfolgen.

Damit kommen wir auch zu einer Begrifflichkeit, die sich zunehmend durchzusetzen scheint, der Unterscheidung zwischen *rekonstruktiven* und *standardisierten* Verfahren. Mit der Idee der Rekonstruktion der alltäglichen Konstruktionen von Erforschten ebenso wie – bei der Interaktion im Forschungsfeld – jener der Forschenden (im Zusammenhang mit den Erforschten) können wir bei der Phänomenologie (vgl. Schütz 1971), der Ethnomethodologie (vgl. Garfinkel 1967), der Wissenssoziologie (vgl. Mannheim 1964) und auch der Konversationsanalyse (vgl. Sacks/Scheglhoff/Jefferson 1978) anknüpfen.

Auf der Basis dieser Unterscheidung zwischen quantitativen bzw. standardisierten und qualitativen bzw. rekonstruktiven[26] Verfahren kann man sich, wie Bohnsack (2004) zeigt, in der Begrifflichkeit der klassischen Gütekriterien verständigen.

Unter der *Gültigkeit* eines empirischen Verfahrens lässt sich die Angemessenheit von wissenschaftlicher, begrifflich-theoretischer Konstruktion und empirischem Sachverhalt, auf welchen sich die wissenschaftliche Konstruktion bezieht, definieren.

26 Nicht alle Verfahren, die als qualitativ bezeichnet werden, können in dem hier angesprochenen Sinn auch als rekonstruktiv gelten. So vollzieht sich beispielsweise die „qualitative Inhaltsanalyse" in einer quantitativen Forschungslogik. Das Analysematerial wird theoriegeleitet, systematisch kodiert. Das heißt, dass sich die Erhebung des Materials zwar ganz offen vollziehen kann, was davon aber als Beobachtungsdatum gezählt wird, ist standardisiert. Damit kann eine qualitative Inhaltsanalyse letztlich immer in eine quantitative übergeführt werden (vgl. Mayring 1997 und 2000).

Auch diejenigen, die Gegenstand der Forschung sind, handeln sinnstrukturiert, d.h., die Untersuchungsgegenstände bestehen ihrerseits aus Konstruktionen. Bei den quantitativen Verfahren vollzieht sich diese Rekonstruktion letztlich vor der Empirie. Folgerichtig wurde den qualitativen Verfahren immer eine besonders hohe Gültigkeit attestiert. Sie sind nicht allein aufgrund ihrer Ausgangsdaten, der direkten Beobachtung der Handlungspraxis, näher an derselben dran. Die wissenschaftlichen Konstruktionen sind der beobachtbaren Praxis durch die Art der Erhebung angemessen *und* in dem Maß gültig, als sie die Common-Sense-Konstruktionen – in einem ersten Schritt – adäquat *rekonstruieren*.

Diese Ebene der Rekonstruktion bleibt aber letztlich auf derselben Ebene wie der Common Sense, beschreibt ihn und beinhaltet wenig Potenzial zur theoretischen Abstraktion. Denn auch im Alltag verfügen wir über Methoden des Verständnisses und interpretative Kompetenzen zur Typenbildung. Im Vergleich mit den quantitativen Verfahren befindet man sich auf der Ebene der Deskriptivstatistik, die nicht vermag Hypothesen zu widerlegen oder zu bestätigen und somit nicht das Niveau für eine theoretische Abstraktion erreicht. Entscheidend bei den qualitativen bzw. bei den rekonstruktiven Verfahren ist in diesem Zusammenhang der Schritt von den ‚Was'- zu den ‚Wie'-Fragen. (vgl. u.a. Bohnsack 2001a und 2004, Luhmann 1990, Mannheim 1980 und Kap. 1.2)

Erst wenn wir zu einer Rekonstruktion der Alltagsmethoden des gegenseitigen Verständnisses gelangen, also dazu *wie* gesellschaftliche Tatsachen hergestellt werden, sind die wissenschaftlichen begrifflich-theoretischen Konstruktionen adäquat und beinhalten das Potenzial zur Theoriebildung. Den Blick für diese Methoden im Alltag, für die „Ethno-Methoden" (vgl. Bohnsack 2004) haben uns die Ethnomethodologen geöffnet (u.a. Garfinkel 1967). Diese Alltagsmethoden müssen „Gegenstand empirischer Rekonstruktion" sein „als Voraussetzung für die Entfaltung wissenschaftlicher Methoden und Interpretationsverfahren und ihrer Standards" (Bohnsack 2004, o.S.).

Bereits in den 1980er-Jahren wurde dieser Schritt für die Weiterentwicklung empirischer Methoden explizit gefordert.[27] Habermas bspw. macht – ebenfalls mit Bezug auf die Ethnomethodologie – die Strukturen der Verständigung zu einer Schlüsselstelle der Sozialforschung: „Dieselben Strukturen, die Verständigung ermöglichen, sorgen auch für die Möglichkeiten einer reflexiven Selbstkontrolle des Verständigungsvorgangs." (1981, S. 176) Die vorliegende Arbeit folgt Habermas darin, dass dies die Auseinandersetzung mit „einer formalen Pragmatik" (a.a.O., 185) impliziert. Soeffner formuliert 1989 (S. 60) in Zusammenhang mit den Methoden

27 Mannheim hat diesen Schritt bereits ganz konsequent am Beginn des letzten Jahrhunderts vollzogen. (vgl. Mannheim 1980 und 1964 sowie Bohnsack 2001a und Kap. 1.2)

bzw. Verfahren alltäglicher Verständigung: „Die nicht-standardisierten Verfahren beziehen sich auf natürliche Standards und Routinen der Kommunikation, die zunächst einmal gewußt und in ihrer Funktionsweise bekannt sein müssen, bevor die auf ihnen basierenden Daten kontrolliert interpretiert werden können."

Es geht also darum zu erarbeiten, welche impliziten Regel(mäßigkeite)n es uns ermöglichen, uns im Alltag zu verständigen – auch darüber, dass wir einander nicht oder zumindest nicht unmittelbar verstehen. Diese Regel(mäßigkeite)n, diese Standards sind in die Handlungspraxis eingelassenes und mithin eine Form des atheoretischen Wissens, das phylogenetisch bzw. – wenn man so möchte – natürlich entstanden ist.

Das heißt, eine umfassende Rekonstruktion der ‚natürlichen Standards' alltäglicher Verständigungsprozesse ist nicht nur eine Voraussetzung für die Gültigkeit einer *Theoriebildung* auf der Basis einer empirischen Rekonstruktion, sondern auch für ihre *Zuverlässigkeit*. Bei der Zuverlässigkeit geht es um die Möglichkeit der exakten Reproduzierbarkeit einer empirischen Untersuchung, die Genauigkeit der Messung. Die Operationalisierung als möglichst eindeutige Beschreibung der beobachtbaren, zu messenden Variablen ist weniger das Problem rekonstruktiver Verfahren. Ihre Beobachtungen sind z.T. als Ausgangsdaten auf einem Tonträger reproduzierbar bzw. in Form präziser, auf der Grundlage formalisierter Techniken erarbeiteter Transkripte intersubjektiv überprüfbar. Die rekonstruktiven Methoden hatten eher mit der Replizierbarkeit einer Untersuchung bzw. mit der Vergleichbarkeit ihrer Ausgangsdaten zu kämpfen. Hat man nicht immer etwas völlig anderes erhoben? Wie lässt sich das unterschiedliche Material vergleichen, sowohl im Sinne einer Replizierbarkeit als auch für die Möglichkeit des Vergleichs von Daten, der in quantitativen wie auch in qualitativen Verfahren für die Bestätigung bzw. Entwicklung von Theorien unerlässlich ist?

Der Schlüssel dafür ist bei den standardisierten Verfahren eben die *Standardisierung* des Messvorganges und seiner Interpretation, bei den rekonstruktiven Verfahren die *Rekonstruktion* der *‚natürlichen Standards'* der Kommunikation und Interaktion, der Regeln der Verständigung. Sie sichern eine Vergleichbarkeit des Materials über unterschiedliche Themen hinweg *und* ermöglichen zudem, die Interventionen der Untersuchenden zu kontrollieren. Die Unterscheidung zwischen rekonstruktiven und standardisierten Verfahren der empirischen Sozialforschung bezieht sich mithin nicht allein auf Fragen der Erhebung und der ersten Prozessierung der Ausgangsdaten. Vielmehr ist damit der Kern des Begründungszusammenhangs der jeweiligen Zugänge für die Überprüfung bzw. Bildung von (gegenstandsbezogenen) Theorien angesprochen.

Auf der Basis der ‚natürlichen Standards' lassen sich schließlich auch die Schritte der Auswertung formalisieren und einer *intersubjektiven Überprüfbarkeit*[28] zugänglich machen.

> „Ebenso wie die Interventionen der Forscher im Zuge der Erhebung nur dann methodisch kontrollierbar sind, wenn sie in Kenntnis der natürlichen Standards der Kommunikation und Darstellung im Forschungsfeld praktiziert werden, haben sich auch die methodischen Arbeitsschritte der Auswertung, deren Formalisierung die Voraussetzung für die Zuverlässigkeit einer Methode darstellt, ganz wesentlich an dem zu orientieren, was wir über den formalen Aufbau, die formale Pragmatik der uns in Form von Texten vorliegenden Darstellungen (bspw. den Aufbau biographischer Erzählungen) oder Diskurse (bspw. die Dramaturgie einer Gruppendiskussion) wissen und fortschreitend in Erfahrung bringen können." (Bohnsack 2004, o.S.)

Zu ‚natürlichen Standards', deren Rekonstruktion weit fortgeschritten ist und die die Basis rekonstruktiver Verfahren darstellen, zählt bspw. das Format der Erzählung mit ihren unterschiedlichen Textsorten (vgl. Labov 1980b, Schütze 1987, Gülich/Hausendorf 2000). Jeder von uns kann der Aufforderung, selbst Erlebtes zu erzählen, nachkommen. Den wenigsten ist bewusst, dass sie dabei einen ganz bestimmten Aufbau verwirklichen, klar definierbare formale Strukturen einhalten. Mithin sind biographische Narrationen weitgehend in ihrem formalen Aufbau unabhängig von der Individualität und der Milieuzugehörigkeit des Erzählers oder der Erzählerin. Eine präzise Rekonstruktion dieser formalen Strukturen ermöglicht einen Vergleich des Materials unterschiedlicher Personen. Bei Gesprächen mit mehreren Teilnehmer/inne/n – also bei Gruppendiskussionen, Konversationen oder anderen Diskursen – sind es analog dazu die Formen der interaktiven Bezugnahmen der Beteiligten aufeinander, die Diskursorganisation. Wichtige Beiträge kommen hier von der Konversationsanalyse (zuerst: Sacks/Scheglhoff/Jefferson 1978), der Gattungsanalyse (vgl. Günthner/Knoblauch 1997) und dem Gruppendiskussionsverfahren (vgl. Bohnsack 2000a und 2003a, S. 121ff.).

Zu einer Rekonstruktion dieser ‚natürlichen Standards' für die Untersuchung von Diskursen will diese Arbeit einen Beitrag leisten. Entsprechend dem Funktionieren der rekonstruktiven Forschungslogik hat sich dieses Programm in einer zunehmenden Rekonstruktion und Explikation der Forschungspraxis auch im begrenzten Rahmen dieser Arbeit erst allmählich entwickelt. Von daher

28 Vgl. dazu auch Habermas (1981, S. 179): „Wenn die möglichen Korrektive gegen irregeleitete kommunikative Erfahrungen sozusagen in das kommunikative Handeln selbst eingebaut sind, kann der Sozialwissenschaftler die Objektivität seiner Erkenntnisse nicht dadurch sichern, daß er in die fiktive Rolle eines ‚uninteressierten Beobachters' schlüpft und damit an einen utopischen Ort außerhalb des kommunikativ zugänglichen Lebenszusammenhangs flüchtet. Er wird vielmehr *in den allgemeinen Strukturen der Verständigungsprozesse*, auf die er sich einläßt, die *Bedingungen der Objektivität* des Verstehens suchen müssen, um festzustellen, ob er sich in Kenntnis dieser Bedingungen der Implikationen seiner Teilnahme reflexiv vergewissern kann." (Hervorhebungen im Original)

wurden der Untersuchungsgegenstand und das spezifische Erkenntnisinteresse zunächst von einem weniger voraussetzungsvollen Blickwinkel her aufgerollt, um dann an dieser Stelle zu einer theoretischen Durchdringung des Gegenstandes zu kommen, die eigentlich einen Endpunkt der Forschungsarbeit markiert und weniger programmatisch zu verstehen ist.

1.6 Aufbau der Arbeit

Das erste Kapitel diente dem Aufriss der Problemstellung, der Vorstellung des Erkenntnisinteresses und des Gegenstandes der Arbeit sowie einer methodisch-methodologischen Standortbestimmung. Zentral war die Einbettung diskursiver Praxis in das Kollektivitätskonzept von Mannheim. Die Sinnebenen „subjektiv gemeinter Sinn“, „immanenter Sinn“ und „konjunktiver bzw. dokumentarischer Sinn“ wurden entwickelt, die Ideen der Überlagerung von Erfahrungsräumen und der Primordialität der Kollektivität dargestellt wie auch ihre Relevanz für die Analyse formaler Strukturen der Verständigung für rekonstruktive Methoden.

Im zweiten Kapitel „Die Diskursanalyse der dokumentarischen Methode“ rekonstruiere ich die Schritte der Analyse und Auswertung von Texten mit der dokumentarischen Methode, wie sie zuerst auf der Grundlage der Analyse von Gruppendiskussionen gewonnen wurden. Die vorliegende Arbeit zeigt, dass sie sich auch für die Interpretation von Interviews, Konversationen und anderer vorab nicht strukturierter Gespräche eignen. Kern dieses Kapitels bildet die umfassende Rekonstruktion und Definition der Begriffe, die bei der dokumentarischen Interpretation von Gruppendiskussionen, Gesprächen und anderer Diskurse zur Anwendung kommen. Diese theoretisch-definitorische Rekonstruktion der Analysebegriffe ist ein erstes Ergebnis der empirischen Arbeit. Die Interpretationspraxis wird damit auf der Grundlage der Arbeiten von Bohnsack (u.a. 1989, 1999, 2000a, 2003a, gemeinsam mit Schäffer 2001) weiter expliziert. Die praktische Anwendung der Begriffe wird innerhalb dieses Kapitels anhand eines Interpretationsbeispiels vorgeführt und im empirischen Teil – im Zuge der systematischen Darstellung der unterschiedlichen diskursiven Praxen – vertieft.

Im empirischen und Hauptteil der Arbeit werden fünf unterschiedliche Diskursmodi als Organisationsprinzipien von Gesprächen empirisch rekonstruiert. In einem ersten Schritt (Kap. 3.1 und 3.2) werden die Modi der Diskursorganisation durch eine komparative Analyse möglichst unterschiedlicher Diskurse bzw. unterschiedlicher Erfahrungsräume, die durch verschiedene Gruppen repräsentiert sind, generalisiert. Ziel ist zu zeigen, dass die jeweiligen Modi unabhängig sind von einzelnen Erfahrungsräumen wie Alter, Geschlecht, Generation oder auch

Migrationslagerung und Sprachraum. Das heißt, das empirische Material wurde nach folgendem Prinzip kontrastiert: Die Gemeinsamkeit liegt im Diskursmodus, die konkreten Erfahrungsräume unterscheiden sich.

Kapitel 3.3 fasst die Merkmale der fünf Modi der Diskursorganisation zusammen.

Das vierte und letzte empirische Kapitel zeigt auf, dass die jeweiligen Modi aus dem Verhältnis der Erfahrungsräume der Gesprächsteilnehmer/innen resultieren. Es wird gezeigt, dass sich die Form der Sozialität im Modus der Diskursorganisation ausdrückt. Das gelingt durch eine Kontrastierung, eine komparative Analyse, unterschiedlicher Modi innerhalb eines Diskurses. Die Modi werden dahingehend differenziert, dass innerhalb *desselben* Diskurses die Modi systematisch wechseln je nachdem, ob gemeinsame Erfahrungsgrundlagen angesprochen sind oder nicht.

Im fünften und letzten Kapitel formuliere ich Forschungsperspektiven auf der Grundlage der Ergebnisse.

2 Die Diskursanalyse der dokumentarischen Methode

In diesem Kapitel rekonstruiere ich die Schritte der Analyse von Texten mit der dokumentarischen Methode. Grundlage der Texte sind in der vorliegenden Arbeit in erster Linie Gespräche (Gruppendiskussionen, Interviews, Konversationen), die durch eine gründliche Transkription in Texte überführt wurden. Die Rekonstruktion der Analyseschritte gilt aber im Wesentlichen auch für andere Textgrundlagen, d.h. Diskurse. Einen Kern dieses Kapitels bildet die umfassende Rekonstruktion und Definition der Begriffe, die bei der dokumentarischen Interpretation von Gruppendiskussionen, Gesprächen und anderen Diskursen zur Anwendung kommen.[29] Diese theoretisch-definitorische Rekonstruktion der Analysebegriffe ist bereits ein erstes Ergebnis der empirischen Arbeit, in der die Begriffe entwickelt bzw. weiterentwickelt wurden. Das Kapitel bildet die Einleitung zum empirischen Teil, dem Hauptteil meiner Arbeit. Die praktische Anwendung der Begriffe wird innerhalb dieses Kapitels anhand eines Interpretationsbeispiels vorgeführt und im empirischen Teil – im Zuge der systematischen Darstellung der unterschiedlichen diskursiven Praxen – vertieft.

2.1 Theoretische Eckpunkte

Ausgangspunkt der Analyse, der Interpretation bildet die Unterscheidung zwischen immanentem und dokumentarischem Sinngehalt, wie ich sie in Kapitel 1.2 ausführlich dargestellt habe. Zusammenfassend sei an dieser Stelle noch einmal an die Eckpunkte erinnert: Die dokumentarische Interpretation von Gesprächen unterscheidet zwischen dem, was wörtlich gesagt wird, der thematischen Entwicklung und Struktur, und dem, was sich über den Fall zeigt bzw. was sich dokumentiert. Das sind beispielsweise kollektive Orientierungen und kollektive Habitus als Struktur des Fall/es/ausschnitts. Das heißt, zwischen den Ebenen des verallgemeinerbaren,

29 Diese Terminologie eignet sich auch für die Auswertung anderer Texte wie: Interviews (vgl. Kap. 3.1.1.3), Dokumente (vgl. Nentwig-Gesemann 1999), Tischgespräche (vgl. Bohnsack 2003a und Städtler 1986) und Gespräche von Kindern (Nentwig-Gesemann 2003 und Granzner 2003).

generalisierenden Sinns und des konjunktiven, milieuspezifischen Sinns zu differenzieren.

Die beiden Ebenen sind in jeglicher Kommunikation – mehr oder weniger – repräsentiert. In der alltäglichen Kommunikation sind auch beide Ebenen relevant. In der wissenschaftlichen Arbeit[30] und Kommunikation hingegen wird das Ideal verfolgt Begriffe zu bilden, die allein einen wörtlichen, allgemeinen, universell generalisierbaren Sinn tragen. Sie sollen in unterschiedlichen Kontexten ihre Bedeutung nicht ändern. Im Alltag gehen wir ständig damit um, dass z.B. der Begriff „Studium" nicht nur die „Ausbildung an einer Hochschule" (Wahrig 2000, S. 1219) bezeichnet, sondern manchmal (zudem) auch eine bestimmte Lebensphase, großes Engagement beim Lernen, eine Erweiterung des eigenen Horizonts oder das Lernen für eine Prüfung[31] damit verbunden werden.[32]

Auf das Beispiel des Begriffes „Familie" (Bohnsack 2001a, S. 330) kamen wir im letzten Kapitel schon zu sprechen: Er ist uns „als ‚Allgemeinbegriff' zugänglich (…) auf der Grundlage von Rollenerwartungen (…) rechtlichen Definitionen" u.s.w. und erlangt „eine Verallgemeinerbarkeit (…) über milieuspezifische und kulturelle Grenzen hinweg (…). Eine (…) andere Bedeutung erhält der Begriff ‚Familie' für diejenigen, die Gemeinsamkeiten einer konkreten familialen Alltagspraxis miteinander teilen." Gemeinsam ist den beiden Beispielen „Familie" und „Studium", dass die zweite Ebene des Sinns, der Dokumentsinn, einer erlebnismäßigen Einbettung des Begriffs entspringt. Die Familienmitglieder bzw. die Studierenden einer bestimmten Generation haben gemeinsame Erfahrungen. Mannheim (1980, u.a. 230) spricht in diesem Zusammenhang von einem *„konjunktiven Erfahrungsraum"*.

Der *konjunktive Erfahrungsraum* wird durch Gemeinsamkeiten der Erfahrungen oder – wie es Mannheim auch komplexer fasst – durch *Gemeinsamkeiten der Erlebnisschichtung* im Zuge des Lebenslaufes definiert. Diese Erlebnisse müssen nicht unbedingt gemeinsam, im Sinn von unmittelbarem Miteinander, gemacht werden, vielmehr ist es wichtig, dass die Erlebnisse in einer strukturähnlichen, in einer homologen Art und Weise gemacht werden. So könnten wir uns vorstellen, dass die beiden, die sich angeregt über die Zeit des „Studiums" unterhalten, entweder in derselben Stadt und dasselbe Fach studiert haben, vielleicht aber nicht dasselbe Alter haben. Eine andere Möglichkeit wäre, dass sie in etwa demselben Alter und zur selben historischen Zeit studiert haben, aber in verschiedenen Städten und unterschiedliche Fächer. Wenn derartige Gemeinsamkeiten angesprochen sind, verstehen Gesprächspartner/innen einander unmittelbar. Ihnen ist es selbstverständlich, dass z.B. „Studium" für ein

30 zu dieser Argumentation vgl. auch Mannheim 1980, S. 217ff.

31 Diese Möglichkeiten sind Antworten von Studierenden auf die Frage, was denn der Begriff „Studium" bedeutet, entnommen.

32 zu diesem Beispiel vgl. auch Kap. 1.2

bestimmtes Institut oder, wie im zweiten Fall, eine Lebensphase steht und was mit diesem Institut bzw. mit dieser Lebensphase verbunden ist.

Erneut hingewiesen sei auch darauf, dass das „Einander-Verstehen im Medium des Selbstverständlichen“ (Gurwitsch 1976, S. 178) nicht nur bei Gesprächpartner/inne/n klappt, die einander kennen, sondern – wie sich in Mangolds Analysen von Gruppendiskussionen empirisch schon gezeigt hat (vgl. Kap. 1.3 und Mangold 1960) – auch bei anderen sozialen Einheiten, z.B. Vertreter/inne/n einer Berufsgruppe. Das Konzept des konjunktiven Erfahrungsraums fasst diese von der konkreten Gruppe gelöste Kollektivität grundlagentheoretisch. Es verbindet diejenigen, die an Wissens- und Bedeutungsstrukturen teilhaben, die in einem bestimmten Erfahrungsraum gegeben sind. Zugleich ist diese Kollektivität dem Einzelnen nicht extern. Sie zwingt ihn nicht oder schränkt ihn ein. Vielmehr ermöglicht sie Interaktion und alltägliche Praxis. Sie ist der Fond erlebter Gemeinsamkeit. Jede/r von uns ist Teilhaber/in vieler unterschiedlicher Erfahrungsräume. So lassen sich z.B. geschlechts-, bildungsmilieu- und generationstypische Erfahrungsräume voneinander unterscheiden. „Die (konkrete, A.P.) Gruppe ist somit nicht der soziale Ort der Genese und Emergenz, sondern derjenige der Artikulation und Repräsentation (...) kollektiver Erlebnisschichtung.“ (Bohnsack 2000a, S. 378) Wie sich diese Artikulation gestaltet, in welchen Formen sich konjunktive Verständigung vollziehen kann, d.h. auch wie die Überlagerung von Erfahrungsräumen sich im Diskurs repräsentiert, werde ich im folgenden empirischen Teil am Material zeigen: Bestimmte Formen der semantischen Bezugnahme, bestimmte Diskursstile bzw. Diskursmodi, wie wir es nennen, sind weder an konkrete Gruppen noch an bestimmte Individuen oder in ihnen fix verankerte Merkmale gebunden. Die unterschiedlichen Stile sind vielmehr durch das Aufeinandertreffen unterschiedlicher oder gemeinsamer Erfahrungsräume in einer konkreten Gruppe strukturiert.

Um das zu zeigen, ist es unerlässlich den Orientierungsgehalt der analysierten Gespräche und Diskussionen zu rekonstruieren. Die unterschiedlichen Formen finden sich dann auf der Ebene des konjunktiven, des dokumentarischen Sinns. Entsprechend sind auch die Texte nach den klassischen Schritten der dokumentarischen Interpretation bearbeitet. Der Ausarbeitungsgrad besonderes im Hinblick auf das Begriffssystem zur Beschreibung der Diskursorganisation kann jedoch auch als ein erstes Ergebnis der empirischen Arbeit gesehen werden.

2.2 Arbeitsschritte

Der Unterscheidung der beiden Sinnebenen immanenter und dokumentarischer Gehalt entsprechen auf der technischen Seite der Auswertung zwei Schritte: die formulierende Interpretation und die reflektierende Interpretation. Zunächst verschafft man sich aber einen Überblick über das auf Tonträger aufgezeichnete Gesprächs- bzw. Diskussionsmaterial in Form eines thematischen Verlaufs. Bisher wird in Publikationen zum Gruppendiskussionsverfahren (z.B. Bohnsack 1989, 2000a) dieser Schritt als Teil der formulierenden Interpretation gefasst. Da es hier aber um eine erste Orientierung im Text und in der Art und Weise der aufgezeichneten Interaktion geht, in der sowohl Elemente dessen, was geschieht (immanenter Sinn) als auch wie es geschieht (wichtig für den zu erarbeitenden Dokumentsinn), einfließen, schlage ich vor, den thematischen Verlauf nicht als Teil der formulierenden Interpretation zu fassen. Vielmehr wird in diesem ersten Sich-mit-dem-Text-vertraut-Machen versucht, inhaltliche und formale Elemente zu berücksichtigen (s.u.). Von daher scheint es mir den Arbeitsprozess klarer abzubilden, davon zu sprechen, dass hier Elemente formulierender und reflektierender Interpretation eingehen. Der Zweck des thematischen Verlaufs, der für die gesamten Tonträger von Gruppendiskussionen erstellt wurde, ist es, als Grundlage für die Auswahl jener Gesprächs- bzw. Diskussionsabschnitte zu dienen, die im Sinne der formulierenden und reflektierenden Interpretation intensiv ausgewertet werden.

2.2.1 Thematischer Verlauf und die Analyseeinheit „Passage"

Ein thematischer Verlauf wird also beim Abhören des Tonträgers erstellt. Dabei werden die Themen, wie sie der Reihe nach in dem Gespräch auftauchen, festgehalten und die entsprechenden Stellen des Tonträgers notiert. Besonderes Augenmerk gilt also dem thematischen Wechsel. Die Phasen der Behandlung *eines* Themas werden *„Passagen"* genannt und bilden die *kleinste mögliche Einheit* für einzelne Interpretationen.

Zwei Gesichtspunkte sprechen für diese Richtlinie: Nur in thematisch abgeschlossenen Gesprächsabschnitten erhalten wir als Interpret/inn/en hinreichend Kontext, um den immanenten Sinngehalt, d.h. bspw. auch möglichst den Großteil der deiktischen Ausdrücke, die Indexikalität der Passage, zu rekonstruieren. Es könnte sonst allzu leicht etwas als konjunktive Bezugnahme gelten, was bei der Betrachtung des Kontextes auf einer ganz allgemein verständlichen Ebene liegt. (vgl. Goffman 1981, S. 11)

Zum zweiten – und das mag vielleicht noch wesentlicher sein – können wir nur in thematisch abgeschlossenen Passagen davon ausgehen, dass die mindestens *drei* unterschiedlichen Äußerungszüge bzw. *Diskursbewegungen* (vgl. Bohnsack 2003a), die zur Rekonstruktion von Orientierungen notwendig sind, vollständig vorliegen. Interessant ist in diesem Zusammenhang, dass auch Goffman (1981, S. 25) auf einen Dreischritt hinweist, wenn es – aus seiner Perspektive – um einen für die Teilnehmer/innen an einer Interaktion befriedigenden bzw. abgeschlossenen Austausch geht: "A response will (...) leave matters in a ritually unsatisfactory state, and a turn (...) will be required, encouraged, or at least allowed, resulting in a *three*-part interchange; or chains of adjacency pairs will occur (...), the chain itself having a unitary, bounded character." (Hervorhebung im Original) Zusammengefasst kann man sagen, dass erst in einem abschließenden *dritten* Interaktionszug deutlich wird, ob und in welcher Weise eine Orientierung geteilt wird, ob eine Gesprächssituation in der gleichen Weise wahrgenommen wurde. Aus der Sicht der Interpretin/des Interpreten heißt das zu überprüfen, ob auf der Grundlage eines Erfahrungsraumes interagiert wurde. In der Terminologie der dokumentarischen Interpretation werden diese abschließenden Kommunikationszüge *Konklusionen* genannt (s.u.).

Da der thematische Verlauf die Grundlage für die Auswahl der Passagen bildet[33], gilt es – neben der thematischen Abgeschlossenheit – weitere Merkmale festzuhalten, die diese Auswahl mitstrukturieren: Das sind zum einen formale Merkmale der Interaktion. So wird notiert, ob die jeweiligen Stellen der Diskussionen bzw. des Gesprächs interaktiv dicht sind, d.h., ob häufig überlappend gesprochen wird, die Sprechwechsel oft und dicht aufeinander erfolgen, oder ob vielleicht eher das Gegenteil der Fall ist, das Gespräch eher schleppend vorangeht. Zum anderen sollten die Interventionen der Forscher/innen festgehalten werden. Wichtig ist dabei vor allem, ob thematische Wechsel durch die Gruppe selbst, d.h. selbstläufig, oder durch eine Forscherintervention, von einer Forscherin/einem Forscher initiiert, erfolgen.

Die Auswahl der Passagen, die in den Auswertungsprozess einbezogen und hierfür transkribiert werden, erfolgt nach folgenden möglichen *formalen* und *thematischen* Gesichtspunkten:

33 Oftmals erschließt sich das jeweilige Ende (und damit auch der Anfang) einer (nächsten) Passage erst mit der Transkription selbst, da es einer intensiveren Beschäftigung mit dem Text bedarf, z.B. der Erfassung von Pausen. Dies ist ein Hinweis darauf, dass selbst die Rekonstruktion dieser scheinbar technischen Schritte der Auswertung nur in idealtypischer Weise erfolgen kann und insofern auch keine dogmatischen Regeln darstellt, sondern lediglich eine näherungsweise Rekonstruktion der Forschungspraxis (vgl. Kap. 2.3.1.1).

1. Formale Gesichtspunkte[34]*:*

Unterscheiden sich Passagen formal vom Rest des Diskurses, so ist dies in der Regel ein Hinweis auf fokussierte Stellen im Gespräch. Bei Gruppendiskussionen spricht Bohnsack (z.B. 2001, zusammen mit Schäffer, S. 334) in diesem Zusammenhang von „Fokussierungsmetaphern". (vgl. auch Kap. 1.3) Sie weisen „eine hohe interaktive und metaphorische Dichte" in Relation zu anderen Passagen derselben Gruppendiskussion auf. Intensität in Gesprächen und Interaktionen kann aber auch durch andere formale Merkmale wie größere Pausen beim Sprecherwechsel, einen Wechsel der bevorzugten Textsorte (von einem eher argumentativen Stil zu einem erzählenden) oder die besonders lange und ausführliche Behandlung eines Themas markiert sein (vgl. z.B. Kap. 3.1.1.1 für den Wechsel von einer Textsorte zur anderen).

Diese Indikatoren weisen darauf hin – wie im empirischen Teil nun auch zu zeigen ist –, dass sich die Gruppe auf Zentren des gemeinsamen Erlebens eingependelt hat, „auf Erlebniszentren, in denen der Fokus gemeinsamer Orientierungen gefunden werden kann" (Bohnsack 2000a, S. 379). Der Prozess des Abtastens und in der Folge das Scheitern oder Glücken dieses Einpendelns auf Kerne gemeinsamer, konjunktiver Erfahrung wurde in Kapitel 1.1.3 in theoretischer Auseinandersetzung beleuchtet (vgl. auch Gumperz 1982b, Stern 1985, Erikson/Shultz 1981) und wird im Material besonders bei „Sand" und „Schmetterling" herausgearbeitet (Kap. 3.1.2.2 und 3.2.2.1). Formale Merkmale[35] dienen also als Wegweiser zur Auswahl von Passagen, die eine hohe Relevanz für die Untersuchten haben, in dem Sinn, dass sich die Gruppe auf der Basis gemeinsamer Erfahrungsräume, d.h. konjunktiv, verständigt.

34 Eingangs- oder Anfangspassagen (der Anfang als formales Kriterium) werden in Studien mit einem Interesse an z.B. biographisch relevanten Orientierungen einbezogen. Sie enthalten die erste Reaktion der Informant/inn/en auf Interventionen der Forscher/innen und die in diese Interventionen eingelassenen Interpretamente. Diese Reaktion erlaubt eine erste Rekonstruktion der feld- bzw. auch fallspezifischen Relevanz jener anfänglichen Interpretationen, die das Forschungshandeln strukturieren, z.B. wie das Erhebungssetting und der Eingangsstimulus verstanden werden. Gerade die Relation zwischen dem Diskurs der Untersuchten jenseits der Interventionen der Forscher/innen und der Untersuchten mit den Forscherinnen/Forschern erlaubt spannende Rückschlüsse auf die Fallstruktur. Zu Beginn ist letzterer als jener interessant, der die Gesprächssituation in Gang bringt. Wenn die Diskussionsteilnehmer/innen keine Realgruppe bilden, d.h. im Alltag keinen oder kaum Austausch miteinander haben, dann erfolgt in dieser Phase ein erstes Abtasten hinsichtlich geteilter Erfahrung – dieser Prozess findet sich im Verlauf der Diskussion immer wieder. In Realgruppen finden sich in dieser Anfangsphase schon Diskursstrukturen, die sich im Verlauf der Diskussion wiederholt zeigen. Für das Erkenntnisinteresse Diskursorganisation stellen die Eingangspassagen also keinen eigenen Fokus dar.

35 Das methodologisch Elegante an dieser Vorgehensweise ist, dass diese formalen Merkmale gut beschreibbar und von daher einer intersubjektiven Überprüfbarkeit gut zugänglich sind.

2. Inhaltliche Gesichtspunkte:

Über den Weg der Auswahl nach Fokussierung erhält man die für die Untersuchten relevanten Themen. Nun werden aber auch jene Passagen ausgewählt, die für das Erkenntnisinteresse, für die Forschungsfragen relevant sind. Dazu gehören auch Forschungsfragen, die sich erst im Zuge der Auswertungen ergeben. Das heißt, für das Entschlüsseln der Relevanzstrukturen der Erforschten können wir uns auf die Analyse der Formalstruktur stützen. Innerhalb einer rekonstruktiven Vorgehensweise ist diese immer in Bezug zu den Relevanzsetzungen der Forschenden zu setzen.

Da mein Erkenntnisinteresse nicht inhaltlich strukturiert ist, im Sinne eines Interesses am Inhalt von Orientierungen oder der Ausgestaltung von Habitus, ging es hier eher darum, das Thema bzw. die thematische Struktur als Hinweis zu nutzen, ob in diesen Abschnitten dieselben oder unterschiedliche Erfahrungsräume das Gespräch strukturieren.

2.2.2 Formulierende Interpretation

Bei der formulierenden Interpretation geht es um eine zusammenfassende (Re-) Formulierung des immanenten, des generalisierenden, sozusagen allgemein verständlichen Sinngehalts. Die Frage, die die Interpretin dabei zu beantworten sucht, lautet: Was wird gesagt? Der Inhalt wird knapp in einer möglichst allgemein verständlichen Sprache wiedergegeben. Ziel ist es, die thematische Struktur, die Gliederung des Textes, die sich meist nicht unmittelbar erschließt, nachzuzeichnen.

Was bringt dieser Schritt? Funktionen der formulierenden Interpretation:

1. Erst wenn man sich über den wörtlichen Gehalt einig geworden ist, kann man über den nächsten diskutieren: Das heißt, schon dieser erste Schritt des Sinnverstehens wird intersubjektiv überprüfbar gemacht. Ist die Interpretation für diesen Schritt zweifelhaft, das Verständnis unterschiedlich, lässt sich zeigen, dass die Interpretationen auf der Ebene des Dokumentsinns oft noch weiter auseinander klaffen. Bohnsack (1989, S. 344) hält in diesem Zusammenhang fest, dass „im Fall von Uneinigkeiten (…) die Forschergruppe wieder zu dieser Stufe der formulierenden Interpretation und der mit ihr geleisteten grundlegenden Gliederungs- und Übersetzungsarbeit zurück“ kommt.
2. Eng mit der Funktion der Kontrolle des Sinnverständnisses ist eine zweite Kontrollfunktion verknüpft. Die Sprache der Erforschten wird in diesem Schritt in Richtung der Sprache der Forschenden überführt.

Dieser Übergang wird somit auch einer intersubjektiven Überprüfbarkeit zugänglich gemacht.

3. Die Trennung der beiden Sinnebenen ist immer eine analytische Trennung. Hat man aber einmal die eine sich unmittelbar erschließende Ebene rekonstruiert, ist klar, dass das, was hier festgehalten wurde, nun nicht mehr Gegenstand des nächsten Interpretationsschrittes sein kann.
4. Der Blick richtet sich hier schon auf die kollektive Hervorbringung des Gesprächs bzw. der Diskussion. Verblüffend ist, dass hinsichtlich der thematischen Gliederung meist eine klare Ordnung zu finden ist. Diese Ordnung bzw. Gliederung wurde gerade nicht von einem allein bestimmt, sondern sie entsteht durch das Zusammenspiel der Gruppe. So liest sich die formulierende Interpretation bisweilen wie das Inhaltsverzeichnis für eine Abhandlung (vgl. die Beispielinterpretation am Ende dieses Kapitels).

Wenn man nun das Transkript einer Passage vor sich liegen hat, versucht man zuerst das Thema der Passage festzulegen. Welches Thema lässt sich als übergreifendes Thema des Textes, des Interaktionsabschnitts ermitteln? Dieses Thema wird „Thema der Passage" genannt. Dann gilt es Oberthemen (OT) und Unterthemen (UT) herauszufinden und im Zuge dessen den Inhalt des Gesagten, so wie er allgemein verständlich ist, konzise darzustellen. Man erhält somit eine thematische Feingliederung des Textes bzw. der Interaktion und eine zusammenfassende Formulierung des wörtlichen Gehalts.

Wichtig dabei ist die Themen in jener Abfolge zu gliedern, wie sie sich im Gespräch entwickeln. Es geht darum jene Ordnung zu rekonstruieren, die durch die Untersuchten geleistet wird, und nicht darum aus der Perspektive der Interpretin Ordnung zu machen, also zusammenzusammeln, was aus der Sicht der Interpretin zusammenpasst, ungeachtet der Abfolge und Verbundenheit, in der die Inhalte auftauchen. Das heißt, auch und gerade in der formulierenden Interpretation vergegenwärtigt man sich das Erwartungssystem der Untersuchten. Wenn man so möchte, wird jener Teil der Kommunikation festgehalten, der offiziell ist bzw. öffentlich gemacht wurde. Dies ist durch die generalisierbare Ebene des Sinns auch gegeben, die allgemein, öffentlich verständlich ist. Mit Bohnsack (1983, S. 6) kann man sagen, dass man den „Modus *verantwortlicher Kommunikation* – also das, *was* wörtlich gesagt wird" im Gegensatz zum „Modus der *Gestaltung* (…) – *wie* etwas gesagt wird" in den Blick nimmt. Letzterer Modus ist Gegenstand der reflektierenden Interpretation. In der formulierenden Interpretation zeichnet man den Gehalt der Kommunikation nach, für den sich die Untersuchten verantwortlich machen lassen könnten. Es geht nicht um eine bessere oder andere Ordnung oder thematische Zusammenfassung, die vermeintlich ‚klügere' oder ‚ordentlichere' Interpret/inn/en darin zu erkennen meinen.

Nun kann es Formulierungen geben, die auf der Ebene des immanenten Sinns nicht zugänglich sind. Zum einen kann dies einer hohen Indexikalität, also einem Verweisungscharakter, geschuldet sein, der sich erst durch das Einbeziehen eines größeren Textausschnittes (vgl. u.a. die komplexe Erzählung von „Straße" in Kap. 3.1.3.1), durch Kontextwissen aus der Beobachtung, manchmal vielleicht auch gar nicht endgültig entschlüsseln lässt. Zum anderen können es Wendungen sein, die erst auf der Ebene des Dokumentsinns verstehbar werden, d.h. im Zuge der reflektierenden Interpretation. Sie fließen als wörtliche Zitate in die formulierende Interpretation ein. Ebenso werden jene Äußerungen wörtlich zitiert, die Kerne des immanenten Sinns treffend wiedergeben und bei denen eine Reformulierung eher zu einer Verlängerung und Verkomplizierung des Textes führt.

2.2.3 Reflektierende Interpretation

Bei der reflektierenden Interpretation geht es nun um das Herausarbeiten des dokumentarischen Sinngehalts. Die Fragen, die die Interpretin dabei zu beantworten sucht, lauten in etwa: Was zeigt sich hier über denn Fall? Welche Bestrebung und/oder welche Abgrenzungen sind in den Äußerungen, den Diskursbewegungen impliziert? Welches Prinzip, welcher Sinngehalt kann eine derartige Äußerung motivieren, hervorbringen? Welches Prinzip kann mir zwei oder gar mehr (thematisch) unterschiedliche Äußerungen als Ausdruck desselben zugrunde liegenden Sinns verständlich machen?

Ziel dieses Interpretationsschrittes ist die Rekonstruktion von Orientierungen und Habitus (vgl. auch Kap. 1.2, sowie u.a. Bohnsack 1997c und Meuser 2001). Dabei bezeichnen Orientierungen Sinnmuster, die unterschiedliche (einzelne) Handlungen strukturieren, hervorbringen. Sie sind Prozessstrukturen, die sich in homologer Weise in unterschiedlichen Handlungen, also auch den Sprechhandlungen, ebenso wie in den Darstellungen der Handlungen reproduzieren. Diese Sinnmuster sind in die Handlungen eingelassen und begrifflich-theoretisch nicht gefasst. Sind z.B. in der Metaphorik von Erzählungen und Beschreibungen und von performatorischen Inszenierungen, z.B. der Art und Weise, wie miteinander und mit den Untersuchenden umgangen wird, gegeben. Diejenigen, denen Orientierungen, auf der Grundlage eines gemeinsamen Erfahrungsraumes (s.o.) gemeinsam sind, beziehen sich unmittelbar und selbstverständlich darauf, sie verstehen einander ohne einander zu interpretieren. Die Grundlage dieses Verständnisses zu explizieren wird in diesem Interpretationsschritt geleistet.

2.2.3.1 Explikation von Orientierungswissen durch einander begrenzende Horizonte

Einen interpretativen Zugang[36] zu Orientierungen eröffnet folgende Herangehensweise an den Text: Die Interpretin versucht den Diskurs als Ausdruck, als Dokument von zumindest einem von drei prinzipiellen Strukturmerkmalen von Orientierungen zu erfassen: Zum einen gibt es positive Ideale, die eine Richtung, einen „positiven Horizont" anzeigen, auf den eine Orientierung zustrebt. Zum anderen kann eine Richtung, eine Entwicklung, ein Ausgang abgelehnt werden. Die Orientierung grenzt sich von einem „negativen Gegenhorizont" ab. Ein drittes Strukturmerkmal ist die Einschätzung der Realisierungsmöglichkeiten, das „Enaktierungspotential". (Bohnsack u.a. 1989)

Eine Gruppe junger Frauen (vgl. Kap. 2.4) setzt sich mit dem Kinderreichtum in Familien türkischer Herkunft kritisch und mit diesem konkurrierend auseinander. Zugleich kritisieren sie eine feindliche Stimmung gegenüber Müttern im Berufsleben und eine alleinige Anerkennung männlicher Nachkommen als eigenen Wert. Gemeinsam ist den Argumentationssträngen, dass Kinder und die Mutterrolle erstrebenswert (positiver Horizont: Mutterschaft) sind, aber nicht für den Preis, im Geschlechterverhältnis eine untergeordnete Rolle einnehmen zu müssen (negativer Horizont: soziale Schlechterstellung). Die Interpretin stellt also an den Text die Fragen: Wohin strebt die Metaphorik? Wovon wendet/grenzt sie sich ab? Wo werden Durchführungsmöglichkeiten oder -probleme gesehen? Diese Eckpunkte markieren einen Orientierungsrahmen. (vgl. Bohnsack 1989)

Ausdruck einer Krise kann es sein, wenn sich nur negative Gegenhorizonte finden lassen. Man weiß zwar, wie es nicht sein und werden soll(te), hat aber keine Vorstellungen davon, wohin eine Reise gehen könnte. Es kommt zum Stillstand und zum Kreisen um ein Problem. Von einem Orientierungsdilemma wird z.B. gesprochen, wenn sich der positive Horizont mit dem negativen Gegenhorizont nicht vereinbaren, wenn er sich nicht umsetzen lässt. Selbiges zeichnet sich in den geschlechtstypischen Orientierungen der jungen Frauen ab. Ein positiver Horizont ohne einen negativen Gegenhorizont nimmt alles in sich auf, jede Konsequenz, jeden Preis, und ist somit als Handlungsgrundlage nie wirklich vollständig.

36 im Gegensatz zu einem aneignenden Zugang, der wohl eher in der Mimesis zu suchen ist (vgl. Wulf et al. 2003)

2.2.3.2 Die sequenzielle Struktur der Diskursanalyse der dokumentarischen Methode

Ergänzt wird diese Herangehensweise um eine Sequenzanalyse, also um eine Analyse der Abfolge der Äußerungen bzw. der Diskursbewegungen, die zunächst zumindest zwei Äußerungseinheiten in ihrem Bezug aufeinander in den Blick nimmt. Die Frage, die an die Abfolge der Äußerungszüge gestellt wird, lautet: Welche Unterscheidung wurde im ersten getroffen, welcher Horizont entworfen, sodass der nächste Zug als sinnvolle Reaktion/Weiterführung nachvollziehbar wird? Das heißt, die Interpretation folgt der sequenziellen Ordnung der Daten Schritt für Schritt.

Die Sequenzanalyse, wie sie in der Objektiven Hermeneutik entwickelt wurde (vgl. bspw. Oevermann et al. 1976, Reichertz 2000), folgt ebenfalls der Regel einer schrittweisen interpretativen Abarbeitung der Ausgangsdaten. Zudem gilt die Vorschrift, dass bei der Interpretation einer Sinneinheit nicht auf Informationen an nachfolgender bzw. späterer Stelle vorgegriffen werden darf. Für eine kleinste Texteinheit, Äußerung, werden gedankenexperimentell alle von der Interpretin für sinnvoll erachteten nachfolgenden Äußerungen oder Reaktionen durchgespielt. Vor dieser gedankenexperimentell entworfenen Kontrastfolie erscheint dann die tatsächlich gegebene nachfolgende Äußerung oder Reaktion in ihrer fallspezifischen Besonderheit und markiert den latenten Sinn. Es wird also von einer Regelhaftigkeit ausgegangen, die den Interpret/inn/en zuvor schon bekannt ist.

Die Sequenzanalyse der dokumentarischen Methode verfährt dagegen quasi in der umgekehrten Blickrichtung. Es wird ebenfalls davon ausgegangen, dass sich die Produktionsregeln der Äußerungen durch ihre Abfolge erschließen lassen. Die Kenntnis dieser Regelhaftigkeit ist aber in den atheoretischen, den konjunktiven Wissensbeständen der Untersuchten angesiedelt. *Sie* verfügen über diese Regelhaftigkeiten intuitiv. Im Verständnis einer Sinneinheit, also in der Reaktion auf sie, findet die Regelhaftigkeit ihren Ausdruck. Die Interpretin versucht dieses Verständnis, das den Untersuchten als atheoretisches Regelwissen gegeben ist, auf den Begriff zu bringen. Das kann gelingen, indem man gedankenexperimentell homologe Reaktionen durchspielt oder im Text homologe Sequenzen entdeckt. Es geht dabei um „die Frage nach der Regel, durch welche die Klasse all jener Reaktionen konstituiert wird, die Homologien zur empirisch gegebenen aufweisen" (Bohnsack 2001a, S. 335f.). Hiermit wird es möglich der Interpretin unbekannte – den Erforschten atheoretisch verfügbare – Regeln zu erarbeiten.[37]

37 Der Weg der dokumentarische Methode weist hier große Parallelen mit jenem von Sacks (1995, S. 538ff) auf, wenn es ihm um semantische Interpretationen geht. Auch zur Idee der „Abduktion" im Sinne von Peirce (1967) lassen sich Gemeinsamkeiten finden. (vgl. auch Bohnsack 2001a, Reichertz 2000). Ausgehend von einem überraschenden „Resultat" wird nach der Regel, die dieses

An einem Beispiel aus dem empirischen Material[38] soll dies verdeutlicht werden. Es handelt sich dabei um eine Gruppendiskussion mit Studentinnen, deren Eltern aus der Türkei stammen (vgl. Kap. 3.1.1.1): 1. Äußerung: „Die [Behördenmitarbeiter/innen, A.P.] sind ja schon geschockt, wenn du da so ankommst und fließend Deutsch sprichst." 2. Äußerung: „ (Auflachen) Ja, ja. Das ist für die immer ein Erlebnis." Wie könnte nun eine andere 2. Äußerung lauten, die zu der zitierten passt? Einfach nur ‚Ja' würde implizieren, dass man zwar übereinstimmt, aber nichts Besonderes darin sieht. Behördenmitarbeiter/innen könnten damit eine Gruppe von Leuten sein, die überhaupt leicht geschockt ist. Fließend Deutsch zu sprechen wäre dann eine Beispiel für beliebige andere Kleinigkeiten (z.B. husten). Es wird aber noch einmal auf den Auslöser verwiesen: „Das ist ..." Dieser Verweis könnte nun auch mit ‚Es ist ...' erfolgen. „Das" weist im Vergleich mit ‚es' stärker auf den Unterschied dieser Situation zu anderen Situationen hin. Es geht also um genau diese spezielle Situation, die schockt, die eine Reaktion hervorruft. Was ist nun aber das Spezielle an der Situation, die doch ganz alltäglich anmutet und für die jungen Frauen, die das Ganze in fließendem Deutsch vortragen, auch als alltäglich gelten kann? Auf die Frage, was das Spezielle ist, liefert dieser Textausschnitt keine Antwort. Was wir aber sehen ist, dass sich ein Spannungsverhältnis aufbaut: Etwas für die jungen Frauen ganz Unspektakuläres, Alltägliches ist in den Augen der Behördenmitarbeiter/innen etwas Spezielles, Außergewöhnliches. Auf das „Geschockt"sein, als seelische Reaktion auf ein unerwartetes, provokantes Ereignis wird nun auch Bezug genommen, und zwar mit dem Begriff „Erlebnis". Es ist aber weder ein ‚schlimmes' noch ein ‚tolles' Erlebnis, eine Formulierung, in der näher auf den seelischen Zustand der Behördenmitarbeiter/innen eingegangen werden würde. Es geht also nicht um einen mitfühlenden, die Perspektive übernehmenden Modus. ‚Das ist für die ein Ereignis' oder ‚eine Fata Morgana' im Sinne einer Sinnestäuschung, scheint hier eher als Alternative passend. Hier wird das Besondere für die Behördenmitarbeiter/innen hervorgehoben, das aus dem Alltag herausragt, das sie aus der Routine reißt. Wer sich aus dem Konzept bringen lässt, provozieren lässt, durch etwas, das nicht der Rede wert ist, alltäglich ist, steht dumm da, und das amüsiert. Dummheit wird entlarvt. Es wird gelacht, was als Auslachen erkennbar wird. Das heißt, die Provokation und die Bloßstellung der falschen Einschätzung einer Situation, die durch sie ausgeht, amüsiert die jungen Frauen. Eine ähnliche bzw. homologe Reaktion, die man nun im Text findet, lautet: ‚Wie verdutzt die gucken, darüber kann

---

zu plausibilisieren vermag, gesucht. Schließt man von einer bekannten Regel auf den Fall, wie sich die Objektive Hermeneutik darstellt, entspricht dies eher der Induktion.

38 Die Zitate aus den Transkripten sind an dieser Stelle – um das Beispiel hier kurz zu halten – geringfügig bearbeitet. Im empirischen Teil – in dem dann auch die Original-Transkriptgrundlage zu diesem Beispiel nachzulesen ist – finden sich derartige Bearbeitungen nicht. (vgl. Transkriptionssystem)

man ziemlich lachen.' Hier beziehen sich die jungen Frauen auf andere Vertreter/innen des öffentlichen Raumes. Die Verunsicherung (‚geschockt', ‚weg', ‚verdutzt' sein) der Behördenmitarbeiter/innen bzw. Vertreter/innen des öffentlichen Raumes als eine die jungen Frauen amüsierende Provokation (lachen, ‚Erlebnis', ‚man kann lachen') lässt sich also als Produktionsregel ausmachen. Das heißt, es wird nach der Produktionsregel für Abfolgen von Interaktionszügen, Diskursbewegungen gesucht. Man sucht „nach Reaktionen (...), die nicht nur als thematisch sinnvoll erscheinen, sondern auch homolog oder funktional äquivalent zu der empirisch gegebenen Reaktion sind" (Bohnsack 2001a, S. 337). Je eher es gelingt diese alternativen Reaktionen auch im Text, im Transkript zu finden, desto valider bzw. auch reliabler ist die Interpretation.

2.2.3.3 Der Dreischritt als diskursive Einheit im Hinblick auf die Form der Sozialität

Will man nun feststellen, *in welcher Weise* ein Orientierungsgehalt unter interagierenden Personen geteilt ist, bedarf es der Betrachtung von mindestens drei Sinneinheiten: Denn erst, wenn die Reaktion als mögliche, passende Reaktion bestätigt wird, wird z.B. deutlich, dass sie nicht nur für den Produzenten der Reaktion (die produzierende Partei) eine passende ist, sondern auch für andere Beteiligte. Eine nächste homologe Reaktion, wie im angeführten Beispiel, ist dahingehend noch keine Bestätigung. Denn die Produktionsregel „Amüsement durch Provokation von Vertreter/inne/n des öffentlichen Raumes" mag zwar für einen Teil der Gruppe als Vertreterin(nen) eines bestimmten Erfahrungsraumes gelten, wie aber ist sie von möglichen anderen Parteien geteilt? In der Terminologie, die ich gleich vorstellen werde, ist die erste Äußerung des Beispiels eine *Proposition*, in welcher der Orientierungsgehalt „Amüsement durch Provokation von Vertreter/inne/n des öffentlichen Raumes" aufgeworfen wird. Die zweite ist eine *Validierung* dieses Orientierungsgehalts.[39] Eine (weitere) Validierung, also eine Bestätigung der Proposition, oder eine Ausführung des Orientierungsgehalts in Form von Argumenten oder Beispielen, d.h. eine *Elaboration* (s.u.), dokumentiert zwar, dass ein Teil der Gruppe auf denselben Orientierungsgehalt abhebt. Das kann aber immer noch jene Partei in der Gruppe sein, die die erste Diskursbewegung produziert hat. In unserem Beispiel erfolgt zwar beides: die Diskursbewegung wird mit einem lang gezogenen lachend gesprochenen „Ja" und einem zusätzlichen Auflachen bestätigt[40], dann wird quasi

39 Auf eine Proposition folgt nicht notwendigerweise eine Validierung (s.u.). Folgt eine Diskursbewegung einer anderen semantischen Form (z.B. eine Antithese), ist der Dreischritt unterschiedlich.

40 Ein „Ja" allein kann meist nicht als Validierung einer Orientierung gelten. Es wird dann eher von

in einer dritten Bewegung ein Beispiel gegeben, das hier sogar mit „Zum Beispiel hier in …" eingeleitet wird. Dies ist aber noch nicht jene dritte Bewegung, welche wir suchen. Erst in einer das Thema abschließenden Diskursbewegung verständigt sich quasi die Gruppe darüber, das niemand mehr was dazu zu sagen hat, also auch jene Partei, welche die erste Bewegung produziert hat. Findet sich auch hier der Orientierungsgehalt, dann kann dies als Einverständnis gelten – und ist rituell auch befriedigend, in der Terminologie Goffmans.

Am Ende der Passage, aus der das Beispiel stammt, in ihrer *Konklusion* als jener dritten Bewegung, nach der wir suchen, wird schließlich deutlich, dass die Perspektive der Provozierten neben dem Amüsement doch auch interessant ist. Sie sollen von den jungen Frauen – eben durchaus auch durch Provokation vermittelt – etwas Bestimmtes lernen bzw. „muss (…) umgelernt werden". Es wird deutlich, dass sich die jungen Frauen türkischer Herkunft als eigene Generation innerhalb einer Geschichte der Migration erleben. Dies bedeutet Kontinuität und Abgrenzung gegenüber der Elterngeneration sowie Anschluss und Abgrenzung gegenüber der deutschen Sphäre. Eine Überwindung der Grenze scheint nur auf der Ebene einer kommunikativen Perspektivenübernahme und der kognitiven Anerkennung ihrer besonderen Stellung möglich. Hier werden die gemeinsamen, die homologen existenziellen Erfahrungen dieser drei jungen Frauen auch noch einmal greifbarer: Sie repräsentieren dieselbe Migrationsgeneration, denselben geschlechtstypischen Erfahrungsraum, der gerade in dieser Migrationsgeneration von herausragender Bedeutung ist (vgl. Bohnsack/Loos/Przyborski 2001), und befinden sich entwicklungs- und bildungsmilieutypisch in derselben Lage. Auch hinsichtlich der Erfahrungen im Elternhaus lassen sich ganz zentrale strukturähnliche Erfahrungen herausarbeiten. (vgl. Kap. 3.1.1.1) Diese ihre „ganz neue Generation" tragen sie quasi in der Öffentlichkeit zur Schau. Im Spiegel der Provokationen können sie sich der Kontinuität ihrer Geschichte versichern – da sie die Reaktion als Dokument für eine stereotype Wahrnehmung ihres Erscheinungsbildes sehen, die ihre Eltern geprägt haben – und ihrer Neuartigkeit, die das Gegenüber überrascht bis schockiert. Jetzt ist dieses Gegenüber am Zug und muss lernen, ebenso wie ihre Eltern bei ihrer Einwanderung.

Es bleibt dann nur die Möglichkeit, dass sich Teile der Gruppe ins Schweigen zurückgezogen haben. Das kann zwei mögliche Gründe haben: 1. Sie stimmen derartig mit dem bisherigen Diskurs überein, dass es nicht notwendig ist, etwas dazu zu sagen. Das ändert nichts an dem Orientierungsgehalt, den wir herausgearbeitet haben. 2. Sie finden keine Anknüpfungspunkte, können nichts mit dem, was gesagt

einer „Ratifikation" gesprochen. Damit ist letztlich nur eine Bestätigung des Hörens und Verstehens der Worte, also des immanenten Sinngehalts angesprochen.

wurde, anfangen, trauen sich nicht, weil sie Widerspruch befürchten etc. Alle diese Gründe sprechen dafür, dass eine andere Orientierung vorliegt, der Erfahrungsraum, der Grundlage der Passage war, nicht geteilt wurde. Äußerungen von dieser Partei nützen also nichts für die Interpretation dieses Erfahrungsraumes bzw. für das Erfassen jener Orientierung, um die es in einer Passage ging.

Um also den Orientierungsgehalt herausarbeiten zu können, gilt es das ‚Wie' der Kommunikation in zweifacher Weise zu betrachten: 1. Wie werden die Inhalte vorgebracht, gestaltet? Diese Ebene, die Performanz, erlangt zentrale Bedeutung, um 2. festzustellen, wie sich die semantische Bezugnahme auf der Ebene des Dokumentsinns auffaltet. Das heißt, in welchem formalen Bezug steht der semantische Gehalt der einzelnen Interaktions- bzw. Äußerungszüge. Das wird in allen Interpretationen von Diskursen, die mit der dokumentarischen Methode arbeiten, vollzogen. Diese unterschiedlichen Modi der formalen Struktur der Semantik selbst aber zum Gegenstand zu machen – mit dem Ziel, sie in einen systematischen typologischen Zusammenhang zu stellen –, ist bisher noch nicht geleistet worden (vgl. Bohnsack 2001b). Die Analysen zielen bisher auf die typologische Erfassung biographisch relevanter Orientierungen ab.[41]

2.3 Das Begriffsinventar zur Diskursorganisation

In der empirischen Arbeit hat sich ein Begriffsinventar, eine Terminologie entwickelt, die in ihrer Anwendung sehr präzise ist. Theoretisch-beschreibend ist diese Begrifflichkeit bisher nur im Ansatz (Loos/Schäffer 2001, Bohnsack/Schäffer 2001) veröffentlicht. Häufig publiziert wurden bisher Beispielinterpretationen, in welchen *mit* dieser Begrifflichkeit *gearbeitet* wird (z.B. Schäffer 1996, Loos/Schäffer 2001, Bohnsack 2003a). Die theoretisch-definitorischen Darstellungen bleiben sehr knapp und abstrakt. Sie sind auf wenige ganz zentrale Begriffe beschränkt. In den praktischen Darstellungen muss die Systematik unvollständig bleiben, da sich in einer Passage nie alle möglichen Formen von Diskursbewegungen finden.

Um mein Ziel einer ersten typologischen Zusammenstellung der unterschiedlichen Modi formal-semantischer Bezugnahmen zu verwirklichen, werde ich in dem nun folgenden Abschnitt das Begriffsinventar möglichst umfassend und möglichst für die empirischen Anwendung nachvollziehbar in zwei Schritten rekonstruieren. Sie stellen das wichtigste Handwerkszeugs meiner Arbeit dar. Die

41 In seiner Arbeit zu Orientierungen von Jugendlichen einer Kleinstadt und umliegender Dörfer hat Bohnsack (1989) die Grundlage für die unterschiedlichen Modi der Diskursorganisation herausgearbeitet (vgl. bspw. S. 393).

ausführliche Rekonstruktion bzw. die Schärfung und der Ausarbeitungsgrad dieses Handwerkszeugs ist zugleich ein erstes Ergebnis der empirischen Arbeit. Zunächst rekonstruiere ich die Anwendung der Begriffe im Sinn einer theoretischen Definition, dann folgt ein Interpretationsbeispiel, in dem ich die Anwendung der Begriffe an empirischem Material vorführe. Diskursbewegungen, die in diesem Beispiel nicht vorkommen, finden sich im empirischen Teil ausführlich dargelegt.

Das Begriffsinventar fasst die formale Struktur der Diskurse als Verhältnis zwischen den Orientierungsgehalten von Diskurseinheiten. Das heißt, der Dokumentsinn von Interaktionen wird in seiner semantischen Form beschrieben.

Neben diesem Verhältnis, als der semantischen Form der Entfaltung von Orientierungsgehalten, wird auch die Form der Interaktion, die Ebene der Performanz, im Sinne von Textsorten bzw. formaler textanalytischer Kategorien festgehalten: Handelt es sich z.B. um Erzählungen oder Beschreibungen, um Fragen oder Nachfragen, um parasprachliche Elemente (Lachen), um Metakommunikation (als Kommunikation über die Kommunikation, z.B. die Verteilung von Redebeiträgen etc.) oder um Argumentationen. Diese Analyseebene ist wichtig, aber nicht der Kern meiner Arbeit. Sie fließt ein, wird aber nicht systematisch ausgearbeitet. Von Schütze (bspw. 1987) wurde diese Ebene im Rahmen der von ihm begründeten Narrationsanalyse systematisch herausgearbeitet. Für die dokumentarische Interpretation ist in diesem Zusammenhang Netwig-Gesemann (2002) zu nennen, die sich besonders mit Gesprächen von Kindern beschäftigt.

Orientierungen vermitteln sich sowohl auf der verbal-inhaltlichen als auch auf der performatorischen Ebene. Metakommunikative Äußerungen, parasprachliche Elemente und Gesten vermitteln Orientierungen eher durch ihre Durchführung selbst, durch die Performanz, während Erzählungen, Beschreibungen und auch Argumentationen den Orientierungsgehalt auf der semantischen, der inhaltlichen Ebene vermitteln. Das heißt, die Begriffe für die Diskursorganisation beziehen sich immer auf beide Ebenen.

2.3.1 Proposition

Der Begriff „Proposition" wird in verschiedenen Traditionen (Aussagelogik, Sprechakttheorie, Ethnomethodologie) in voneinander abweichenden Bedeutungen verwendet. Gemeinsam ist ihnen aber, dass immer ein Sinngehalt damit bezeichnet wird. Ursprünglich fand er in der Aussagelogik Verwendung. Die Proposition betrifft hier die Aussage einer Formel unabhängig von ihrer Darstellung. Austin und Searl haben diesen Begriff in einer dieser Bedeutung sehr nahe liegenden Weise in ihrer Sprachphilosophie aufgegriffen (vgl. Austin 1994, urspr. 1962 und 1975, Searl

1971). In ihrer Analyse der Sprache unterscheiden sie den propositionalen und den illokutiven Akt innerhalb eines Sprechakts: Der propositionale Akt, die Proposition ist das, was über etwas ausgesagt wird, oder anders: die Referenz, die Bezugnahme auf „Welt“ und die Prädikation, die Aussage über „Welt“. Der illokutive Akt dagegen, die Illokution, zeigt die Funktion auf der Ebene des Handelns an: Behaupten, Versprechen, Warnen, Bitten usw.[42]

Garfinkel (1981) verwendet den englischen Begriff „proposition“ für jenen Sinn- bzw. Bedeutsamkeitsgehalt in Äußerungen, über dessen Faktizität die Gesellschaftsmitglieder einig sind, und zwar gerade in ihrer Ablösung von individuellen oder konjunktiven Lebensbezügen. In der Veranschaulichung der „proposition“ als Bedeutungsgehalt von „descriptions“ hält er Folgendes fest: „Vom Standpunkt des Benutzers aus gesehen, entsprechen jeder Beschreibung spezielle Bedeutsamkeitsgehalte, die in der besonderen Lebensgeschichte des Benutzers und der anderen Person ihren Ursprung haben. Vom Standpunkt des Benutzers aus gesehen sind jedoch derartige Bedeutsamkeitsgehalte für die gerade verfolgten Absichten der beiden Interaktionspartner irrelevant.“ (Garfinkel 1981, S. 192) Garfinkel unterscheidet also diesen von den Gesellschaftsmitgliedern als allgemeinen und universell gültig anerkannten Sinngehalt lediglich von einem individuellen. Die Ebene des Konjunktiven, wie sie hier zuvor beschrieben wurde, bleibt unberücksichtigt. „Proposition“ wird in der deutschen Übersetzung (Garfinkel 1981) mit „Feststellung“ bezeichnet, was der Dimension des Bedeutungsgehalts m.E. nicht ganz gerecht wird. Feststellungen sind explizit. Garfinkel geht es aber um implizite Annahmen über die Welt; implizite Annahmen, die als feststehend und gültig vorausgesetzt werden.

Bohnsack (1999, S. 240) führt aus, dass er „mit dem Begriff der ‚Proposition‘ (...) an Harold Garfinkel“ anknüpft. Die Gemeinsamkeit in der Verwendung der Begriffe liegt darin, dass ein in Beschreibungen und Erzählungen impliziter Bedeutungsgehalt, auf den die Interagierenden gemeinsam Bezug nehmen, angesprochen ist. Die Verwendung des Begriffes unterscheidet sich in der Konzipierung der Gemeinsamkeit der Bedeutung. Garfinkel unterscheidet nicht zwischen einem allgemeinen und einem konjunktiven Sinn.

In der dokumentarischen Interpretation von Diskursen lässt sich der Begriff „Proposition“ als Orientierungsgehalt von Äußerungen bzw. Diskurseinheiten, die wir Diskursbewegungen nennen werden, verstehen. Oft wird daher auch vom

42 Ein Beispiel: 1. Ich glaube, der Tisch wackelt. 2. Der Tisch wird bestimmt wackeln. 3. Wird der Tisch wackeln? Der illokutive Akt von 1. ist eine Vermutung, von 2. ein Versprechen, von 3. eine Frage oder Befürchtung. Der propositionale Akt lautet: Tisch wackelt. Es geht also lediglich um den Gehalt von Referenz und Prädikation.

propositionalen Gehalt einer Äußerung gesprochen. Dieser Gehalt ist in den Interaktionszügen bzw. Äußerungen implizit gegeben, dokumentiert sich z.B. in der Art und Weise, wie ein Thema behandelt wird oder welche Geschichte dazu erzählt wird. Mit dem propositionalen Gehalt eines Interaktionszuges, einer Äußerung ist also ganz grundsätzlich die Ebene des Dokumentsinns angesprochen. Propositional bedeutet ‚den Orientierungsgehalt, den Dokumentsinn betreffend'. Jede Diskursbewegung beinhaltet also einen propositionalen Gehalt. Nicht immer lässt sich ein interpretativer Zugang zu diesem Gehalt gewinnen, dann z.B. nicht, wenn der betrachtete Interaktionsausschnitt zu klein ist (s.o.).

Etwas „proponieren" bedeutet einen Orientierungsgehalt aufwerfen. Bei der formalen Beschreibung des Diskurses wird nun von einer Proposition gesprochen, wenn eine Orientierung – oder auch nur Aspekte einer Orientierung (die in der Folge vervollständigt, ausgearbeitet, eingeschränkt etc. werden können, s.u.) – in einer Passage erstmalig aufgeworfen wird. Wenn wir berücksichtigen, dass eine Passage als thematische Einheit gefasst ist, kann man auch sagen: In der Proposition taucht ein dokumentarischer Gehalt im Verlauf der Behandlung eines Themas erstmalig auf bzw. wird in einem ersten Ansatz in einem Diskurs artikuliert. Das kann auch nur ein erstes Anreißen eines Horizonts sein.

Es finden sich also in der Regel dort Propositionen, wo ein neues Thema beginnt. Eine Ausnahme hierzu bilden Transpositionen (siehe Kap. 2.3.11), in ihnen fällt der Abschluss eines Themas und das Aufwerfen eines neuen Themas in einer Diskursbewegung zusammen. Innerhalb einer Passage wird von einer Proposition gesprochen, wenn ein deutlich neuer Orientierungsgehalt aufgeworfen wird und diesem Aufwerfen eine Konklusion vorausgeht (zu Konklusion siehe auch Kap. 2.3.10). Eine Konklusion beendet aber nicht nur ein Thema, sondern auch zumindest vorläufig, situativ die Artikulation einer Orientierung; d.h. die Entfaltung einer Orientierung wird zu einem Abschluss gebracht. Das muss aber nicht heißen, dass diese Orientierung, dieser Orientierungsrahmen in der folgenden Proposition nicht erneut aufgeworfen wird (von einer anderen Seite her oder anhand eines anderen Themas eben) – vor allem, wenn man bedenkt, dass ein Orientierungsmuster gerade dann an Gültigkeit gewinnt, wenn seine „Reproduktionsgesetzlichkeit nachgewiesen" (Wohlrab-Sahr 1994, S. 273) werden kann. Je weiter man in der Interpretation fortgeschritten ist und je höher das Abstraktionsniveau ist, auf dem wir den dokumentarischen Gehalt, den Orientierungsrahmen beschreiben können, desto eher werden wir denselben Gehalt in unterschiedlichen erneuten Ansätzen, Propositionen, (wieder-)erkennen. „In der Tat lässt sich die gesamte Gruppendiskussion als eine einzige (kollektive) Proposition auffassen, in der die Gruppe anhand thematisch verschiedener Propositions-Konklusions-Sequenzen ihre kollektiven Orientierungen entfaltet." (Bohnsack/Schäffer 2001, S. 336)

Um innerhalb einer Passage zu entscheiden, ob eine Äußerung bzw. Diskursbewegung als Proposition gelten kann, muss der diesen Interaktionszug umgebende Kontext betrachtet werden. Wenn es gelingt eine Konklusion zu identifizieren, ist das ein Hinweis darauf, dass es sich im nächsten um eine Proposition handeln könnte. Denn eine Konklusion eröffnet das Feld für einen Neuansatz.

Das Ende einer Proposition, also die Frage, bis wohin eine Proposition geht, ist in der Beendigung eines Sinnzusammenhangs zu suchen. In einem Gespräch oder in einer Gruppendiskussion ist dieses Ende insofern leicht zu finden, als die anderen Gesprächsteilnehmer/innen darauf zumindest mit einem Hörersignal, also mit einer Bestätigung, dass ein Sinnzusammenhang ‚angekommen' ist, gehört wurde, reagieren. Das können Hörersignale bzw. Back-Channels[43] sein oder andere Ratifizierungen (Kap. 2.3.5) bzw. Validierungen (Kap. 2.3.4) sowie Elaborationen (Kap. 2.3.2) und andere Formen der Bezugnahme (s.u.). Hier können wir uns zwar auf die Alltagskompetenzen der Teilnehmer/innen verlassen und darauf, dass wir diese wiederum intuitiv erkennen. Das enthebt uns aber nicht der Pflicht, diese dann zu rekonstruieren. Schwierig ist es, wie es bei Interviews meist der Fall ist, aber auch in Gruppendiskussionen vorkommen kann, wenn von einem Sprecher/einer Sprecherin mehrere Äußerungszüge vollzogen werden. Die Frage an den Text, die hilft, das Ende zu finden, lässt sich in etwa folgend formulieren: Wird hier etwas näher, genauer bestimmt, entkräftet, entwertet, umformuliert, verneint, was schon aufgeworfen wurde (– dann gehört es nicht mehr zur Proposition) oder entfaltet sich eine Perspektive an dieser Stelle noch in ihren Eckpunkten (– dann ist es Teil der Proposition)? Zudem wird das Ende einer Proposition meist durch den Wechsel der Textsorten angezeigt. So kann sich der Diskurs bei einer Proposition z.B. auf der Ebene einer abstrahierten Beschreibung bewegen, um sich dann in einer Elaboration (s.u.) auf der Ebene einer Erzählung fortzusetzen.

2.3.1.1 Exkurs: Thema und Passage

Ich habe davon gesprochen, dass sich meist am Beginn eines Themas eine Proposition findet. Der Begriff „Proposition" hebt, wie ich versucht habe darzulegen, ganz allgemein auf den Dokumentsinn ab, der Begriff „Thema" auf die kommunikative, allgemein-generalisierbare Ebene des Sinns. Der kommunikative Sinn ist – per definitionem – uns mehr oder weniger direkt zugänglich, den Dokumentsinn

43 Die Termini dienen „zur Bezeichnung von sprachlichen Ausdrücken und" – was hier zwar nicht so wichtig ist, im Sinne der Vollständigkeit aber dennoch erwähnt wird – „entsprechenden nicht-sprachlichen Signalen (z.B. hm), mit denen der Hörer dem Sprecher seine Aufmerksamkeit und Zuhörbereitschaft anzeigt" (Bußmann 2002, S. 112).

müssen wir uns über den Weg des Auffindens von Homologien bzw. funktionalen Äquivalenten erst interpretativ erarbeiten. Das Begriffssystem liegt auf der Ebene des Dokumentsinns und beschreibt dessen Auffaltung in formalen Kategorien. Eine umfassende Beschreibung einer Passage in diesen Kategorien hat man also erst, wenn man den Dokumentsinn hinreichend erfasst hat. Umgekehrt hilft die Analyse der formalen Bezugnahme bei der Herausarbeitung des Dokumentsinns. Wir haben es also mit einem klassischen hermeneutischen Zirkel zu tun.

Wenn es nun heißt, dass sich am Anfang eines Themas eine Proposition findet, ist das eine Definition in dem Sinn, dass, wenn eine Orientierung an einem neuen Thema ausgearbeitet wird, wir dies als Proposition bezeichnen. Was ist aber mit Propositionen innerhalb einer Passage, die doch – wieder per definitionem – eine thematisch abgeschlossene Einheit darstellt? Ein Interaktionszug wird eben auch dann als Proposition definiert, wenn zwar beim Thema geblieben wird, aber eine neue Orientierung aufgeworfen wird oder eine bereits gegebene von einer anderen Perspektive her aufgerollt wird. Das macht ganz deutlich, dass die thematische Struktur einer Passage auf einer anderen Ebene liegt als die formale Diskursorganisation. Die thematische Struktur bietet quasi eine Einstiegshilfe in den Dokumentsinn, fällt aber keineswegs mit ihm zusammen.

Oft ist es auch so, dass der Zusammenhalt, die Klammer einer Passage viel stärker durch den Dokumentsinn gegeben ist als durch den kommunikativen, objektiven Sinn.[44] Bohnsack (1989, S. 399) formuliert in diesem Zusammenhang: „Die Themenstrukturierung tritt hinter die Rahmenstrukturierung zurück." Wir bemerken in diesen Diskursabschnitten, dass die Teilnehmer/innen dranbleiben, stark involviert sind, wenn es Pausen gibt, diese gefüllt sind und nicht als Leerstelle wirken. Es wird also von Thema zu Thema gewechselt, ohne dass es zu Beendigungen wie Fazits oder abschließenden Bewertungen, also Konklusionen kommt. Hier kann sich der Interpret bzw. die Interpretin zunächst wieder auf das intuitive Erkennen der Alltagskompetenz der Teilnehmer/innen verlassen. Dies lässt uns dann sagen: Hier beginnt der Teil, in dem die Teilnehmer/innen stark bewegt oder konzentriert bei der Sache sind, und hier endet er. Diese Stellen bzw. Diskussionsabschnitte lassen sich auf der Grundlage eines (hinreichend genauen) Transkripts aber dann auch an formalen textanalytischen Kategorien festmachen. Diese helfen dann zu verstehen

44 Das heißt, auf der Grundlage der Handlungspraxis der Diskutant/inn/en ist ein bestimmter Zusammenhang da, aus der Perspektive der Interpretin bzw. des Interpreten nicht. (Man kann das z.B. an einer Ordnung im Kinderzimmer festmachen: Schmutzige Sandförmchen, bandagierte Stofftiere, nackte Puppen, Plastiktiere und Playmobilfiguren befinden sich im Kinderzelt. Ein ziemliches Chaos – aus der Perspektive eines Erwachsenen. Aus der Perspektive der Kinder, die sich wehren, dass auch nur ein Sandförmchen aus dem Zelt entfernt wird, Ordnung. Die Bösen sind gekommen und alle [Lebewesen] müssen im Zelt beschützt werden. – Die Sandförmchen haben alle Tierform, stellt die überrumpelte Mutter fest.)

und zu argumentieren, warum wir an einer bestimmten Stelle im Text beginnen und von einer Proposition sprechen bzw. an einer anderen Stelle enden und von einer Konklusion sprechen können. Das heißt, die gestalterischen Elemente des Textes dienen hier als Wegweiser und Einstiegshilfe in den Dokumentsinn. Das intuitive Verständnis alltäglicher Standards der Kommunikation und Interaktion darf in der Rekonstruktion jedoch nicht als solches bestehen bleiben. Vielmehr gilt es gerade diese formalen Strukturen in die Rekonstruktion mit aufzunehmen und damit zu explizieren.

2.3.1.2 Exkurs: Themeninitiierung

Fasst der propositionale Gehalt ganz grundsätzlich den dokumentarischen Sinngehalt einer Äußerung, dann beinhaltet auch jede Themeninitiierung seitens der Diskussionsleitung einen propositionalen Gehalt. Ganz deutlich wird das, wenn Interviewführung oder Diskussionsleitung methodologisch wenig reflektiert erfolgen. Themen werden dann häufig mit einer das Thema betreffenden Orientierung vorgegeben. Der Interviewer/die Interviewerin artikuliert dann z.B. Erfahrungen aus seinen/ihren eigenen Alltagserfahrungen. In meinem Material findet sich dahin gehend folgendes Beispiel (vgl. Kap. 3.1.1.3): Der Interviewleiter formuliert in einem Interview von zwei jungen Frauen, die sich – eine davon professionell – in der Technoszene bewegen, folgende Nachfrage: „(…) dass beim Tanzen, wenn Männer und Frauen zusammen tanzen und vielleicht auch in der Schwulenszene, wenn Männer mit Männern zusammen tanzen, dass darüber (…) deren Beziehung irgendwie dargestellt wird und dass die (…) versuchen (…) ihre Beziehung auszudrücken. (…) Könnt ihr was damit anfangen?“ Es dokumentiert sich hier die Inszenierung einer relevanten Beziehung – durchaus auch jenseits von Konventionen – im Medium des Tanzens als möglicher positiver Horizont. In der Folge arbeiten die jungen Frauen diesen Orientierungsgehalt erst ab, indem er zunehmend so stark eingeschränkt wird, dass nichts mehr davon übrig bleibt. Dann wird mit einem Rückgriff auf einen vorangegangenen Abschnitt des Gesprächs neu angesetzt, um eine eigene Proposition (eigentlich eine Opposition im Hinblick auf den Orientierungsgehalt, der durch den Interviewer aufgeworfen wird) im Zusammenhang mit dem Thema „Tanzen“ formulieren zu können.

In so einem Fall könnte man von einer *Interviewerfrage mit propositionalem Gehalt* sprechen. Bei jenen Fragen durch die Diskussionsleitung, in denen von *Themeninitiierungen* gesprochen wird, also von Fragen, in denen „lediglich Themen initiiert, nicht Propositionen vorgegeben werden“ (Bohnsack 1999, S. 214), steht der primäre Orientierungsrahmen nicht im Zusammenhang mit dem Thema, das sie zum Inhalt haben. Vielmehr – auch wenn es paradox erscheinen mag – ist das, was sich dokumentiert, zum Teil vorab reflektiert und somit bewusst eingesetzt. So sollte sich eine kommunikative Haltung[45] zeigen, ein Interesse an der ganzen Gruppe, eher an konkreten Erfahrungen und weniger an kausalen Zusammenhängen, ein Interesse an der Perspektive der Gruppe und Respekt gegenüber ihrer Expertise für ihr Leben und ihre Erfahrungen etc.

Wenn derartige Haltungen habituell mitgebracht werden, gelingen Gruppendiskussionen und Interviews oft spontan sehr gut. Ja, eigentlich kann man sagen, wenn diese Orientierungen sich überwiegend dokumentieren, macht man auch mit einer Vorgabe einer inhaltlichen Orientierung nicht viel falsch. Sobald aber das Orientierungsschema traditionelles Interview die Oberhand gewinnt, lässt sich meist kaum noch Selbstläufigkeit herstellen. Manchmal werden diese Haltungen im Zuge der Reflexion des eigenen Forschungshandelns und der Annäherung an die Art und Weise von Kolleg/inn/en mit mehr Erfahrung eingeübt.

2.3.1.3 Exkurs: Fragen und immanente Nachfragen

Für Fragen gilt dasselbe wie für Themeninitiierungen. Es wird auch meist dann von *Fragen* oder exmanenten Fragen gesprochen, wenn neue Themen durch Fragen angesprochen werden. Von immanenten Nachfragen wird gesprochen, wenn ein Thema durch die Diskussionsleitung aufgegriffen wird, das durch die Gruppe bereits angesprochen wurde.

Zusammenfassender Gedanke zu den beiden letzten Exkursen:
Die Beiträge der Interviewführung werden bei der Beschreibung des Diskurses in der Regel nicht in ihrem Verhältnis des in ihnen ausgedrückten Orientierungsgehalts zu den Äußerungen der Gruppe erfasst. Sie werden also letztlich auf einer anderen Ebene beschrieben. Die Ebene, auf der diese Beiträge beschrieben werden, ist eine formal textanalytische, nicht eine formal semantische. Diese Vorgehensweise macht bei einer Interviewführung Sinn, in welcher über die Inhalte hinweg sich immer die gleiche Orientierung dokumentiert, und zwar jene, die unter Themeninitiierung (Kap. 2.3.1.2) ansatzweise beschrieben ist. Das ist der Fall, wenn die Diskussionsleitung im Sinne der reflexiven „Prinzipien der Initiierung und Leitung von Gruppendiskussionen" verfährt (Bohnsack 1999, S. 212ff.).

Die Beiträge der Interviewführung werden jedoch in die zuvor dargestellte Sequenzanalyse ebenso genau einbezogen wie die Beiträge der Erforschten. Das erlaubt genau zu rekonstruieren, wie die Erforschten die Beiträge der Interviewer/

45 „Haltung" lässt sich gut als reflektierte, als bewusste Habituskomponente fassen.

innen verstehen, und damit auch eine Rekonstruktion des Diskurses zwischen den Erforschten und den Forscher/inne/n. Dieser kann dann wiederum mit jenem der Erforschten untereinander in Bezug gesetzt werden.

2.3.2 Elaboration (einer Proposition)

Jede Aus- oder Weiterbearbeitung einer Orientierung – meist in einer anderen Textsorte – wird als *Elaboration* bezeichnet. Die Orientierung kann dadurch konturierter hervortreten und an Plastizität gewinnen. Das kann dadurch geschehen, dass sie z.B. mit Argumenten *(argumentative Elaboration einer Proposition)* belegt wird oder mit Beispielen *(Elaboration einer Proposition im Modus einer Exemplifizierung)* vertieft wird. Diese können wiederum in Form von Erzählungen oder Beschreibungen etc. gebracht werden *(Exemplifizierung im Modus einer Erzählung/Beschreibung)*. In einer Elaboration kann nun der negative Gegenhorizont zum bereits entworfenen positiven Horizont aufscheinen, der positive Horizont deutlicher gefasst werden, die Orientierung als Produktionsregel deutlicher werden. Hat man in der Interpretation einer Proposition, zu der eine Elaboration gehört, eine Orientierung aber schon sehr treffend herausgearbeitet, so kann sich diese in der Elaboration als ihr „generatives Prinzip" auch nur auf ein Neues bestätigen.

Es können auch Orientierungsgehalte, die propositionalen Gehalte von Differenzierungen, Antithesen, Oppositionen oder Diversionen, elaboriert werden. Dann wird entsprechend von einer *Elaboration der Antithese* usw. gesprochen.

Elaborationen können sich in mehreren Abschnitten oder Runden gestalten. Eine Orientierung wird z.B. anhand einer Argumentation und eines Beispiels, anhand von Erzählungen mehrerer Begebenheiten ausgearbeitet. Das heißt, dass sich eine Elaboration in mehrere in sich geschlossene (wie z.B. eine Erzählung) Interaktionszüge gliedern kann. Es wird in diesem Fall von einer *Fortsetzung der Elaboration* gesprochen.

2.3.3 Differenzierung

Bei einer *Differenzierung* geht es zwar auch um eine Weiterbearbeitung eines Orientierungsgehalts, wie bei einer Elaboration (von daher findet man in der Literatur auch die Formulierung *Elaboration in Form einer Differenzierung*). Hier werden aber besonders die Grenzen der Orientierung, des aufgeworfenen Horizonts markiert, und zwar nicht in Form eines negativen Gegenhorizonts. Es wird die Reichweite oder die Relevanz einer Orientierung eingeschränkt, es werden Aspekte aus der Orientierung ausgeklammert oder die Stoßrichtung verändert. Das heißt, in einer Differenzierung wird ein Orientierungsgehalt prinzipiell modifiziert.

Häufig finden sich *Differenzierungen* zu Beginn einer Passage, dort, wo erst zum Kern einer Orientierung hingearbeitet wird. Sie erscheinen als Suchbewegung in Richtung einer treffenden Artikulation einer Orientierung. Manchmal sind Differenzierungen aber auch im Vorfeld eines antithetischen oder oppositionellen Austausches zu finden (s.u.). Was auf einer oberflächlichen Ebene wie eine Differenzierung aussieht, z.B. „sagen wir mal so" oder „ja, aber …" (vg. Kap. 3.2.2.1), kann sich bei der Interpretation, also bei genauerem Hinsehen, als Einstieg in einen Orientierungsgehalt entpuppen, der sich mit dem zuvor aufgeworfenen nicht vereinbaren lässt.

2.3.4 Validierung

Als *Validierungen* werden Bestätigungen von aufgeworfenen propositionalen Gehalten bezeichnet. In einer Validierung muss deutlich werden, dass mit dem Orientierungsgehalt des Interaktionszuges, auf den sie sich bezieht, übereingestimmt wird. Zum Beispiel: „Ja, das stimmt." Oder: „Ganz genau." Es kann sich auch um ein bestätigendes Aufgreifen eines Teils des Orientierungsgehalts oder der gesamten aufgeworfenen Orientierung handeln. Im ersten Fall wird die Validierung performatorisch zum Ausdruck gebracht, im zweiten propositional. Bis auf Ratifikationen können alle Interaktionszüge validiert werden. Man spricht dann z.B. von einer *Validierung der Proposition.* Validierungen finden sich auch oft eingelagert in Elaborationen und eingelagert in oder am Ende von Konklusionen. Gerade am Ende von Konklusionen bestätigen sie dann nicht nur inhaltlich den Orientierungsgehalt, sondern auch die Diskursbewegung Konklusion selbst. Oft werden sie dann nicht extra als Validierungen ausgewiesen, sondern als Teil der Konklusion betrachtet.

Validierungen grenzen sich von Ratifikationen (s.u.) und Elaborationen ab. Im Gegensatz zur Elaboration steckt in einer Validierung nicht selbstständig ein Orientierungsgehalt, sondern nur im Bezug, in Relation zur validierten Diskursbewegung. Das heißt nicht, dass die Interpretin/der Interpret nicht mehr über die Orientierung erfährt. Im Gegenteil kann in der spezifischen Bezugnahme der Validierung die Interpretation des Orientierungsgehalts besser gelingen.

2.3.5 *Ratifizierung*

Ratifizierungen sind ebenfalls Bestätigungen. Als Ratifizierungen werden jene Äußerungen bezeichnet, bei denen sich für den Interpreten/die Interpretin nicht oder noch nicht entscheiden lässt, ob mit der Äußerung nur angezeigt wird, dass ein Sinngehalt verstanden wurde, sinnvolle Worte gehört wurden, oder auch z.B. eine Validierung des Sinngehalts, vielleicht auch eine Differenzierung oder gar Divergenz. Es muss sich zumindest ein Verständnis auf der Ebene des immanenten Sinngehalts in ihnen dokumentieren. Oft handelt es sich dabei um so genannte Hörersignale, Back-Channels bzw. Interjektionen. Interjektionen scheinen zentral zu sein für die Steuerung von Gesprächen. Es ist eine „Gruppe von Wörtern, die zum Ausdruck von Empfindungen (...) sowie zu Kontaktaufnahme dienen. (...) Sie sind formal unveränderlich, stehen syntaktisch außerhalb des Satzzusammenhangs und haben (...) keine lexikalische Bedeutung." (Bußmann 2002, S. 314) Eine Form, der wir ganz häufig begegnen, ist „hm" und „mhm" oder „hmhm". Wie Ehlich herausgearbeitet hat (1986), strukturiert die „Tonhöhenstruktur" die Semantik von „hm" (und anderen Interjektion) systematisch. Er unterscheidet z.B. vier Typen: „fallend-steigend", „steigend", „eben" und „fallend", die (in dieser Reihenfolge) „Konvergenz", „Divergenz", „Prä-Divergenz" und „komplexe Divergenz" ausdrücken. (a.a.O., S. 53f.) Die Transkription und Kenntnis dieser Tonstrukturen bzw. Formen der Intonation ist konstruktiv für dokumentarische Interpretationen von Gesprächen. Sie fließt aber bisher nicht systematisch ein. Man hilft sich hier damit, dass sich der dokumentarische Sinngehalt auf mehreren Ebenen und immer wieder findet. Eine Äußerung als Ratifizierung zu bezeichnen, deutet also letztlich immer darauf hin, dass sich der dokumentarische Sinngehalt der Äußerung an dieser Stelle nicht oder noch nicht entschlüsseln lässt, man aber ganz eindeutig sagen kann, dass die Gesprächsteilnehmer/innen einen Sinngehalt wahrgenommen haben, auf den sie reagieren. Prinzipiell können alle Äußerungen ratifiziert werden.

2.3.6 *Antithese/Synthese*

Von einer *Antithese* wird gesprochen, wenn sich auf eine Proposition verneinend bezogen wird und/oder ein gegenläufiger Horizont aufgeworfen wird. Eine Antithese bezieht sich auf eine Proposition wie auf eine These. Der in der Proposition aufgeworfene Orientierungsgehalt bildet die These zur Antithese. Ob es sich bei einer Bezugnahme um eine Antithese oder eine Opposition (s.u.) handelt, kann nur entschieden werden, wenn man die Auflösung der entgegenstehenden Gehalte betrachtet, die Beendigung eines Themas. Kommt es zu einer *Synthese* der einander zunächst entgegenstehenden Orientierungsgehalte, dann fällt die Bezeichnung Antithese zu Recht. (Man beachte hier wieder den Dreischritt!) Synthesen vollziehen sich also meist in Konklusionen, am Ende einer Passage. Die Gruppe hat sich dann in der Regel antithetisch zum Kern der Orientierung vorgearbeitet, die in der Konklusion (als einer Synthese der entgegenstehenden Orientierungen) deutlich zum Ausdruck kommt. Diese ist dann rituell – wie Goffman vielleicht sagen würde – für die Beteiligten befriedigend und das Thema kann zufrieden beendet werden.

Die Antithese ist abzugrenzen von der Opposition (vgl. Kap. 2.3.7) und der Divergenz (vgl. Kap. 2.3.8). Bei einem oppositionellen Diskurs kommt es zu keinen abschließenden Synthesen. Vielmehr zeigt sich, dass dann ein Thema durch Äußerungen beendet wird, die sich nicht auf das Thema selbst beziehen. Bei einem divergenten Diskurs kommt es zu einer rituellen Synthese, die das Thema aufhebt, es aber letztlich nicht inhaltlich abschließt. Das heißt, ob wir es mit einer Antithese oder Opposition bzw. Divergenz zu tun haben, lässt sich erst im interpretativen Durchgang durch eine gesamte Passage entscheiden.

Eine Antithese kann wieder validiert, elaboriert und differenziert werden und dies wiederum in Form verschiedener Textsorten.

2.3.7 Opposition

Eine *Opposition* ist ein erster Entwurf einer Orientierung, die nicht zu der vorangegangenen passt, mit ihr unvereinbar ist. Sind derartige nicht auflösbare Widersprüche vorhanden, wird auch davon gesprochen, dass eine Gruppe – in diesem Zusammenhang – keinen gemeinsamen (Orientierungs-)Rahmen hat bzw. es in der Gruppe Rahmeninkongruenzen gibt. Als unauflösbar gelten Widersprüche, wenn es zu keinen gemeinsamen konsensfähigen thematischen Konklusionen kommt. Fasst man eine Gruppe als Zusammenhang gemeinsamer Orientierungen, dann hat man es genau genommen in diesem Fall nicht mehr mit einer Gruppe zu tun.

Themen werden bei oppositionellen Bezugnahmen rituell beendet. Das heißt, im Unterschied zu antithetischen Bezugnahmen kommt es zu keiner Synthese der unterschiedlichen Orientierungsgehalte.

2.3.8 Divergenz

Während bei einer Opposition die Nicht-Vereinbarkeit von Orientierungen mehr oder weniger offen zu Tage tritt, Themen durch den Widerspruch oft wechseln können, bleiben die Gesprächsteilnehmer/innen bei einem divergenten Diskurs beim Thema. Es werden immer wieder Elemente von anderen Parteien aufgegriffen und in den jeweils anderen Orientierungsrahmen gesetzt, was so aussieht, als würde man sich aufeinander beziehen bzw. auf die andere Partei eingehen.[46] In einem divergenten Diskurs beziehen sich die Teilnehmer/innen im Hinblick auf den Orientierungsgehalt nicht aufeinander, sondern reden vielmehr aneinander vorbei. Die Orientierungen streben auseinander. Die Transformationen bleiben durch die Teilnehmer/innen unerkannt.

Eine *Divergenz* ist das Aufwerfen eines zu einer Proposition, zu einer Elaboration einer Proposition usw. widersprüchlichen Orientierungsrahmens unter Einbeziehung von Elementen aus jenen Diskursbewegungen, denen sie entgegensteht.

Konklusionen, die typisch für divergente Diskurse zu sein scheinen, sind rituelle Synthesen. In rituellen Synthesen werden die widerstreitenden Orientierungen z.B. an einen anderen Schauplatz verlegt und dort in einer dritten Orientierung vereint. Darin dokumentiert sich aber, dass die unterschiedlichen Orientierungen für die in Frage stehenden Handlungsfelder bestehen bleiben. In einer Diskussion junger Frauen geht es beispielsweise um unterschiedliche Herangehensweisen im Umgang mit Drogen, mit dem eigenen Konsum, aber auch mit dem Drogenkonsum befreundeter und bekannter Jugendlicher. Diese unterschiedlichen Herangehensweisen bleiben als unvereinbar bestehen, das Thema wird durch eine rituelle Synthese verlassen: Man amüsiert sich über die Vorstellung, sich als „ganz alte Oma" eine „Tüte" reinzuziehen. Der Umgang mit dem Drogenkonsum im Jugendalter bzw. im jungen Erwachsenenalter bleibt davon unberührt. (vgl. Kap. 3.2.2.1)

2.3.9 Antithetischer/oppositioneller/divergenter Diskurs

Der Wechsel der Seiten von Proposition (These) und Antithese oder auch Proposition und Opposition sowie Proposition und Divergenz kann in kurzen Interaktionszügen, in kurzen Wechseln erfolgen. Dabei können beide Seiten genauer ausgearbeitet werden, Elaborationen zu den jeweiligen Seiten eingelagert sein usw.

46 Es scheint sich zu zeigen, dass derartige „Falschrahmungen" ein interaktives Machtmittel sind und in autoritär strukturierten Diskursen häufig auftreten. Dadurch, dass die Inkongruenzen verdeckt bleiben, werden die ‚Unterlegenen' auf Linie gebracht. (vgl. Kap. 3.2.2.1 und 3.2.2.2)

Diese Begrifflichkeit bezeichnet einen derartigen Abschnitt. Zugleich *sind damit* schon *Typen der semantischen Bezugnahme markiert.*

2.3.10 Konklusion

Konklusionen finden sich am Ende eines Themas und bei der Beendigung einer Darlegung eines Orientierungsgehaltes. Je nach ihrem Verhältnis zu den aufgeworfenen Orientierungen lassen sich grundsätzlich zwei Möglichkeiten unterscheiden: ‚echte' Konklusionen[47], in denen die Orientierung abschließend aufscheint, und rituelle Konklusionen, die einen Themenwechsel provozieren, erzwingen. Rituelle Konklusionen schließen oppositionelle Bezugnahmen ab.

Performatorische Elemente sind in Konklusionen oft sehr augenfällig. So kann das Ende der Ausarbeitung einer Orientierung z.B. durch die mehrfache Wiederholung wesentlicher Teile von Beispielen als Träger des Orientierungsgehalts in einer performatorischen Inszenierung bestätigt werden. (vgl. Gruppe „Schmetterling", Passage „Schweinefleisch" in Kap. 4.1) Konklusionen sind oft gefolgt von Pausen, die eine Länge von 2 bis 3 Sekunden überschreiten. Hier lohnt es sich also nach Konklusionen zu suchen.

Die unterschiedlichen Formen von Konklusionen werden an dieser Stelle genannt und nur einer knappen Definition unterzogen. Diese Definitionen bleiben vielleicht ein wenig zu abstrakt. Ziel ist es hier einen Überblick, eine Art Register der unterschiedlichen Formen von Konklusionen zur Verfügung zu stellen, wobei bei den einzelnen Formen auf die jeweiligen empirischen Beispiele innerhalb der vorliegenden Arbeit verwiesen wird.

2.3.10.1 Formen der Konklusion

Konklusion im Modus der Formulierung einer Orientierung/Proposition

Eine Orientierung wird im Bezug zum vorangegangenen Diskurs sehr explizit dargelegt. Dies beinhaltet freilich auch zugleich eine Validierung dieser Orientierung. (vgl. z.B. Kap. 3.1.1.1 und 3.1.1.4)

47 Der Terminus „<<echte>> Konklusion" wird nicht benutzt und auch in weiterer Folge wird in diesem Zusammenhang nur von Konklusion gesprochen.

Konklusion im Modus einer Validierung einer Orientierung

Hier handelt es sich um (manchmal auch explizite) Bewertungen von Beispielen, Erzählungen, der Gesamtheit des Gesagten etc. (vgl. z.B. Kap. 2.4).

Konklusion im Modus einer Generalisierung einer Orientierung

In der Konklusion dokumentiert sich die Orientierung nicht nur auf ein Neues und wird damit wiederholt bzw. bekräftigt, sondern ihre Reichweite wird besonders auch thematisch (nicht nur performatorisch) ausgedehnt. (vgl. z.B. Kap. 3.1.1.2)

Konklusion im Modus einer Synthese

Antithetische Orientierungskomponenten werden in einer weiteren, der eigentlichen Orientierung als einer Produktionsregel, auf die auch die (scheinbar) widersprüchlichen Komponenten zurückgeführt werden können, aufgehoben. (vgl. z.B. Kap. 3.1.2.2)

2.3.10.2 Formen der rituellen Konklusion

Rituelle Konklusion im Modus einer Metarahmung

Die Orientierungen werden durch eine dritte, irrelevante Orientierung in ihrer Widersprüchlichkeit aufgehoben. Dabei handelt es sich oft um eine Orientierung der Beliebigkeit, einen Allgemeinplatz, der irrelevant ist für die Beteiligten.

Rituelle Konklusion durch Verschiebung des Themas

Ein Nebenthema wird in den Vordergrund gerückt und in einem irrelevanten Orientierungsrahmen abgeschlossen. (vgl. Kap. 4.1, Passage „Schweinefleisch“)

Konklusion in Form einer rituellen Synthese

Eine rituelle Synthese schließt zwar thematisch an die Ausführungen an, die beendet werden, löst aber die widersprechenden Orientierungsgehalte nicht auf. Sie werden z.B. in eine andere Zeit, an einen anderen Ort usw. verlagert. (vgl. Kap. 3.1.2.2, Passage „Nazis und Asylanten“ und „Grenzüberschreitung“)

Rituelle Konklusion im Modus der Metakommunikation

Die Beteiligten unterhalten sich über das Gespräch, z.B. dass es irrelevant ist, oder es wird aufgefordert, neue Themen einzubringen, oder es wird aufgefordert, das Thema zu beenden. Diese Form kann – z.B. im Fall der Bewertung des Gespräches als irrelevant – mit der rituellen Konklusion im Modus einer Metarahmung zusammenfallen.

Performatorische rituelle Konklusion

Dies kann z.B. durch das Ausschalten des Aufnahmegerätes durch die Untersuchten erfolgen. (vgl. Kap. 3.2.1.1, Passage „Beruf")

Rituelle Konklusion durch ein Ausklammern des Themas

Das Thema wird als unbehandelbar, irrelevant etc. ausgeklammert (vgl. Kap. 4.1.2, Passage „Schweinefleisch").

2.3.11 Transposition (Transition)

Transpositionen sind Konklusionen, in denen zugleich ein neues Thema aufgeworfen und die Orientierung in ihrem Grundgehalt mitgenommen wird. Das heißt aber, dass sie eben auch zugleich Propositionen sind. In einer Art Leseprobe lassen sie sich dadurch erkennen, dass sie als Beendigung der Interaktion, die ihnen vorausgeht, ebenso gelesen werden können wie als Beginn der nachfolgenden.

2.3.12 Zwischenkonklusionen/Anschlussproposition

Ein Thema wird nur erweitert oder anders aufgerollt. An solchen Stellen im Diskurs kommt es zu Beendigungssequenzen und Neuansätzen, hier wird von *Zwischenkonklusion* und Anschlussproposition gesprochen. Es sind sozusagen ‚kleine Konklusionen' und ‚kleine Propositionen'. Dies weist darauf hin, dass Diskussionen bzw. Gespräche letztlich mehrere ineinander verschachtelte Ebenen von Propositions-Konklusions-Sequenzen aufweisen.

2.4 Darstellung der Begriffe zur Diskursorganisation an einer Beispielinterpretation

2.4.1 Zur Beispielpassage

Die Passage „Türkinnen" stammt aus der Gruppe „Schmetterling". Die Gruppe besteht aus drei jungen Frauen, die sich mehrmals in der Woche in einer Einrichtung für Mädchen und junge Frauen, dem Café Wir, treffen. Anke (Af) ist 20 Jahre alt und kommt aus dem X-Bezirk im Osten Berlins. Sie macht eine Ausbildung zur Kindergärtnerin. Babette (Bf) ist 18 Jahre alt und kommt aus dem Bezirk, in dem sich auch das Café befindet. Sie sucht einen Ausbildungsplatz. Christine (Cf) ist 16

Jahre alt und stammt aus (dem ehemaligen) Jugoslawien. Sie lebt im gleichen Haus wie Bf, das sich in der unmittelbaren Nachbarschaft des Cafés befindet. Christine geht noch zur Schule.

Die Passage dauert knapp 4 Minuten und findet sich im Mittelteil der Diskussion, die etwas mehr als 70 Minuten dauert (zu einer ausführlicheren Beschreibung der Gruppe und der Diskussion vgl. Kap. 3.2.2.1 und 4.1).

2.4.2 Transkript der Passage „Türkinnen" aus „Schmetterling"

Y1: Ihr habt so gesagt es ist so bunt und so multikulturell is da (.)
könnt ihr da noch so ein bisschen was erzählen, (.) was das so
heißt,
|
Bf: └Na viele Nationalitäten hier vertreten
|
Af: └Mhm
|
Cf: └°Genau.°
|
Y1: └Mh

Cf: Und besonders Araber und Türken wa,
|
Bf: └°Mhm° Araber und
Türken (   )
|
Af: └ Naja: aber ich meine
|
Bf: └Aber mehr Türken noch
|
Cf: └Ja. (.)
|
Af: └sind ja
nur noch °(auch andere)°
|
Bf: └Ja=ja is mehr=aber ich meine was
hauptsächlich im WG ist
|
Af: └Ja=ja das is hauptsächlich sagten wir ja auch (
) °Türken und so°
|
Bf: └Das is ja auch so dass sie so hier so viele
Türken sind wei:l zum Beispiel (.) (vielleicht) ich weiß nich
(aber) aber es is halt so Deutsche haben nich so viele Kinder
wie d- ausländische Familien die ham ja nich hur ein oder zwei
|
Af: └°Mhm°

Bf: Kinder die ham ja meistens dann gleich vier fünf Kinder
Cf: └Mhm
Bf: dadurch würd es auch gleich viel mehr dadurch gibt=s
Cf: └Mhm
Bf: vielmehr kleine ausländische Kinder als kleine deutsche
Kinder in dem Sinne
Af: └Naja s liegt an der Einstellung außerdem wenn du als
deutsche Frau wenn du arbeitest und du hast zum Beispiel drei
Kinder oder zwei nja: bei drei Kindern bist du schon asozial,
Cf: └°Ja das is so°
Bf: └
Mhm
Af: └und ich meine bei den Türken nimmt das einfach (.)
wirklich det is
Bf: └Da geht der Vater arbeiten;
Cf: └Genau.
Af: └Det is det is auch die
Einstellung weil die is für die hat det Kind ne ganz andere
Cf: └Und die Frauen is zu Hause und
Af: ähm (.) ja n ganz andern Wert
Bf: └°Mhm°
Af: └(det steht) ganz anders
(1)°(mein)° also bei uns is n Kind ja nun nich so angesehen
Cf: └°Stimmt.°
Af: aber wenn (dsch) zum Beispiel in China wenn du da n Jung bist
dann bist du der heilige Gott und wenn du (.) n Mädchen bist
Bf: └Nja wegen den
Acker und so wegen arbeiten
Af: dann bist du Scheiß drauf; und genauso ist des hier bei den T-
also Türken die die mein ja als Junge hast du auch mehr
Chancen (.) also ich möchte nich n türkisches Mädchen

Cf: └Mhm

Af: sein.

Bf └M:m: ich auch nich

Cf: └Ne ich auch nich.

Af └Ganz ehrlich. (.)

Bf: └Obwohl die
dürfen jetzt auch eigentlich meine des kommt drauf an wie die
Familie dazu steht;

Cf: └Ziemlich ( ) (.) ja

Af: └ Ja aber ich meine ( )

Bf: └Also wenn ich manchmal
hier türkische Mädchen sehe dann denk ich oh oh (.)

Af: └Ja aber

Bf: └( )
ziehn diesich auch an (normal)

Af: das das is das kommt dann auf an wie sich die Familie
entwickelt hat und wie se jetzt mit Deutschland das
vereinbaren kann jetzt mitReligion °und so°

Bf: └Mhm.

Af: └aber wir
ham zum Beispiel in Soziologie durchgenommen und da hat
wirklich n Vater seine Tochter umgebracht weil die n
deutschen deutschen Freund hatte und weil se halt auch mit

Bf: └Mhm

Af: ihm geschlafen hat

Bf: └Na hier sin ja auch schon n paar
abjeschossn wordn

Af: └Deswegen ja

Bf: └Kaisers wurde hat sich der
Vater erschossen und (.) hier GR-Bezirk oder so was da hat
sich wurde die Tochter von dem erschossn.

Cf: └Mhm.

Cf: └Mhm.

Af: └Und ne türkische Frau is um ehrlich zu sein is die nur da um Kinder zu gebärn;

Cf: └Ja.

Af: └Also ich möchte keine türkische Frau sein (1) °in dem Sinne° (1)

Y1: └°hm°

(5)

2.4.3 Interpretation der Passage „Türkinnen“ aus der Gruppe „Schmetterling“

2.4.3.1 Formulierende Interpretation

Thema der Passage: Die Verhältnisse in türkischen Familien, die im WG-Bezirk leben

1–49 OT: Es gibt „viele Türken“ u. „Araber“ mit sehr vielen Kindern im WG-Bezirk

1–31 UT: Viele Nationalitäten im WG-Bezirk – besonders Araber und Türken

Die Multikulturalität im WG liegt darin, dass „viele Nationalitäten“ dort „vertreten“ sind. Wenngleich es auch andere gibt, sind es „hauptsächlich“ „Araber und Türken“.

36–49 UT: Deutsche Familien haben weniger Kinder als ausländische

Eine Ursache für die Vielzahl an „Türken“ ist die geringere Zahl der Kinder in deutschen Familien gegenüber türkischen. Von daher gibt es mehr „ausländische Kinder“ als deutsche.

50–121 OT: Mütter und Väter, Söhne und Töchter

50–65/70 UT: Deutsche Mütter versus türkische Mütter und Väter

„Deutsche Frauen“, die Mütter von mehr als zwei Kindern sind, verlieren ihr Ansehen in der Arbeitswelt. In türkischen Familien übernimmt den Part der Erwerbstätigkeit vollständig der Vater, die Frauen sind „zu Hause“.

66–69/71–99 UT: Söhne versus Töchter – in Familien unterschiedlicher Herkunft

Die Bedeutung von Kindern ist in deutschen Familien geringer als in türkischen. Wobei letztlich nur die Söhne Bedeutung haben, wie beispielsweise auch „in China“, wegen der Arbeit auf dem Feld. Man ist sich einig, kein „türkisches Mädchen" sein zu wollen.

100–121 UT: Unterschiede zwischen türkischen Familien

Einige türkische Mädchen genießen offenbar doch eine bessere Stellung. Dies hängt von der Entwicklung der Familie ab und wie sie (Lebensformen in) Deutschland mit ihrer Religion „vereinbaren" können.

122–156 OT: Väter, Mord und Frauen in türkischen Familien

122–143 UT: Mord und Selbstmord in türkischen Familien

Im Soziologieunterricht war der Mord eines türkischen Vaters an seiner Tochter Gegenstand. Das Motiv sei die Liaison der Tochter mit einem Deutschen gewesen. Im WG-Bezirk beging ein Vater Selbstmord, ein anderer erschoss seine Tochter.

144–156 UT: Die Reduktion der türkischen Frauen auf die Mutterrolle

Die einzige Aufgabe von türkischen Frauen ist „Kinder zu gebären". Von daher ist es abzulehnen, eine türkische Frau zu sein.

2.4.3.2 Reflektierende Interpretation

Diese reflektierende Interpretation enthält zwei Reflexionsebenen und ist von daher ziemlich ausführlich. Zum einen wird der Dokumentsinn herausgearbeitet. Zum anderen wird auf dessen Grundlage das Begriffssystem zur Beschreibung der formalen semantischen Auffaltung am jeweiligen Textstück beispielhaft ausgearbeitet.

1–3 Immanente Nachfrage mit propositionalem Gehalt durch Y1

Die Interviewerin (Y1) greift zwei Begriffe auf, die von den Diskutierenden zuvor zur Charakterisierung des Bezirkes, in welchem sich das Jugendzentrum befindet und in welchem zwei von ihnen wohnen, verwendet wurden. Die Aufforderung zu erzählen kommt einer Aufforderung zur Entindexikalisierung gleich. Die Reformulierung der Aufforderung zielt weniger auf eine Erzählung als auf eine Erklärung (der Bedeutung) ab. Ein wenig abgeschwächt wird dies durch den Modus Reformulierung. Reformulierungen drücken immer auch aus, dass man der Sache fremd ist, keine ganz gezielten Fragen stellen kann. Sie vermögen von daher detaillierte Ausführungen hervorzurufen.[48] In der Vagheit der Fragstellung

48 Sacks (1995, S. 561) und im Anschluss an ihn Bergmann (1981, S. 133ff.) haben herausgearbeitet, dass Fragen, die eine Reihung enthalten bzw. eine Frageparaphrase, die Möglichkeit eröffnen, mehr als eine Antwort zu geben. Durch eine erneute Formulierung der ersten Frage stellt ein Sprecher dar, dass

dokumentiert sich zumindest eine gewisse Fremdheit gegenüber den Untersuchten und eine Anerkennung ihres Relevanzsystems; dies kann ein Feld für die Artikulation von Orientierungen eröffnen.

Dennoch dokumentiert sich bei genauerem Hinsehen ein gewisses – auch thematisch gebundenes – Orientierungsmuster, das zumindest teilweise vorab reflektiert wurde. Die Auswahl der Worte „bunt" und „multikulturell" vermittelt zumindest ansatzweise einen positiven Horizont des Miteinanders unterschiedlicher Kulturen (lässt z.B. an das Fest der Kulturen denken). (In der nächsten Passage „Schweinefleisch" lässt sich eine deutliche Distanzierung gegenüber der Vielzahl an kulturell Anderem, das das Eigene auslöscht, herausarbeiten – ein Orientierungsrahmen, der mit dem positiven Miteinander eher nicht vereinbar ist.)

Das positiv gerahmte Fremde soll nun näher ausgeführt werden. Somit sind die Untersuchten als Expertinnen für „Multikulturalität" als ein Teil derselben angesprochen. Damit ist folgender Orientierungsgehalt repräsentiert: In einem Stadtteil zu leben, bedeutet Erfahrungen miteinander zu haben. Das legt zumindest eine prinzipielle Offenheit, ein Interesse gegenüber kulturell anderen nahe. (Die nächste Interviewerinnenfrage nach Erfahrungen mit Türk/inn/en kann nicht unabhängig von diesem Horizont betrachtet werden.)

Es zeigt sich darin, dass zumindest ein Motiv die Gruppe zu untersuchen eben ihre räumliche Nachbarschaft zu türkisch- und arabischstämmigen Gruppen war.

5 Proposition Babette

Babette informiert über die Bedeutung des Begriffes „bunt" bzw. „multikulturell" in einer Weise, als müsste dies sowieso klar sein: Die Information wird ganz knapp und lapidar gegeben. Sie wird mit „Na" (5) – das man hier wie ‚Na ist doch klar (, es sind)' oder ‚Na man weiß doch, dass (...) sind' verstehen kann – eingeleitet und ein Teil der Verbkonstruktion wird ausgelassen, was mit der Ellipsenregel erklärt werden kann. Das heißt, dass Babette die Formulierung von Y1 fortsetzt, und zwar jenen Teil, der sich eher auf eine analytische Betrachtung, eine Erklärung aus der Außenperspektive bezieht als auf Erfahrungen (‚Na multikulturell heißt, es sind viele Nationalitäten hier vertreten').

---

seine erste Frage korrekturbedürftig ist. „Er liefert dem Rezipienten verschiedene Frageversionen und signalisiert damit: ‚Erzähl mir, was immer Du mir erzählen willst oder kannst, ich weiß so wenig von der Sache, dass ich nicht einmal präzise danach fragen kann.'" (Bergmann 1981, S. 135) Damit können detaillierte Erzählungen und Beschreibungen hervorgerufen werden. Bohnsack (1999, S. 248) fasst diese Interpretation im Rahmen der dokumentarischen Methode, „dass durch die Fragereihung (...) die Vagheit der kommunikativ-generalisierenden Formulierung demonstriert und (...) somit aufgefordert wird, den (...) Bedeutungsgehalt der (...) Frage in je konjunktiv-spezifischen thematischen Gehalt des persönlichen oder kollektiven Erfahrungsraumes zu transformieren und (...) den Erfahrungshintergrund auf der Basis detaillierter Darstellungen zu erläutern".

Auch in der Formulierung „viele Nationalitäten (...) vertreten" drückt sich eine Außenperspektive und Fremdheitsrelation gegenüber jenen Einwohner/inne/n des Bezirkes aus, die eine Migrationsgeschichte haben. Eine gedankenexperimentelle Variation des Kontexts lässt diese Formulierung für die Beschreibung eines Kongresses in einer Fernsehberichterstattung passend erscheinen, bei der davon gesprochen wird, dass eben „viele Nationalitäten vertreten waren". Das Verhältnis der Nationalitäten untereinander ist damit schon als ein eher distanziertes dargestellt. Das Verhältnis des jeweiligen Berichterstatters zu den Nationalitäten ist erst recht ein distanziertes, abstrakt beschreibendes, fremdes.

Die Gruppen bleiben in dieser Formulierung getrennt, sie werden allein über ihre Grenzen, die nationale Zugehörigkeit definiert. Aus multikulturell wird multinational, was auf definierte, feststehende Grenzen verweist. Als einziges Verbindendes bleibt die räumliche Nähe: „hier" (6).

Im Zusammenhang *mit dem Thema* „viele Kulturen im Wohnviertel" wird nun *erstmalig* folgender *Orientierungsgehalt* aufgeworfen: *Fremdheit* und ein *distantes Verhältnis* gegenüber jenen, die aus anderen Staaten stammen. Wir sprechen daher von einer *Proposition.*

7–9 Validierung Anke und Christine

Anke reagiert mit einem Hörersignal. Für die Interpretin wird hier zunächst nur deutlich, dass der Inhalt angekommen ist. (Beim genaueren Hinsehen entschlüsselt sich der dokumentarische Sinngehalt – auch ohne genaue Transkription der Tonstruktur. s.u.) Dieses wird unmittelbar gefolgt von der bestätigenden Äußerung: „Genau." Diese lässt sich als Ausdruck einer totalen Übereinstimmung fassen bzw. als *Bestätigung*, dass etwas treffend, entsprechend, richtig dargestellt ist – auch was das ‚Wie' der Darstellung, also den *Orientierungsgehalt*, betrifft. Wir haben es also mit einer geradezu klassischen *Validierung* zu tun.

Was lässt die Interpretin nun das Hörersignal von Anke in den Interaktionszug Validierung mit aufnehmen? Das „Genau" folgt im Sinne der Regeln des Sprecherwechsels exakt („no gap no overlap", Sacks/Schegloff/Jefferson 1978) auf das Hörersignal. Man kann es daher als Reaktion darauf fassen. Das „Mhm" wiederum ist eine Reaktion auf die Proposition. „Genau" schließt damit als Reaktion auf die Proposition und als Reaktion auf die Reaktion letztere mit ein und haucht ihr quasi Sinn ein. „Mhm" bestätigt nicht nur, dass der Inhalt gehört wurde, sondern auch den propositionalen Gehalt. (Im Übrigen kann man sich auch gut vorstellen, dass diese beiden Äußerungen von einer Sprecherin vollzogen werden.)

11 Ratifizierung Y1

Das kürzere „Mh" durch die Interviewerin wirkt dagegen eher unzufrieden mit dem Orientierungsgehalt, der anscheinend zumindest intuitiv erfasst wurde. Da die Tonstruktur bzw. Intonation zumindest rudimentär im Transkript erfasst wurde – „mh" unterscheidet sich offenbar von „mhm", wie es von Anke geäußert wurde –, lässt sich mit der Bezugnahme auf die Studie von Ehlich sagen, dass es sich um ein „steigendes hm" handelt, dass „Divergenz" anzeigt. (Ehlich 1986, S. 54) Mit Sicherheit feststellen lässt sich aber, dass damit bestätigt wird, dass es *keinen Mangel am Verständnis der Worte,* die gesagt wurden, gibt.

12–30 Elaboration der Proposition Christine, Babette und Anke

Es folgt eine Ausführung, eine nähere Beschreibung der „Nationalitäten", also eine nähere Bestimmung der Grenzen. Diese wird wortgleich wiederholt, was einer Fokussierung gleichkommt. Dann folgt eine Aussage über deren Verteilung („mehr Türken", 20), die ebenfalls bestätigt wird. (Diese „zweifache Verdopplung" kann als Element eines parallelisierenden Stils betrachtet werden.) Schließlich kommt eine winzige Auseinandersetzung, ob denn die anderen vertretenen Nationalitäten noch erwähnt werden sollten, die mit der Einigung endet, dass mit den zwei genannten, „Araber und Türken" (15, 18), die meisten Vertreter/innen angeführt sind. Das heißt, der Diskurs bewegt sich auf der Ebene einer *demographischen Beschreibung.* In einer demographischen Beschreibung drückt sich wiederum ein distanziertes und fremdes Verhältnis aus – wie auch in der Proposition. Die Diskutierenden bestätigen einander ihr abstrakt-analytisches Wissen, stimmen sich ab, wie genau die Beschreibung ausfallen soll. Darin drückt sich eine große Einmütigkeit in der Perspektive der Betrachtung aus, also eine Gemeinsamkeit des Orientierungsrahmens.

Von einer *Elaboration* sprechen wir hier, weil in einer Weiterbearbeitung des Themas zugleich auch die *Orientierung weiter bearbeitet* wird. *Fremdheit und Distanz* treten deutlich als geteilter Orientierungsrahmen hervor.

Ob in den Zeilen 18 und 24/25 auch darüber verhandelt wird, diese Ebene zu verlassen, bleibt aufgrund der kleinen Unverständlichkeit in 24/25 unklar. Eine Lösung dieses Problems findet sich aber in der Konklusion:

30/31 Konklusion in Form einer Validierung der Orientierung Anke

Anke wiederholt noch einmal, was gesagt wurde, und weist explizit darauf hin, dass sie es wiederholt. Das bestätigt nicht nur die Darstellung der Faktenlage, sondern auch den Orientierungsrahmen. Es drückt sich darin auch aus, dass in diesem Zusammenhang alles Notwendige gesagt wurde, das Thema und auch die Orientierung hinreichend bearbeitet ist. Man sich ab nun nur noch wiederholen könnte.

Die *Bearbeitung von Thema und Orientierung* ist an dieser Stelle zunächst *beendet.* Von daher sprechen wir von einer *Konklusion.* Von einer Konklusion in Form einer Validierung der Orientierung kann man sprechen, weil bestätigend der Kern des Orientierungsgehalts durch eine als solche ausgewiesene Wiederholung einer Formulierung, in der sich der *Orientierungskern* dokumentiert, *bestätigt* wird.

32–50 Proposition Babette

Babette ringt sich ziemlich zu ihrer Formulierung durch. Die Feststellung, dass hier „so viele Türken sind", wird als Faktum formuliert und extra eingeleitet: „das ist (...) so" (33), durch „ja auch" (33) zugleich abgeschwächt. Diese zögernde Einleitung weist darauf hin, dass das verstärkende „so" (zweites „so" in 33) nicht positiv, sondern negativ getönt ist. Bei der Erklärung für das Zustandekommen des Faktums wird der Ansatz zu einem Beispiel abgebrochen (34), die Aussage wird durch „ich weiß nicht aber" (34/35) relativiert und durch die Partikel „halt" (35) wieder ein wenig verstärkt, da es die Plausibilität einer (subjektiven) Schlussfolgerung unterstreicht. Dieses Hin und Her kann ein Hinweis darauf sein, dass sie mit ihrer Aussage nah an einen tabuisierten Bereich stößt bzw. eine Orientierung zu artikulieren versucht, die jener, die sie von den Interviewerinnen bzw. der durch sie repräsentierten Öffentlichkeit annimmt, entgegensteht.

Sind nun schon die vielen Türken fast in einen negativen Horizont gerutscht, da „so viele" hier in Richtung ‚zu viele' geht, erfolgt die Erklärung betont vorsichtig und sachlich, so als sollte sie nicht noch despektierlicher geraten.

Die Erklärung ist wieder auf einer sehr abstrakt analytischen Ebene. Das Moment der Distanz und Fremdheit kommt also auch hier wieder zum Ausdruck. Durch die Formulierung „dann auch gleich vier fünf Kinder" (45) wird deutlich, dass der größere Kinderreichtum in türkischen Familien jedenfalls nicht begrüßt wird.

Das Fremde, dem man distanziert gegenübersteht und analytisch (nicht etwa durch eine erfahrungsmäßige, mimetische Annäherung) begegnet, droht zahlenmäßig und vielleicht auch überhaupt überhand zu nehmen. Kinderreichtum zeigt sich als Reichtum, als Möglichkeit der Verdrängung des jeweils anderen, als Potenz. Es stellt einen positiven Horizont dar.

Wir sprechen hier von einer *Proposition,* weil hier erstens der *thematische Fokus deutlich verändert* wird. Es geht nun nicht mehr um verschiedene Kulturen im Wohnbezirk, sondern ganz konkret um das Verhältnis von Deutschen und Türken sowie um Familien und Kinder. Zugleich werden *neue Orientierungen angerissen,* der *Kinderreichtum* und die *Bedrohung* durch die Überzahl der Fremden. Das Verhältnis der *Fremdheit* bleibt deutlich.

38, 42 und 46 Ratifizierung Anke und Christine

Selbst wenn man genau die Stellen überprüft, an denen die „Mhms“ gesetzt werden, lässt sich nicht entscheiden, ob auch die Orientierung bestätigt wird oder nur deutlich gemacht wird, dass man thematisch folgt. Von daher wird von Ratifizierungen gesprochen.

51–63, 67–72 Elaboration Anke in Kooperation mit Babette und Christine

Von der distanziert-analytischen Betrachtung wechselt Anke in eine Auseinandersetzung mit der Perspektive der „ausländischen Familien“, wie sie in Zeile 36 genannt werden. Der Weg zum Kinderreichtum, wie sich in der thematischen Weiterführung zeigt, soll durch eine Rekonstruktion der Orientierung der ‚Fremden‘ nachvollzogen werden. Diese Auseinandersetzung erfolgt aber zunächst über den Weg der vertrauten Orientierungen, über die Darstellung der sozialen Rolle der deutschen Frau als Mutter: Eine arbeitende Frau darf nicht mehr als zwei Kinder bekommen. Damit steht kein rechtlicher Verstoß in Verbindung. Auch scheint es auf keiner anderen Ebene explizit verhandelbar. Die Frauen sind jedoch dann als die menschliche Gemeinschaft schädigend stigmatisiert. Es geht also nicht um die persönliche Einstellung der Frauen zum Thema Kinder. Vielmehr werden die Frauen als einem sozialen, gesellschaftlichen Druck ausgesetzt gesehen, der ihnen keine freie Entscheidung erlaubt. Dieser Druck, diese nicht verhandelbare Einschränkung, stellt einen deutlichen negativen Gegenhorizont dar.

Nun wird zu der Seite der „Türken“ (60) übergegangen. Dadurch, dass der Vater (selbstverständlich) die Rolle das Ernährers einnimmt, erscheint die Frau zunächst entlastet. Sie ist – als Mutter – keinen Anfeindungen in der Arbeitswelt ausgesetzt. Diese eher praktischen Voraussetzungen werden von Babette (63) und Christine (70) ausgearbeitet, und zwar wird die traditionelle Rollenaufteilung von den beiden in einer geradezu perfekten Abstimmung dargelegt.

Innerhalb des gesellschaftlich-kulturellen Gefüges, das durch die „Türken“ repräsentiert ist, kommt nun dem Nachwuchs ein eigener allgemeiner positiver Wert zu. Das Gefüge ist auf Kinderreichtum eingestellt und unterstützt ihn. Die Aufgaben, die mit Kindern verbunden sind, haben einen eigenen Platz und Stellenwert. Die eher theoretisch-abstrakte Ausarbeitung durch Anke wirkt auch nur sehr wenig gestört von der überlappenden Realisierung der praktischen durch Babette und Christine. Das heißt, auf unterschiedlichen Ebenen wird dieselbe Orientierung artikuliert – gleichzeitig. Die jungen Frauen sind hier engagiert dabei. In dieser Überlappung dokumentiert sich, dass sie sich zu einer zentralen Orientierung hingearbeitet haben.

Es kommt deutlich zum Ausdruck, dass sich die Frauen mit der Frage auseinander setzen: „Wie kommt man zu vielen Kindern? Wie kann Kindern ein

Platz eingeräumt werden?" Kinder werden als allgemeiner positiver Horizont (nicht nur in Konkurrenz zu den „Türken") bestätigt.

Man kann hier von einer *Elaboration* sprechen, da eine *Orientierung*, die in der Proposition aufgeworfen wurde, genauer *ausgearbeitet* wird: *Kinder* stellen einen *positiven Horizont* dar, sind erstrebenswert, die *soziale Ächtung von Müttern* einen *negativen Gegenhorizont*. Die soziale (traditionelle) Einteilung, wie sie bei den Fremden geortet wird, ermöglicht Kinder. Es ist jemand für die Kinder zugeteilt. Ob dies nun eine Lösung darstellt, ist noch nicht klar. Nur in der distanzierten Beschreibung des Klischees lässt sich ein Ansatz von Kritik orten, sonst könnte die ‚traditionelle' Ordnung als Lösung des Problems fast einen positiven Horizont darstellen.

55 und 65 Validierung der Elaboration Christine

Der Inhalt und die Orientierungsgehalte, die Ablehnung des sozialen Drucks auf arbeitende Mütter am Beginn der Elaboration durch Anke, werden von Christine bestätigt, und zwar bereits an einer Stelle, an dem der Gehalt der Aussage erst sehr implizit transportiert wurde, bei dem bedeutungsschwangeren „nja:" in Zeile 53. Die Validierung überlappt die eigentliche Aussage ohne sie zu stören, wodurch unterstrichen wird, dass man sich hier über eine gemeinsame Orientierung austauscht – es war quasi zuvor schon klar, was kommt.

Christine bestätigt hier Babette in einer Weise wie in Zeile 9. Sie sagt wieder „Genau", worin sich eine *Bestätigung*, dass etwas treffend und richtig dargestellt ist, ausdrückt. Das ‚Was' *und* das ‚Wie' der Darstellung sind damit positiv bewertet und damit auch der *Orientierungsgehalt*. Wir haben es wieder mit dieser geradezu klassischen Form der *Validierung* zu tun.

Hier werden also (Teile der) *Ausarbeitungen von Orientierungen bestätigt*. Von daher wird von *Validierung einer Elaboration* gesprochen.

76–89 Transposition Anke in Kooperation mit Babette

In dem gesellschaftlich-kulturellen Gefüge, das als „bei uns" (77) bezeichnet wird, stellen Kinder keinen eigenen positiven „Wert" (72) dar. Dies wird in der Gegenüberstellung mit den „Türken" als weniger gut betrachtet. Auf Kinder eingestellt zu sein und ihnen großen Stellenwert einzuräumen wird positiv betrachtet.

Das Kind hat aber nicht an und für sich eine gute Stellung. Privilegiert sind lediglich die Kinder männlichen Geschlechts. Das heißt, man ist zwar auf viele Kinder eingestellt und bietet Rahmenbedingungen dafür, was den jungen Frauen aus der Gruppe „Schmetterling" als wünschenswert erscheint. Es profitieren davon aber – aus der Perspektive der Kinder betrachtet – nur die Jungen. Sie werden unangemessen überhöht – wie ein „Gott" (82) behandelt –, während die Mädchen in einer verachtenden, die Würde verletzenden Art und Weise, also auch unangemessen abgewertet werden (sie sind „Scheiß drauf", 87). Zwar ist diese Diagnose auch wieder auf die „Türken" (88) gemünzt. Als Beispiel wird aber zunächst „China" (81) herangezogen. Dieses liegt letztlich noch ferner als die Familien türkischer Herkunft im WG-Bezirk. Hierin scheint sich auf ein Neues die Fremdheit gegenüber den Familien türkischer Herkunft, gegenüber ihren Handlungsstrukturen auszudrücken, die hier mühsam und über Umwege rekonstruiert werden.

Babette liefert eine Erklärungstheorie für die Ausführung Ankes. Sie teilt also den Orientierungsrahmen mit Anke: China als Agrarland, in dem ‚*Man*power' benötigt wird, auch hier weit weggerückt von den Erfahrungen im eigenen Land.

Von einer *Transposition* wird hier gesprochen, da *eine Orientierung direkt von einem Thema ins andere überführt* wird, ohne dass das vorangegangene Thema abgeschlossen wurde. Die schlechte Position von Vertreterinnen des weiblichen Geschlechts wird vom Thema ‚deutsche Frauen im Arbeitsleben' zum Thema ‚Stellung von Kindern unterschiedlichen Geschlechts in anderen kulturellen Zusammenhängen' mitgenommen. Ein Thema wird beendet und ein neues begonnen, *die Orientierung wird durch die Verschiedenheit der Thematiken hindurch besonders klar* sichtbar. Dies ist ein Hinweis auf einen dichten Diskurs und ein Zentrum eines Orientierungsrahmens. Die Diskursbewegung Transposition stellt somit eine Konklusion und eine Proposition zugleich dar.

79 Validierung der Transposition Christine

„Stimmt" kann hier als Synonym zu „genau" gelten, das sich wiederum als Ausdruck einer weit gehenden Übereinstimmung fassen lässt bzw. als *Bestätigung*, dass etwas treffend, entsprechend, richtig dargestellt ist – auch was das ‚Wie' der Darstellung, also den *Orientierungsgehalt*, betrifft. Wir haben es also auch hier mit einer klassischen *Validierung* zu tun.

89–100 Konklusion im Modus einer Formulierung der Proposition Anke in Kooperation mit Babette und Christine

Die Betrachtung der Perspektive der Kinder aus türkischen Familien mündet in der Ablehnung der Stellung, die weibliche Kinder dort haben.

Wenn der Preis für den Platz für Kinder eine Geringschätzung von Mädchen ist, dann wird dieses Modell abgelehnt. Darin sind sich alle drei jungen Frauen einig, wie sich in der Bestätigung von Babette und der anschließenden wortgleichen Bestätigung von Christine, die wiederum von Anke unterstrichen wird, ausdrückt.

Die Auseinandersetzung mit der Position türkischer Mädchen – also jenen, die ihnen noch am nächsten sind – mündet in einer scharfen Abgrenzung davon. Damit wird auch die *Distanz und Fremdheit* auf ein Neues bestätigt.

In der Metaphorik des türkischen Mädchens kommt *noch einmal* ganz *verdichtet, zusammengefasst und auf den Punkt gebracht der Orientierungsgehalt zum Ausdruck*, was die Mädchen hier beschäftigt: Kinderreichtum darf nicht mit der Geringschätzung des weiblichen Geschlechts bezahlt werden. Die *Orientierung* kann als vorübergehend *ausgearbeitet* gelten, das *Thema abgeschlossen* werden. Insofern kann hier von einer *Konklusion im Modus der Formulierung einer Proposition* gesprochen werden.

Die Äußerungen von Babette und Christine lassen sich sowohl als Validierungen, also Bestätigungen dieses Orientierungsgehalts, als auch – folgt man der Regel der Ellipse – als Wiederholungen der Formulierung der Orientierung fassen. Die Stimme der Gruppe, könnte man mit Jennifer Coates (1996, S. 220 und 230) sagen, spricht hier durch die Wiederholungen besonders laut. Etwas trockener kann man formulieren, dass diese Konklusion besonders fokussiert ist, was auch in der performatorischen Inszenierung durch das Stilelement Wiederholung zum Ausdruck kommt. Am Ende dieser performatorischen Inszenierung steht eine abschließende Validierung. Trotz der geringen Notierung rhythmischer und prosodischer Elemente lässt sich an dieser Stelle eine Rhythmik mit Abschluss erkennen, die durch das Zusammenspiel, einem *attunement* in der Interaktion, zustande kommt.

Die Äußerungen von Zeile 89 („also ...) bis Zeile 99 (... ehrlich. [.]) erfüllen gerade im Zusammenspiel eine Funktion im Diskurs. Von daher werden sie als eine Diskursbewegung gefasst.

101–103 Proposition Babette

Die Gültigkeit der bisherigen Ausführungen wird durch Babette zunächst relationiert. Man kann auch Mädchen sehen, auf die die bisherige Beschreibung nicht zutrifft. Es liegt in der Entscheidung der je einzelnen Familie, welche sich positionieren muss – gegenüber was („dazu", 114) bleibt zunächst offen.

Zwei Möglichkeiten für die Interpretation gilt es im Auge zu behalten: Tut sich die zarte Perspektive eines gelungenen Kompromisses (Orientierung auf Kinder ohne Schlechterstellung von Mädchen) auf oder sind es eher die Ausnahmen, die die Regeln bestätigen, was einem *erneuten Aufwerfen der Orientierung ‚Mutterglück darf nicht durch eine Schlechterstellung erkauft werden‘* gleichkommt. Die Metaphorik wird sozusagen auf die Probe gestellt. Zugleich dokumentiert sich aber erneut ein Versuch einer *Annäherung an die ‚Fremden‘* über diejenigen, die der Gruppe „Schmetterling" am nächsten sind: junge türkische Frauen innerhalb der Familie.

105 Validierung der Proposition Christine

Babette wird von Christine darin bestätigt, dass es auf die je einzelne Familie ankommt. Also an einer Stelle, an der sich der Freiraum der türkischen Mädchen schon zu reduzieren beginnt und es nicht mehr als eine allgemeine Entwicklung gesehen werden kann. Das heißt, es wird jener *propositionale Gehalt bestätigt*, der in der Ausnahme, die die Regel bestätigt, liegt, also wieder – um es kurz zu machen: keine Herabwürdigung und Einschränkung!

107–122 Elaboration Babette in Kooperation mit Anke

Erstmalig kommt es hier nun zu einem zarten Einfließen von Erfahrungen mit der Gruppe, an der sich zwar heftig abgearbeitet wird in der Auseinandersetzung mit eigenen Rollenorientierungen bzw. der eigenen sozialen Identität, die aber gleichzeitig ständig in große Distanz gerückt wird.

Es gibt Mädchen bzw. junge Frauen, die nicht derart schlecht gestellt sind. Man kann sehen, dass sie die Freiheit genießen, sich sexy anzuziehen („oh oh", 110). Dies scheint so wahrgenommen zu werden, als könnten sie sich nach den eigenen Vorstellungen anziehen und müssten sich nicht unterordnen bzw. werden nicht unterworfen (vgl. „Scheiß drauf", 87). Dies wird als „normal" gesehen (wenn man die Unverständlichkeit einbezieht) – also als Teil der eigenen vertrauten sozialen Identität.

Anke klinkt sich zwar mit „ja aber ..." (107, 112) ein, womit auch eine Differenzierung, Antithese oder Opposition eingeleitet werden könnte. Es klingt oberflächlich, als ginge es um etwas Widersprüchliches. Die genauere Betrachtung zeigt aber, dass letztlich der *offene Bezug aus der Proposition Babettes geklärt* wird. Sie setzt an übergaberelevanten Stellen ein und wird zweimal von Babette unterbrochen. Was dadurch erklärt werden könnte, dass Babette Widerspruch erwartet und sich quasi mit Gewalt durchsetzt. Der Bezug, mit dem sich die ‚türkischen Familien' auseinander setzen, wenn sie ihre je eigene Haltung entwickeln, ist „Deutschland" (118). Es werden hier nun wiederum – wie in der Transposition – zwei soziale, gesellschaftliche Gefüge gegenübergestellt. Somit erscheinen die freier gekleideten Mädchen als Produkt einer Annäherung an das deutsche Gefüge und sind von daher die Ausnahme, die die Regel bestätigt, die das Prinzip bestätigt. Sie repräsentieren eine Aufnahme des vertrauten, deutschen Sinnzusammenhangs und nicht den fremden, türkischen.

Das Ringen um das Rederecht entspringt hier also einem Engagement in der Entfaltung einer gemeinsamen Orientierung. Gerade wenn man die Beiträge von Anke und Babette in ihrem Zusammenhang interpretiert, erschließt sich der Orientierungsrahmen: Betrachtet man die Überlappung von Zeile 115 und Zeile 117, wird deutlich, dass Babette an dieser Stelle das sichtbare Beispiel und seine unmittelbare Wahrnehmung bringt und Anke den theoretischen Rahmen (im Anschluss an Babette), in dem diese Wahrnehmung verortet wird. Daraus lässt sich dann der Orientierungsrahmen schließen. Es wird an einem Strang gezogen. Es ist eine Diskursbewegung.

Es wurden in dieser Diskursbewegung also der propositionale Gehalt der *Fremdheit* und der *positive Horizont der Freiheit bezüglich der Gestaltung der persönlichen Identität* erneut ausgearbeitet. Das sind Gehalte, die *in der Proposition* im *Ansatz schon aufschienen*, von daher sprechen wir hier von einer *Elaboration (der Proposition).*

123–144 Fortsetzung der Elaboration im Modus der Exemplifizierung Anke in Kooperation mit Babette

Das Beispiel liegt nun keineswegs mehr auf der Ebene von Erfahrungen mit z.B. Türkinnen. Vielmehr wird die abstrakt-analytische Arbeit im Schulunterricht („Soziologie", 124) herangezogen. Das Beispiel ist zwar aus zweiter Hand, aber keineswegs trocken. Vielmehr wird in dem dramatischen Sachverhalt die schlechte Position von Töchtern in türkischen Familien nun als etwas sehr Bedrohliches deutlich. Zusätzlich lässt sich erkennen, dass die Kombination der beiden Gefüge nicht nur positive Effekte haben kann, sondern äußerst gefährlich werden kann. Die persönliche Freiheit muss mit dem Leben bezahlt werden. Als negativer Gegenhorizont lässt sich eine Beschneidung der persönlichen Freiheit herausarbeiten. Drastischer noch erscheint der Repräsentant des männlichen Geschlechts, der Vater, der „wirklich" seine Tochter tötet. Es dokumentiert sich abermals eine starke Distanzierung zu den „Türken" und eine Unvereinbarkeit ‚deutscher' Freiräume und ‚türkischer' Ausrichtung auf Nachkommen.

Babette führt nun mit Beispielen aus dem WG-Bezirk weiter. Das Drama bleibt also nicht im Schulunterricht. Es ist vor der Haustür – aber es ist ein Problem der anderen, was sich auch darin äußert, dass der Tod hier bloß konstatiert wird und keine Emotion deutlich wird.

Ganz drastisch wird die *Einschränkung von persönlicher Freiheit* als *negativer Gegenhorizont ausgearbeitet* und die *männliche Position* im Geschlechterverhältnis als Bedrohung und *unberechenbare* Dimension. Diese Ausarbeitungen schließen an die vorangegangenen an, ergänzen und bekräftigen sie bzw. *führen* sie *weiter*. Von daher können wir von einer *Fortsetzung der Elaboration* sprechen.

145–152 Konklusion im Modus der Formulierung einer Proposition Anke; 149 Validierung; 154 Ratifizierung Y1

In der Konklusion wird nun die Auseinandersetzung mit den anderen „Nationalitäten" und der Frauenrolle zum Ende gebracht: Ist der Preis dafür, von Anfeindungen in der Arbeitswelt als Mutter entlastet zu sein, die Frauenrolle, wie sie in der Auseinandersetzung mit „türkischen Familien“ entfaltet wurde, dann ist er zu hoch. Auf die Rolle reduziert zu sein, „Kinder zu gebären“ (146–147), wird entschieden abgelehnt. Das heißt letztlich, auf jede *persönliche Freiheit verzichten* zu müssen. Dies wird ganz deutlich zurückgewiesen und bildet den negativen Gegenhorizont. Die Möglichkeit Kinder zu bekommen, wie sie von der Gruppe „Schmetterling“ als positiver Horizont ausgearbeitet wurde, scheint somit in den *übergreifenden Rahmen* der größtmöglichen *Gestaltungsfreiheit* im Bezug auf das *persönliche Leben.*

Zugleich kommt aber auch zum Ausdruck, dass der Versuch einer Annäherung an die fremde Welt ‚der Türken‘ gescheitert ist bzw. die Gruppe sich nicht nur in ihrer *Fremdheit* gegenüber den Einwohner/inne/n mit Migrationserfahrungen bestätigt hat, sondern dass die Gruppe letztlich auch die *Prinzipien,* die sie durch sie repräsentiert sehen, *ablehnen.*

Die benutzte Metaphorik bringt den Orientierungsgehalt noch einmal auf den Punkt und beendet das Thema. Es gibt nichts mehr zu sagen. Vor dem nächsten Redebeitrag entsteht eine Pause von 5 Sekunden, im Sinne der Konversationsanalyse eigentlich ein „lapse“ (Sacks/Schegloff/Jefferson 1978). Der Diskurs kommt zum Erliegen. Von daher haben wir es hier mit einer *Konklusion* zu tun, die die gesamte *Passage beendet.*

Zusammenfassender Gedanke zu den Orientierungen dieser Passage: Kinder zu befürworten soll ein Bestandteil der freien Entscheidung von Frauen sein, der freien Entfaltung der persönlichen Identität, des persönlichen Lebens. Der Preis, den Türkinnen für ihre Kinder bezahlen, ist zu hoch. Auch die Restriktionen, denen deutsche Frauen unterliegen, werden abgelehnt.

Das heißt, in der Passage setzen sich die Beteiligten mit dem Geschlechterverhältnis, vor allem der eigenen Rolle als Frau, über den Vergleich mit Türkinnen auseinander. Hier und in der Fremdheit, Distanz und Ablehnung als türkisch markierter Prinzipien und Lebensform und gegenüber dem männlichen Geschlecht lässt sich ein gemeinsamer Rahmen etablieren. Der Erfahrungsraum, der hier zur Artikulation kommt, ist jener des Geschlechts (in einer bestimmten Generationslagerung).

2.5 Elemente des parallelen Modus in der Beispielpassage

Die Darstellung der Passage hebt nicht auf die Stile bzw. Diskursmodi ab, die ich zeigen will, sondern auf eine grundsätzliche Klärung von Begriffen, die ich in weiterer Folge anwenden möchte. Hätte ich die Elemente der Modi der Diskursorganisation auch noch mit aufgenommen, hätte die Lesbarkeit wohl gelitten und das verfolgte Ziel wäre untergegangen. Ich möchte an dieser Stelle nun dennoch *kurz* auf die Stilelemente verweisen, nicht zuletzt, um die Passage in die Typologie der unterschiedlichen Diskursmodi aufnehmen zu können. Ein sanfterer Einstieg in die Idee der Diskursmodi erfolgt im unmittelbar anschließenden Kapitel (Kap. 3). Wer diesen bevorzugt, lässt vielleicht die Analyse an dieser Stelle aus. Vielleicht dient diese knappe Analyse aber auch als Appetizer.

Die Orientierung von Fremdheit und Distanz gegenüber den türkischstämmigen Bewohner/inne/n der Stadt wird zunächst von Babette proponiert. Anke und Christine validieren diese Orientierung. Im Anschluss daran wird die Orientierung von allen drei Teilnehmerinnen gemeinsam ausgearbeitet. Die Konklusion enthält eine erste augenfällige Parallelisierung. Sie besteht nämlich aus einer bestätigenden Wiederholung einer zuvor gefallenen Formulierung. Die *Konklusion* schließt das erste Teil- bzw. Unterthema (Araber und Türken im Wohnbezirk) ab und bringt *ohne neue Aspekte* hinzuzufügen *noch einmal die Orientierung der Distanz und Fremdheit* zum Ausdruck.

Die nächste *Proposition* erfolgt wieder durch Babette. Der thematische Fokus wechselt zwar (nun: die Kinder der Einwanderer), aber – und hier kommen wir nun hinsichtlich das parallelen Modus zum interessantesten Aspekt dieser Passage – die *Orientierung der Fremdheit* dokumentiert sich *erneut*. Durch eine mögliche zahlenmäßige Übermacht der Repräsentant/inn/en der Fremdheit gewinnt die Fremdheit zudem einen bedrohlichen Charakter. Anke und Christine elaborieren nun anhand möglicher Umstände, die die Vermehrung der Repräsentant/inn/en des Fremden fördern oder behindern, die also den Kinderreichtum ermöglichen oder nicht, wiederum die Orientierung einer bedrohlichen Fremdheit. Zugleich dokumentiert sich der positive Horizont einer Gesellschaft, in der Frauen die Möglichkeit haben, mehrere Kinder zu bekommen. In einer *Transposition*, in der sich erneut der thematische Fokus verändert (deutsche Mütter versus türkische Mütter und Väter) und die gemeinsam von Anke und Babette vollzogen wird, dokumentiert sich *wiederum die Fremdheit* gegenüber der Lebensweise türkischer Einwanderer. Das heißt, die Fremdheit gegenüber den türkischen Einwanderern im Wohnbezirk als Orientierung wurde in der zweifachen Abfolge des Dreischritts Proposition, Elaboration und Konklusion (bzw. Transposition) zweimal – an einem je unterschiedlichen thematischen Fokus – aufgeworfen, ausgearbeitet und zu einem Abschluss gebracht.

Für die *zweite Orientierung*, die sich in dieser Passage dokumentiert, zeigt sich dieselbe zweifache Abfolge. In der *Transposition* werden sowohl die der Orientierung der Fremdheit als auch die *Orientierung ‚Mutterglück darf nicht mit einer Schlechterstellung erkauft werden' deutlich*. Das Thema der Transposition wird unmittelbar in einer *Konklusion*, die von Anke zusammen mit den beiden anderen vollzogen wird, abgeschlossen, die *Orientierung, dass Kinderreichtum nicht mit eine Schlechterstellung von*

Frauen und Mädchen bezahlt werden darf, dokumentiert sich hier aber *wieder.* Es folgen eine *Proposition*, eine *Elaboration* und deren Fortsetzung sowie eine letzte *Konklusion.* In allen vier Diskursbewegungen dokumentiert sich immer *wieder dieselbe Orientierung* der jungen Frauen im *Bezug auf das Geschlechterverhältnis.* Eine Gesellschaft sollte Frauen die Möglichkeit bieten, Kinder zu bekommen, ohne eine Schlechterstellung oder gar Herabwürdigung des weiblichen Geschlechts. Auch diese zweite Orientierung dokumentierte sich also in einer Abfolge der Diskursbewegungen Proposition (bzw. Transposition), Konklusion und Proposition, Elaboration, Konklusion zweimal.

Auch die Form der Konklusionen und der Elaborationen verdient Augenmerk hinsichtlich des parallelen Modus: Gerade das performative Element der Wiederholung trägt hier die Stoßrichtung des dokumentarischen Gehalts. So wird in der ersten Konklusion z.B. eine Formulierung, die bereits gefallen ist, wiederholt – mit dem Hinweis, dass sie wiederholt wird. Der dokumentarische Gehalt ist hier: Es gibt nichts hinzuzufügen. Hier ist bloß Fremdheit und Distanz. In der zweiten Konklusion werden derselbe Inhalt und dieselbe grammatikalische Konstruktion von allen drei Teilnehmerinnen wiederholt. In dieser Wiederholung dokumentiert sich der Fokus der Orientierung: Eine soziale Schlechterstellung von Frauen wird – vehement – abgelehnt. Die letzte Konklusion ist eine Wiederholung der zweiten und bringt von daher auch wieder denselben Orientierungsgehalt zum Ausdruck.

In den Elaborationen werden die Orientierungen immer jeweils von zwei Sprecherinnen ausgearbeitet; in der ersten Elaboration durch eine Wiederholung, in der zweiten durch zwei unterschiedliche inhaltliche Gesprächsstränge.

Beinahe scheint es so, als wäre in dieser Gruppe kein anderer Modus der Bezugnahme möglich. Die empirischen Analysen im folgenden Teil der Arbeit werden aber etwas ganz anderes aufzeigen. (vgl. Kap. 3.2.2.1 und Kap. 4.1)

3 Modi der Diskursorganisation

Der Gegenstand des empirischen Teils, welcher dieses Kapitel und das nächste umfasst, ist die Rekonstruktion von Modi der Diskursorganisation auf der Grundlage von transkribierten Gruppendiskussionen und Gesprächen.[49] Die verschiedenen Formen werden in diesem Teil zunächst systematisch erfasst. Es bleibt aber nicht bei einer Sammlung von unterschiedlichen Modi. Sie werden als Dokument für die Art der Gemeinsamkeit bzw. Verschiedenheit von Erfahrungshintergründen der Diskutant/inn/en und in ihrer Funktion für die Inszenierung der Kollektivität interpretiert. Die Gruppen werden als Epi-Phänomen gesehen, als Trägerinnen kollektiver Orientierungen und Habitus und als Repräsentantinnen von Formen der Konjunktion, Formen der Sozialität.

Der wissenschaftliche Stellenwert der Analysen zeigt sich daran, dass die Modi der Diskursorganisation bisher noch nie expliziter Gegenstand der Analyse waren. Sie waren immer Mittel zum Zweck. Die Form der Darstellung, eben die Modi der Diskursorganisation, ermöglicht den Zugang zur Kollektivität. Hier genügte es aber meist darzulegen, ob es sich um geteilte Orientierungen handelt oder nicht. Die Modi der Diskursorganisation sind von daher zwar ein Teil der Interpretationen von Gesprächen mit der dokumentarischen Methode (vgl. auch Kap. 2). In den Darstellungen der Ergebnisse, den Publikationen finden sich jedoch dazu – wenn überhaupt – eher nur kleine Hinweise, die ungeübte Leser/innen vielleicht gar nicht bemerken. Die Ebenen, auf denen sich die jeweiligen Modi zeigen lassen, wurden bisher auch nicht ausgeschöpft. Es genügt für ‚herkömmliche' Interpretationen z.B. die Parallelität von zwei Diskursbewegungen auf der Ebene der in ihnen dokumentierten Orientierungen zu beschreiben. Es findet sich kaum publiziertes empirisches Material, an dem ein derartiges Phänomen exemplarisch gezeigt wird. Auf komplexere Strukturen wird gar nicht eingegangen, denn z.B. die Parallelität der grammatikalischen Konstruktion, die Parallelität der Stellen der Fokussierungen durch Wiederholungen oder die Parallelität in der Gesamtstruktur einer Passage

49 Das Begriffsinventar, wie es in Kapitel 2 entwickelt wurde, stellt eine Voraussetzung für die Lektüre dieses Kapitels dar. Zugleich wird die Begrifflichkeit aber in ihrer praktischen Anwendung deutlicher hervortreten.

herauszuarbeiten, bringt für die Rekonstruktion von Orientierungen letztlich keinen Erkenntnisgewinn. Der parallele Modus sowie auch die anderen Diskursmodi, die Gegenstand der folgenden empirischen Analyse sind, lassen sich jedoch auf vielen unterschiedlichen Ebenen als Organisationsprinzip der Diskurse zeigen. Bei der Analyse dieser Organisationsprinzipien liegt der Erkenntnisgewinn in der Rekonstruktion der Formen der Inszenierung des Kollektivs.

3.1 Inkludierende Modi

Als inkludierende Modi, die Gegenstand dieses Kapitels sind, bezeichne ich jene Modi, in welchen gemeinsame Orientierungen zum Ausdruck kommen. Es sind Formen, wie das ‚Kollektiv' gemeinsame Orientierungen hervorbringt. Es werden also die Weisen der Inszenierung bzw. der Artikulation von Gemeinsamkeit durch das Kollektiv untersucht. In diesem Zusammenhang unterscheide ich drei Modi der Diskursorganisation: den parallelen, den antithetischen und den univoken Modus.

Bohnsack weist 1989 bereits auf einen „parallelen" (S. 120ff. und 413)[50] und einen „antithetischen" (S. 413) Modus hin. In dieser Publikation wird zwar öfter von „konkurrierender" Diskursorganisation (S. 393) gesprochen. Die beiden Begriffe „antithetisch" und „konkurrierend" werden jedoch durchweg synonym verwendet. (vgl. u.a. Bohnsack 1989 und Bohnsack/Schäffer 2001) Zu einem dritten Modus, dem „kontinuierlichen", schreibt Bohnsack (1989, S. 143), dass sich hier „die eigentliche ‚Aussage', die Proposition durch aneinander anschließende Einzeläußerungen" formiert. Dieses Phänomen findet sich in meinen Analysen jedoch über die Modi hinweg. Es ist insofern konzeptionell aufgenommen, als eine Diskursbewegung, z.B. eine Proposition, immer auch von mehreren (bzw. durch mehrere Einzeläußerungen) vollzogen werden kann. Der univoke Modus wurde als solcher bisher nicht herausgearbeitet.

3.1.1 Parallele Diskursorganisation

In diesem Modus der Diskursorganisation artikulieren sich also gemeinsame Orientierungen auf der Basis gemeinsamer, im Sinne homologer, Erfahrungen. Kennzeichnend für diesen Modus ist, dass eine Aneinanderreihung von Darstellungen, die für eine/n fremde/n Beobachter/in auf den ersten Blick manchmal wenig miteinander zu tun haben, es für die Beteiligten jedoch um die

50 Vgl. dazu auch Kap. 2

gleiche Sache geht. In der Interpretation erschließt sich dann dieselbe Orientierung in allen aufeinander folgenden Diskursbewegungen. Fasst man die dokumentarische Methode als eine Suche nach Homologien, die sich über Themen hinweg immer wieder finden, dann ist der parallele Modus letztlich der prototypische Modus dieser Methode (vgl. auch Kap. 1.2).

Diesen Modus schauen wir uns zu Beginn dieses Abschnitts anhand einer Passage aus einer Gruppe dreier junger Frauen, der Gruppe „Buch“, an. Eine weitere Passage aus dieser Gruppe weist auf, dass es sich – zunächst in dieser Gruppe – um kein ausschließlich punktuelles Phänomen handelt. Der Vergleich mit zwei anderen Gruppen („Haus“ und „Techno“) verdeutlicht, dass wir diesen Modus auch in anderen Gruppen finden können. Es variieren hier die Zahl der Teilnehmerinnen, das Bildungsmilieu und die Herkunft der Eltern (Deutschland/Türkei) bzw. die sozialräumliche Herkunft (Großstadt, West/Kleinstadt, Ost). Die Darstellung des Modus auf der Grundlage einer Gruppe junger Männer zeigt, dass der Modus auch nicht geschlechtstypisch zu fassen ist. Die Bezugnahme auf weitere Gruppen bzw. Passagen, die an anderen Stellen der Arbeit genauer ausgeführt werden, komplettiert die komparative Analyse und erhöht die Möglichkeit zur Abstraktion. Zuletzt lege ich eine Re-Interpretation aus publiziertem Material vor, zum einen, weil es sich hier um englisches Material handelt und ich dadurch zeigen kann, dass die Modi nicht an das Deutsche gebunden sind. Zum anderen kann ich hier meine Kritikpunkte an bzw. Ergänzungen zu den Analysen von Coates, wie ich sie in Kapitel 1.1.3 ausführe, an empirischem Material deutlich machen.

3.1.1.1 „Buch“: Drei Studentinnen türkischer Herkunft

An der Gruppendiskussion nehmen drei junge Frauen teil, die ein Studium an der Technischen Universität Berlin absolvieren. Ihre Eltern kommen aus der Türkei und sind alle ungelernte Arbeiter/innen. Die jungen Frauen selbst sind aber in Berlin geboren und aufgewachsen. Ayla (Af) ist 22 Jahre alt, studiert Pädagogik und lebt im A-Bezirk. Ihre Eltern sind Türken arabischer Abstammung. Berfin (Bf) ist 24 Jahre alt, studiert Germanistik und lebt im B-Bezirk. Ceyda (Cf) ist 22 Jahre alt, studiert Psychologie und lebt zurzeit im B-Bezirk, bis vor kurzem jedoch im C-Bezirk, wo sie auch ihre Kindheit verbrachte. Alle drei jungen Frauen wohnen bei ihren Eltern, zählen zur zweiten Generation, d.h. sie sind Kinder der eingewanderten Generation, und tragen ein Kopftuch.

Angesprochen habe ich die jungen Frauen in einem Aufenthaltsbereich der Universität. Die Diskussion fand auf ausdrücklichen Wunsch der Gruppe in einem der Arbeitszimmer des Fachbereichs Bildungssoziologie an der Freien Universität

Berlin um neun Uhr statt. Die jungen Frauen erschienen pünktlich und freuten sich, einmal die Seite der Lehrenden, deren Arbeit und Umfeld, ein wenig kennen zu lernen.

Die Gruppendiskussion entwickelte sich ausgesprochen selbstläufig. Die erste Interviewerinnenfrage nach dem Eingangsstimulus erfolgte nach ca. 45 Minuten, die zweite nach weiteren 20 Minuten. Einen Höhepunkt erreicht die Diskussion nach ca. 55 Minuten. Diese Fokussierungsmetapher hebt sich durch interaktive Dichte, gemeinsame Beschreibungen und Erzählungen von den anderen Passagen ab, die oft stark theoriedurchdrungen sind oder längere Einzelerzählungen beinhalten. In der Passage „fließend Deutsch" jedoch folgen die Darstellungen dicht aufeinander, der sonst eher „akademische" Diskussionsstil weicht einem lebendigen Ringen um das Rederecht, häufigem Lachen und hellen Ausrufen.

Das Thema der Passage sind Kontakte und Interaktionen mit Personen (deutschsprachiger Herkunft) im öffentlichen Leben. Zu Beginn der Passage tastet sich die Gruppe erst an einen gemeinsamen Orientierungsrahmen heran. Obwohl Berfin das Thema mit „darüber haben wir doch das letzte Mal gesprochen, dass ..." (1) einleitet, entwickeln sich die ersten zwei Diskursbewegungen (1–31) antithetisch. (Dieser Abschnitt wird in Kapitel 4 vorgestellt.) Berfin erlebt eine freundliche Behandlung durch Behördenmitarbeiter/innen als Ausnahme. Ayla dagegen erlebt die Ausnahme darin, nicht freundlich behandelt zu werden, und sieht sich kaum „Vorurteilen" ausgesetzt. Das heißt, es kann nicht schlicht das Ergebnis eines gemeinsamen Gespräches wiedergegeben werden. Es dokumentiert sich vielmehr, dass sich die Gruppe zu einer treffenden Artikulation eines gemeinsamen Orientierungsrahmens erst hinarbeitet.

In der anschließenden Proposition gelingt Ayla aber offenbar eine Formulierung, in der sich die anderen beiden Frauen gut aufgehoben fühlen, was in der Lebendigkeit der gemeinsamen Validierung dieser Proposition durch Ceyda, Ayla und Berfin zum Ausdruck kommt. Es geht weiterhin um Vertreter/innen des öffentlichen Raumes. Von dieser Proposition an vollzieht sich auch eine Veränderung auf der Ebene der Diskursorganisation. Ab hier verläuft die Passage im parallelen Modus (fließend Deutsch, 32–49):

Af: oder (.) wenn wenn die die kriegen ja meistens ähm schon
Cf: └mhm
Af: so die sind ja schon geschockt wenn du da so ankommst, (.)
Bf: └
@(.)@

Af: und fließend Deutsch sprichst, dann dann sind die erst
Cf: └mhm └Ja ja, (.) das ist für die
Af: mal (.) äh: fünf Minuten weg,
Cf: └immer ein Erlebnis
Bf: └@ja::h@ @(.)@

Vertreter/innen öffentlicher Institutionen sind „geschockt", wenn junge Frauen, die ein Kopftuch tragen, „fließend" Deutsch sprechen. Mögliche Unannehmlichkeiten (durch unfreundliche Behandlung) sind nun nicht mehr auf der Seite der jungen Frauen, sondern auf der Seite der Vertreter/innen des öffentlichen Lebens. Der Spieß ist umgedreht.

Noch bevor Ayla ihren ersten Gedanken zu Ende geführt hat bzw. die Pointe ausgesprochen hat, lacht Berfin schon auf (38–39). Sie ahnt offensichtlich schon, worauf es hinausläuft. Das ist insbesondere interessant, als es sich in Aylas Beitrag um eine abstrahierende Beschreibung[51] handelt und nicht etwa um eine Erzählung oder Beschreibung gemeinsam erlebter Begebenheiten, die den anderen schon bekannt ist. In den validierenden Äußerungen (43 und 49) wird vielmehr deutlich, dass Ayla diesen Gedanken, in dieser Art und Weise, in dieser Gruppe zum ersten Mal äußert, denn es folgt nicht etwa „ja genau" oder „ja ja" mit gesenkter Intonation, was bedeuten würde: ‚Das ist mir bekannt, wie du weißt.' Es wird auch nicht ganz explizit geäußert, dass man sich schon darüber ausgetauscht hat, wie es Berfin am Anfang der Passage macht: „darüber haben wir doch das letzte Mal gesprochen" (1). Die ansteigende Intonation beinhaltet vielmehr: ‚Das ist ja ein interessanter Gedanke, sprich weiter!' Es kommt hier etwas zur Artikulation, was alle drei Frauen bewegt, das ihnen gemeinsam ist, in dieser Art und Weise aber jedenfalls noch nicht kommunikativ bearbeitet wurde. Die Artikulation gemeinsamer Orientierungen ist nicht an eine vorangegangene kommunikative Bearbeitung von Erfahrungen gebunden. Dies zeigt sich an dieser Stelle im Vergleich mit dem Beginn der Passage besonders deutlich, wo die vorherige gemeinsame kommunikative Bearbeitung postuliert, aber die gemeinsame Orientierung (noch) nicht artikuliert wird.

Ceydas Validierung auf inhaltlicher Ebene wird performatorisch durch ein interessantes formales Merkmal unterstrichen: Der Aspekt, dass die Personen „geschockt" sind, wird von ihr und Berfin gleichzeitig in anderen Worten, rhythmisch aufeinander abgestimmt zum Ausdruck gebracht. Das heißt, es erfolgt

51 zur hier verwendeten Begrifflichkeit zur Textsortentrennung vgl. Nentwig-Gesemann 2003, Kallmeyer 1986 und Schütze 1987

nicht nur eine Bestätigung der Orientierung durch z.B. ‚ja, genau', wie es in der Beispielinterpretation der Passage „Türkinnen" aus der Gruppe „Schmetterling" (vgl. Kap. 2) der Fall ist, sondern der wesentliche Teil der Proposition wird *re-formuliert*, von Berfin und von Ayla im selben Moment und im selben Rhythmus. Auf der rein inhaltlichen Ebene sind strukturidentische Erfahrungen für diese Reformulierung zwar nicht Voraussetzung. Ein Schock als seelische Reaktion auf etwas Unerwartetes lässt sich auf der Ebene des immanenten Sinngehalts, also auf der Ebene eines allgemeinen Verständnisses, als „Erlebnis" reformulieren. (Dennoch geben die Aspekte, die reformuliert und damit quasi verdoppelt werden, wichtige Hinweise für die zu entschlüsselnde zugrunde liegende Orientierung – vgl. dazu Kap. 2.2.3.) Besonders die Art der Realisierung, also die performatorische Ebene, gibt uns aber bereits einen deutlichen Hinweis darauf, dass hier etwas artikuliert wird, das den jungen Frauen gemeinsam ist.

Wir können hier also eine *Fokussierung* durch eine Reformulierung eines Aspekts einer Äußerung beobachten. Verstärkt wird diese Fokussierung dadurch, dass die Reformulierung zur gleichen Zeit, im gleichen Rhythmus von *zwei* Sprecherinnen vollzogen wird. Inhaltlich kommt also das Moment der Verunsicherung in dieser Proposition *drei*mal vor („schon geschockt", 36; „erst mal ... fünf Minuten weg", 41/45; „immer ein Erlebnis", 47).

Die Orientierung, die in dieser Proposition zum Ausdruck kommt, lässt sich in etwa folgend zusammenfassen: Fließend Deutsch zu sprechen im Zusammenhang mit einer bestimmten äußeren Erscheinung („du da so ankommst" 35) ist insofern ein positiver Horizont, als man Personen im öffentlichen Leben damit verunsichern, provozieren kann. Den Orientierungsrahmen der Beamten zu irritieren, amüsiert, wie sich im Lachen vom Berfin dokumentiert. (zu dieser Interpretation vgl. auch Kap 2.2.3.2)

Performatorisch entsteht das Bild der Situation in der Rollenaufteilung der Sprecherinnen: Ayla und Ceyda übernehmen den Teil des großen Schocks des Beamt/inn/en und Berfin den Teil der jungen Frauen, die sich darüber amüsieren.

Die Parallelisierung von Proposition und Validierung liegt darin, dass der Orientierungsgehalt der Proposition nicht nur durch bestätigende Worte, sondern auch durch eine Reformulierung, eine Verdoppelung des Sinngehalts bestätigt wird. Eine Parallelisierung *innerhalb* der Validierung besteht darin, dass Ayla und Ceyda denselben Orientierungsgehalt mit je anderen Worten zur Artikulation bringen. Unterstrichen wird dieser durch die Gleichzeitigkeit und rhythmische Übereinstimmung in der Durchführung der Diskursbewegung.

Auf welches Erscheinungsbild die jungen Frauen mit „so" (35) verweisen, lässt sich nun durch einen Blick auf die unmittelbar folgende Elaboration entschlüsseln. Hier wird die Orientierung von *Ayla* in Kooperation mit Berfin und Ceyda in Form einer *Exemplifizierung* ausgearbeitet (fließend Deutsch, 51–83):

Af: └Zum Beispiel hier in in der
Buchhandlung habe ich mir ein Buch besorgt, ja ich
|
Bf: └@oh.@ @(.)@

Af: bin da rein gegangen ja guten Tag ich möcht den Emil von UTB
Verlag und den den Rousseau also den Gesell-
Gesellschaftsvertrag vom Reclam Verlag. ja hätten sie das. °ja°
°ja° was wollten sie? ja nochmal, der war er war
|
Cf: └er war sprachlos

Af: sofort erstaunt
| |
Bf: └( ) └( )
|
Cf: └Was die mit Kopftuch liest Émile und
@Rousseau@?
| |
Af: └Ja └Ja was will, der dachte bestimmt was will die
@damit? ja@
|
me: └@(2)@

Af: @Bestimmt nicht@
|
Cf: └@(2)@
|
Af: └@als Brennholz oder so@ ne
ich möcht ihn lesen ne ich studiere hier und möcht (°die le-°)
|
Cf: └@(.)@
@Kannst du denn überhaupt Deutsch@?

In ihrem Beispiel erzählt Ayla, dass sie in eine Buchhandlung geht, in fließendem Deutsch und sachkundig – wie der Redeimport zeigt – fragt, ob zwei bestimmte Bücher vorrätig sind. Dem Buchhändler verschlägt es die Sprache, wie Ayla durch einen weiteren Redeimport deutlich macht. Den Buchhändler macht es stutzig, dass die junge Frau ein „Kopftuch" (67) trägt. In der Darstellung der jungen Frauen kann er sich nicht vorstellen, was sie mit den deutschsprachigen Fachbüchern anfangen könnte. Die Möglichkeit des „Lesen"s und „Studiere"ns (80) erscheinen unvorstellbar, denn er zweifelt, ob eine junge Frau mit Kopftuch „überhaupt" (83) der deutschen Sprache mächtig ist. Er glaubt nicht richtig zu sehen oder zu hören.

Der Aspekt des Geschocktseins, d.h. der Verunsicherung episodaler Handlungsmuster, wird in dem Beispiel zunächst performatorisch durch einen

Redeimport zum Ausdruck gebracht. Dann wird er noch einmal, und zwar wieder gleichzeitig, in anderen Worten und ohne einander zu stören nun inhaltlich zum Ausdruck gebracht („er war sofort erstaunt“, 59/63, „er war sprachlos“, 61). Ceyda hakt unmittelbar mit einer *Formulierung* des vorangegangenen performatorischen Gehalts ein, während Ayla dies in Fortsetzung ihrer Äußerung ebenfalls selbst tut, ebenso wie zuvor schon in der Validierung. Dadurch wird wieder das Moment der Verunsicherung bzw. Irritation des Orientierungsrahmens verdoppelt bzw. eigentlich verdreifacht und damit herausgehoben. Wir finden also wieder innerhalb der Diskursbewegung parallele Strukturelemente. Interessanter ist aber die Homologie zwischen den Diskursbewegungen: Die Elaboration weist eine fast vollkommen gleiche Struktur auf wie die Proposition: Es wird die Situation des Kontakts mit der Person im öffentlichen Leben dargestellt, samt ‚Schockreaktion‘. Diese Reaktion wird dann mit jeweils anderen Worten von zwei Sprecherinnen gleichzeitig wiederholt. Diese Parallelität ist trotz unterschiedlicher Textsorten möglich. Die Proposition bewegt sich auf der Ebene der abstrahierenden Beschreibung, die Elaboration auf der Ebene einer Erzählung.

Die Pointe der Geschichte wird nun sehr lebendig von Ayla und Ceyda weiter bzw. in den verschiedensten Facetten in Form fiktiver Rede elaboriert. Die jungen Frauen legen dem Buchhändler eine Fülle von Einschätzungen seines Gegenübers mit Kopftuch in den Mund. Diese Einschätzungen sind zwar degradierend für die jungen Frauen, sie entlarven aber auch die Einschätzungen des Buchhändlers als Vorurteile, als falsch. Folgen wir der Erzählung, hat der Buchhändler gar nichts gesagt, dennoch haben die jungen Frauen ein Vorstellung davon, was er denkt und was ihn verunsichert, nämlich ihre äußere Erscheinung, das Tragen eines Kopftuches gepaart mit fließend gesprochenem Deutsch („Was die mit em Kopftuch …“, 67; „… @kannst du denn überhaupt Deutsch?@“, 83). Sie meinen also, dass ihre äußere Erscheinung, das Kopftuch, beim Gegenüber etwas entlarven bzw. hervorlocken kann. Somit hat das Tragen des Kopftuches ein deutlich provokatives Element. Diese Provokation amüsiert nun die jungen Frauen, wenngleich sie dies nicht auf den Begriff bringen würden bzw. könnten. Ein anderer Aspekt des Amüsements liegt in der Umkehrung der Verhältnisse. Diejenigen, die Inkompetenz und Unvermögen unterstellen (in ihrer Unterstellung), werden eben dadurch zu Inkompetenten und Unvermögenden.

Je degradierender nun die Einschätzungen von jungen Frauen mit Kopftuch sind, desto lächerlicher erscheint der Buchhändler und desto mehr amüsieren sich die jungen Frauen. Dieses Amüsement über die entlarvte Inkompetenz in der Einschätzung der jungen Frauen als dritter Abschnitt innerhalb einer Diskursbewegung ist wiederum parallel zu dem dritten Abschnitt der vorangegangenen Diskursbewegung. In der Proposition wird das Amüsement durch Lachen allein zum Ausdruck gebracht.

In der Elaboration wird die belustigende Komponente – auch lachend – breit ausgewalzt.

Dies ist nun eigentlich der wichtigste Aspekt der parallelen Diskursorganisation: Es kommt in der Proposition, der Validierung und der Elaboration eine exakt homologe Orientierung zum Ausdruck: Amüsement durch Provokation.

In der folgenden Transposition wird die Orientierung beibehalten, zugleich – durch das höhere Generalisierungsniveau – das Feld für eine thematische Weiterentwicklung, für ein Beispiel aus einem anderen Feld eröffnet (fließend Deutsch, 85–104):

Af: └Die sind da die sind da total weg, wenn du (.) oder jetzt ä:m
Bf: └In der U-Bahn wenn du da n Buch liest
Cf: └mhm
Af: └@Ja@ @(1)@
Cf: └@Ja@
Bf: └@da wird auch immer geguckt@
Af: └Oder wenn ich meine (.) ich hab meine Nich Nichte
Bf: └@da trau ich mich gar nicht zu lesen@

In diesem Beispiel sind es nun nicht mehr Vertreter/innen öffentlicher Institutionen, sondern anonyme Personen im öffentlichen Raum, also letztlich ganz allgemein Vertreter/innen der öffentlichen Sphäre in Deutschland. Sie sind erstaunt, wenn eine junge Frau mit Kopftuch ein – offensichtlich – deutsches Buch liest.

Die äußere Erscheinung gepaart mit der vermuteten Sprachkompetenz und dem vermuteten Bildungsmilieu verunsichert Leute im öffentlichen Leben. Diejenigen, die ‚blöd' „kuck"en, sind selbst die Blöden. Das provokative Element in diesen Situationen trägt zur Erheiterung bei. In der geschilderten Situation selbst scheint sich Berfin aber eher zurückzuziehen.

Die erste Äußerung in diesem Zitat (von Ayla, 85–86), in der wieder allgemein die Verunsicherung von Personen im öffentlichen Leben ausgedrückt wird, hat im Diskurs vier Funktionen. Sie schließt die Erzählung mit dem Buchhändler, in dem die Orientierung „Amüsement durch Provokation" exemplifiziert wurde, ab. Damit ist sie einerseits – erzähltheoretisch – als Koda der Erzählung[52] des Erlebnisses im Buchladen zu sehen. Andererseits schließt sie als Konklusion die Elaboration ab – eine zweite Funktion. Zugleich eröffnet sie auch das Feld für eine weitere Elaboration mit einem neuen thematischen Schwerpunkt, ist also auch Proposition. Wie ich im Kap. 2.3.11 dargelegt habe, nenne ich diese ‚Konklusionspropositionen' Transpositionen. Transpositionen haben also immer zumindest eine doppelte Funktion in der Diskursorganisation. Die vierte Funktion ergibt sich aus der Art des Anschlusses durch Berfin (88), der aus einem unvollständigen Satz besteht. Berfin setzt den Satz, den Ayla gebildet hat, fort. Bevor Berfin die Transposition zu Ende führt, stockt sie ein wenig („wenn du [.] oder jetzt ä:m", 86). Die kleine, prosodisch gefüllte Pause kann eigentlich als Zeichen dafür gesehen werden, dass die Äußerung noch nicht zu Ende ist. Es handelt sich also nicht um eine übergaberelevante Stelle. Dieses Zögern nutzt Berfin. Sie fügt ihre Exemplifizierung in die Konstruktion Aylas hinein. Von ‚hineinfügen' spreche ich hier insofern, als Berfins Äußerung erst als Ergänzung von Aylas grammatikalisch (als Satzkonstruktion) und inhaltlich (als Sinneinheit) vollständig ist. Die Äußerung ist somit auch Teil der Elaboration, die auf die Transposition folgt. Diese gemeinsame Realisation von Diskursbewegungen, wie hier durch das Element des ‚Hineinfügens', findet sich auch bei anderen Diskursmodi. Sie ist nicht nur für den parallelen Stil typisch.

Es genügt die Erwähnung, ein Buch im öffentlichen Raum zu lesen, um die beiden anderen in lautes Lachen zu versetzen. Denn diese Erwähnung kann – wie gesagt – schon in Ergänzung mit der Transposition („die sind da die sind da total weg" 85–86) sinnvoll ergänzt werden. Die Transposition liegt dem Beginn der Elaboration näher – vom Zeitraum her betrachtet und der Häufigkeit der dazwischen liegenden Äußerungen (zwei von Ceyda 91, 95 und eine von Ayla 93) – als Berfins eigene Weiterführung. Lachend formuliert sie dort selbst den Aspekt der Verstörung („da wird auch immer gekuckt", 97–98). Als Ellipse ist ihre Äußerung zuvor schon vollständig gewesen. Und, so gesehen lässt sich wieder dieselbe Struktur rekonstruieren – auf mehreren Ebenen, allerdings etwas verkürzt: Der Aspekt der Verunsicherung bzw. Verstörung erscheint wieder durch eine dreifache Wiederholung fokussiert. Um wieder eine dreifache Wiederholung herausarbeiten zu können war ein Verweis auf die Ellipsenregel notwendig, die ja eine Verkürzung darstellt. Der Ausdruck des Amüsements erfolgt hier wieder, wie ganz zu Beginn, durch Lachen – allerdings schon unmittelbar nach der Skizzierung der Situation. Zusätzlich ist Berfins Äußerung (97–98) mit dem Lachen gekoppelt. Das heißt, wir finden diese Struktur nun auch zum dritten Mal.

52 zur Textsorte Erzählung vgl. u.a. Labov 1980, S. 287ff.

Ganz genau betrachtet eigentlich das dritte und vierte Mal: Zunächst konnten wir dieselbe Struktur innerhalb einer Proposition und ihrer Validierung und der darauf folgenden Elaboration herausarbeiten. Hier nun findet sich das Muster wieder in der Transposition und ihrer Elaboration. Die Struktur taucht beinahe schon überdeterminiert auf, so kann man sie über die Diskursbewegungen, d.h. über die Transposition und die Elaboration, hinweg feststellen. Ich würde aber eher dafür plädieren, dass sie letztlich je in der Transposition und Elaboration beinhaltet sind: Meines Erachtens haben wir es hier aber ebenfalls mit einer Art Ellipse zu tun. Die selbstverständlichen Elemente werden sowohl in der Transposition als auch in der Elaboration ausgelassen. In der Transposition fehlt die allgemeine, abstrahierte Beschreibung der Situation, die aber allen bereits hinlänglich klar ist, und es wird nur noch der die jungen Frauen amüsierende Aspekt angesprochen. Die bloße Wiederholung dieses Aspekts würde aber kein Amüsement mehr bringen. Es braucht schon zumindest eine kleine Variation, also zumindest ein neues Beispiel, um wieder Lachen zu können. Von daher entfallen diese Elemente bzw. werden in die (Elaboration in Form einer) Exemplifizierung verlagert. In der Exemplifizierung wird nur noch das Neue an dem konkreten Beispiel, also nur der Teil mit Informationswert explizit angesprochen und wieder der amüsante Aspekt.

Auf der Ebene der Textsorten lässt sich nun wieder einer Parallelität ausmachen: Beide Propositionen erfolgen in Form einer abstrahierenden Beschreibung. Die Elaborationen erfolgen beide in Form einer Exemplifizierung, einmal im Modus einer Erzählung und einmal im Modus einer detaillierteren Beschreibung. Das heißt, beide Male wird es in den Elaborationen konkreter als in den Propositionen.

Die Hauptaussagen wurden bisher von Ayla getragen. Es war von daher nicht verwunderlich, dass sie konsistent waren. In der oben zitierten Exemplifizierung trägt Berfin die Hauptaussage und wir konnten sehen, dass sich die strukturelle Ähnlichkeit über die Diskutantinnen hinweg fortsetzt.

Dennoch enthält Berfins Beispiel noch einen anderen Aspekt: Während Ayla stolz und selbstbewusst ihren sozialen Status als mit Bildung befasster und selbstverständlich Deutsch sprechender Frau mit Kopftuch demonstriert, erscheint es bei Berfin eher als unvermeidlich. Fast kommt ein wenig Scham zum Ausdruck. Sie „trau"t sich „gar nicht zu lesen" (103–104). Scham lässt sich als eine Emotion fassen, die bei einem nicht intendierten Überschreiten einer verinnerlichten sozialen Norm entsteht. Das Überschreiten sozialer Normen, die Provokation passiert hier also eher, als dass sie mitinszeniert erscheint und auch in der Situation ausgekostet wird, wie bei Ayla.

Ayla betrachtet die Bearbeitung des Beispiels von Berfin nach dem Ausdruck des Amüsements auch bereits als abgeschlossen. Sie startet an dieser Stelle schon mit dem Beginn ihres nächsten Beispiels (100).

Trotz dieser individuellen Unterschiede konnte an den beiden Darstellungen von Erlebnissen (von je einer Teilnehmerin an der Gruppendiskussion) ein homologes Muster herausgearbeitet werden, sowohl semantisch-inhaltlich als auch auf der Ebene der sprachlichen Realisierung. Es handelt sich also nicht um Darstellungen von gemeinsam gemachten Erfahrungen, sondern es kristallisiert sich eine Gemeinsamkeit in den je einzeln gemachten Erfahrungen heraus. Die gemeinsame Struktur der Erfahrungen scheint den Diskurs zu dynamisieren. Auf den Begriff bringen die jungen Frauen die Gemeinsamkeit nicht. Erst in der Konklusion findet sich ein Ansatz dazu.

Zusammenfassend stelle ich an dieser Stelle noch einmal die herausgearbeiteten Strukturen dar:

1. Die Situation wird dargelegt: Ein junge Frau mit Kopftuch trifft auf einen Vertreter der öffentlichen Sphäre und äußert sich in fließendem Deutsch. Der Vertreter der öffentlichen Sphäre reagiert mit einer Verunsicherung episodaler Handlungsmuster.
2. Die Reaktion wird zweimal wiederholt.
3. Amüsement über diese Reaktion wird zum Ausdruck gebracht.

Diese drei Elemente fanden sich fünfmal hintereinander in folgenden Diskursbewegungen:

- Proposition in Form einer abstrahierten Beschreibung – Orientierungsgehalt: Amüsement durch Provokation
    - Validierung in Form einer Reformulierung – Orientierungsgehalt: Amüsement durch die Reaktion auf die Provokation
    - Elaboration in Form einer Exemplifizierung durch eine Erzählung – Orientierungsgehalt: Amüsement durch Provokation
- Proposition in Form einer abstrahierten Beschreibung – Orientierungsgehalt: Amüsement durch Provokation
    - Elaboration in Form einer Exemplifizierung durch eine detailliertere Beschreibung – Orientierungsgehalt: Amüsement durch Provokation

Bisher haben wir erst einen kleinen Teil einer Passage betrachtet, dessen Struktur an dieser Stelle der Ausführung zusammengefasst wurde, damit ob der Details nicht die Übersicht verloren geht. Im Folgenden, zu Beginn der empirischen Analysen, werde ich exemplarisch eine ganze Passage beschreiben, um einen empirischen Nachweis zu leisten, dass eine gesamte Passage parallel strukturiert sein kann. Gleichwohl kann ich nicht bei dem bisherigen Detaillierungsgrad bleiben und ich werde auch nicht das gesamte Transkript zitieren. Längere Erzählungen oder Beschreibungen, die von einer Teilnehmerin realisiert werden, fasse ich formulierend zusammen.

Die Passage wird mit einer *Fortsetzung der Elaboration* weitergeführt. Ayla trägt ein weiteres Beispiel in Form einer Erzählung bei. Kinderärzte und -ärztinnen in der Notaufnahme, die sie mit ihrer kleinen, hoch fiebernden Nichte aufsuchte, riefen als Erstes eine „türkische Arzthelferin" (120) zum „Übersetzen" (120, Betonung im Transkript), bevor Ayla überhaupt dazu kam alles „fließend" zu „erklären" (124). Nachdem den Ärzt/inn/en klar geworden war, dass die Übersetzung nicht notwendig gewesen war, wurde Ayla erstaunt nach ihrem Beruf gefragt. Die Information über ihren Status als Studentin löste weiteres Erstaunen bei den Ärzt/inn/en aus. Das Erstaunen wird wieder doppelt zum Ausdruck gebracht, durch eine Beschreibung der Reaktion und durch einen Redeimport. Auf der Ebene des äußeren Erscheinungsbildes, also auf der habituellen Ebene, ist eine scharfe Grenze. Auf der Ebene der Kompetenz werden Gemeinsamkeiten hergestellt, die großes Erstaunen auslösen bzw. wieder zu Fehlreaktionen führen. Die Struktur des Beispiels ist wiederum parallel zu den vorhergehenden. Sie beinhaltet aber eine Variation. Das Erstaunen und Fehlverhalten der Ärzte wird nicht mit Amüsement quittiert. Arbeitsteilig wird folgende *Transposition* formuliert (fließend Deutsch, 138–149):

Cf: Das
übliche Bild von das
Af: └Ja. weil ja wenn du wenn du mit dem Bild
irgendwo rein gehst dann ist erst mal die Unterstellung sie
kann kein Deutsch
Cf: └mhm
Bf: └Genau.
Cf: └Sie is ne Putze oder so

Wenn die jungen Frauen in der Öffentlichkeit mit Kopftuch erscheinen, meinen sie bei ihrem Gegenüber die Unterstellung von Sprachinkompetenz und damit eine Inkompetenz als Gesellschaftsmitglied auszulösen. Sie sind überzeugt, abgewertet zu werden.

Zugleich dokumentiert sich hier (wie zuvor in dem Import fiktiver Rede) das Konzept einer formalen Reziprozität der Perspektiven, das im akademischen Milieu häufig anzutreffen ist. Es wird z.B. nicht von einer prinzipiellen Fremdheit oder Andersartigkeit der Perspektiven ausgegangen, sondern nur von mangelnder Aufklärung, Information, von anderen „Bild"ern in den Köpfen (141). Die formale Reziprozität der Perspektive erlaubt es den jungen Frauen, in die Köpfe der anderen zu schauen und die falschen Bilder aufzudecken, und räumt ihnen die Möglichkeit ein, diese auch zu korrigieren. Man kann die Abwertungen also durch die richtige Information bekämpfen.

In der Gegenüberstellung der Ärzte/Ärztinnen mit der „Putze" (149) dokumentiert sich zudem, dass sprachliche Inkompetenz in der Perspektive der jungen Frauen mit sozialer Degradierung verbunden ist. Das heißt, sie nehmen ein Erstaunen über ihre Sprachkompetenz verknüpft mit einer gesellschaftlich-sozialen Einordnung wahr. Innerhalb dieser Hierarchie haben sie eine Aufstiegsorientierung. Die Verwirklichung dieser Orientierung gelingt auf der Grundlage einer großen sozialen Mobilität dieser jungen Frauen, und zwar in bildungsmilieutypischer, geschlechtstypischer und ethnischer Hinsicht, wie sich in der folgenden Passage auch noch deutlich zeigt. Dieser soziale Aufstieg soll nun auch von der Öffentlichkeit wahrgenommen und anerkannt werden. Sie wissen, dass das Tragen des Kopftuches die öffentliche Wahrnehmung als junge Studentin z.B. verhindert. Dennoch scheint das Kopftuch wie angewachsen. Das Kopftuch taucht innerhalb der hohen Mobilität als eines der spärlichen kontinuitätssichernden Elemente auf. Speziell in Berlin verbindet das Tragen des Kopftuches die jungen Frauen mit der geschlechtstypischen Dimension ihres Herkunftsmilieus (vgl. dazu Kap. 3.1.3.1 und Nohl 2001a). Zudem geht es hier offenbar auch um die öffentliche Wahrnehmung dieser Aspekte ihrer Identität. Erst die Provokation ermöglicht beide Aspekte öffentlich zu machen. Sie zwingt das provozierte Gegenüber zur Auseinandersetzung.

An diese Transposition in Form einer abstrahierten Beschreibung schließt eine Elaboration in Form einer Exemplifizierung durch eine detailliertere Beschreibung von Berfin an. Das Beispiel stammt aus dem öffentlichen Leben schlechthin (fließend Deutsch, 151–156):

```
151  Bf:                     oder wenn du nach ner Straße oder so fragst, ja
152             jetzt gehen links und dann rechts, immer so
153                          |              |
154  ?f:                     └@(.)@         └@(.)@
155
156  Bf:        diese Anmerkungen;
```

Obwohl sie in klarem Deutsch nach dem Weg fragt, antworten ihr die Leute radebrechend. Die damit einhergehende Unterstellung der Leute ist abwertend, die Abwertenden sind aber wieder selbst die ‚Dummen'. Die Verhältnisse sind umgekehrt. Wir haben es also wieder mit einem parallelen Beispiel zu tun.

In Berfins Beispiel scheint das Missverständnis zwischen den Vertreter/inne/n des öffentlichen Lebens und der jungen Frau mit Kopftuch wieder eher zu passieren und weniger inszeniert zu sein. Berfin setzt sich nicht so sehr für die Wahrnehmung ihrer Sprachkompetenz durch die Öffentlichkeit ein. Ihr Gefühl der Abwertung durch die Annahme, sie könne nicht deutsch sprechen, dokumentiert sich aber sehr stark in den Beispielen. Umso mehr erfreut sie sich an den Beispielen von Ayla, über die Umkehrung der Abwertung, die Provokation.

Die Elaboration wird mit fünf Beispielen aus den jeweiligen Fahrschulen von Ayla und Berfin fortgesetzt. Immer geht es darum, wie die Deutsch- und Sachkompetenz beim Fahr- oder Theorieunterricht („ich möchte die theoretische Prüfung in Deutsch ablegen, bitte", 242–243; „und da als ich da noch null Fehler hatte", 254–255) die Lehrer/innen in Erstaunen versetzen oder diese sich durch Erklärungen „mit komischen Wörtern" (269) lächerlich machen (fließend Deutsch, 158–212).

Af: └Wo ich ich kann mich erinnern wo ich die Theorie hm
theoretische Fahrprüfung abgelegt hab @(.)@ da hat er
|
Bf: └@(.)@

Af: mir mit Handzeichen erklärt,
|
Y1: └mhm
|
Af: └ja hier kommt jetzt n
Fragebogen und dann noch auf Türkisch, obwohl ich sie
in Deutsch ablegen wollte,
|
Y1: └mhm
|
Af: └und gibt mir=n Bogen auf
Türkisch und jetzt da rein hinter dem Glas und nichts
| |
Bf: └@(.)@ └@(.)@

Af: ehm anderes als Stift und so
| |
Bf: └@(.)@ └@(2)@
|
Cf: └Die wollen halt einfach nur
hilf- behilflich sein (.) weil sie gemerkt haben
| |
Bf: └@(.)@ └@ja:a@ @(1)@
|
Af: └und dann
|
Bf: └Es kann so
beleidigend sein ich mein die ( )
|
Cf: └Aber die wollen das eigentlich nicht
ich dachte auch wirklich, die w: äh dass sie das irgendwie in
dem Sinne irgendwie sach ma äh ist der nich mehr ganz
richtig oder w=was unterstellt der mir?

|
Af: └@Dann war er fertig@
|
Cf: └dann merkt man
wirklich, die wollen einfach nur helfen; weil sie das bisher so
erlebt haben, dass wenn jemand n Ausländer kommt der hat
halt Schwierigkeiten dann ha- sind sie schon mal drauf
eingestellt; aber die sind nicht darauf eingestellt
|
Af: └@(.)@

Cf: dass da jemand kommt, der ausländisch aussieht und mit=n
Kopftuch und so, fließend Deutsch sprechen kann, und keine
Probleme damit hat;
|
Af: └@ja@

Auf der thematischen Ebene verschiebt sich der Fokus nun von *Reaktionen* auf das fließend gesprochene Deutsch durch Frauen mit Kopftuch zu *Interaktionen* im öffentlichen Leben. Obwohl Ayla die Fahrprüfung „in Deutsch“ (169) ablegen möchte, werden ihr mit „Handzeichen“ (63) die Prüfungsformalitäten erklärt und es wird ihr ein türkischer Fragebogen ausgehändigt. Ceyda erklärt dieses Verhalten mit Hilfsbereitschaft. Berfin findet es „beleidigend“ (190). Die Beleidigung ist nicht intendiert im Gegensatz zur Hilfsbereitschaft. Man ist auf die Sprachkompetenz der jungen Frauen „mit=n Kopftuch“ (208–209) eben „nicht (…) eingestellt“ (204).

Auch nach der gesamten Ausbildungszeit in der Fahrschule nahmen die Vertreter/innen dieser Institution nicht wahr, dass Ayla Deutsch spricht. Sie beurteilen sie nur nach ihrem äußeren Erscheinungsbild. In dieser Erzählung dokumentiert sich besonders deutlich das Moment der Stereotypisierung, das die jungen Frauen bei Vertreter/inne/n der deutschen Öffentlichkeit sehen. Ayla kennt eine persönliche Bekanntheit und kommunikativen Austausch als Mittel gegen diese Stereotypisierungen. Hier nun sträuben sich die Interaktionspartner/innen gegen diesen Austausch.

Ceyda fügt nun in ihrer Hintergrundkonstruktion zum Verhalten von Vertretern der deutschen öffentlichen Sphäre einen Aspekt hinzu: Sie verhalten sich nicht bloß stereotyp, sie wollen auch hilfsbereit sein. Das heißt, Ceyda sieht die Situation auch durch eine zwar missglückte, dennoch aber wohlmeinende Perspektivenübernahme seitens der Fahrschullehrer/innen strukturiert. Sie verortet diese missglückte Hilfsbereitschaft in der Geschichte der Deutschen mit Migrant/inn/en, in ihren generalisierten Erfahrungen mit Leuten, die eben diese äußeren Merkmale zeigen wie die Gruppe „Buch“.

In Ceydas Sichtweise ist es weniger die Inkompetenz, die umgekehrt wird, als vielmehr die Hilfsbedürftigkeit. Die Generation ihrer Eltern war in Deutschland hilfsbedürftig, nun sind es die Deutschen, die hilfsbedürftig sind, deren Perspektive man verstehen muss, die über Gepflogenheiten aufgeklärt werden müssen.

Die Grenze, die durch das Kopftuch auf der Ebene der sozialen Identität markiert ist, kann zwar kommunikativ und durch Perspektivenübernahme überwunden werden, an ein Wegfallen der Grenze ist aber nicht zu denken. Wobei dem Kopftuch hier wieder die Sicherung der Kontinuität, die Verbindung mit der familialen Migrationsgeschichte zukommt.

Berfins Perspektive ist eine etwas andere. Es geht weniger um Inkompetenz oder Hilfsbedürftigkeit. Sie fühlt sich entwertet, beleidigt und beschämt durch nicht intendierte Handlungsfolgen. Umso mehr lacht sie, wenn in den Beispielen von Ayla die anderen entlarvt werden und sich eigentlich schämen müssten.

Berfin *setzt* die *Elaboration* mit einem *Beispiel* von ihrer Fahrprüfung *fort.* Der Fahrprüfer nimmt nicht wahr, dass sie gut Deutsch spricht, und wiederholt seine Anweisung „rechts“ (239) oftmalig. Berfin sieht kein Versäumnis beim Fahrprüfer, denn sie „konnte“ vor lauter Aufregung „gar nicht sprechen“ (226). Berfin verbindet die Erklärungsmuster von Ayla und Ceyda: Der Prüfer hält sie für hilfsbedürftig und (weil sie) sprachlich inkompetent (ist). Wieder steigt der als Dummer aus, der sie fälschlicherweise als sprachinkompetent behandelt hat. Zugleich ist in diesem Beispiel das Erleben der Beleidigung relativiert. Der Prüfer hatte keine Chance, es richtig zu machen. Ayla gibt ihren Interaktionspartner/inne/n scheinbar diese Chance. Berfin verzeiht die falsche Einschätzung zwar in der Fahrschule, aber, wie wir weiter unten sehen werden, in der Universität nicht.

Nach Berfins Erzählung setzt Ayla die *Exemplifizierung* durch eine *Weiterführung* ihrer *Erzählung* fort. Es wird deutlich, dass sie ihre Geschichte von der Fahrprüfung noch nicht beendet hatte. Schon während der Hintergrundkonstruktion von Ceyda versuchte sie mit ihrer Erzählung fortzufahren (197). Ein Element, das in ihren bisherigen Exemplifizierungen immer auftauchte, fehlte noch: das Erstaunen, der Schock aufgrund ihrer umfassenden Kompetenz.

Nachdem der Fahrlehrer ihr mit Händen und Füßen die Prüfungsmodalitäten erklärt hatte, er „fertig“ (197) war, sagt Ayla zu ihm: „das ham sie jetzt schön gemacht ich möchte aber die theoretische Fahrprüfung in Deutsch ablegen, bitte.“ (241–143). Während sie ihre Prüfung schreibt, beobachtet sie, wie der Fahrlehrer sie beobachtet. Er „war total weg“ (248). Sie füllte den Prüfungsbogen aus, gab ihn ab und „als“ sie „da noch null Fehler hatte, da (.) muss er (.) sonst was @gedacht haben@“ (254–260). Das Ende der Geschichte wird von Lachen der beiden anderen begleitet.

Wieder werden die Seiten umgekehrt. Ayla, die von dem Prüfer als sprachlich inkompetent behandelt wurde, klärt nun ihrerseits den Prüfer auf. Sie hatte zuvor den Prüfer so dargestellt, dass er sie ein wenig wie ein Kind behandelt. Nun behandelt sie ihn ihrerseits wie ein Kind. Lobt ihn ironisch für seine ungelenken Bemühungen auf der Grundlage falscher Annahmen über sie. Sie macht sich damit über ihn lustig. Dann formuliert sie ihren Wunsch die Prüfung auf Deutsch abzulegen mit Nachdruck. So werden die Rollen im doppelten Sinn umgekehrt: Nicht nur wird derjenige, der sprachliche Inkompetenz unterstellt, durch die Aufklärung selbst zum Inkompetenten, auch bleibt der Prüfer nicht derjenige, der sagt, was zu geschehen hat, sondern Ayla bestimmt, was der Prüfer zu tun hat. Das heißt, für einen Moment werden hier auch die Machtverhältnisse umgekehrt.

Ayla erntet mit dieser Darstellung einen großen Lacherfolg. Durch das gemeinsame Lachen bestätigt sich erneut die kollektive Signifikanz der Umkehrung der Verhältnisse durch (Sprach-)Kompetenz innerhalb der Gruppe.

Die Prüfung selbst wird ‚mit links' und perfekt gemeistert. Diese Leistung, dieser Beweis der Kompetenz, löst nun wieder das Erstaunen, den „Schock" aus. In dem Ehrgeiz, die Fahrprüfung auf Deutsch und perfekt abzulegen, dokumentiert sich auch wieder die Aufstiegsorientierung. Die Vorgaben der Institution sollen so gut wie möglich gemeistert werden. Der Aufstieg bedeutet somit ein Absolvieren institutionell vorgegebener Karrieren.

Aus dem praktischen Unterricht weiß Ayla ein weiteres Beispiel zu erzählen und *setzt* damit die *Elaboration* mit einer weiteren *Exemplifizierung fort* (fließend Deutsch, 264–284):

264	Af:	└weil ähm schon mit dem Vorurteil
265		auch, mit meinem Fahrlehrer hatt ich am Anfang das Problem
266		er dachte <u>wi:rklich</u> ich kann kein Deutsch und so und dann
267		sind wir irgendwie ins Gesch- er war auch ähm ein bißchen
268		ähm hat Distanz bewahrt und so und ja rechts und jetzt da
269		links und so und hat auch mit komischen Wörtern versucht
270		| |
271	Bf:	└@(.)@ |
272		|
273	Y1:	└mhm
274		
275	Af:	zu erklären wie man halt den Schleifpunkt und mit der
276		Kupplung und alles des kommen lässt und dann ähm sind wir
277		|
278	Y1:	└mhm
279		
280	Af:	irgendwann ins Gespräch gekommen na=hat=er ähm er hat nie
281		gefragt was ich beruflich bin oder so, aber er dann hat er
282		gemerkt, ich <u>kann</u> Deutsch; (.)
283		|
284	Cf:	└mhm

An diesem Beispiel fällt auf, dass Ayla den Fahrlehrer nicht gleich über ihre Sprachkompetenz informiert. Er spricht einsilbig mit ihr, erklärt „mit komischen Worten", aber erst „irgendwann", kommen sie „ins Gespräch". Mit einem klaren Hinweis bezüglich der Sprache ist es nicht getan.

Die Beteiligung von Ayla an der Inszenierung tritt immer deutlicher hervor. Ayla weiß um die hohe Wahrscheinlichkeit, dass ihr mit ihrem Auftreten Sprachinkompetenz zugeschrieben wird. Sie denkt nicht daran, vorbeugende Maßnahmen zu ergreifen. Auch dann, wenn sich die Personen bereits ‚entlarvt' haben, macht sie nicht gleich darauf aufmerksam, dass sie sich nicht bemühen brauchen, ihr sprachlich behilflich zu sein. Eine kommunikative Auseinandersetzung wird provoziert, erzwungen, die „Distanz" (268) ausgeschaltet. Bei einem Gespräch kommt es – wenn es in Aylas Sinne verläuft – zu der Erläuterung, „was" sie „beruflich" ist. Sie ergreift die Gelegenheit, das falsche Bild zu ändern, die Wissenslücke zu stopfen. In diesem Beispiel scheint sie enttäuscht zu sein, keine Gelegenheit gehabt zu haben, ihren Status als Studentin deutlich zu machen.

Im Zuge dieser Exemplifizierung findet sich im Gegensatz zu den anderen keine interaktive Bearbeitung, in der Amüsement zum Ausdruck kommt bzw. die Reaktionen des Deutsch sprechenden Vertreters der Öffentlichkeit analysiert, kommentiert oder weiterbearbeitet werden. Der Ausgang dieses Beispiels ist eben ein wenig enttäuschend. Weder kann man sich recht lustig machen über den Fahrlehrer, der Distanz wahrt, noch kommt es zu einer Aufklärung, was die junge Frau nun ist.

In den letzten beiden *Exemplifizierungen* dieser Passage tritt uns die Struktur, wie wir sie auch schon ganz zu Beginn herausarbeiten konnten, noch zweimal ganz deutlich entgegen. Zunächst nimmt Ayla ein letztes Mal auf die Fahrschule Bezug (fließend Deutsch, 282–313):

```
Af:                    (.) und als wir davor inner
                       |
Cf:                    └mhm

Af:     Theorie gesessen haben, es es war ja ne deutsch-türkische
        Fahrschule und der theoretische Unterricht, der wurde in
        Deutsch und in Türkisch gegeben und Deutsch halt Montag
        und Mittwoch @und Türkisch Dienstag und Donnerstag@
                   |
Cf:                └mhm

Af:     und wir waren die einzigen Türken in dieser Fahrschule, die am
        deutschen Theorieunterricht teilgenommen haben und
                                                   |
C1:                                                └mhm

Af:     der Fahrlehrer ähm meint so immer wenn er Stoppschild und
```

299		so, nä hier rot kirmizi
300		|
301	Bf:	└@(.)@ @(.)@
302		|
303	Cf:	└ähhh
304		|
305	Af:	└hier Gefah- ich mein, ich wär doch
306		in den <u>türkischen</u> Theorieunterricht gegangen, wenn ich kein
307		Deutsch <u>könnte</u> also es muss doch, ich hab ja ich mach doch
308		|
309	Y1:	└mhm
310		
311	Af:	nicht ähm Führerschein, um nebenbei Deutsch zu lernen hier
312		eim deutsch- ähm ei- am türkischen am deutschen
313		Theorieunterricht ( )

Auch im deutschen Theoriekurs – der dem türkischen vorgezogen wurde – begegnet ihnen das beschriebene Phänomen: Es wird mit ihnen gesprochen, als würden sie nur Türkisch verstehen und kaum Deutsch sprechen. Ayla ist empört über die Hartnäckigkeit, mit der sie als Türkisch sprechende Person eingeordnet wird, und über die mangelnde Auseinandersetzung mit ihrer Perspektive. Denn der Fahrlehrer müsste doch merken, dass sie im deutschsprachigen Kurs sitzt und auch ein türkischer angeboten wird. Wenn er sich über sie Gedanken macht, sich ihre Perspektive überlegt, dann muss ihm klar sein, dass sie aus dem Angebot den deutschen Kurs gewählt hat und von daher Deutsch spricht. Sollte er sich doch mit ihrer Perspektive auseinander gesetzt haben, kann er das nur unangemessen getan haben, denn Erklärungen dafür, dass sie den deutschen Kurs gewählt hat, obwohl sie kaum Deutsch spricht, sind an den Haaren herbeigezogen, unangemessen.

Es dokumentiert also wieder, dass man sich vielmehr mit der Perspektive der jungen Frauen auseinander setzen müsste. Wie es an anderer Stelle schon herausgearbeitet wurde (besonders in der fiktiven Rede und in der letzten zitierten Transposition), legen die jungen Frauen dem Handeln eine Intersubjektivität zugrunde, die auf der formalen Reziprozität der Perspektiven beruht. Unangemessenes Handeln kann nur auf einer ungenügenden oder falschen, z.B. durch Stereotype geleiteten, Übernahme der Perspektiven beruhen. Dies entlarven sie immer wieder, was zu Belustigung, Entrüstung, mitleidigem Verständnis oder Sich-beleidigt-Fühlen führen kann. Letzteres finden wir auch in der letzten Exemplifizierung in dieser Passage durch Berfin (fließend Deutsch, 313–349):

314	Bf:	Ja das ist ja noch zu verstehen; sogar an der <u>Uni</u> ist es mir eh
315		<u>gestern</u> ist es uns passiert; da saßen wi- <u>ich</u> Cansunur und
316		noch ne andere, Demeren zusammen und da is ebent n
317		Student gekommen, welcher ebent Flugblätter verteilt hat,
318		und von <u>dem</u> wurden wir sogar so angesprochen, ja::: (.)
319		wollt ihr <u>Flugblätter</u>? wollt ihr das haben?

```
                          |                |
Cf:                       └@(.)@           └@(.)@
                                                 |
Bf:                                              └also
          darüber könnt ich mich nun wirklich aufregen.
                                               |
Af:                                            └@ja@ @(.)@
                                                         |
Bf:                                                      └weil
          ich mein, wenn ich da sitze, das heißt doch, dass ich zu
          dieser Uni gehöre ne, und Deutsch kann, mehr oder weniger
                         |                                 |
Af:                      └@mhm@                            └
          ja

Bf:       und @dass ich von diesem=diesem so angesprochen werde@
                                                           |
Af:                                                        └ja

Bf:       das war nun wirklich das Letzte also
                                  |
Af:                               └Also wie verdutzt die
          manchmal gucken dann ähm @(.)@
                         |         |
Bf:                      └mhm      └@stimmt@
                                        |
Af:                                     └darüber kann man
          auch lachen, °@(.)@°
```

Berfin kann die Situation „noch (...) verstehen" (314), in der ein Fahrlehrer einer jungen Frau mit Kopftuch im deutschen Theorieunterricht zu übersetzen versucht – obwohl es auch einen türkischen Theorieunterricht gibt. Aber dass ein „Flugblätter" (317) verteilender „Student" (317) annehmen kann, dass sie das Flugblatt eventuell gar nicht braucht, weil sie es nicht lesen kann, „darüber könnt" sie sich „nun wirklich aufregen" (324). Sie ist entrüstet. Es muss dem Studenten klar sein, dass sie zur Universität gehört, wenn sie auf einem Platz im Universitätsgelände sitzt. Wer als Student zur Universität gehört, spricht in Berfins Perspektive in jedem Fall Deutsch.

Es lässt sich nicht entscheiden, ob Berfin den Fahrlehrer „ja noch verstehen" kann, weil sie dem Bereich der Fahrschule ein gänzlich anderes Handlungsmodell zugrunde legt oder dem Fahrlehrer eine mangelnde Perspektivenübernahme zugesteht. An der Universität jedenfalls könnte man eine angemessene Auseinandersetzung mit der Perspektive der anderen erwarten. Der Ausgangspunkt der Überlegungen entbehrt aber dieser Form der Perspektivenübernahme: Durch die bloße Anwesenheit an bestimmten Orten (in öffentlich zugänglichen Einrichtungen) sollen vom

Gegenüber die entsprechenden ‚richtigen' Handlungsorientierungen („zu dieser Uni gehöre"n, 330, als Studentin eingeschrieben sein etc.) zugrunde gelegt werden. Das heißt, schon auf einer habituellen Ebene sollen sie richtig eingeschätzt werden. Zugleich signalisieren sie aber auf der habituellen Ebene, nicht zuletzt durch das Kopftuch, fast provokant offensichtlich etwas anderes.

Zugleich wird hier deutlich, dass die Interaktion von den jungen Frauen schon von vornherein als ‚Nicht-verstanden-Werden' interpretiert wird. Die Begebenheit allein könnte auch als ein Erkundigen des Studenten nach prinzipiellem Interesse verstanden werden, da er die Flugblätter nur an jemanden verteilt, der auch daran interessiert ist.

Das Dilemma, dass die Frauen auf einer habituellen Ebene deutlich eine bestimmte Zuordnung signalisieren, aber durch die entsprechenden, ihnen immer wieder begegnenden Reaktionen stark bewegt werden (belustigt, entrüstet, mitleidig, erniedrigt), zeigt sich in allen je einzeln erlebten Episoden. Die Perspektive auf diese Erfahrungen ist aber so strukturähnlich, dass in jedem Fall die emotionale Reaktion gemeinsam artikuliert werden kann und oft auch schon die Reaktion des Gegenübers.

Diesem Dilemma scheint eine Aufstiegsorientierung zugrunde zu liegen, wie sie sich z.B. auch im letzten Beispiel dokumentiert hat. Es ist ganz wichtig, von Kommilitonen als Studentin der Universität wahrgenommen zu werden und nicht als Putzfrau. Die Enaktierung[53] dieser Aufstiegsorientierung erfolgt auf dem Weg des Erwerbs von Bildung, auf der Ebene von Kompetenz, die von der Öffentlichkeit wahrgenommen werden soll. Allen drei Frauen ist es wichtig, als kompetente Mitglieder der Gesellschaft, in der sie leben, wahrgenommen zu werden, Metapher und Grundlage dafür ist ihre Sprachkompetenz. Zugleich sichert das Kopftuch eine Kontinuität mit ihrem Herkunftsmilieu, das durch eine Migrationsgeneration geprägt ist, und trägt sie als Teil ihrer sozialen Identität an die Öffentlichkeit. Sie erzwingen letztlich damit häufig eine öffentliche Auseinandersetzung mit ihrer speziellen sozialen Lagerung.

In der Konklusion formuliert Ceyda die Proposition. Sie macht einen großen Teil der Orientierungen der jungen Frauen, ihr Sendungsbewusstsein und ihren Willen zur Aufklärung explizit. Nicht ausgeführt bleibt die Provokation (und als Element davon das Kopftuch), denn dann würde sie wohl auch nicht mehr funktionieren (fließend Deutsch, 349–413):

```
Cf:                     Aber ich denk mir, dass es dieses halt ahm das
              Bild, was so die erste Generation einfach geprägt
                            |
```

53 Das „Enaktierungspotential" ist die Einschätzung der Realisierungsmöglichkeit. Es ist eines von drei Strukturmerkmalen einer Orientierung, wie sie im Kapitel 2.2.3.1 definiert wurde.

Af: ⌊Ja

Bf: ⌊Ja

Cf: hat, das waren ebent Gastarbeiter oder Putzfrauen gewesen,

Af: ⌊Ja

Bf: ⌊Ja

Cf: die sich sehr schwer verständigen konnten, und das muss
einfach wieder umgelernt werden eh, dass man sozusagen
durchaus vom Äußeren her zwar ein äh Ausländer sieht,
aber, dass der auch de- die deutsche Sprache durchaus
beherrscht und sich fließend verständigen kann und keine
Probleme hat das ist aber auch wieder so=n Prozess, der der
wür-des des wären dann halt so mm wenn wir immer wieder
@auftauchen überall@ oder also L- Leute, die sozusagen
dieses Deutsch beherrschen, dann wird das auch langsam
wieder dran gewöhnt eh werden, dass es durchaus dieses
Problem nich mehr gibt mit der Verständigung; und=dann

Y1: ⌊mhm

?f: ⌊mhm

Cf: ich erleb- das schon, dass äh halt dieses Verdutzte das erlebe
ich auch sehr oft, dass die dann äh sagen, Sie sprechen aber
gut, äh also d- ich bin ja äh sehr ein freundlicher Mensch, und
wenn ich mich dann so unterhalte, dann äh w- kommt immer
irgendwann nach irgendwie zwei drei Sätzen, entschuldigen Sie
bitte, darf ich Sie was fragen, Sie sprechen so gut Deutsch, wo
ham Sie das gelernt.

Af: ⌊Ja.

Cf: kommt dann immer und dann ja ich ä ich freu mich dann und
antworte dann auch freundlich, weil ich mir denke, dass
die das wirklich auch wissen wollen dann man merkt ja richtig, ob
jemand jemanden irgendwie äh beleidigen will, oder

Y1: ⌊hm

Cf: wirklich sehr erstaunt ist, darüber, dass man das kann oder
nicht, das is aber auch wieder so äh das Bild das in den Köpfen
von Migranten steckt; das wird aber auch wieder weggehen;
(.) das komm- denn wir sind eine ga:nz neue

Y1: ⌊mhm

Cf: Generation; wir ham ganz andere ähm Vorstellungen u:nd

Umgangsweisen mit den andern, als es die erste Generation
getan hat;
Y1: └mhm
?f: └°mhm°
Cf: mittlerweile is ja schon die dritte, vierte Generation
schon hier (.) in Deutschland; (1)
Y1: └mhm (3)

Die erste Generation prägte das Bild von „Gastarbeitern oder Putzfrauen" (356), die sich nicht verständigen konnten, das muss jetzt umgelernt werden. Ceyda erlebt oft ein Staunen über ihre Sprachkenntnisse und beantwortet Fragen danach freundlich. Sie sind eine „ganz neue Generation" (398/402) mit anderen „Vorstellungen und Umgangsweisen" (402–403).

In einer Erklärungstheorie wird versucht zu klären, was die gemeinsame Erfahrungsbasis ist. Es wird dabei aber nicht z.B. die Perspektive der Eltern oder die eigene erläutert, sondern die der Deutschen Öffentlichkeit. Ceyda analysiert die Ursächlichkeit eines Stereotyps, dem sie zu begegnen meint, und verortet es in der Geschichte der Generation ihrer Eltern mit Deutschland. Darin, dass das „Bild", das diese „Generation (…) geprägt hat" (350/356), geändert werden soll, dadurch, dass sie „immer wieder @auftauchen überall@" (368–369), dokumentiert sich eine klare Abgrenzung von dieser Generation und damit auch von ihren Eltern, zugleich aber auch eine Kontinuität mit ihnen. Leid, Probleme und Degradierungen der Eltern kommen nur indirekt zum Ausdruck.

Ceyda räumt ein, dass ihr Äußeres auch darauf schließen lassen kann, es mit einem „Ausländer" (364) zu tun zu haben. Sie lässt aber das Äußere vage, spricht nicht vom Kopftuch. Von daher erhält die Darstellung den Charakter, als hätten sie beispielsweise eine anderen Hautfarbe. Das Kopftuch als Element ihres sozialen Habitus bzw. ihrer sozialen Identität wird nicht in Frage gestellt. Es scheint, als ließe es sich als äußeres Signal nicht wegdenken.

Fragen nach ihrer Sprachkompetenz nimmt Ceyda als (positives) Interesse der äußeren Sphäre für ihre besondere Stellung wahr und freut sich, Aufklärungsarbeit leisten zu können. Wie in dieser Konklusion deutlich wird, steckt hinter der engagierten und freudigen Aufklärungsarbeit und dem Amüsement über die Provokationen (die wiederum einen Boden für die ‚Aufklärungsarbeit' darstellen) ein gemeinsamer Kern. Die Situation, in der sich die Eltern befanden, wird durch ihre Kinder umgekehrt. Das, was mit Migrant/inn/en in der Regel getan wird, machen hier die jungen Frauen mit der Einwanderungsgesellschaft: Meist werden Probleme auf mangelnde Information und Kenntnisse wegen der fehlenden Sprachkompetenz zurückgeführt, wie es auch die jungen Frauen ausführen. Dieses Defizit haben die jungen Frauen nicht; wenn jetzt Probleme auftauchen, dann ist die Einwanderungsge sellschaft unzureichend informiert. Zugleich werden aber auch die Machtverhältnisse ein Stück weit umgekehrt, die Degradierungen und Ausgrenzungen gegenüber ihren Eltern gerächt. Nicht die Migrantinnen müssen um Aufklärung und Erläuterung bitten, sich kommunikativ eine andere Welt aneignen. Es scheint so, als meinte die Gruppe „Buch“, die deutsche Gesellschaft sei jetzt am Zug.

Sie verorten sich als eigene Generation innerhalb einer Geschichte der Migration. Dies bedeutet Kontinuität und Abgrenzung gegenüber der Elterngeneration sowie Anschluss und Abgrenzung gegenüber der deutschen Sphäre. Eine Überwindung der Grenze scheint nur auf der Ebene einer kommunikativen Perspektivenübernahme und der kognitiven Anerkennung ihrer besonderen Stellung möglich. Hier werden die gemeinsamen, die homologen existenziellen Erfahrungen dieser drei jungen Frauen auch noch einmal greifbarer: Sie repräsentieren dieselbe Migrationsgeneration, denselben geschlechtstypischen Erfahrungsraum, der gerade in dieser Migrationsgeneration von herausragender Bedeutung ist (vgl. Bohnsack/ Loos/Przyborski 2002) und befinden sich entwicklungs- und bildungsmilieutypisch in derselben Lage. Festzuhalten ist, dass sich auch hinsichtlich der Erfahrungen im Elternhaus ganz zentrale strukturähnliche Erfahrungen herausarbeiten lassen (s.u. die Interpretation der Passage „Eltern“).

Diese ihre „ganz neue Generation“ tragen sie quasi in der Öffentlichkeit zur Schau. Im Spiegel der Provokationen können sie sich der Kontinuität ihrer Geschichte versichern – da sie die Reaktion als Dokument für eine stereotype Wahrnehmung ihres Erscheinungsbildes sehen, die ihre Eltern geprägt haben – und ihrer Neuartigkeit, die das Gegenüber überrascht bis schockiert.

Von der Diskursorganisation her ist interessant, dass in dieser Passage Ceyda keine Exemplifizierung von ihrer Seite bringt, wenngleich sie sich an der Gestaltung lebhaft beteiligt. Die Beteiligung ist meist auf der Ebene der Formulierung. Als die Dynamik der parallelen Darstellung von Exemplifizierungen einer Proposition zum Erliegen kommt, formuliert sie den Orientierungsgehalt ein letztes Mal auf der Ebene einer Hintergrundkonstruktion.

Ein Blick auf die Gesamtstruktur der Passage verdeutlicht noch einmal die vielen parallelen Diskursbewegungen in dieser Passage:

- Proposition in Form einer abstrahierten Beschreibung – Orientierungsgehalt: Amüsement durch Provokation
    - Validierung in Form einer Reformulierung – Orientierungsgehalt: Amüsement durch Provokation

- Elaboration in Form einer Exemplifizierung durch eine Erzählung – Orientierungsgehalt: Amüsement durch Provokation
- Transposition in Form einer abstrahierten Beschreibung – Orientierungsgehalt: Amüsement durch Provokation
  - Elaboration in Form einer Exemplifizierung durch eine detaillierte Beschreibung – Orientierungsgehalt: Amüsement durch Provokation
  - Fortsetzung der Elaboration in Form einer Exemplifizierung durch eine Erzählung – Orientierungsgehalt: Amüsement durch Provokation, Aufstiegsorientierung
- Transposition in Form einer Hintergrundkonstruktion – Orientierungsgehalt: Aufstiegsorientierung, formale Reziprozität der Perspektiven, Degradierung der Elterngeneration
  - Elaboration in Form einer Exemplifizierung durch eine Beschreibung – Orientierungsgehalt: Umkehrung des Aufklärungsbedarfs, der Verhältnisse
  - Fortsetzung der Elaboration in Form von Exemplifizierungen durch Erzählungen (aus der Fahrschule)
    - Orientierungskomponenten 1. Beispiel: Aufstieg in Form institutionell strukturierter Karrieren, formale Reziprozität der Perspektiven, Umkehrung von Beleidigungen gegenüber den jungen Frauen in Mitleid gegenüber den Beleidigern
    - Orientierungskomponente 2. Beispiel: Umkehrung der Verhältnisse
    - Orientierungskomponenten 3. Beispiel: Sprachkompetenz als Ausdruck von gesellschaftlicher Kompetenz, Aufstiegsorientierung, Umkehrung der Machtverhältnisse
    - Orientierungskomponenten 4. Beispiel: formale Reziprozität der Perspektiven, kommunikative Bezugnahme als probates Mittel für die Aufklärungsarbeit
    - Orientierungskomponenten 5. Beispiel: Amüsement durch Provokation
  - Fortsetzung der Elaboration in Form einer weiteren Exemplifizierung durch eine Erzählung: formale Reziprozität der Perspektiven
- Konklusion in Form einer Hintergrundkonstruktion – Formulierung der Proposition

Die parallele Struktur wird in der gesamten Passage beibehalten. In den ersten vier Diskursbewegungen wird die Struktur lediglich verkürzt. In den folgenden Diskursbewegungen beobachten wir Variationen des Schwerpunkts des Orientierungsgehalts, der zum Ausdruck gebracht wird. Letztlich fächert sich dadurch der Hinterund der Provokation bzw. des Amüsements darüber immer deutlicher auf. In der Konklusion wird schließlich versucht, selbst eine Erklärung dafür zu geben.

Ein Beispiel aus der Passage „Eltern" zeigt, dass die parallele Diskursorganisation bei der Gruppe „Buch" sich nicht auf die Passage „fließend Deutsch" beschränkt. Das Thema ‚Eltern' entwickelt sich selbstläufig nach ca. 30 Minuten Diskussion.

Zu Beginn der Passage legt Ayla die Aufstiegsorientierung ihrer Eltern, die sie nicht selbst verwirklichen konnten, am Beispiel ihres Vaters dar. Er „hätte sehr gern einen Juristen" (29) in der Familie gehabt. Er hat viele Erfahrungen mit Juristen und weiß von daher „damit kommt ihr echt weiter" (42). Der Vater wünscht sich also einen Juristen, da er dadurch einen gesellschaftlichen Aufstieg gesichert sieht, der ihm nicht möglich war. ‚Weiterkommen' heißt hier auch, weiter als die Eltern kommen. Weder Aylas Bruder noch ihre ältere Schwester studieren Jura, aber alle studieren.

Ceyda schließt mit einer knappen Beschreibung der Kindheit ihrer Eltern an. Sie waren beide „Halbwaisen" (46). Zudem war es in der „Nachkriegszeit" (50) „schwierig (…) überhaupt irgendetwas zu machen" (51–52). Sie konnten nur die Grundschule absolvieren, wenigstens schreiben und lesen lernen. Sie hätten aber die „geistigen Fähigkeiten (…) gehabt" (57–58), mehr zu machen. Ihr Vater gab reicheren Kindern Nachhilfe und lernte aus ihren Büchern; auf diese Weise konnte er einen weiteren Schulabschluss erreichen. Die Eltern sehen „Akademiker" (72) „nur von außen" (71), nehmen das gesellschaftliche Ansehen wahr, aber nicht die Mühen, die damit verbunden sind. Sie wünschen sich für ihre Kinder, dass sie „ja=n hohes Tier werden" (81). Auch hier dokumentiert sich wieder ganz deutlich die Aufstiegsorientierung der Eltern für ihre Kinder. Wenn sie es schon so schwer hatten, dann sollen es wenigstens die Kinder besser haben. Die jungen Frauen fügen sich in diese Vorgabe, fühlen sich aber einem großen Druck ausgesetzt.

Auch Berfin weiß diese Orientierung – parallel zu den anderen – in der Darstellung ihrer Eltern zu zeigen. Ihre Mutter ist „sehr gut in der Schule gewesen" (85). Die Lehrer empfahlen ihrem Großvater, dieses Mädchen studieren zu lassen. Ihr „Großvater (…) war" jedoch „wirklich strikt dagegen, dass M- M-Mädchen überhaupt auf die Schule gehen" (88–89). Nur aufgrund der Schulpflicht besuchte ihre Mutter die Grundschule. „Was sie nicht vollenden konnte (.)", muss Berfin jetzt „schaffen". Auch hier werden wieder die Aufstiegsorientierung der Eltern für ihre Kinder und der große Druck, der damit verbunden ist, deutlich. In diesen drei Beschreibungen der Eltern kommen ganz deutlich homologe Erfahrungshintergründe zum Ausdruck. Die jungen Frauen sind privilegiert gegenüber ihren Eltern. Wenn sie dieses Privileg nicht nützen, entwerten sie damit auch die Bemühungen und das Leben ihrer Eltern.

Im Anschluss wird ein weiteres Privileg der jungen Frauen vor dem Hintergrund eines einschränkenden Umfeldes deutlich (Eltern, 209–231):

```
Cf:   ... was ich aber noch anmerken wollte, das war
      für mich ganz wichtig gewesen nachher auch als
      Argumentation ne; dass man sagt, warum denn studieren,
      denn es gibt einmal dieses die tür- die türkische Tradition und
      dann gibt es diese islamische Religion ehm, von der Tradition
      her ist irgendwie absolut undenkbar, dass ein Mädchen sich
      hervortut und studieren will aber von der Religion her
                                                           |
Af:                                                        └
      vorgeschrieben@(.)@
                     |
Cf:                  └ist das vorgeschrieben das=is auch ein Gebot
      für die Frau, dass die studiert ne und das m- wird kein
      Unterschied gemacht
                       |
Af:                    └leider heißt es aber immer, dass es
      von der Religion her ebent
                         |
Bf:                      └°ja°
                            |
Cf:                         └ange:blich
                                    |
Bf:                                 └°ja°
                                       |
Af:                                    └genau
```

Die jungen Frauen stehen unter Argumentationsdruck. Sie müssen begründen, warum sie studieren. In diesem Zusammenhang ist die Religion „ganz wichtig" (170). In der „türkischen Tradition" (172) ist es ein Tabu, dass sich ein Mädchen durch ein Universitätsstudium „hervortut" (175). In der „islamischen Religion" (173) dagegen ist es gar ein „Gebot für die Frau, dass sie studiert" (180–181). Die Tradition selbst stützt sich allerdings wiederum auf die Religion.

Ceyda entwickelt hier gemeinsam mit Ayla eine komplexe Proposition (169–185, 189) in Form einer Argumentation mit einer Hintergrundkonstruktion (172–175). Berfin und Ayla validieren die Proposition (187, 191, 193). Um darzulegen, warum die Bezugnahme auf die Religion wichtig ist, muss erst die Tradition und ihr Verhältnis zur Religion erklärt werden. Nur in diesem Zusammenhang wird die Bedeutung der Religion plausibel. Es wird hier deutlich, dass die jungen Frauen mit ihrem Universitätsstudium nicht nur unter Erfolgsdruck stehen, sondern – gegenläufig dazu – auch unter einem Rechtfertigungsdruck gegenüber der türkischen Community. Es ist ein Tabu, dass Frauen Bildung erwerben, sich persönlich individuell entfalten. Dieses Dogma bezieht die türkische Community – so die Gruppe „Buch" – aus der islamischen Religion. Aber auch hier verstehen es die Mädchen, den Spieß umzudrehen. Es dokumentiert sich, wie schon in der Passage „fließend Deutsch", dass das gesellschaftliche Umfeld – hier die türkische Community, dort die deutsche Öffentlichkeit – unter Zuhilfenahme der in der jeweiligen Community geltenden Regeln ausgehoben wird. Die deutsche Öffentlichkeit mit Sprachkompetenz und akademischer Bildung, die türkische mit dem Studium des Korans. Die Grundlage dafür ist eine Orientierung an einer Gleichberechtigung bzw.– wie zuvor auch wieder deutlich wurde – an einer formalen Reziprozität der Perspektiven. Letztere geht von einer Vertauschbarkeit der Standpunkte aus und einer prinzipiellen Kongruenz der Relevanzsysteme. Fraglich ist immer nur das rechte Wissen.

Die türkische Community wird hier so dargestellt, als würde sie einer großen Täuschung aufsitzen. Sie gehen von einem falschen Wissen aus. Aus dem Gebot der Religion, dass sich Frauen Bildung erwerben, wurde ein Verbot. Die jungen Frauen treten an, dies richtig zu stellen und auch hier wieder Pionier- und Aufklärungsarbeit zu leisten.

Die türkische Community ist Teil ihrer Herkunft, Teil der Familie. Wie für Bildungs- und Aufstiegsorientierung liegt aber auch für die Wende der Wahrnehmung der eigenen Community hier die Wurzel, wie in Ceydas Elaboration in Form einer Theorie über das eigene Selbst und einer Beschreibung ihrer Kindheit deutlich wird (Eltern, 195–231):

Cf: └das war für mich auch ga::nz also das war
für mich auch so=n Knackpunkt gewesen, der mich dann auch
dahin geführt hat, mich selbst zu behaupten sich
Selbstbewusstsein zu entwickeln, mich nich unbedingt als
türkische Frau z- identifizieren müssen, und mit den
Traditionen darin verhaftet zu sein, sondern etwas We:iteres
zu sehen, was mir die Möglichkeiten gibt, was aber die
Traditionen einengen will (.) das war dann auch so für mich
ehm der entscheidende Punkt, was dann auch dazu geführt
hat, zudem natürlich, dass meinen Eltern mich unterstü:tzt
haben und gefördert haben, dass ich dann gesagt habe, schaut
mal ihr sacht das so und so, aber (.) das schreibt so und so
((klopfen)) ich denke ihr gehört auch dieser Religion an, also
dürftet ihr doch gar nicht das machen mit dem in Hindernis
und Handicaps irgendwie reinfinden, dass das nich ge:ht (.)
und ehm, das was e auch so für ein Mädchen @(.)@ so, das
Anfang in der Pubertät steckt oder so von jeher in der eh
gesellschaftlichen Sit- Sozialisation wenn man dann von den
Eltern hört oder vom Vater insbesondere, weil wir ja drei
Töchter waren jahrelang jetz is gibts zwar einen kleinen
Jungen,@(.)@, der is sechseinhalb, aber es gab all die Jahre
nur die drei Mä::dchen, und in diesem Gesellschaftskreis is das
eben so, dass=n Junge eine in der Tradition nich in der Religion
eine °hohe° hohe Stellung oder Bewertung hat da hat er zum

Beispiel zu denen gesagt also ich würde mein drei Töchter nich
tausend Jungen vorziehen also für mich sind die <u>das</u> also e::h
|
Bf: └°mhm°

Cf: sind die (.) für=mich sehr <u>wertvoll</u>, und ich möcht- und ich w-
se:he, dass es viele Jungen gibt, die <u>Mist</u> bauen und meine
Töchter machen das <u>nicht</u>
|
Bf: └mhm
|
Cf: └also kommt <u>mir</u> nicht daher
mit eurem Jungen (1) ne? das is ei-

Der „Knackpunkt" (196), sich nicht als „<u>türkische</u> Frau z- identifizieren" zu „müssen" (199), „zudem" (204), dass ihre „Eltern" sie „unterstützt haben" (204–205), war die „Religion" (207). Interessant ist nun die Doppelstellung der Eltern. Denn ihnen gegenüber dient die Religion als Stütze der Argumentation. Die Eltern fördern sie, ja haben sogar den Auftrag an ihre Kinder weitergegeben, die elterlichen Mühen mit ihrem Erfolg zu rechtfertigen. Auf der anderen Seite verkörpern sie auch „Hindernis und Handicaps" (208), gegen die Ceyda mit Berufung auf die religiösen Grundlagen kämpfen muss. In der Beschreibung der „Pubertät" wird die Doppelstellung der Eltern greifbarer. Zentral ist der Vater. Er hatte drei Töchter, bis vor sechs Jahren, da kam ein Sohn zur Welt. Er wird konfrontiert mit den „Jungen" (232) der anderen Väter aus der türkischen Community. Entgegen der „hohen Stellung" (218) der Söhne betont er den Wert seiner drei Töchter. Die „Jungen" würden „<u>Mist</u> bauen", seine „Töchter machen das nicht" (227–228).

In dieser Beschreibung wird deutlich, dass der Vater eingeklemmt ist zwischen den Ansprüchen der türkischen Community, die diese direkt an ihn heranträgt, und persönlichen Vorstellungen und Vor-Lieben. Wie nun die jungen Frauen wendet er sich von der türkischen Community nicht vollkommen ab, sondern argumentiert, rechtfertigt die Förderung und hohe Bewertung seiner Töchter. Mit Bezug auf die Religion gelingt es Ceyda diesen Weg fortzusetzen. In der Argumentation für ihren Weg und gegen bestimmte Vorstellungen innerhalb der türkischen Community, zu der auch ihre eigene Familie zählt, stützt sie sich auf religiöse Grundlagen. Die Trennung zwischen Religion und Tradition schafft quasi eine dritte Sphäre – jenseits des Herkunftsmilieus und der inneren Sphäre und auch jenseits deutscher Öffentlichkeit und Ablaufmuster. Die Religion als Medium für diese dritte Sphäre findet sich auch bei jungen Männern türkischer Herkunft. (vgl. Nohl et al. 2001a, S. 212ff.) Als Vorarbeiter bzw. Wegbereiter erscheint aber hier der Vater, der dem Druck seines sozialen Umfeldes standhält und seine Töchter schätzt und unterstützt und auch öffentlich dafürsteht.

Diese Erfahrung findet sich strukturhomolog bei Ayla. Sie hat zwar einen älteren Bruder, aber von ihrem Vater kann sie begeistert Ähnliches berichten (Eltern, 233–263):

233 Af: └ja das war auch bei uns so (.) mein Vater hat nie, obwohl
234 mein Bruder der Älteste war und in der türkischen Kultur
235 dominiert des
236 |
237 Cf: └°oh ja°
238 |
239 Af: └der Junge, der Statthalter und weiß ich ehm
240 mein Vater nein mein Va- es is nich mehr (.) glücklicherweise
241 ehm er war auch immer also meine Mädchen und meine
242 Mädchen wir waren auch immer ein Junge und zwei
243 @Mädchen@ und ja meine Mädchen und meine Mädchen sollen
244 |
245 Cf: └aber is=nich mehr so Gott sei Dank
246 |
247 Bf: └im Osten Anatoliens noch
248 |
249 Cf: └@(.)@
250 @(.)@
251 |
252 Af: └das machen und das und (1)
253 |
254 Cf: └die=sin=da richtig schön
255 stolz; ne das ( ) ganz schönes Gefühl au:ch
256 |
257 Af: └ja:: (1) richtig stolz auf die **Mädchen nich auf den**
258 **Jungen**
259 |
260 Cf: └@(ja:)@
261 |
262 Y1: └@(.)@

Aylas Vater hatte sogar vor seinen beiden Töchtern einen Sohn. Ayla kennt die Vorstellungen, denen er bezüglich der Stellung seines Sohnes gegenüber der seiner Töchter ausgesetzt ist. Er ist der „Statthalter“ (239) und genießt von daher eine privilegierte Stellung. Aber er stimmt für seine Mädchen, ist „stolz auf die *Mädchen nich auf den Jungen*“ (257–258). Die Dominanz dieser Vorstellungen verortet Ceyda nun – anders als in ihrer eigenen Darstellung – in der Vergangenheit. Von Berfin werden diese aber sofort wieder in die Gegenwart geholt und bloß räumlich ein wenig verschoben, in den „Osten Anatoliens“ (247). Wie sich in dieser Passage zeigt, ist für die jungen Frauen der Osten Anatoliens nah. Sie haben alle Verwandte in Anatolien, mit denen sie in Kontakt sind. Der „Stolz“ (255) des Vaters auf seine Töchter wird zuerst von Ceyda formuliert. Ayla drückt ihn zuerst performatorisch durch einen Import der Stimme des Vaters aus. Sie greift aber die Formulierung Ceydas unmittelbar auf.

In den beiden Beschreibungen des Verhältnisses zum Vater kommen homologe Erfahrungen zum Ausdruck: Entgegen dem Druck des sozialen Umfeldes, in das die Väter eingebunden sind, unterstützen sie ihre Töchter. Sie setzen sich offen und öffentlich für den Status ihrer Töchter ein.

Zudem enthalten die beiden Beschreibungen auch formal parallele Strukturelemente. So wird das positive Engagement für die weiblichen Nachkommen durch Redeimporte der Väter zum Ausdruck gebracht: „ich würde meine drei Töchter nicht tausend Jungen vorziehen“ (219–220), zitiert Ceyda ihren Vater; und: „meine Mädchen und meine Mädchen“ (241–242, 243), zitiert Berfin ihren Vater zweimal. Dieses Plädoyer für die Töchter ist immer an die türkische Öffentlichkeit gerichtet, immer in Auseinandersetzung mit Söhnen. Wir haben es hier also wieder mit einer deutlichen Parallelisierung innerhalb einer Elaboration zu tun.

Im Gegensatz zur Passage „fließend Deutsch“ wird hier explizit auf die Parallelität der Erfahrungen hingewiesen. Ayla leitet ihre Elaboration damit ein, dass es in ihrer Familie „auch (…) so“ war (233).

Auch diese Passage ist durch eine Fülle weiterer paralleler Ausführungen gekennzeichnet. So wird von allen drei jungen Frauen von den Schwierigkeiten junger Frauen in der Türkei berichtet, die sich um Bildung bemühen, und vor allem über die Empörung, die Verwandte auslösen, die diese Bemühungen unterstützen. Hier geht es also auch wieder um Vorkämpfer/innen.

Innerhalb einer Gruppendiskussion konnte nun der parallele Modus über Themen und Passagen hinweg gezeigt werden. Gerade in den letzten beiden Beispielen ist der gemeinsame Erfahrungsraum als Grundlage dieses Interaktionsmodus greifbar geworden. Nun wird am Beispiel der nächsten Gruppe die Zahl der Teilnehmerinnen und das Herkunftsmilieu variiert, ein Stück weit auch das Bildungsmilieu.

3.1.1.2 „Haus“: Fünf weibliche Lehrlinge aus einer Kleinstadt

Die parallele Diskursorganisation wurde zuerst 1989 von Bohnsack erwähnt, und zwar im Zusammenhang mit der Gruppe „Haus“ (S. 118ff.). Dort weist er eine „Parallelisierung“ in der Passage „Verwandtschaft“ auf (a.a.O., S. 121). Ein Blick auf nicht publizierte Teile dieser Diskussion zeigt, dass sich der Modus auch hier an mehreren Stellen der Diskussion nachweisen lässt. Auch für die Möglichkeit der Generalisierung dieses Modus stellt die Gruppe einen interessanten Vergleich dar.

Die Gruppe „Haus“ setzt sich aus fünf jungen Frauen zwischen 16 und 18 Jahren zusammen. Sie kommen aus einer Kleinstadt in Deutschland. Außer Edith (Ef), die sich in einer Ausbildung als Friseuse befindet, arbeiten alle als Bürogehilfinnen. Beate (Bf), Christine (Cf) und Doris (Df) stehen in einem Ausbildungsverhältnis. Angelika (Af) hat keinen Ausbildungsvertrag. Alle leben bei ihren Eltern.

Im Gegensatz zur Gruppe „Buch", deren Teilnehmerinnen türkischer Abstammung sind, sind hier nun alle Teilnehmerinnen deutscher Herkunft. Sie lassen sich einem anderen Bildungsmilieu zuordnen. Bei der Gruppe „Buch" handelt es sich um Studentinnen, bei der Gruppe „Haus" um Lehrlinge bzw. ungelernte Angestellte. Sie kommen aus einem anderen Sozialraum als „Buch". Die Gruppe „Haus" ist in einer Kleinstadt beheimatet, die Gruppe „Buch" in einer Metropole. Die jungen Frauen der Gruppe „Haus" sind durchschnittlich 6 Jahre jünger als jene der Gruppe „Buch". Zudem liegen zwischen den beiden Erhebungen mehr als 12 Jahre. Das heißt, wir variieren nun die Migrationslagerung, die Muttersprache bzw. Sprachkompetenz, das Bildungsmilieu und den Sozialraum sowie die Generationslagerung und schauen, ob sich auch hier der parallele Modus findet.

Das Geschlechterverhältnis ist eines der beiden zentralen Themen der Gruppe „Haus".[54] Es wird u.a. in der Passage „Geschlechtsrolle", die wir nun genauer betrachten wollen, verhandelt. Wie auch die jungen Frauen der Gruppe „Buch" in der zuletzt dargestellten Passage setzen sich die Teilnehmerinnen der Gruppe „Haus" mit ihren Vätern auseinander. Die Väter schneiden in der Gruppe „Haus" aber nicht so gut ab wie in der Gruppe „Buch".[55] In der Passage „Geschlechtsrolle" geht es zu Beginn um die Verteilung der Hausarbeit in einer zukünftigen Haushaltsgemeinschaft mit dem Partner. Man konnte mit den möglichen Partnern zwar verhandeln, die Arbeit „irgendwie" zu teilen, jedoch auf der Basis, dass die Verantwortung für den Haushalt bei den jungen Frauen liegt. Dann wird die Passivität der Väter innerhalb des häuslichen Bereiches dargestellt, die den weiblichen Mitgliedern des Haushalts gern vom Sofa aus bei der Arbeit zusehen. Darauf folgt eine argumentative Proposition von Doris: „Ja ich tät mich amol freiä, wenn mei Vadder ämol net in der Kichn wär." Es wird deutlich, dass es auch große Bedenken gegenüber dem Engagement des Vaters im Haushalt gibt. Sein Eindringen in die weibliche Sphäre bringt nichts Gutes.

Die Proponentin Doris exemplifiziert nun diese Orientierung durch eine sehr detailreiche Beschreibung des Vaters, wie er „sein Fetzer hat", „Flei::sch un Zeich und Woar" einkauft, in der Küche wütet und alle Mitglieder des Haushalts in Atem hält. Diese Darstellung ist fast vollständig in Bohnsack 1989 auf den Seiten 127–130 abgedruckt. Das Kochen endet nicht mit einer fertigen Mahlzeit. Es beginnt morgens und ist abends noch nicht abgeschlossen. Sämtliches Geschirr und die ganze Küche

54 zur Diskursbeschreibung der gesamten Gruppendiskussion siehe Bohnsack 1989, S. 118ff.

55 Eine thematische komparative Analyse drängt sich hier geradezu auf. Ich vernachlässige sie aber bewusst, um nicht auf eine falsche Fährte zu locken.

werden einbezogen und müssen am Ende von den weiblichen Familienmitgliedern gereinigt werden. Wobei der Vater dann „nicht einmal die Zeit" respektiert, „die notwendig ist, um den Fußboden trocknen zu lassen, sondern [er, A.P.] hinterlässt gleich wieder seine Spuren" (Bohnsack 1989, S. 131). Die Ergebnisse des väterlichen Engagements verschwinden in „die Gefrierma äh in die Gefriertruhe" (Passage „Geschlechtsrolle"). Dieser Versprecher lässt „an die Waschmaschine oder auch Spülmaschine" denken, „in der die Resultate der väterlichen Aufdringlichkeit beseitigt werden". (a.a.O) Das situative Überengagement des Vaters geht also bei diesen ‚Einsätzen' mit einer langfristigen Inkompetenz und Verantwortungslosigkeit einher. An Stellen, wo dies besonders deutlich hervortritt, wird die Darstellung von Doris durch heftiges Lachen der anderen begleitet. Im Abschlussmarkierer der Darstellung heißt es, die weiblichen Mitglieder „dürfen immer die Deppen spielen, wenn er dann kocht". Zwar haben die Männer eine privilegierte Stellung inne, von der die Lage der Frauen abhängig ist, beide sind aber gewissermaßen in ihren Rollen gefangen, „strukturell gebunden". (a.a.O.)

Das situative Engagement des Vaters ohne Übernahme von Verantwortung für längerfristige Folgen und sein Eindringen in die Sphäre der Frauen lassen sich als negative Gegenhorizonte herausarbeiten. Bohnsack zeigt deren kollektive Signifikanz im Lachen der anderen und in der Länge und dem hohen Detaillierungsgrad der Elaboration von Doris. Diese Komponenten sowie auch die strukturelle Gebundenheit der Frauen in ihren Rollen werden auch in den beiden Fortsetzungen der Elaboration deutlich, die nun von Beate und Angelika vollzogen werden. Man muss zugeben, dass der in der Küche wütende Vater der bei weitem kurzweiligste Abschnitt der Passage ist. Zudem sind die Fortsetzung der Elaboration durch zwei parallele Exemplifizierungen von Beate und Angelika für die Verdeutlichung des kollektiven Charakters der Orientierungen nicht notwendig. Es dokumentieren sich keine neuen Orientierungskomponenten. Von daher macht es auch wenig Sinn, sie in eine Präsentation der Orientierungen dieser Gruppe aufzunehmen. Für die Darstellung des parallelen Modus der Diskursorganisation eignen sie sich jedoch gerade aus diesen Gründen besonders gut.

Beate exemplifiziert die geschlechtsspezifische Arbeitsteilung mit einer Beschreibung aus ihrer Herkunftsfamilie (Geschlechtsrolle, 231–245):

231	Bf:	Des is bei uns a so; mei Mudder hat vor ä
232		poar Joahr ä Operation hinter sich ghabt, die derf (.) net schwer hebn, nix
233		Schwers machen halt und so nä, (.) un no sächt mei Vadder
234		immer, ja (.) also etz macht ämol des un des, hasst's dann
235		immer, nä vor allem immer Holz holn oder Kuhln holn, weng
236		unserm Ufen immer nä (.) sächt er immer (.) ja etz hol ämol im
237		tiefsten Winter nachts um zehner kummt er no o, hol ämol ä
238		Holz für morng früh glei Muddi nä, (.) aber statt er sich ämol

aufsteht un is Holz holt legt er sich ins Wohnzimmer nei,
schläft, liest Zeitung oder schaut Fernsehen.
Af: └A jo
Bf: └Es is immer
so nä.

Beates Mutter hatte also vor einigen Jahren eine Operation. Infolge dieser Operation darf sie nichts Schweres heben. Beates Vater trägt ihr dennoch auf, Holz und Kohlen zu holen, besonders spätabends im „tiefsten Winter" (237). Selbst „legt er sich ins Wohnzimmer (...) schläft, liest Zeitung oder schaut Fernsehen" (240–245). Auch hier greift der Vater negativ in die weibliche häusliche Sphäre ein. Er engagiert sich situativ dafür, dass für den nächsten Morgen genug Heizmaterial da ist, beachtet aber die längerfristigen Folgen für den Gesundheitszustand der Mutter nicht. Ihr obliegt die Führung des Haushaltes. Wenn sie nicht mehr kann, ist niemand mehr versorgt. Statt ihr zu helfen, macht er ihr das Leben schwerer. Durch sein Engagement in der weiblichen Sphäre gefährdet er langfristig die häusliche Versorgung. Und auch hier taucht das Element des Gefangenseins in diesen Rollen auf. Resignativ schließt Beate ihr Beispiel mit „es ist immer so nä." (245)

Beate leitet ihre Beschreibung damit ein, dass es bei ihnen auch so ist (231). Sie macht also auf die Parallelität der Erfahrungen explizit aufmerksam. Die Metaphorik der Darstellung von Doris hat sie unmittelbar verstanden. Sie muss nicht erst explizit gemacht werden, so wie wir es mit der Interpretation vollziehen. Indem Beate auf die Parallelität der Erfahrung aufmerksam macht, setzt sie einen Schritt in Richtung reflexiver Distanzierung.

Im Anschluss an Beate wird also dieselbe Orientierung noch einmal in einem Beispiel von Angelika deutlich (Geschlechtsrolle, 246–261):

Af: Also mei Vadder hält des a für selbverständlich, er ist der
Hauptverdiener, wenn er ham kommt, (.) nä, (2) er legt sich
erst mal no, i mein des kann i verstehen wenn mer in ganzen
Tach ärbert, dass mer sich dann ä Stündle nolegt (.) dann
muss is Essen da sein, muss alles parieren, wie's kummt nä:
(.) derf ja nie gegen den Strich gehen (.) mei Vadder is
Bf: └Genau
Af: ä Egoist; (.) ich hab zu meiner Mudder scho oft gsagt des
?f: └Hh na meiner
Af: hättest dir vorher überlegen müssen.
me: └@(.)@

Angelikas Vater ist, wie die anderen Väter auch, „der Hauptverdiener" (246–247). Angelika versteht noch, dass er sich nach einem ganzen Tag Arbeit erst einmal hinlegt. Aber danach, wann immer dies sein mag, ist es für ihn auch selbstverständlich, dass das Essen fertig ist und alle nach seinen Vorstellungen handeln. Nichts darf ihm zuwiderlaufen. Angelika bezeichnet ihren Vater als Egoisten. Ihre Mutter hätte sich dies früher überlegen müssen.

Im Vergleich zu den beiden anderen Beschreibungen erscheint jene von Angelika recht unspektakulär. Weder wird ein übertriebenes Engagement deutlich, noch deuten sich dramatische Spätfolgen dunkel an, wie in Beates Exemplifizierung. Der Kern der Orientierung ist aber wieder ganz klar zu finden: Solange der Vater ruhig auf dem Sofa liegt, in die weibliche Sphäre nicht aktiv eingreift, ist alles in Ordnung. Sobald er aber – ohne Rücksicht auf Abläufe im Haushalt und Bedürfnisse anderer Familienmitglieder – bestimmt, wann das Essen stattzufinden hat und in die Handlungen der anderen eingreift – sie müssen schließlich „parieren" (251) –, versteht ihn Angelika nicht mehr. Auch hier ist der Eingriff in die weibliche Sphäre des Haushaltes kurzsichtig und verantwortungslos. Gerade in der Alltäglichkeit des Beispiels von Angelika wird die ständige Gegenwärtigkeit dieses Problems deutlich. Auch die Abhängigkeit der Frauen dokumentiert sich auf ein Neues. Der Vater finanziert die Familie. Das legitimiert nicht nur sein Verhalten, es macht ihn auch unangreifbar. Wenn er sich entzieht, ist der Familie die existenzielle Grundlage entzogen. Damit wird auch wieder die strukturelle Gebundenheit der Frauen deutlich. Vor der Hochzeit hätte Angelikas Mutter eine kleine Chance gehabt dieser zu entrinnen. Doch erscheint auch diese Chance wenig real.

Bei Beate und Angelika ist die Darstellung des Verhältnisses der Abhängigkeit von ihren Vätern stärker angstbesetzt als bei Doris. Das Beispiel von Doris beinhaltet komische Seiten. Der Vater wirkt lustig bis lächerlich, wie er von Angelika bei seinen Aktivitäten in der Küche karikiert wird. Hier dokumentiert sich ein ironisch-distanziertes Verhältnis zum Vater. Das Beispiel von Beate mutet beinahe tragisch an. Der Vater schneidet fast grausam ab im Verhalten seiner geschwächten Frau gegenüber. Das Beispiel von Angelika sieht auf den ersten Blick belanglos aus, eben ganz alltäglich. Diese Alltäglichkeit ist jedoch etwas Gemeinsames. Sie wird von Beate in Zeile 253 bestätigt, die ebenfalls die täglichen Schikanen im Zusammenhang mit dem Abendessen kennt. Beates Vater erscheint autoritär und vereinnahmend. Das strukturierende Muster wird aber über die Unterschiede hinweg umso deutlicher: „Die Männer respektieren die Sphäre der Frauen nicht" (Bohnsack 1989, S. 132). Ihr Engagement in der weiblichen Sphäre hat negative Folgen für die gesamte Haushaltsgemeinschaft. Die Frauen sind abhängig, strukturell gebunden. Eine Perspektivenübernahme erscheint unmöglich.

Bohnsack (1989, S. 130) schreibt in einem methodisch ausgerichteten Absatz zu der Darstellung von Doris: „Wenn szenische Darstellungen in einer derartigen Dichte, mit großem Engagement und begleitet von gefühlsmäßigen Reaktionen anderer oder auch in interaktiver Elaboration entfaltet werden, liegt es nahe, dass die Darstellung über das konkrete Thema, in dem sie entfaltet wird (...) hinaus auf die gesamte soziale Beziehung zielt." Diese Interpretation bestätigt sich im damals nicht publizierten Rest der Passage, wie wir nun sehen können. Es geht also nicht nur um das sporadische Kochen des Vaters, sondern ganz grundlegend um die Geschlechterverhältnisse innerhalb der Herkunftsfamilien, wie sie sich in den parallelen Exemplifizierungen der jungen Frauen dokumentieren.

In der Konklusion der Passage wird deutlich, dass die Orientierungen noch weiter gespannt sind. Sie sind nicht auf die Herkunftsfamilie beschränkt, sondern haben Relevanz für die gesamten sozialen Beziehungen. Das Geschlechterverhältnis ist durch eine klare Trennung der weiblichen und der männlichen Sphären und durch eine große Intimität innerhalb der weiblichen Sphäre bestimmt (Geschlechtsrolle, 263–285):

263	Af:	└und (.) und na
264		ja, des rutscht einem schon mal raus, weil ich und mei Mudder
265		mir sind irgendwie (.) wie die Beate und ich. mir sagn uns alles.
266		ich sag zu meine Mudder alles. die hat a gwußt, was zwischen
267		mir und meim Freund ä weng so abläuft, nä, sie weiß wenn mir
268		streitn oder sonst=was, sie weiß alles nä. (.) und zu meim
269		Vadder hab ich (.) noch nie was sagen können, ich kann's auch
270		heut net, ich hab des Verhältnis net, nä. und mei Bruder geht
271		halt zu meim Vadder nä;
272		|
273	Bf:	└hm na ja ich (.) kann zu gar keinem,
274		ich kann weder zu meiner Mutter, noch zu meim Vater geh,
275		|
276	Af:	└ja
277		(.) drum des is es auch. wenn man zwischen seinen Eltern
278		nämlich (.) wenn man zu keinem von seinen Eltern gehen kann,
279		da hängt man sich entweder an einen Buben an (.) der
280		wahrscheinlich noch so einen saumäßigen Charakter hat aber
281		(.) er sagt er hat dich gern u::nd alles Mögliche, (.) nä Beate
282		und da hängt man sich dann halt dran und (.) irgendwann
283		merkt man dann das is ä Fehler, ich weiß das jetzt aus
284		Erfahrung von meinem Freund seiner Schwester ...
285	(4)	

Angelikas Beziehung zu ihrer Mutter unterscheiden sich nicht von der zu ihrer Freundin Beate. In beiden Beziehungen kann alles besprochen werden, besonders Konflikte mit den männlichen Partnern. Diese große Nähe und Intimität kann schon dazu führen, dass mal die Tochter die Mutter bevormundet. Es „rutscht" der

Tochter „heraus" (264). In der weiblichen Sphäre ist also eine gewisse Flexibilität innerhalb der Rollen gegeben.

Ohne die primäre Rollenaufteilung zu gefährden, ist es Mutter und Tochter möglich, auch in den sozialen Rollen Vertraute/Freundin zu interagieren. Die Mutter ist ebenso Vertraute wie die Freundin. Das steht im Kontrast zur Beziehung mit ihrem Vater, dem Angelika bis heute nichts sagen kann. Intimität, Vertrauen und Rollenflexibilität sind nicht möglich. Beate kann mit keinem Elternteil reden. Das begünstigt, auf einen jungen Mann reinzufallen, der zwar vielleicht seine Liebe beteuert, dem man aber letztlich nicht trauen kann. Es scheint sehr gefährlich zu sein, sich Intimität und Nähe in der männlichen Sphäre zu suchen, gar wenn ein Manko damit ausgeglichen werden soll.

Es wird deutlich, dass die Gebundenheit in den Rollen, die zur jeweiligen Sphäre gehören, die Rollen selbst wiederum hervorbringen. Auch wenn es die Aspiration bzw. das Ideal gibt, die Sphären zu transzendieren, sich ihrem Vater zu öffnen, „kann" Angelika es „auch heut net", sie „hat das Verhältnis net." So sind die sozialen Rollen bzw. Habitus stärker als die Intentionen. Fehlt die Intimität mit der Mutter bzw. den Eltern, ist man umso gefährdeter, das Rollenverhältnis mit weniger Rückzugsmöglichkeiten zu reproduzieren. Und sogar die Welt der Schwester des Freundes scheint hier näher zu sein als die des Freundes selbst. Die Trennung der Sphären, die Fremdheit gegenüber der männlichen Sphäre und besonders die Gebundenheit in den Geschlechtsrollen sowie deren Reproduktion über die Generationen hinweg dokumentieren sich in der Konklusion der Passage.

Die Konklusion macht somit auch deutlich, dass die jungen Frauen in dieser Passage nicht ‚zufällig' vom Thema Aufteilung der Hausarbeit in einer zukünftigen Haushaltsgemeinschaft auf das Thema Eltern gekommen sind. Vielmehr wird die Reichweite der Orientierung im Zusammenhang mit dem Geschlechterverhältnis, die sich besonderes konturiert am Beispiel der Väter herausarbeiten ließ, über den Bezugsrahmen Familie hinaus ausgedehnt. Der Beginn der Passage wird mit dieser – argumentativen – Konklusion mit dem Hauptteil verbunden. Die Orientierungen, die sich innerhalb des konkreten Themas der Beziehung zum Vater herausarbeiten ließen, haben für die gesamten sozialen Beziehungen – hinsichtlich des Geschlechte rverhältnisses – Bedeutung. Wir können von daher von einer Konklusion im Modus der Generalisierung einer Orientierung sprechen.

Wir können festhalten, dass sich der parallele Modus auch in Gruppen nicht akademisch gebildeter, jüngerer Mädchen mit Deutsch als Muttersprache – stark dialektal geprägt –, aus einer Kleinstadt (im Gegensatz zur Großstadt) finden lässt.

3.1.1.3 „Techno“: Ein Interview mit zwei jungen Frauen aus Berlin

Das folgende Gespräch stammt aus einer Studie zur Techno-Szene, die von Corsten geleitet wurde. Ursprünglich sollte ein Interview mit einer DJane aus der Szene geführt werden. Mehr oder weniger zufällig war aber auch ihre Freundin anwesend und man entschloss sich, das Interview zu zweit bzw. zu dritt zu machen. Der Interviewer ist nicht auf eine Gruppendiskussion vorbereitet, da Gruppendiskussionen in der Studie nicht geplant waren. Von daher handelt es sich also eigentlich um ein halbstrukturiertes Interview mit zwei Teilnehmerinnen. Wie wir aber sehen werden, lässt sich dieses Gespräch mit dem Instrumentarium der dokumentarischen Methode gut interpretieren. Es lässt sich zeigen, dass wir in diesem halbstrukturierten Interview einen Modus der Diskursorganisation finden, wie wir ihn an den letzten beiden Gruppendiskussionen beschreiben konnten. Zudem wird deutlich, wie robust diese Strukturen gegenüber Einflussnahmen seitens der Interviewführung sind.

Anna (Af) ist 27 Jahre alt, hat nach dem Abitur ein Studium begonnen, dieses aber abgebrochen. Sie arbeitet in der Techno-Szene als DJane. Ihre Eltern sind beide MusikerInnen. Bianca (Bf) ist 22 Jahre alt. Sie hat nach der *Polytechnischen Oberschule* zwei Lehren, als Bürogehilfin und „Industriekaufmann“, abgeschlossen. Sie strebt ein Fachabitur an. Ihr Vater ist Mediziner, ihre Mutter Hausfrau. Beide sind in Ostberlin aufgewachsen und leben immer noch dort, derzeit alleine.

Interessant für die komparative Analyse ist diese Gruppe, da sie aus dem Osten Berlins kommt. Sie stellt also hinsichtlich des Varietätenraumes einen maximalen Kontrast zu den beiden anderen Gruppen dar, die (zumindest) zweisprachige aus einer Metropole (Gruppe „Buch“) und die westdeutsche aus einer Kleinstadt mit stark dialektaler Prägung (Gruppe „Haus“). Die Gruppe besteht aus zwei Teilnehmerinnen. Im Vergleich zu den beiden letzten Gruppen mit drei bzw. fünf Teilnehmerinnen mag dies vielleicht noch nicht so bedeutend sein. Wenn drei Sprecherinnen einen parallelen Modus verwirklichen können, dann scheint es evident, dass dies auch zweien gelingen mag. Spannender wird der Vergleich mit einer weiteren Gruppe, die auch aus zwei jungen Frauen besteht und in der ein ganz anderer Modus verwirklicht wird (vgl. Kap. 3.1.3.1).

Trotz großer inhaltlicher Eingriffe seitens des Interviewers in das Gespräch der beiden Frauen finden sie immer wieder zu ihrem Orientierungsrahmen zurück, den sie dann meist parallel entfalten. Als Beispiel soll uns ein Auszug aus der Passage „Tanzen“ dienen, in der die beiden Frauen ihre fokussierte Aktivität in Nachtclubs darstellen. Die Passage findet sich am Anfang der zweiten Hälfte des ca. zweistündigen Interviews. Der Einstieg in diese Passage ist geprägt von einer Intervention des Interviewers.[56] Da sich die Orientierungen der Mädchen zu einem

Teil in Auseinandersetzung mit dieser Intervention entfalten, werde ich damit in die Analyse einsteigen (Tanzen, 1–33)[57]:

Y: Ich mein das ist eine interessante (1) äh (.)
Überlegung äh weil äh (.) ich kenn jetzt
@zufälliger@weise Leute die auch das muss jetzt
ungefähr in der gleichen Zeit losgegangen
sein dieses Tango-Tanzen
Af: └mhm
Y: └wo auch in Mitte
in bestimmten Clubs
Af: └mhh
Y: └ich weiß nicht mir
fällt der Name jetzt nicht ein °( )°
Bf: └Im Roten
Salon is zum Beispiel mittwochs immer
Y: └Ja; also; (1) ä:
und da ist es eben auch dass man so sagt so wie
du=s fast so gerade
Af: └Das ist aber geil
Y: └beschrieben hast dass
naja bei dem Tanz gerade also wenn Männer und
Frauen zusammen tanzen und vielleicht auch in der
Schwulenszene wenn Männer mit Männern zusammen
tanzen dass darüber ja auch sozusagen deren Bezieh-
ung irgendwie dargestellt wird und dass die sich ver-
suchen auch irgendwie ihre Beziehung auszudrücken,
kannst du dir das (.) könnt ihr was mit anfangen?

Der Interviewer bringt hier persönliches Wissen aus seinem eigenen Alltag in die Diskussion („Ich kenn jetzt zufälligerweise Leute“, 2–3). Damit verhält er sich wie ein Teilnehmer der Diskussion. Erst durch eine Bestätigungsfrage am Ende seines Redebeitrags (33) wird sein Beitrag überhaupt zu einer Frage und Y erst wieder zum Interviewer. Die Formulierung „wie du=s fast so gerade beschrieben hast“ (21, 26–27) lässt zwar eine immanente Nachfrage vermuten. Also eine Nachfrage, die ein Thema aufgreift, das bereits genannt wurde, mit der Bitte oder Aufforderung,

56 Kursorisch ist diese Intervention schon in Kap. 2.3.1.2 und 2.3.1.3 angesprochen.

57 Dieses Transkript ist ein wenig schmäler formatiert als die übrigen, um die Übereinstimmung mit der Zeilennummerierung im Originaltranskript und in der publizierten Version zu gewährleisten.

etwas z.B. mehr oder genauer auszuführen. Immanente Nachfragen beinhalten keine Orientierungen im Zusammenhang mit dem Thema. Der Beitrag beinhaltet jedoch einen eigenständigen propositionalen Gehalt. Das heißt, es dokumentiert sich ein Orientierungsgehalt, der sich auf die Handlungsfelder, die im Interview angesprochen werden, bezieht. Dies lässt sich stichhaltig nur durch die Reaktion auf die Nachfrage interpretieren, d.h. auf der Grundlage der Reaktion der Interviewten, in der ihr Verständnis des Redebeitrags zum Ausdruck kommt. Es könnte ja auch sein, dass es sich um eine reine immanente Nachfrage handelt, dann würden die Interviewten nicht auf einen – neuen – Orientierungsgehalt reagieren. Das zeigt vor allem auch die formale semantische Struktur der Reaktionen. (s.u.)

Die Vervollständigung von Bianca in Zeile 17/18 zeigt, dass sie dem Interviewer aufmerksam folgt und ihm mit ihrem Wissen hilft, den gesuchten Begriff zu finden. Annas Validierung (24) mitten in einer Äußerung des Interviewers signalisiert Übereinstimmung auf der Orientierungsebene – quasi in freudiger Erwartung einer Formulierung ihres Orientierungswissens. Sie beginnt ihn – letztlich folgerichtig – wie einen Teilnehmer zu behandeln. Die Validierung erfolgt, bevor der propositionale Gehalt entfaltet wird, dort wo der Interviewer auf die Redebeiträge der jungen Frauen Bezug nimmt. Da es mir für die Lektüre der Analyse einfacher erscheint, werde ich nun zuerst den propositionalen Gehalt des Beitrages von Y skizzieren, um dann in der Analyse der Reaktionen darauf einzugehen, was in dieser Reaktion darauf hinweist, dass der Interviewer hier einen eigenen propositionalen Gehalt aufwirft.

Mit dem Hinweis auf Erfahrungen von Bekannten zieht der Interviewer einige Parallelen zwischen der Techno-Szene und der Tango-Szene. Performatorisch bzw. metakommunikativ spiegelt sich damit der parallele Diskursmodus der jungen Frauen wider („in der gleichen Zeit“, 4; „auch“, 9, 21, 30 und 32; „so wie du=s“, 22). Es wird vermutet, dass eine Welle des Tangotanzens etwa zur gleichen Zeit wie Techno begann und ebenso in einem bestimmten Bezirk Berlins in Clubs mit regelmäßigen Veranstaltungen. Hier (wie da) wird die „Beziehung“ (30/31) der TanzpartnerInnen im Tanz „dargestellt“ (31). Das Paar versucht sie „auszudrücken“ (32), gemischtgeschlechtliche Tanzpaare ebenso wie gleichgeschlechtliche Paare in der „Schwulenszene“ (29).

In der Parallele, die der Interviewer zwischen dem „Tango“-Tanzen und der Techno-Party zieht, dokumentiert sich als positiver Horizont, dass bestehende Paare die Qualität ihrer Beziehung beim Tanzen inszenieren, in Szene setzen. Als Besonderheit wird noch hervorgehoben, dass dies auch für gleichgeschlechtliche Paare gilt. Es wird also nicht irgendeine (fiktive) Beziehung öffentlich inszeniert, sondern speziell eine bestehende Beziehung des tanzenden Paares, auch dann, wenn die Beziehung nicht den Konventionen – zumindest jenen des Tangos

– entspricht. Es dokumentiert sich also zudem ein inszeniertes Überschreiten von Konventionen.

In der Reaktion auf den Interviewer bleibt die Abgrenzung zunächst undeutlich – steigert sich aber (Tanzen, 36–42):

Af: Ja. es is schon so, es ist nur nicht einfach
festgefahren, ich gehöre zu dem und der und
der gehört zu mir, (.) sondern irgendwie (.) äh was
ich vorhin auch meinte halt ( ) Wildfremde
mitnander machen die erotischsten Tänze und
irgendwie (.) da reibt sich jeder Körper am andern
irgendwie=ey (.)

Zunächst validiert Anna den propositionalen Gehalt im Redebeitrag des Interviewers, schränkt aber hier bereits mit dem Adverb „schon" (36: einräumend, bedingend verwendet, etwa im Sinne von ‚an und für sich') ein. In der folgenden differenzierenden Ausführung geraten Beziehungen, die bereits vor dem Tanzen bestehen, als „festgefahren" (37) in den negativen Gegenhorizont. Von dem propositionalen Gehalt bleibt vorerst bestehen, dass eine Beziehung zwischen den Tanzenden inszeniert wird.

Zur Proposition setzt Anna mit dem Verweis an, nun noch einmal zum Ausdruck zu bringen, was sie „vorhin auch meinte" (39). Hierin wird die Abgrenzung vom Redebeitrag von Y noch deutlicher. Sein Aufgreifen des zuvor Gesagten hat jedenfalls den Kern der Sache nicht getroffen und Anna fasst diesen nun erneut.

Es geht überhaupt nicht um zuvor bestehende Beziehungen, vielmehr entsteht ein eigenständiger *Kontakt im Voraussetzungslosen*, mit „Wildfremden". Dieser Kontakt wird quasi den Körpern überlassen, d.h., er ist jenseits von Intention und kognitiver Reflexion ganz im Gegensatz zu einer Inszenierung, deren Dramaturgie vorhersehbar ist. In der Steigerung „*Wild*fremde" und, dass „*jeder* Körper" „sich" „am anderen" „reibt", sowie in dem an das Ende der Äußerung gesetzten „*ey*" kommt zudem eine ekstatische Entwicklung zum Ausdruck, ein präreflexives Erfasstsein sowie ein Eintauchen in eine kollektive Praxis. Die Abgrenzung von Intentionen und die Hingabe an einen sich *verselbstständigenden Prozess* sind erste Hinweise darauf, dass wir es mit einem Aktionismus zu tun haben.

Betrachten wir nun noch einmal diese Diskursbewegungen im Verhältnis zu der Diskursbewegung, die der Interviewer vollzog. Anna validiert (36) zunächst den Beitrag des Interviewers noch einmal, wie sie dies schon während seines Beitrags getan hat. Ihre anschließende Differenzierung (36–38) schränkt den propositionalen Gehalt der Äußerung des Interviewers ganz stark ein. Validierungen als Bestätigung eines Orientierungsgehalts und Differenzierungen als Einschränkungen oder Veränderungen der Stoßrichtung einer Orientierung können nur auf Diskursbewegungen mit einem propositionalen Gehalt in Bezug auf Themen der Diskussion erfolgen. Das heißt, Anna arbeitet sich am propositionalen Gehalt der ‚Frage' ab. Im Diskursmodus der Reaktion sehen wir, dass hier auf einen propositionalen Gehalt reagiert wird.

Annas Aufwerfen eines neuen Orientierungsgehalts steht eigentlich im Verhältnis einer Opposition zu dem propositionalen Gehalt der Äußerung des Interviewers. Hier geht es um eine aktionistische kollektive Praxis mit einer sich verselbstständigenden Dramaturgie, dort um eine Inszenierung eines bereits bestehenden Beziehungszusammenhangs, also eine vorhersehbare, bekannte Dramaturgie. In Annas Beitrag dokumentiert sich also eine Orientierung, die mit jener, die sich im Beitrag des Interviewers dokumentiert, nicht zusammenpasst. Das heißt, wir haben es hier mit einer Rahmeninkongruenz zu tun. Opponieren ist ein Weg mit Rahmeninkongruenzen umzugehen (vgl. Kap. 3.2). Der Interviewer verfolgt zwar ‚seine' Orientierung weiter, jedoch nicht unmittelbar. Wir richten das Augenmerk nun auf die Orientierungen der jungen Frauen, von daher nennen wir die neue Orientierung von Anna hier Proposition. Obwohl die Interviewten in diesem Diskurs immer wieder ‚opponieren' müssen, wird ihnen doch immer wieder die Zeit gegeben, auch den Diskurs untereinander entlang ihres Relevanzsystems zu entfalten.

Dadurch, dass von Anna nicht gleich etwas entgegengesetzt wird, dokumentiert sich ihre Kooperationsbereitschaft. Sie bringt den Diskurs zurück in das Relevanzsystem der jungen Frauen, ohne den oppositionellen Gehalt konfrontativ oder belehrend vorzutragen. Wir können also sehen, wie ‚robust' Gruppendiskussionen sind, solange man den Gesprächspartner/inne/n genügend Zeit lässt, ihren Diskurs zu entfalten, und man nicht auf den eigenen Relevanzsetzungen beharrt.

Richten wir unseren Blick auf den Fortgang des Gesprächs, bevor wir zu weit reichende Schlüsse ziehen. Noch stehen zwei Orientierungen einander gegenüber, ohne dass eine genauer entfaltet wurde. Zunächst arbeitet Anna ihre Proposition aus (Tanzen, 41–63):

Af: ich mit nem fremden Mann auf der
Y: └Hm
Af: Tanzfläche irgendwie steh da, und was weiß ich wir
Y: └Hm
Bf: └@(.)@
Af: fassen uns an und irgendwie, da warn einfach keine

Y: └Hm

Af: Hemmungen mehr da ne; (.) so=was gab's für
mich früher nicht, also (.) um Himmels willen.
wenn da mich jemand angefasst hätte, der hätt eine
in die Fresse gekricht oder in die (Eier) oder

Bf: └@(.)@

Af: @weiß ich nicht was oder (wo) das war@

Zunächst beschreibt Anna die Praxis auf der Tanzfläche. Wie ein kurzes Spotlight zeigt sie den Tanz und die Berührungen mit einem Fremden auf der Tanzfläche. Dann setzt sie argumentativ fort, klärt darüber auf, dass es zwar Hemmung gibt – ja, vor ihren Erfahrungen mit Techno hätte es eine derartige Begegnung gar nicht gegeben; sie hätte sich mit Anwendung von Gewalt dagegen gewehrt –, diese in der Begegnung aber offenbar ihre Bedeutung verlieren.

In dieser Elaboration dokumentiert sich wiederum die *Kontaktaufnahme im Voraussetzungslosen*, die *in einem definierten Rahmen*, nämlich im Kontext der „Tanzfläche" (46), möglich wird: Das Gegenüber wird nur durch das Geschlecht gekennzeichnet. Dies wird später aber auch als irrelevant erklärt. Das Gegenüber ist in erster Linie „fremd" (42), d.h. weder in seiner sozialen noch persönlichen Identität bekannt. Unbekannt zu sein bedarf keiner Voraussetzungen. Abstimmungen, damit es zu einer gemeinsamen Handlungspraxis kommt, sind auch nicht notwendig. Ein reflexiver Zugang zu diesem Geschehen ist nicht möglich, die Berührung und das Erfasstsein werden nur szenisch, präreflexiv gefasst.

Das Moment des Überschreitens von internalisierten Konventionen, nämlich „keine Hemmungen" (52/56) zu haben, obwohl diese angebracht sein könnten – sonst würde sich die Erwähnung erübrigen –, spielt eine Rolle. Reflektiert und argumentiert wird nur, was es *nicht* ist. Es ist eine Form der Begegnung, die es zuvor, jenseits des Kontextes der Techno-Szene, nicht gab. Konventionen und soziale Rollen verlieren ihre Bedeutung, indem man sich dem Geschehen, dem „Körper" (41), der gemeinsamen Praxis des Tanzens überlässt und alltägliche Vorstellungen nicht handlungsrelevant sind. In einem anderen Kontext wurde bzw. würde dasselbe Verhalten als ‚Anmache' wahrgenommen und entsprechend harsch zurückgewiesen. In der Gegenüberstellung mit der sozialen Situation der ‚Anmache', der Kontaktaufnahme mit dem *Ziel* eines sexuellen Kontaktes, dokumentiert sich, dass die Alltagsmoral und eine Orientierung an vorhersehbaren Ablaufmustern nur situativ außer Kraft gesetzt ist.

Die aktionistische Orientierung wurde also bestätigt und weiter ausgearbeitet. Noch konnten wir nicht sehen, ob wir es damit überhaupt mit einer kollektiven Orientierung zu tun haben. Nun setzt aber Bianca fort (Tanzen, 65–71):

Bf: └Ja was
trotzdem halt ist auch irgendwie, s'is also es war:, (.)
das war da auf der Tanzfläche, und hatte aber
eigentlich viel nicht
|
Af: └Das hatte nichts mit der
Außenwelt zu tun.

Bianca knüpft hier an die Elaboration Annas an, als wäre sie Anna, denn Anna hat ja in der Beschreibung des Geschehens auf der Tanzfläche und der anschließenden Argumentation in der Ich-Form gesprochen. Sie weiß ebenso um die immanente Logik Bescheid, es macht keinen Unterschied, wessen Erfahrungen als Beispiel dienen. Das ist ein deutlicher Hinweis auf einen homologen Erfahrungshintergrund.

Beide geben sich in dieser Diskursbewegung Formulierungshilfen. Bianca führt den argumentativen Teil, den Anna begonnen hat, zu Ende. Die abgelehnte Situation des deutlichen Versuchs, durch Anfassen eine sexuelle Beziehung aufzubauen, wird wieder in das Verhältnis zu dem Geschehen, zum Anfassen „auf der Tanzfläche" (67), als etwas komplett anderem gesetzt. Dass der „Tanzfläche" eine „Außenwelt" (71) gegenübersteht, formuliert wieder Anna ‚in' den Beitrag Biancas ‚hinein', ihre grammatikalische Konstruktion aufgreifend. Das Erleben von Techno-Partys kann von den beiden Interviewten arbeitsteilig vorgetragen werden, wieder ein Hinweis auf die homologen Erfahrungshintergründe der beiden jungen Frauen.

Abstrahierend bringt Bianca hier gemeinsam mit Anna einen Aspekt, der sich bisher erst zart andeutete, auf den Punkt: die Tanzfläche bzw. die Techno-Party als *Organisationsrahmen* für aktionistische Kontakte, der nichts mit der Alltagsexistenz zu tun hat. Es wird damit die Bearbeitung der Orientierung der zweckfreien Hingabe an das Geschehen und des Ergriffenseins abgeschlossen und der *situative Charakter* des Aktionismus in den Vordergrund gestellt.

In dieser gemeinsam vollzogenen Diskursbewegung wird das Thema „Tanzen mit einem Partner" zum Thema „Tanzen als Bezugsrahmen" übergeleitet. Die Orientierungen, die sich dabei dokumentieren, bleiben aber letztlich erhalten, ändern sich nur in ihrer Akzentuierung. Bei dieser Diskursbewegung haben wir es also mit einer Transposition zu tun.

Diese Transposition wird nun von Bianca validiert und ausgearbeitet (Tanzen, 73–95):

Bf: └Ja. das hatte nichts mehr irgendwie: zu
bedeuten irgendwie du bist runter gegangen und hast
meinetwegen dich ganz normal mit dem unterhalten
|
Y: └Hm

Bf: und dis (.) war einfach irgendwie (.) dis lief da ab,

weil die Musik dazu irgendwo die ganze Zeit
Af: └Hm
Bf: animiert irgendwie aber (.) dis hieß nicht dass du
danach dann irgendwie mit dem abhauen musst und
ins Bett musst oder sonstwas dis war einfach nur, (.)
Y: └Hm
Bf: die Ausdrucksform.
Af: └Genau.
Bf: └Die war da.

Bianca bestätigt zunächst die Trennung zwischen der Alltagsexistenz und dem Handlungszusammenhang des Tanzens in einem Techno-Club. Was dort geschieht, hat zumindest unmittelbar für die Alltagsexistenz „nichts mehr irgendwie: zu bedeuten" (73–74). Auch innerhalb des Ortes des Geschehens kann zwischen der Alltagsexistenz und dem Aktionismus gewechselt werden. Sich „ganz normal" zu „unterhalten" (75) wird dem, was „da" „ablief" (79) auf der Tanzfläche, gegenübergestellt. Wie schon in der Elaboration von Anna ist das eine Gegenüberstellung von einer sozialen Situation, in der die gewöhnlichen alltäglichen Regeln gelten, und einer sozialen Situation, in der andere Regeln gelten. Das „normale" Gespräch ist hier in zweifachem Sinn „normal": 1. an den Regeln des sonstigen Alltags orientiert; 2. nicht auf einen wie immer gearteten sexuellen oder erotischen Kontakt oder eine solcherart gelagerte Beziehung gerichtet. Was ‚abläuft', ist ein Prozess, dem man sich hingibt und bei dem die Regeln des sonstigen Lebens außer Kraft gesetzt sind. Die Musik wird als kausale Größe eingeführt: „weil". Hier scheint, wie in der Elaboration von Anna, das sinnlich-körperliche Moment (animiert sein) angesprochen zu sein. Die Musik ermöglicht oder erleichtert den Aktionismus durch ihr sinnliches Ergreifen.[58] Das Medium des Aktionismus ist der Tanz, nicht das Gespräch. Somit bestätigt sich wieder die Tanzfläche als Organisationsrahmen für den Aktionismus.

Ebenso wenig wie die Bedeutung des Tanzens an eine zuvor bestehende Beziehung geknüpft ist, wie zuvor in der Elaboration von Anna, ist die Weiterführung festgelegt. Negativer Gegenhorizont ist hier wieder der Modus der ‚Anmache' oder des ‚Abschleppens'. Gerade durch diesen Vergleich werden die Kontakte auf

58 Wie man aus der Psychoakustik weiß, kann man sich ab einer bestimmten Lautstärke der Musik nicht mehr entziehen, sich ihr gegenüber nicht mehr ‚verschließen'.

der Tanzfläche in Richtung eines sexuellen Kontaktes dargestellt. Diese sexuell-erotischen Kontakte stehen hier im Dienste der probehaften Entfaltung von habitueller (hier u.a. auf der Ebene haptisch-rhythmischer usw.) Übereinstimmung und nicht im Dienste der zielgerichteten Suche nach Sexualpartner/inne/n.

Was in der „Ausdrucksform" (90) geäußert wird, bleibt implizit. Die Validierung durch Anna (92), die dann nochmals von Bianca bestätigt wird (94), gibt hier einen Hinweis auf einen zentralen Stellenwert. Vielleicht lässt es sich so fassen, dass es eben nicht um eine schon da gewesene Bedeutung geht, sondern um den *Ausdruck des neu Entstehenden*. Dieses neu Entstehende kann begrifflich nicht gefasst werden und ist an den Ausdruck, die Performance der Beteiligten auch immer schon gebunden.

Die Parallelisierungen erfolgen in dieser Passage zunächst ‚innerhalb' der Teilnehmerinnen. Sie werfen eine Orientierung in einer Proposition bzw. Transposition auf und elaborieren diese dann unterstützt durch Validierungen bzw. Formulierungshilfen der anderen. Die Elaborationen sind insofern parallel, als sie auf der Ebene des Dokumentsinns kaum neue Aspekte zu dem, was schon proponiert wurde, erkennen lassen. Bei Anna geht es stärker um die Kontaktaufnahme im Voraussetzungslosen, bei Bianca um den Organisationsrahmen der Tanzfläche. Beides sind Elemente des Handlungsmusters Aktionismus, welches über die Teilnehmerinnen und über zwei Diskursbewegungen (Anna: Proposition und Elaboration, Bianca: Transposition und Elaboration) hinweg parallel ausgearbeitet wird. Bei beiden Teilnehmerinnen erfolgt eine Gegenüberstellung des Tanzens in einem Techno-Club mit einer Situation, in der die Regeln des Alltags gelten. Die Komponenten, die dabei zum Ausdruck kommen sind das sinnlich-körperliche Erfasstsein, die zweckfreie Hingabe an eine nicht vorhersehbare Dramaturgie, die Abgrenzung von der Alltagsexistenz und der negative Gegenhorizont der intentionalen Anbahnung eines sexuellen Kontaktes – alles Komponenten des Handlungsmusters Aktionismus wie ihn Bohnsack (2000c), Bohnsack und Nohl (2000) sowie Bohnsack und Wild (1997) beschreiben.

In der Konklusion werden diese Elemente noch einmal auf den Punkt gebracht, während sich der Interviewer um das Rederecht bemüht. Die jungen Frauen lassen sich aber nicht beirren (Tanzen, 96–109):

```
Af:                                   └Das heißt noch
           nicht dass es da nächste Mal wieder genauso ist oder
                       |                              |
Y:                     └Was wär denn also,            └Hm
                                                      |
Bf:                                                   └Ja.

Af:        so das ist einfach nur der Moment und dass du dich
                              |
```

Y: └Ja,
Af: siehst, und dass es irgendwie klar ist.
Y: └Hm └(Na ich) hm (.) also

Das Tanzen und die dabei entstehenden Kontakte dienen keinem Ziel, sind an keinem Entwurf orientiert. Sie sind nicht auf ein „nächstes Mal“ (97) gerichtet. Es geht darum sich dem nicht antizipierbaren „Moment“ (103) zu überlassen, um den Modus des Aktionismus, innerhalb dessen sich eine Suche nach habitueller Übereinstimmung vollzieht, die, was die Eigenschaften des Gegenübers betrifft, im Voraussetzungslosen ansetzt. Es muss genügen einander zu sehen (107), dann ist es „klar“ (107): Man stimmt zusammen oder eben nicht. Das heißt, es müssen beide Seiten an dem In-Gang-Kommen einer erotisch-sinnlichen, aktionistischen Verstrickung interessiert sein. Anna fasst damit die wesentlichsten Elemente noch einmal zusammen, formuliert sie. Von daher können wir von einer Konklusion in Form einer Formulierung der Proposition sprechen. Bianca validiert die Konklusion an einer Stelle, an der die sich verselbstständigende Dramaturgie zum Ausdruck kommt.

Intuitiv erfasst der Interviewer offensichtlich, dass hier nun etwas zu einem Ende gebracht wird, und macht unmissverständlich deutlich, dass er nun etwas sagen möchte. An nicht übergaberelevanten Stellen versucht er eine Nachfrage zu platzieren (99/105). Anna führt aber, unterstützt durch eine Validierung seitens Bianca (101), die Konklusion zu Ende. Die Robustheit der Gruppendiskussion ergibt sich aus der Möglichkeit der Teilnehmerinnen sich zu entscheiden, an welchem Diskurs sie teilnehmen, an jenem untereinander oder an jenem zwischen dem Interviewenden und ihnen. Die Frage des Interviewers beinhaltet wiederum einen propositionalen Gehalt, den die beiden jungen Frauen zurückweisen. Sie müssen also nun wieder opponieren, um zu ihrem Relevanzsystem zurückkehren zu können (Tanzen, 110–134)

Y: mir lag jetzt einfach die Frage auf der Zunge, was:
hättet ihr denn spannender gefunden, irgendwie da auf
der Tanz- noch mal mit ihm auf die Tanzfläche zu
@gehen@ oder mit ihm rauszugehen also (.) kann man
dis irgendwie
Af: └Keins von beidem.
Bf: └Ja.
Af: └Meistens einfach
weggehen und den nächsten suchen oder irgendwie für

122
123 Y: └Hhm └Ah ja,
124
125 Af: dich alleine weitertanzen. einfach gucken was passiert.
126 (.) weggehen um Himmels willen, nöö. @dableiben.
127 (.)@ (.) nee auf jeden Fall weiter-
128
129 Y: └@(.)@|
130
131 Bf: └@(.)@
132
133 Af: tanzen. und wenn er wieder da ist, und wenn's noch
134 okay ist, (.) und wenn's noch stimmt, prima.

Die Nachfrage des Interviewers weist wieder einen deutlichen propositionalen Gehalt auf. Sie zielt auf erwünschte, d.h. auch antizipierte Folgen oder Konsequenzen des Tanzens. Diese sollen zumindest hypothetisch von den Interviewten entfaltet werden. Das heißt, der Interviewer vertritt hier wieder seinen Orientierungsrahmen: eine Dramaturgie des Tanzens, die von den Intentionen seiner Teilnehmer/innen gestaltet ist.

Die Opposition seitens Anna fällt an dieser Stelle nicht so zaghaft aus, wie zuvor, vielmehr erfolgt sie unvermittelt und deutlich (116). Die Möglichkeiten, die der Interviewer anbietet, werden ohne Umschweife zurückgewiesen. Diese Opposition bezeichnen wir aber wieder, da das Relevanzsystem der Interviewten im Vordergrund stehen soll, als Proposition. Es geht gerade nicht um wie auch immer geartete Ergebnisse oder antizipierbare Handlungskonsequenzen. *Ziele und Intentionen stellen den negativen Gegenhorizont dar.* Dies wird von Bianca in Zeile 118 validiert.

Anna elaboriert nun diese Proposition in Form einer abstrahierenden Beschreibung. Innerhalb des Kontexts des Tanzens und der Party gibt es keine angestrebten Konsequenzen im Sinne expliziter Ziele. Nicht einmal über die Rekonstruktion des Geschehens („meistens", 120) lässt sich etwas herausfiltern. Alle Möglichkeiten, die das Tanzen und der Kontext bieten, kommen als nächster Schritt in Betracht. Durch den negativen Gegenhorizont, die Party zu verlassen und sich damit der Eigendynamik der Party und dem Organisationsrahmen des Aktionismus zu entziehen, wird der positive deutlicher: sich *innerhalb des Organisationsrahmens der Party einer nicht vorhersehbaren Dramaturgie hinzugeben* und weiter *nach habitueller Übereinstimmung* zu suchen bzw. sie weiter zu erproben, mit demselben oder anderen Tanzpartner/inne/n.

Interessant ist auch der äußerst labile Charakter dieser Begegnungen oder Kontakte. Wie zuvor schon herausgearbeitet, setzt diese Art Kontakt am Voraussetzungslosen an. Ihm scheint aber kaum eine Weiterführung innezuwohnen, vielmehr hat er einen stark episodalen Charakter. Eine neue Episode ist „prima"

(134), lässt sich aber nicht herbeiführen. Eine Fortführung (mit demselben Tanzpartner) ist nämlich an ein „noch okay“ (133–134), „wenn’s noch stimmt“ (134), d.h. an die Fortdauer der situativen habituellen Übereinstimmung geknüpft, die keiner reflexiven Bearbeitung unterzogen wird.

Nachdem sich auf der Ebene der Diskursorganisation in der weiteren Folge wieder dasselbe Muster zeigt, wie es schon herausgearbeitet wurde, brechen wir hier die Analyse dieser Gruppe ab.

3.1.1.4 „Tisch“: Drei Facharbeiter aus einer Stadt

Die folgende Gruppendiskussion stammt aus dem Projekt „Die Symbolik der Geschlechtszugehörigkeit. Kollektive Orientierungen von Männern im Wandel des Geschlechterverhältnisses“. In diesem von der Deutschen Forschungsgemeinschaft geförderten Projekt wurden zahlreiche Gruppendiskussionen mit Männern aus unterschiedlichen Milieus durchgeführt.[59]

Die Gruppe „Tisch“ besteht aus drei gelernten Facharbeitern aus einem Arbeiterviertel einer deutschen Stadt. Sie besuchen regelmäßig ihre Stammkneipe, zwei Teilnehmer jene Kneipe, in der auch die Gruppendiskussion stattfand. Der dritte fand sich dort ein, da seine Stammkneipe an diesem Tag geschlossen hatte. Interessant für die Diskursorganisation ist an diesem Aspekt, dass zwei der Teilnehmer einander persönlich bekannt sind, der dritte ‚nur‘ eine sozialräumliche Zugehörigkeit zu den anderen hat. Die Männer sind zwischen 39 und 52 Jahre alt. Zwei arbeiten in ihren erlernten Berufen, einer in wechselnden Gelegenheitsjobs.

Die Gruppe „Tisch“ repräsentiert in der komparativen Analyse die Dimension des geschlechtstypisch männlichen Erfahrungsraumes. Ausgewählt habe ich die Gruppe nach folgenden Kriterien: Zunächst ging es darum, eine geschlechtshomogene Gruppe zu finden, deren Mitglieder aus alltäglicher Perspektive ‚typische Männer‘ verkörpern, also z.B. keine Männer aus Männerverständigungsgruppen und aus anderen besonders reflektierten Milieus, wie dem akademischen. Um zu verdeutlichen, dass der parallele Modus unhabhängig vom Geschlecht ist, ist es wichtig, dass es sich hierbei nicht etwa um eine Form der strategischen, angepassten oder erlernten Selbstdarstellung handelt. Sonst könnte man argumentieren, der Modus sei doch vom Erfahrungsraum Geschlecht abhängig: Die Männer haben es sich bloß von den Frauen ‚abgeschaut‘. Zudem ist eine Vergleichbarkeit der Gruppe mit Dimensionen, die durch die Frauengruppen repräsentiert sind, gegeben. So besteht eine Vergleichbarkeit mit den Lehrlingen der Gruppe „Haus“, deren

59 Publikationen, die aus dem Projekt hervorgegangen sind: u.a. Behnke 1997, Meuser 1998, 1999, 2000 und 2001, Loos 1999

Teilnehmerinnen in Ausbildung zu Facharbeiterinnen stehen. Die Muttersprache der Männer aus der Gruppe „Tisch" ist Deutsch, wie bei den Gruppen „Techno" und „Haus", und vom Alter her sind sie vergleichbar mit der Gruppe „Rabbit" (siehe Kap. 3.1.1.5). Außerdem war mir wichtig, dass die Diskursorganisation auf der Ebene von Textsorten nicht allzu komplex ist. Dies liegt häufig bei Diskussionen mit jungen Männern türkischer Herkunft aus meinem eigenen empirischen Material vor. Erst wenn man sich durch das Dickicht der verschiedenen Textsorten und Diskursebenen durchgearbeitet hat, tritt eine parallele Struktur hervor, was die Analysen für die Darstellung der Diskursmodi eher ungeeignet erscheinen lässt.

Die Gruppendiskussion der drei Facharbeiter, Alex, Bert und Chris, verläuft lebendig und selbstläufig. Es finden sich in erster Linie parallel organisierte Passagen. Eine davon ist die Eingangspassage. (Zur Einbettung dieser Passage in eine komparative mit anderen Männergruppen vgl. Meuser 1998; Meuser geht auf den Diskursmodus nicht ein.) Sie dient uns als Beispiel. In allen Gruppendiskussionen, die in diesem Projekt geführt wurden, stellten die Diskussionsleiter/innen zu Beginn die Frage, was es für die Gruppenmitglieder heißt bzw. bedeutet ein Mann zu sein. Sie zielt also auf das reflexive Potenzial der Männer hinsichtlich ihrer eigenen geschlechtstypischen Einbettung ab. Als evident und weiter nicht diskussionswürdig erscheint den Mitgliedern der Gruppe „Tisch" das „Aussehen" (12). „Dass wir Männer sind nich (.) das is ja nu klar (2)" (13–14). Hier wird offenbar eine minimale konsensuale Basis mit den Interviewer/innen hergestellt. Schließlich wurden sie als Männer angesprochen. Diese Evidenz muss also keiner Reflexion unterzogen werden. Das Thema „der Mann ‚als Ernährer'" dagegen bietet mehr Stoff zur Diskussion, ist es wert, besprochen zu werden (Eingangspassage, 18–33):

18	Bm:	... als Ernährer bezeichnet man sich auch, Chris hat
19		eben schon gesacht er bezeichnet sich als Ernährer
20		selbst wenn seine Frau mehr verdient, ist es eben so,
21		der Mann war der Ernährer der Familie dass sich im
22		Lauf der Zeit gewandelt hat, dass heute Frauen
23		|
24	Y1:	└Hm
25		
26	Bm:	mitverdienen und teilweise sogar mehr als wir Männer,
27		ändert meines Erachtens nichts an der Sachlage, dass
28		die Männer eben nach wie vor eben das
29		Familienoberhaupt sin nä (.) das is (wohl) immer so
30		|
31	Y1:	└Hm
32		
33	Bm:	gewesen wird sich auch nich ändern

Die Männer bezeichnen sich als „Ernährer" (18), auch wenn die Frau mehr verdient. Gegenwärtig verdienen Frauen „teilweise sogar mehr als (...) Männer" (26). An der historisch begründbaren „Sachlage" (27), dass Männer die Familienoberhäupter sind, ändert dies jedoch nichts.

Im Gegensatz zur fraglosen Selbstverständlichkeit des Aussehens – unablösbar mit der eigenen Person verbunden, für alle sichtbar und einordenbar[60] – ist „Ernährer" eine Bezeichnung. Während sich das eine einer diskursiven Bearbeitung gänzlich entzieht, ist das andere – zumindest auch – in einer diskursiven Bearbeitung verankert. Entsprechend wird über das Aussehen nicht weiter geredet, über die Bezeichnung „Ernährer" und „Familienoberhaupt" – ich erlaube mir hier einen Vorgriff – hingegen besonders ausführlich und immer wieder im Verlauf der Diskussion. Gerade vor dem Hintergrund ökonomischer Gegenevidenz, wie sie sich im höheren Verdienst mancher Frauen in der heutigen Zeit ausdrückt, scheint die diskursive Festschreibung, dass Männern die Verantwortlichkeit für den Unterhalt der Familie obliegt, wichtig zu sein.

Für den Unterhalt verantwortlich zu sein, bedeutet nicht nur eine Aufgabe und Pflicht, es geht damit auch – durch die Abhängigkeit der anderen Familienmitglieder von einem „Ernährer" – eine strukturelle Vormachtstellung einher. Diese scheint auch eine soziale Vormachtstellung als „Familienoberhaupt" (29) zu begründen, die mit der Bezeichnung erhalten bleibt. Im Spiegel der Geschichte („immer so gewesen", 29/33) und ihrer Kontinuität („auch nich ändern", 33) erscheint die ökonomische Gegenevidenz schließlich auch als eine Ausnahme, die die Regel bestätigt, als eine kleine Laune der Geschichte. Ebenso wie in der Geschichte wird im Diskurs die Kontinuität einer Vormachtstellung des Mannes im familialen Zusammenhang nun auch als historische fortgeschrieben.

Meuser bezeichnet diesen Umgang als „Normalisierung" bzw. „Normalisierungsstrategien" (1998, S. 192) und bezieht sich dabei auf die Ethnomethodologie, die diesen Begriff geprägt hat. Sie helfen, das „Irritierende zu normalisieren", „verhindern, dass ungewöhnliche Ereignisse die Routinen eines eingespielten Interaktionsgefüges zerstören" (a.a.O.). Die diskursive Versicherung über die ‚Normalität' ist ein zentraler Teil davon.[61]

60 Es erscheint mir hier wichtig anzumerken, dass hier – wie bei allen anderen Analysen auch – die Perspektive der (jeweiligen) Gruppe rekonstruiert wird. Weder geht es hier um meine Perspektive, noch um eine allgemeine oder objektive noch um *die* männliche. Ob diese Perspektiven bzw. Orientierungen dem geschlechtstypischen Erfahrungsraum, dem milieutypischen, dem entwicklungs- oder generationstypischen, oder einem anderen Erfahrungsraum bzw. deren spezifischer Überlagerung zuzuordnen ist, kann nur eine systematische komparative Analyse zu Tage fördern (vgl. dazu z.B. Bohnsack 2001c, S. 225ff.). Die Anmerkung erfolgt an dieser Stelle, da der Augen*schein*, aber auch z.B. biologische Argumentation schnell sehr allgemein gültig oder objektiv klingen.

61 Ein wenig schade finde ich, dass in der Darstellung von Meuser der Wandel im Geschlechterver-

Bert wirft also in seiner Proposition in Zeile 18 die männliche Verantwortlichkeit für den Unterhalt innerhalb des familialen Gefüges als diskursiv verankert und – im Gegensatz zum Aussehen – besprechenswert auf. In seiner Elaboration wird deutlich, dass diese Verantwortlichkeit mit einer Vormachtstellung einhergeht und die diskursive Bearbeitung in doppelter Hinsicht wichtig ist für diesen positiven Gegenhorizont: Ökonomische Evidenzen könnten der Enaktierung entgegenstehen. Im Diskurs dagegen bleibt diese Orientierung stabil und wirksam, die Gegenevidenzen erscheinen als historische Ausnahmen. Gerade in der diskursiven Verankerung wird jedoch deutlich, dass sowohl die Verantwortlichkeit als auch die Vormachstellung prekär geworden sind. Chris setzt den Diskurs mit einer Differenzierung fort (Eingangspassage, 35–55):

Cm: └Na=ja ob Famlienoberhaupt
da is nun noch nich bei jedem raus aber auf alle Fälle
Bm: └Nö
Cm: kinnerkriegen kann ja nun noch keen Mann nich, und in
Bm: └Nö
Cm: der Zeit muss er wahrscheinlich (wohl) zur Arbeit
gehen und weiter Geld verdienen ( ) und
dadurch
Bm: └Ja. und wenn die
Kinder da sin muss die Frau entsprechend n n n ja so
wohl zu Hause bleiben nich also bleibt der Mann als
Ernährer wieder über nich, der Mann, der kriegt ja keine
Y1: └Hm └Hm └Hm
Bm: Kinder nich, klar (so is=es;)

Chris stellt in Frage, ob die Bezeichnung „Familienoberhaupt" (35) für alle (beteiligten) Männer gerechtfertigt ist. Gesichert ist dagegen, dass Männer keine Kinder bekommen können. In der Zeit des „Kinnerkriegen(s)" (40) muss von daher der Mann „zur Arbeit gehen und weiter Geld verdienen" (44–45). Daraus folgert Bert des Weiteren, dass die Frau zu Hause bei den Kindern bleibt und „der Mann als Ernährer über(bleibt)" (50–51).

hältnis als *die* reale Gegebenheit als Ausgangspunkt bzw. Hintergrund der Analyse quasi von vornherein gesetzt wird (vgl. 1998, S. 123ff.), wo er doch im empirischen Material selbst beinhaltet ist.

Chris schränkt die Orientierung der *sozialen* Vormachstellung des Mannes ein. Um ein Familienoberhaupt zu sein, gehört anscheinend noch mehr dazu als für den Unterhalt verantwortlich zu sein. Diese Verantwortung ist allerdings bei Chris nicht nur historisch, sonder auch biologisch verankert. Das Fehlen der Möglichkeit schwanger zu werden und Kinder zu gebären ist verbunden mit ihrer Letztverantwortlichkeit für den Unterhalt der Familie. Diese Letztverantwortlichkeit ist Element einer strukturellen Vormachtstellung. In Zeiten der Schwäche der Frau, zumindest, was ihre Erwerbstüchtigkeit anbelangt, unterstützt der Mann die Frau. Dieses Modell fußt zwar auf der Kooperation der beiden Geschlechter, der Part des Unterstützers der Schwächeren kommt aber nur dem Mann zu, ist irreversibel und ist von daher Ausdruck einer strukturellen hegemonialen Männlichkeit. (vgl. dazu auch Meuser 1998, S. 200f.) Hier wird diese Hegemonie in der Biologie verankert, was sie letztlich besser gegen eine ökonomische Gegenevidenz, die hier immer noch den Hintergrund der Argumentation darstellt, absichert.

Das heißt, die Differenzierung greift als zentrale die strukturelle hegemoniale Männlichkeit heraus, die auch schon in Berts Elaboration einen wichtigen Stellenwert einnahm. Bert validiert diese Differenzierung mit „Nö“ (38, 42), in diesem Fall eine Bestätigung der Verneinungen von Chris, sowie auch seine biologische Begründung („Ja“, 48). Er validiert somit die Differenzierung seiner Elaboration durch Chris und schließt die Argumentation von Chris mit einer moralischen Argumentation ab („wenn die Kinder da sin muss die Frau [...] wohl zu Hause bleiben“, 49–50), die er aus der biologischen ableitet („der Mann, der kriegt ja keine Kinder“, 51/55). Mit der Feststellung, dass es sich hier um eine ‚Tatsache‘ handelt („so is=es“, 55), der es offenbar nichts hinzuzufügen gibt, beendet Bert das Thema des Geschlechterverhältnisses innerhalb des familialen Zusammenhanges.

Ob nun historische oder biologische Argumentationen herangezogen werden, ob es sich eher um eine übergeordnete Position oder eine Letztverantwortlichkeit handelt, scheint hier nicht der springende Punkt zu sein. Vielmehr dokumentiert sich eine Übereinstimmung darin, dass dem Mann im familialen Zusammenhang gegenüber der Frau eine übergeordnete ökonomische Verantwortung zukommt – entgegen jeglicher empirischen Gegenevidenz.

Auf der Ebene der Diskursorganisation konnten wir also beobachten, dass in den ersten *drei* Diskursbewegungen der Gruppendiskussion die *prekäre Orientierung* an einer *hegemonialen Männlichkeit innerhalb eines kooperativen Verhältnisses zwischen den Geschlechtern* viermal aufgeworfen bzw. ausgearbeitet wurde. In der *Proposition* dokumentiert sie sich durch die Gegenüberstellung von unablösbaren Merkmalen mit einer Bezeichnung, jener des „Ernährers“: Die Bezeichnung ist abhängig vom (jeweiligen) Diskurs; Ernährer zu sein ist kooperativ, durch seine übergeordnete Verantwortlichkeit jedoch zugleich Grundlage einer übergeordneten Position innerhalb des Geschlechterverhältnisses. In der *Elaboration* wird die Schwierigkeit, die diese hegemoniale Männlichkeit für die Gruppe beinhaltet, durch die ökonomische Gegenevidenz der besser verdienenden Frau deutlich. Dieser werden die Kontinuität des Diskurses und der Geschichte entgegengesetzt. Sie begründen eine soziale, strukturelle und eben historische Hegemonie – wieder im Rahmen von Kooperation. In der *Differenzierung* wird die strukturelle Hegemonie zugunsten der sozialen in den Vordergrund gestellt und biologisch begründet. In der *Fortsetzung der Elaboration* dokumentiert sich diese strukturelle Hegemonie in einer ökonomischen Letztverantwortlichkeit des Mannes für die Frau in der Zeit der Schwangerschaft, Geburt und Kinderfürsorge, die die Frau ökonomisch schwächt. Die kooperative strukturelle Hegemonie wird dadurch moralisch ausgebaut.

Bert wechselt in der Folge zu einem weiteren Thema, nimmt den Orientierungsgehalt jedoch mit (Eingangspassage, 55–67):

Bm: weil du sagst) ((hustet))
obwohl (wie) gesagt die Bezeichnung, was bedeutet es
n Mann zu sein (.) will ich vielleicht noch a-a-anmerken
dass zu sagen dass die dass es Berufe gibt die
sicherlich von der körperlichen Konstitution her nicht
von Frauen ausgeführt werden können; (stell ich mir
vor) Leute die am Hochofen stehen bei Glöckner hab
|
Y2: └Hm

Bm: ich noch nich gesehen dass da ne Frau steht (.) oder
wüsst ich nich

Die Bedeutung der „Bezeichnung" „Mann" steht auch im Zusammenhang mit Berufen, die aufgrund einer unterschiedlichen „körperlichen Konstitution (...) nicht von Frauen ausgeführt werden können" (61–62): Als Beispiel dient der „Hochofen" (63) – dort wurde noch keine Frau gesehen.

„Mann" erscheint hier nun auch als „Bezeichnung", also etwas Diskursives und somit auch der Reflexion Zugängliches. Das ist allerdings ein Moment, das sich schwer von der Art der Studie und von der Interviewführung ablösen lässt, denn diese Orientierung wird als grundlegend mit der Ausgangsfragestellung aufgeworfen. „Mann zu sein" (58–59) lässt sich also argumentieren: Es gibt Berufe, die nur von Männern ausgeübt werden können, weil Frauen ihnen körperlich unterlegen sind. Wieder taucht das Element der Schwäche der Frau, die biologisch begründet ist, auf und eine gewisse Unumkehrbarkeit der Differenz der Geschlechter, denn Frauenberufe – ich erlaube mir nochmals einen Vorgriff – finden sich in der Diskussion der Gruppe „Tisch" nicht. Für diese Argumentation gibt es auch eine empirische Evidenz, wie bestimmte Berufe in der Eisen- und Stahlerzeugung.

Von der Sphäre der Familie wird nun das Geschlechterverhältnis und die darauf beruhende Bedeutung „n Mann zu sein" (57) in die Sphäre des Berufes verlagert. Hier wie da ist die Position des Mannes durch eine unumkehrbare Unterlegenheit der Frau gekennzeichnet. Das heißt, die Orientierung, die schon in den letzten vier Diskursbewegungen deutlich wurde, wird in dieser Transposition von Bert erneut anhand eines anderen Themas aufgeworfen.

In der Folge wird die Proposition, von Alex unterstützt, von Bert ausgearbeitet (Eingangspassage, 68–104):

Am: └Na=ja nun anders=rum hab ich also
viel schon gesehen ich bin auf=m Bau näch (.) und da
Y2: └Hm
Am: hab ich viel gesehen, dass da jetzt in den letzten paar
Jahren also der Frauenanteil dat ganz schön
<u>zug</u>enommen hat auf=m Bau nich, <u>nur</u> das Problem
dabei is, wie ich=s jetzt gerade wieder beobachtet hab
wir ham da ne Baustelle da (wird) so n bisschen so
fuffzehn Gerüste noch nä und äh da sind dann
Schlosser äh oben auf=n Dach n Geländer zu bauen
nich und das soll da so=n Mädel so=n Stück Geländer
da hochziehen und das geht eigentlich von der Kraft
schon gar=nich. Dass is völlich unmöglich die kriecht
Y2: └Hmhm
Am: das Ding da einfach nich hoch nä muss da schon wieder
Bm: └Also muss der Mann
einspringen nä
Am: n anderer Kollege da mit hoch und
Bm: └Tut er ja auch gerne,
vor allem wenn se schick aussieht
Am: └
Macht er auch gerne. weil die sin natürlich auch
besonders nett die männlichen Kollegen dann näch weil
macht ja auch irgendwo Spaß da mal n weibliches
Y2: └@(.)@
Am: Wesen mit aufm Bau zu haben gab=s ja früher
gar=nich (.)

Alex hat „auf=m Bau“ (69, 75) selbst beobachtet, dass „in den letzten paar Jahren (...) der Frauenanteil (...) ganz schön zugenommen hat“ (73–75). Es ist aber problematisch, wie er jüngst erlebt hat, wenn ein Mädchen ein Stück Geländer beim Gerüstbau „hochziehen“ (81) soll, denn das „geht (...) von der Kraft (...) gar=nich (...) is völlich unmöglich“ (81–82). Ein männlicher Kollege muss „einspringen“ (89), was er gern tut, besonders, wenn die weibliche Kollegin hübsch ist. Die Männer sind nett zu ihren Kolleginnen. Es macht ihnen auch Spaß, denn Frauen auf dem Bau sind eine Neuerung im Vergleich zu „früher“ (104).

Wie zuvor Bert in der Elaboration der ersten Proposition (19–33) anhand der Sphäre der Familie arbeitet hier Alex eine männliche Vormachtstellung entlang einer scheinbaren empirischen Gegenevidenz in der Sphäre des Berufes aus. Das Argument, es gäbe ‚reine Männerberufe‘, in denen nur Männer arbeiten, da Frauen sie nicht ausüben können, lässt sich aufgrund der Erfahrungen in der Männergruppe nicht halten. Selbst in der Männerdomäne „Bau“ (69, 75) sind Frauen, ja sogar zunehmend mehr Frauen vertreten. Wie auch schon als ‚Ernährerinnen‘ der Familie können sie diese Position jedoch nicht vollständig ausfüllen. In Phasen bzw. Momenten, in denen ihre Unterlegenheit auf der Ebene der Handlungspraxis deutlich wird, muss die entstehende Lücke von den Männern ausgefüllt werden, ebenso wie die „Lücke“ (in der Möglichkeit zur Erwerbstätigkeit), die durch eine Schwangerschaft entsteht.

Wieder wird die männliche Vormachtstellung biologisch verankert. Frauen sind eben körperlich anders ausgestattet als Männer. Die Wiederholung der Argumentationsfigur, dass gerade in der scheinbaren Eroberung – ganz prototypischer – männlicher Positionen („Ernährer“, „Bau“) durch Frauen die Männlichkeit bzw. das Mannsein zu suchen ist, dokumentiert sich eine gewisse Brüchigkeit der „früher“ selbstverständlichen hegemonialen Männlichkeit in diesen Bereichen. Neben der pragmatisch so verführerischen Verankerung dieser hegemonialen Männlichkeit scheint ihre diskursive, wie sie hier von der Männergruppe praktiziert wird, wichtig zu sein, denn nur über den Weg der Erzählung der jeweiligen Erfahrungen – in denen jeweils doch die Vormachtstellung des Mannes deutlich wird – kann diese, entgegen ja nur scheinbar objektiven gesellschaftlichen Tatsachen, gehalten werden.

Auch das Element der Kooperation begegnet uns wieder. Hilfe und Unterstützung ist jederzeit von männlicher Seite zu erwarten, „gerne“ und mit „Spaß“, macht sie doch die Unterlegenheit der Frauen ganz greifbar und bestätigt ganz unmittelbar eine männliche Vormachtstellung. Es dokumentiert sich darin eine tiefe habituelle Verankerung dieser geschlechtstypischen Orientierung. Hier fühlen sich die Männer gut, sind sich ganz fraglos sicher, was es zu tun gilt. Dass Frauen sich dieser Tage ‚auf dem Bau‘ tummeln, erscheint – wie zuvor die Position der ‚Ernährerin‘ – als kleine Laune der Geschichte, denn es ist so betrachtet etwas ganz

Neues. Auf diesem neuen Schauplatz finden wir aber die ‚alte' Rollenaufteilung der Geschlechter: Die Männer sind stark und die Frauen sind hübsch. Der männliche Held rettet das schöne Mädchen in den Irrungen, in die das Schicksal sie gestürzt hat, und freut sich darüber.

Die Zwischenkonklusion, in der der Kern der Orientierung noch einmal deutlich wird, erfolgt sehr lebendig durch eine Kooperation von Bert und Alex (Eingangspassage, 105–130):

105	Bm:	⌊(Und) zu zeigen, dass man mehr in den
106		Muschkln hat
107		
107	Am:	⌊Näch. Joa och dass is eigentlich gar=nich
108		
109	Y2:	⌊@(.)@ ⌊@(.)@
110		
111	Am:	so das Entscheidende aber man hat so auch mal sein
112		
113	Bm:	⌊Aber (die) unter-
114		
115	Am:	Spaß bei der Arbeit näch nur das is n <u>riesen</u>
116		
117	Bm:	scheiden sich ja schon wieder <u>Männ</u>lichkeit nich was er
118		
119	Am:	Unterschied
120		
121	Bm:	gerade gesagt hat nä das is schon wieder mal (da=ja)
122		
123	Y2:	⌊Hm
124		
125	Am:	⌊((Räuspern))
126		
127	Bm:	nich das is schon wieder da was die Frau nich kann,
128	macht dann der Mann	

Alex und Bert sprechen hier gleichzeitig den „riesen Unterschied" (116) an bzw., dass sich hier die Männer und Frauen „unterscheiden" (114/118). Ob es nun ganz profan um die Demonstration der größeren Muskelkraft geht oder darum, dass es „Spaß" macht, auch mal „bei der Arbeit" die – traditionelle – Rolle des männlichen Helfers zu erleben, ist nicht ganz entschieden. In jedem Fall ist das Erleben der Geschlechterdifferenz in der Position des kooperativen Stärkeren bzw. Helfenden erquicklich.

In dieser *Konklusion* wird die *zentrale Orientierung* der Männer abschließend *formuliert*: Die Geschlechterdifferenz – als Basis der Männlichkeit – besteht in einer teilweisen Schwäche von Frauen, die von den kooperativen Männern gerne aufgefangen wird. Hier wird Männlichkeit ganz positiv erlebt. Der prekäre Charakter scheint zunächst in den Hintergrund getreten zu sein, wird in der folgenden Transposition aber erneut deutlich. Hier wird nämlich der höhere Anteil von Frauen in Männerberufen in der Zeit des geteilten Deutschlands im Ostteil des Landes thematisiert. Und auch hier erscheint dieser Umstand als Ausnahmezustand als kleine „Irritation", der man schnell Herr werden kann, denn „die mussten ja meistens auf Material warten" (144, ohne Zitat). Es gab also eigentlich „gornix" (146, ohne Zitat) zu arbeiten. Sowohl der Modus der Diskursorganisation als auch die zentralen Orientierungen setzen sich hier somit weiter fort.

Die bisherige Analyse zeigte die zentralen Orientierungskomponenten an sechs aufeinander folgenden Diskursbewegungen. Die Argumentationsfigur, eine strukturelle hegemoniale Männlichkeit vor dem Hintergrund einer scheinbaren gesellschaftlichen Gegenevidenz deutlich zu machen, wird von allen drei Männern verwirklicht. Der Orientierungskern, die hegemoniale Männlichkeit, erscheint in zwei Diskursbewegungen durch ihre Verdoppelung, d.h. ihre Realisierung durch zwei Sprecher, fokussiert. Wir beenden die Analyse wiederum hier, da eine weitere Betrachtung der Diskussion für das Erkenntnisinteresse dieser Arbeit keinen Fortschritt bedeutet.

3.1.1.5 „Rabbit": Drei Engländerinnen – eine Re-Interpretation

Als letzter Eckpunkt der komparativen Analyse dienen uns Gespräche von Frauen aus England, also aus einem weiteren Sprachraum. Sie stammen aus einer Studie, die von Jennifer Coates durchgeführt und von ihr unter dem Titel „Women Talk" (1996) veröffentlicht wurde. Ihr empirisches Material besteht aus Konversationen im klassischen Sinn (vgl. Sacks/Scheglhoff/Jefferson 1978). Sie bat Frauen unterschiedlichen Alters und unterschiedlicher Herkunft, sich bei gemeinsamen Gesprächen selbst aufzunehmen. In ihren Analysen dieser Gespräche kommt Coates u.a. zu ähnlichen Strukturen, wie sie in der vorliegenden Arbeit entwickelt werden. Bei Coates bilden diese Ergebnisse jedoch eher einen kleinen Teilbereich ihrer Arbeit und werden kaum innerhalb eines übergreifenden theoretischen Rahmens verarbeitet, wie es hier versucht wurde. Im Kapitel zu Wiederholungen, „Repetition and textual coherence" (Coates 1996, S. 203ff.), analysiert sie bei bestimmten Gesprächsabschnitten einen „collaborative floor" (a.a.O., S. 222), also einen ‚Boden der Zusammenarbeit'. Es finden sich in diesem Zusammenhang empirische Beispiele, die – mit unserem ‚Werkzeug' analysiert – parallel organisiert sind, und auch Abschnitte, die univok sind. Für beide Modi werde ich exemplarisch eine Re-Interpretation vorschlagen. (vgl. auch Kap. 3.1.3.2)

Coates unterscheidet den „collaborative floor" von einem „single floor". (a.a.O., S. 220) Neben kürzeren Beiträgen der einzelnen Sprecherinnen, häufigeren Wiederholungen und Überlappungen sowie mehr Spaß untereinander beschreibt sie den „collaborative floor" folgend: "(T)he collaborative floor is a shared space, and therefore what is said is constructed as being the voice of the group rather than of the individual." (a.a.O., S. 220) Sie unterscheidet also zwischen Passagen, in welchen man die Gesprächsbeiträge in der Analyse eher auf die einzelnen Sprecherinnen zurückführen kann, und Passagen, bei denen es eher um die ‚Stimme der Gruppe' geht, also um ein kollektives Phänomen. Folgerichtig hält sie fest: "This text is a joint production, and it makes no sense to look at the (...) speakers' contributions seperately." (a.a.O., S. 221) Wo aber die Trennlinie zwischen einer Analyseeinstellung ist, die den Text als gemeinsame – semantische – Produktion auffasst, und einer, die die Gesprächsbeiträge auf die einzelnen Sprecherinnen zurückführt, bleibt offen. Die ‚Entdeckung', dass sich ein Text erst als gemeinsame, als kollektive Hervorbringung, als eine ‚Stimme', die durch den Einzelnen hindurch spricht, erschließen lässt, entspricht der Herangehensweise, die in der vorgelegten Arbeit empirisch gezeigt und theoretisch argumentiert wird. Bei Coates ist diese Art der Kollektivität nur ein Kennzeichen das weiblichen Stils, dessen Merkmale sie in ihrer Publikation vorstellt. Das heißt, sie fasst diesen Stil, diese Art der Textproduktion als ein Merkmal eines geschlechtstypischen Erfahrungsraumes. Diese Auffassung konnte bereits in diesem Kapitel (vgl. Kap. 3.1.1.4) widerlegt werden. Des Weiteren findet sich bei Coates kein Konzept zu Kollektivität sowie zu einer semantischen Interpretation (vgl. dagegen in dieser Arbeit Kap. 1.3 und 2).

Die Begeisterung, die in der Arbeit von Coates bezüglich der Ordnung in Gesprächen deutlich wird, teile ich. Zudem gaben ihre formalen Analysen von Gesprächsabschnitten ganz wesentliche Anregungen für die Analysen bzw. Interpretationen in meiner empirischen Praxis. Die Unterschiede und Gemeinsamkeiten in der Praxis der Interpretation zeige ich nun an einem Beispiel aus ihrer Publikation. Eine theoretische Auseinandersetzung findet sich zudem in Kapitel 1.2.3.

Im Rahmen der komparativen Analyse repräsentiert die Gruppe aus dem empirischen Material von Jennifer Coates zwei neue Dimensionen. Am interessantesten ist, dass wir nun in eine andere Sprache, nämlich ins Englische, wechseln, was die Möglichkeit der Generalisierung stark vergrößert. Zudem haben wir es mit einer neuen Altersgruppe zu tun. Alle Teilnehmerinnen sind nun über dreißig, bisher waren die weiblichen Gruppenmitglieder immer unter dreißig.

Wie die meisten anderen Gruppen, die in der vorliegenden Arbeit besprochen werden, sind auch die Gruppen bei Jennifer Coates Realgruppen, in der Regel Gruppen, deren Mitglieder einander als Freundinnen bezeichnen würden. In der

Arbeit von Coates wird dieses Alltagsphänomen zum Gegenstand. In der Perspektive der dokumentarischen Methode sind (Freundes- bzw. Freundinnen-)Gruppen ein Oberflächenphänomen, dessen Grundlage strukturidentische Erfahrungen in bestimmten Lebensbereichen sind. Coates gibt nur einer ihrer Gruppen einen Namen. Jener, mit der wir uns nun näher beschäftigen, nicht. Ich nenne sie „Rabbit", um mich in der gleichen Weise auf sie beziehen zu können, wie auf die anderen Gruppen der vorliegenden Arbeit.[62] Die Gruppe „Rabbit" besteht aus drei Frauen, Anna (Af), Liz (Lf) und Sue (Sf), die – wie bereits ausgeführt – alle Anfang dreißig sind und einander regelmäßig treffen. Die Themen ihrer Gespräche reichen von Musik über Haustiere und Urlaub bis zu Beziehungen.

In der Folge gebe ich ein Transkript aus dem Buch „Women Talk" wieder, das sich auf den Seiten 226 bis 229 befindet (Coates, 1996). Ich führe es jedoch in das bisher angewandte Transkriptionssystem über. Es gehen dadurch kaum Informationen verloren. Bei den Transkripten von Coates, bei welchen auch immer wieder Interpretationen eingelagert sind, ist nicht immer klar, ob das nächste Transkriptstück unmittelbar anschließt oder ob dazwischen noch etwas gesagt wird. Ich markiere diese Stellen im Transkript mit „(...?)". Coates nennt die Passage „relationships" (1996, S. 226) (Relationships, 1–3):

1	Af:	I wonder if anybody's ever done a study of coupledom and
2		what it is that makes one couple such ( )
3	(...?)	

Coates zitiert diese Äußerung als Themeninitiierung. "The subtopic coupledom is introduced by Anna in a general way." (1996, S. 226) Ihr geht es darum, die Funktionsweise von Wiederholungen an einem längeren Ausschnitt einer Konversation mit mehreren Beteiligten zu zeigen ("the way how repetition works across extended piece of multi-party text", a.a.O., S. 226). Um den parallelen Modus der Diskursorganisation zeigen zu können, beginne ich hier mit einer dokumentarischen Interpretation dieser Passage. Anna wirft das Thema Paarbeziehungen auf. Sie fragt sich, ob es eine Studie dazu gibt bzw. man sich überlegt hat, was ein Paar überhaupt ausmacht. In dieser Proposition dokumentiert sich ein gewisser Zweifel, ob es überhaupt etwas gibt, dass es rechtfertigt, bei einer Beziehung zwischen Mann und Frau von einem ‚Paar' zu sprechen. Ein ganz selbstverständlicher Begriff aus dem Alltag scheint ein wenig brüchig geworden zu sein. Es bedarf einer wissenschaftlichen, einer reflexiven Suche nach seinem Sinn, seinem Inhalt. Das kann ein erster Hinweis darauf sein, dass er sinnentleert,

62 In einer Passage (vgl. Coates 1996, 219ff.) unterhalten sich die drei Frauen über einen Hasen, den eines ihrer Kinder über das Wochenende zur Pflege mitgebracht hatte. Die Metaphorik dieses Haustiers dient in der Folge dazu, sich über Eigenschaften von Männern zu amüsieren.

fragwürdig geworden ist. Trägt man die Frage nach einer Studie zu Mutterschaft als hypothetischen Vergleichshorizont an die Äußerung von Anna heran, so würde man auch hier sagen können, dass selbstverständliche, alltägliche Grundelemente dieser Beziehung fragwürdig geworden sind, einer neuen Betrachtung unterzogen werden (müssten, vielleicht aufgrund einer veränderten Handlungspraxis).

Coates setzt damit fort, dass nun Anna und Liz das Thema entwickeln ("develop the subject", a.a.O., S. 226), und zwar in der Hinsicht, dass eine heterosexuelle Beziehung das Verhalten von Frauen ändern kann. Das entspricht beinahe unserem Verständnis der Elaboration, wobei Coates letztlich auf der Ebene des immanenten Sinngehalts bleibt. Uns geht es eher darum, dass die Orientierung entwickelt, ausgearbeitet wird, bei Coates ist es eher das Thema (Relationship, 4–21)

Lf: I think you are much more aware of it when you're on your own; I'm much more aware of it now than (.) I was when I was
|
Af: └Yes

Lf: married I can actually-
|
Af: └and probably more aware of the situation that you yourself have been in
|
Sf: └mhm

Af: And how much somebody changed you when you were with
|
Lf: └Yes I mean it's very easy to sit back-

Af: them
(...?)

Diese Frage (der Paarbeziehung)[63] ist viel bewusster geworden, seit Liz allein ist, ebenso wie einer dann überhaupt diese Situation bewusster ist, und wie man durch sie verändert wurde. Indem Liz (gleich) mit einer Reflexion der Paarbeziehung anfängt, dokumentiert sich, dass auch sie es interessant findet, Paarbeziehung in Frage zu stellen. Sie validiert damit die Proposition von Anna. Auch den Weg, den

63 Es geht hier allen Anzeichen nach um die Frage der Paarbeziehung. Durch den etwas unklaren Anschluss an die Proposition, wir wissen nicht, ob diese Elaboration unmittelbar anschließt oder ob noch eine Sequenz dazwischen liegt, bleibt auch die Deixis etwas unklar. Aus der reflektierenden Interpretation wird jedoch ganz klar, dass es sich auch hier wieder um die Frage der Paarbeziehung handelt. Bei der Darstellung dieser Passage schicke ich der reflektierenden Interpretation immer eine kurze formulierende Interpretation im Fließtext voraus. Dies dient u.a. dem Zweck, die Interpretationsleistung der Übersetzung – hier nicht aus einem Dialekt, sondern aus einer anderen Sprache – nachvollziehbar zu machen. Das heißt, ich trenne hier auch in der Darstellung der Passage die Interpretationsschritte ein wenig.

Anna dafür vorschlägt, bestätigt sie. Es geht um eine reflexive Auseinandersetzung, die ihr jetzt als allein stehende Frau, die eine Ehe hinter sich hat, erst möglich ist. Die Position, die Fragwürdigkeit von Paarbeziehungen, wird nun elaboriert (11–20). Jetzt kann sie sich wie eine Wissenschaftlerin im Sessel zurücklehnen, sich die vergangene Situation vor Augen führen und mit anderen vergleichen. Die ersten Ergebnisse dieser Reflexion zeichnen sich ab. Es ist beinahe ein wenig unfassbar, dass man *selbst* ("you yourself", 11–13) in so eine Situation geraten ist. Es ist also offenbar eine Situation, die einschränkt, in jedem Fall aber schlechter ist als die momentane. Womit eine heterosexuelle Paarbeziehung schon als negativer Gegenhorizont zu schimmern beginnt. Die Veränderung, die man selbst in einer Partnerschaft durchmacht, erscheint in der Darstellung erschreckend oder zumindest erstaunlich ("how much"). Damit gewinnt sie den Charakter einer *Entfremdung* von sich selbst *in der* alltäglichen *Beziehung mit einem Mann* – als Paar.

Coates hebt an diesem Textstück die Wiederholung von "more aware" (4, 5, 11) hervor (vgl. a.a.O., S. 226). Meines Erachtens ist gerade das Aufgreifen dieser Wendung, die zuerst von Liz gebracht wird, durch Anna interessant. Es entsteht dadurch ein gemeinsamer Fokus, und zwar ein nachträgliches Erstaunen bzw. eine Befremdung gegenüber der Situation, in der man sich befunden hat. Nach Coates erfolgen die nächsten Beiträge im Gespräch *um* die Veränderung *zu illustrieren* ("The idea of change is taken up by Liz who tells a brief anecdote to illustrate how women change in the presence of a [male] partner." a.a.O., S. 226). Das heißt, hier hebt sie auf den subjektiv gemeinten Sinn ab, der sich ebenfalls vom Dokumentsinn unterscheidet (vgl. Kap. 1.3) (Relationships, 22–51):

22	Lf:	When I was at the Health Club the other night and this girl I
23		went with her husband turned up to have a drink with us in
24		the bar (.) and like the whole atmosphere changed when he
25		arrived @(1)@
26	(...?)	
27	Af:	With Karen for instance and her new fiancé I just feel like I
28		|
29	Sf:	└mhm
30		
31	Af:	can't talk when they are together as a couple
32		| | |
33	Sf:	└Yeah | └mhm
34		|
35	Lf:	└Yeah (.) but it does
36		change doesn't it
37		|
38	Af:	└Yeah
39	(...?)	
40	Lf:	And she changed she changed she she she suddenly went
41		tense you know and he was a pig he was an but he was an

absolute pig but he was an absolute he sort of (.) sat and read
the newspaper and moaned cos we were taking a long time
|
Sf: └o::::h

Lf: drinking our glass of wine we were supposed to be having a
|
Sf: └I hate that

Lf: nice evening relaxing evening you know

Nach der argumentativen, reflexiven Elaboration der Proposition (Paarbeziehungen sind fragwürdig) im letzten Zitat (4–21) erfolgt hier nun eine Fortsetzung der Elaboration in Form von zwei Exemplifizierungen durch eine Erzählung und eine Beschreibung. Liz erzählt die dramatische Veränderung ihrer Bekannten bzw. der gesamten Atmosphäre in dem Moment, als der Mann dieser Bekannten auftauchte, um vereinbarterweise mit den beiden einen Drink einzunehmen. Er benahm sich wie ein Schwein ("pig", 41–42), las Zeitung und beklagte sich darüber, dass die beiden Frauen so lange für ihren Wein brauchten. Dabei waren sie doch zusammengekommen, um einen netten, entspannten Abend miteinander zu verbringen. Anna hat das Gefühl, dass sie mit ihrer Freundin/Bekannten nicht reden kann, wenn diese mit ihrem Verlobten – als Paar – zusammen ist.

In der Erzählung von Liz wird deutlich, dass sich nach dem Eintreffen des Partners die Stimmung, die zwischen den beiden Frauen herrschte, abrupt und stark veränderte. Wie wir am Ende der Erzählung erfahren, hätte es ein entspannter Abend werden sollen. Dem steht entgegen, dass die Bekannte, kaum war ihr Mann da, angespannt war. Interessant ist, dass sich diese Anspannung in einer Totalität vollzieht. Sie betrifft nicht etwa nur den Körper oder die Kommunikation, nein, sie erfasst die ganze Person und sogar das gesamte Umfeld, die Atmosphäre als umgebenden Raum und innere Stimmung der Beteiligten. Neben der Gegenüberstellung von entspannt und angespannt findet sich in der Erzählung die Gegenüberstellung der Situation der Frauen miteinander und der Frauen mit einem Mann zusammen. Kann die Situation der Frauen untereinander als entspannt gelten, so ist diejenige, in der (zwei oder mehr) Frauen und ein Mann zusammen sind, angespannt und unangenehm.

Was aber ist anders? Auch darüber gibt die Erzählung Aufschluss: Es dokumentiert sich, dass hier zwei unterschiedliche Interaktionsweisen, zwei unterschiedliche Erfahrungsräume aufeinander prallen. Im geschlechtstypisch weiblichen Erfahrungsraum, der sich in dieser Passage dokumentiert, geht es um eine intensive Face-to-Face-Kommunikation, um einen gemeinsam erlebten Prozess. Alle Umgebungskomponenten dienen dem Zweck, diese zu unterstützen: Das Glas

Wein wird langsam geleert. Damit entfaltet es zwar eine lösende, entspannende Wirkung, schränkt aber das Denkvermögen nicht wesentlich ein und erlaubt einem zudem, an dem Ort, an dem die Kommunikation stattfindet, zu verweilen. Im geschlechtstypisch männlichen Erfahrungsraum, wie er sich in dieser Passage dokumentiert, geht es um Resultate, z.B. Informationsgewinn. Beziehungen werden weniger in der direkten Face-to-Face-Kommunikation, sondern über ein gemeinsames Drittes enaktiert, das sich in der Bar aber offenbar nicht gefunden hat. Es wird die Zeitung gelesen, die Länge des Gesprächs bzw. des Trinkens beklagt. Für den Informationsaustausch würde ein kürzeres Gespräch ausreichen, und um einen Effekt zu erzielen, könnte man das Glas auch schneller leeren, bzw. wenn man zusammen trinkt, dann trinkt man und nippelt nicht bloß am Glas. Im Erleben der Frauen wird der Rahmen, in dem ihr gemeinsamer Prozess, ihre Beziehung, stattfinden kann, zerstört. Im Erleben das Mannes findet gar nichts statt. Von daher füllt er die Zeit mit der Lektüre der Zeitung.

Als negativer Gegenhorizont wird in dieser Exemplifizierung zwar auch die Verweigerung einer Face-to-Face-Kommunikation deutlich. Insgesamt betrachtet geht es aber eher um die Einschränkung der Entfaltung, der Enaktierung weiblicher Orientierungen, wenn ein Mann das Feld betritt. Hier liegt auch das Moment der Entfremdung. Die Orientierung der Frauen geht zwar nicht verloren, sie kann aber nicht mehr umgesetzt werden. Eine Veränderung der Situation scheint nicht möglich zu sein. Die Frauen sind in dieser Entfremdung gefangen. Sue validiert dieses Orientierungsmuster. Auch sie kennt derartige Situationen und lehnt sie entschieden ab (49).

In Liz' Erzählung geht es um eine Prozessdynamik, die durch einen Bruch, eine dramatische und totale Veränderung von einer angenehmen zu einer unangenehmen Entwicklung, gekennzeichnet ist.

In Annas Beschreibung geht es um eine prinzipielle Unvereinbarkeit der Enaktierung bestimmter Beziehungskomponenten mit ihrer Freundin Karen. Sie kann nämlich ebenfalls die Beziehungskomponente Gespräch nicht umsetzen, wenn Karen gerade die Beziehung mit ihrem Verlobten lebt.[64] Die Möglichkeit mit Karen zu sprechen ("talk", 31) geht verloren, wenn ihr Verlobter dabei ist, die beiden ‚als Paar' zusammen sind. Das heißt, die Möglichkeit der Umsetzung einer intensiven Face-to-Face-Kommunikation bricht in der Anwesenheit des Partners zusammen. Das erlebt Anna als unangenehm. Über diesen Unterschied hinweg dokumentiert sich auch in Annas Beschreibung die Einschränkung der weiblichen

64 Die jeweiligen Textsorten scheinen für die beiden unterschiedlichen Fokusse geradezu prädestiniert: die Erzählung für die Darstellung einer Prozessdynamik und die abstrahierende Beschreibung für ein wiederkehrendes Prinzip.

Beziehungsentfaltung im Zuge einer Aktualisierung einer gemischtgeschlechtlichen Beziehung.

Interessant ist nun, zu welchem Zeitpunkt im Gespräch Liz ihr Beispiel bringt, nämlich anscheinend mitten in der Erzählung von Anna. Zu diesem Zeitpunkt ist erst klar, dass sich durch das Auftauchen des Mannes die Stimmung verändert hat, aber noch nicht wie und auch der Aspekt der Kommunikationssituation – die erst in der Gegenüberstellung mit dem Zeitunglesen implizit deutlich wird – hat sich noch nicht gezeigt. Sie greift also mit ihrem Kurzbeispiel dem, was kommen wird, schon vor. Ihr Beispiel wird engagiert von Sue (33) und Liz validiert (35–36). Dies sind Dokumente für die Gleichartigkeit, die Homologie der Erfahrungshintergründe. Zugleich ist es auch die Stelle, an welcher der Fokus der Prozessdynamik sich noch nicht entfaltet hat und von daher das wiederkehrende Prinzip gut dargestellt werden kann.

Das heißt, es sind hier zwei Exemplifizierungen ineinander verschachtelt, in denen sich homologe Erfahrungen dokumentieren. Durch diese Verschachtelung von einer Erzählung und einer Beschreibung mit derselben Funktion und derselben Bedeutung wird dieser Abschnitt letztlich zu einer Diskursbewegung, die ein paralleles Element enthält. Das Moment der *Entfremdung durch den Einfluss eines Mannes*, das schon im ersten Teil der Elaboration deutlich wurde, hat an Inhalt gewonnen. Die Umsetzung der Orientierung an intensiver direkter Kommunikation als Prozess aus dem weiblichen Erfahrungsraum gelingt im Zusammensein mit einem Mann nicht mehr.

Coates bleibt in ihrer vergleichsweise sehr knappen Analyse bei den Wiederholungen, um die es ihr ja geht. Hier sind es insbesondere „change“ (24, 36, 40) und „pig“ (41–42). Sie bleibt aber ‚dran‘ und führt letztlich an der Passage aufeinander folgende Diskursbewegungen vor, wie sich in ihren abschließenden Bemerkungen zeigt. Am Ende der Besprechung der Passage meiner Analyse werde ich die beiden strukturellen Analysen gegenüberstellen.

Sue, die bisher eher die Propositionen ihrer Freundinnen validiert hat, setzt nun mit einem Beispiel aus ihrer Erfahrung fort (Relationships, 52–94):

Sf: That's what I hate about Beverly's husband I mean I really like
him and he's a good laugh but when you go there he sits and
watches the telly sometimes he puts the cricket on
Lf: He's so
rude
Sf: or he sits and reads the the newspaper and I think well
we've driven here to see you I wouldn't do that
Af: It's rude isn't it

Lf: Yeah it is rude and in fact- and it's always men that seem to do it
Sf: Yeah
Lf: not women and he ruined the whole thing of the eve- and I (.) actually drove home there and I thought (.) I'd rather be on my own (.) than in that situation
Sf: Yeah (don't agree with it) sometimes
Af: Yes (.) well I think you do think like that when you've been
Lf: Yeah
Af: in that situation and then you're free of it
Lf: And you think I'm glad I'm not in that any more
Af: And you're more independent
Lf: Yeah
Af: And you think yes
(...)

Sue bezieht sich auf die letzten Beispiele. Das ist es auch, was sie an Beverlys Mann hasst, obwohl sie ihn mag und er wirklich komisch ist. Wenn sie dort zu Besuch kommt, sitzt er da und sieht fern, dreht eine Cricket-Sendung an oder liest Zeitung, obwohl sie extra gekommen ist, um ihn zu sehen. Liz und Anna kommentieren dieses Verhalten als unhöflich. Es sind immer Männer, die sich derartig verhalten, nicht Frauen. Liz fügt nun noch ein Fortsetzung ihrer Erzählung an. Als sie (von der Bar, in der sie sich mit der Bekannten und ihrem Mann traf) nach Hause fuhr, dachte sie, dass sie lieber allein ist, als in so einer Situation. Sue scheint nicht sicher, ob sie das Alleinsein vorzieht. Anna und Liz ist es die Befreiung aus so einer Situation, ihre größere Unabhängigkeit, auf jeden Fall wert.

In Sues Beschreibung dokumentiert sich nun auch eine Schwierigkeit der Enaktierung der Beziehung zu einem befreundeten Mann in der Situation eines Besuches, während es mit seiner Frau – alleine – keine dahingehenden Schwierigkeiten gibt.

Auch Sue lehnt das Einbringen eines Mediums – wieder durch den männlichen Part – in der Situation eines Besuches, also in der Situation der Enaktierung einer

Beziehung, entschieden ab. Wieder wird die Orientierung einer Face-to-Face-Kommunikation für diesen Zweck deutlich. Auch die Ehefrau, Beverly, scheint daran orientiert zu sein. Für den Mann hingegen scheint die Situation Raum für ein zusätzliches Medium – im weitesten Sinne – zu bieten. In Sues Beispiel wird deutlich, dass sie den Mann persönlich schätzt, Spaß mit ihm hat, da wo es aber um das Leben von Beziehung geht – insbesondere mit einer anderen Frau – wird es durch ihn verunmöglicht. Anna und Liz sehen dieses Verhalten zudem als eine Verletzung von Kommunikationskonventionen. Es ist unhöflich, ungehobelt ("rude", 57, 62). Das heißt, auch hier drückt sich auf ein Neues aus, dass es den Frauen komplett fremd und unangenehm ist. Zudem wird deutlich, dass sie der Fremdheit, die sie von sich selbst *entfremdet*, im Zusammensein mit Männern nichts entgegensetzen können, innerhalb der Situation nichts verändern können.

Wieder resultiert diese Situation aus dem *Aufeinanderprallen* geschlechtstypisch *unterschiedlich* strukturierter *Erfahrungsräume*. In Sues Exemplifizierung dokumentiert sich wieder dasselbe Orientierungsmuster. Es wird von Anna und Liz bestätigt.

Liz führt die bisherigen Ausführungen ansatzweise in eine abstrahierende Beschreibung über, gleitet aber in die Fortsetzung ihrer Erzählung über (66–67 und 71–73). Zunächst sieht es so aus, als seien die Männer die „Bösen", die Unhöflichen und die Frauen die „Guten" („always [...] men do it not women"). In der Kombination mit der Fortsetzung der Erzählung wird jedoch deutlich, dass Männer angenehme Gesprächssituationen *mit anderen Frauen* zerstören und, wie sich an den Erzählungen und Beschreibungen herausarbeiten ließ, Männer offenbar gar nicht im Bewusstsein einer Unhöflichkeit handeln, sondern andere Handlungsorientierungen in diesem Bereich haben.

Ganz wichtig ist mir, dass diese Unterschiede nur für das *Milieu*, das durch diese Frauengruppe repräsentiert ist, hier valide herausgearbeitet werden kann. Es geht hier – genauso wenig wie in den anderen Interpretationen dieser Arbeit – keineswegs um geschlechtstypische Erfahrungsräume *an und für sich*. Welches dieses Milieu ist, müsste auch erst in einer entsprechenden systematischen komparativen Analyse herausgearbeitet werden.

Die einzige Möglichkeit der Entfremdung zu entrinnen zeigt sich am Ende der Geschichte von Liz. Die Frau verlässt die Situation. Dann ist sie frei und glücklich, nicht mehr in der entfremdenden Situation gefangen zu sein. Allein zu sein – ohne Beziehung – ist in den Augen von Liz und Anna offensichtlich die bessere Alternative. Sue zweifelt daran – was an den grundsätzlichen Orientierungen, die wir herausarbeiten konnten, aber nichts ändert. Von daher wird der scheinbare Widerspruch auch nicht weiter bearbeitet.

Die Befreiung aus der Entfremdung fühlt sich nach Unabhängigkeit an, als könnten die Frauen dann wieder durchatmen und „ja" zum Leben und zu sich sagen.

Das heißt, sie sind nicht mehr in einer Situation, die sie von sich selbst entfremdet, die ihren Orientierungen zuwider läuft, ohne dass sie eine Möglichkeit sehen, diese zu verändern.

Die Erzählung von Liz klammert also zwei Exemplifizierungen ein – die Beschreibung der Interaktion mit Karen und ihrem Verlobten durch Anna sowie die Beschreibung der Interaktion mit Beverly und ihrem Mann durch Liz – und einige Abstraktionen und Argumentationen. Innerhalb einer Elaboration finden sich drei Exemplifizierungen, in welchen dieselbe Orientierung verdeutlicht wird wie auch in den eingelagerten Abstraktionen: Männer und Frauen haben bezüglich der Enaktierung von Beziehungen im direkten Kontakt unterschiedliche Orientierungen. Frauen geht es um eine intensive Face-to-Face-Kommunikation. Alles andere dient dazu, diese Kommunikation zu fördern, diesen Prozess zu unterstützen. Männer schalten ein Medium ein, innerhalb dessen die Beziehung verwirklicht werden kann, erreichen zusammen ein Ziel oder machen *etwas* zusammen. Kommunikation allein erscheint als Leerlauf. Wenn dann schon nichts Gemeinsames möglich ist, z.B. gemeinsam trinken, dann kann man die Zeit sowieso mit etwas anderem füllen.

Anna und Liz schließen zusammen das Thema Beziehungen ab (Relationships, 95–102):

Af: I just sometimes think I probably never will get married again
or never be with anybody again cos I just love my life on my
own
|
Lf: └Yeah this is it I think you just cos you tend to get terribly
|
Af: └Makes you really selfish
Lf: selfish you do get selfish

Anna überlegt, ob sie überhaupt je wieder eine engere Beziehung mit einem Mann eingehen soll. Das Leben als Single macht einen egoistisch, halten Liz und Anna fest.

In dieser Konklusion wird deutlich, dass die unterschiedlichen Orientierungen von Männern und Frauen hinsichtlich der Umsetzung von Beziehung eine weitreichendere soziale Bedeutung haben als in Situationen, in denen Freundinnen durch einen anwesenden Mann gestört werden und sich fremd in ihrer Haut fühlen. Das heißt – wie schon in den Passagen „fließend Deutsch" bei „Buch" (vgl. Kap. 3.1.1.1 und 4.2) und „Geschlechtsrolle" im Diskurs von „Haus" (vgl. Kap. 3.1.1.2) deutlich wurde –, dass die szenischen Darstellung, die interaktiv dicht, engagiert, mit einer Fülle an emotionalen Reaktionen entfaltet werden, über das konkrete Thema hinaus auf die gesamten sozialen Beziehungen zielen. Egoistisch ("selfish", 101–102) zu werden heißt hier, weibliche geschlechtstypische Orientierungen hinsichtlich der Gestaltung von Beziehungen nicht mehr mit männlichen aufeinander prallen zu lassen bzw. sie nicht mehr regelmäßig – in einer Partnerschaft – mit männlichen zu konfrontieren, was zu einer Entfremdung, also dem Gegenteil von "selfish" führt. Es wird also auf ein Neues deutlich, dass die Entfremdung nur durch ein Verlassen bzw. Meiden der Konfrontation mit Männern bei der bevorzugten Enaktierung von Beziehungen im geschlechtstypisch weiblichen Modus vermieden werden kann.

In einer Gesprächsanalyse mit der dokumentarischen Methode stellt sich die Struktur der Passage nun folgend dar:

- Proposition in Form einer rhetorischen Frage (durch Anna) – Orientierungsgehalt: heterosexuelle Paarbeziehungen sind fragwürdig, brüchig geworden
    - Elaboration in Form einer Argumentation (durch Liz und Anna) – Orientierungsgehalt: Entfremdung von sich selbst in einer heterosexuellen Paarbeziehung
    - Fortsetzung der Elaboration in Form von drei Exemplifizierungen und deren argumentativen Bearbeitung (die Erzählung umgreift die Beschreibungen und die Argumentationen)
        - Exemplifizierung in Form einer Erzählung (durch Liz) – Orientierungskomponenten: Das Aufeinanderprallen von unterschiedlichen geschlechtstypischen Orientierungen hinsichtlich der Enaktierung von Beziehung verunmöglicht die Enaktierung der weiblichen Orientierung, was mit einer Entfremdung einhergeht. Eine Lösung bringt lediglich das Verlassen bzw. Meiden derartiger Konfrontationen.
        - Exemplifizierung in Form einer abstrahierenden Beschreibung (durch Anna) – Orientierungskomponenten: Das Aufeinanderprallen von unterschiedlichen geschlechtstypischen Orientierungen hinsichtlich der Enaktierung von Beziehung verunmöglicht die Enaktierung der weiblichen Orientierung.
        - Exemplifizierung in Form einer abstrahierenden Beschreibung (durch Sue) – Orientierungskomponenten: Das Aufeinanderprallen von unterschiedlichen geschlechtstypischen Orientierungen hinsichtlich der Enaktierung von Beziehung verunmöglicht die Enaktierung der weiblichen Orientierung.
    - Fortsetzung der Elaboration in Form einer Argumentation (durch Sue, Liz und Anna) – Orientierungskomponenten: Eine Lösung des Konflikts unterschiedlicher Orientierungen bei der Enaktierung von Beziehungen bringt lediglich das Verlassen bzw. Meiden derartiger Konfrontationen.

- Konklusion in Form einer Formulierung einer Proposition (durch Anna und Liz) – Orientierungskomponenten: Die Fragwürdigkeit von heterosexuellen Beziehungen, die in einer Entfremdung von sich selbst innerhalb solcher Beziehungen besteht, führt dazu, sie eventuell grundsätzlich zu meiden und damit auch die Entfremdung von sich selbst.

Wie diese zusammenfassende Darstellung zeigt, haben wir es wieder mit einem parallelen Modus der Diskursorganisation zu tun. Auch Coates kommt zu einer ähnlichen Betrachtung der Passage. Das allgemeine Thema, das von Anna eingeführt wird, wird in drei einander spiegelnden Anekdoten illustriert. ("The three anecdotes mirror each other: each one takes up the general theme introduced by Anna and illustrates it, [...]." 1996, S. 228) Sie stellt die Struktur der Passage wie folgt dar (a.a.O., S. 228, Hervorhebungen im Original):

"*General Statement* on couples (Anna, with Liz)
Anecdote about married couple at the Health Club (Liz)
Anecdote about Karen and her fiancé (Anna)
Anecdote about Beverly's husband (Sue)
Discussion about rudeness"

Das heißt, auch Coates weist ganz eindeutig auf die parallele Struktur der Passage hin. Neben bestimmten Worten – entnehmen wir der Analyse von Coates – werden auch bestimmte Themen wiederholt: "Marriage, for example is a theme, with words from the lexical set associated with marriage – husband, fiancé, couple, married – recurring throughout the text." (1996, S. 228) Zudem weist Coates auf einige kontrastierende Muster hin ("contrastive patterns", a.a.O., S. 228). So wird die Idee ein Paar zu sein ("the idea of being a *couple*", a.a.O., S. 228) der Idee für sich allein zu sein ("the idea of being *on your own*", a.a.O., S. 228) gegenübergestellt, mögen und lieben kontrastieren mit hassen ("*like* and *love* contrast with *hate*", a.a.O., S. 228), angespannt mit entspannt ("*tense* [...] contrasts with *relaxing*", a.a.O., S. 228, alle Hervorhebungen im Original). Gerade diese Gegenüberstellungen als performatives Element des Texts sind auch in die dokumentarische Interpretation eingeflossen. Hier vor allem beim Herausarbeiten der unterschiedlichen geschlechtstypischen Orientierungen sowie in der Unterscheidung von Situationen, in denen Frauen untereinander sind, und Situationen, in denen zwei Frauen und ein Mann zusammen sind. In ihren zusammenfassenden Bemerkungen zu der Passage kommt Coates zu folgendem Schluss: "(T)he entire passage depends on a framework which assumes a general contrast between women (good) and men (bad)." (a.a.O., S. 228) Das heißt, auch Coates sieht einen übergreifenden semantischen Zusammenhang in der Passage. Dieser liegt in der Gegenüberstellung von Frauen als gut und Männern als schlecht. Meines Erachtens liegt dieser semantische Zusammenhang eher auf der Ebene des Allgemeinsinns und weniger auf der Ebene des Dokumentsinns.

Gerade in parallel organisierten Passagen mag es häufiger vorkommen, dass sich sowohl auf der Ebene des Allgemeinsinns als auch auf der Ebene der Dokumentsinns eine übergreifende semantische Klammer ergibt, die die einzelnen Teilnehmer/innen umgreift. Ich habe versucht zu argumentieren, dass Gemeinsamkeiten auf der Ebene des Dokumentsinns auf eine gemeinsame Erfahrungsgrundlage hinweisen. Im nun folgenden Modus der Diskursorganisation, dem antithetischen (vgl. Kap. 3.1.2), werden wir sehen, dass sich auch durch einen Widerstreit auf der Ebene des Allgemeinsinns, ein ‚oberflächliches' Gegeneinander der Gesprächsteilnehmer/innen hindurch, homologe Erfahrungen dokumentieren können. Das heißt, auch ohne das Element der Wiederholung, der Parallelisierung oder ‚Spiegelung', wie es Coates nennt, können homologe Erfahrungen deutlich werden. Kollektive Erfahrungsräume artikulieren sich nicht nur im parallelen Miteinander, sondern auch im antithetischen Gegeneinander. Mit den Worten von Coates, aber entgegen ihrer Argumentation: ‚Die Stimme der Gruppe' spricht auch in anderen Formen, in anderen Modi.

3.1.1.6 „Schmetterling" – Ergänzungen der komparativen Analyse

Zuletzt ergänzen wir die komparative Analyse um eine weitere Gruppe bzw. Passage, die den parallelen Modus aufweist, die sich an einer anderen Stellen der Arbeit findet[65] (vgl. Kap. 2.4 und 2.5). Die Gruppe bildet einen vergleichsweise kleineren Kontrast zu den bisherigen Gruppen.

Die Gruppe „Schmetterling" weist auf, dass sich der parallele Modus auch in Gruppen finden lässt, deren gemeinsame bzw. homologe Erfahrungshintergründe nicht durch so viele Dimensionen gegeben sind, wie bei den bisherigen Gruppen, deren Teilnehmer/innen z.B. immer dieselbe bzw. keine Migrationslagerung aufwiesen. Der Diskurs von „Schmetterling", in dem sich sowohl homologe als auch heterogene Erfahrungshintergründe dokumentieren, dient von daher auch zur Differenzierung der Diskursmodi, also dazu aufzuzeigen, dass die Diskursmodi systematisch mit dem Verhältnis der Erfahrungsräume der Diskursteilnehmer/innen variieren. An dieser Stelle geht es uns zunächst jedoch um eine Generalisierung der Modi über die verschiedenen Erfahrungsräume hinweg.

65 Das ist u.a. dadurch bedingt, dass die Passagen jeweils in zwei Dimensionen in die Typologie der Diskursmodi eingebettet sind. Die Zusammenfassenden Übersichten zu dieser Typologie (vgl. Kap. 3.3 und 4.4) verdeutlichen diese Einbettung.

Am Diskurs von „Schmetterling“ nehmen drei junge Frauen teil. Die Gruppe unterscheidet sich von den bisher dargestellten weiblichen Gruppen vor allem dadurch, dass die Teilnehmerinnen je unterschiedliche Herkunftsmilieus haben, wie es an anderen Stellen der Gruppendiskussion auch am empirischen Material deutlich wird (vgl. Kap. 4). Anke ist im Osten Berlins aufgewachsen und lebt immer noch dort. Sie besucht aber regelmäßig die Einrichtung für Mädchen und junge Frauen im Westteil der Stadt, in dem auch die Gruppendiskussion stattfand. Babette hat ihr ganzes Leben in unmittelbarer Nähe dieser Einrichtung – also im Westen Berlins – verbracht. Christine lebt zwar jetzt im selben Haus wie Babette. Sie ist aber erst im Alter von ca. 11 Jahren mit ihren Eltern aus dem damaligen Jugoslawien nach Berlin übersiedelt. Sie ist 16 Jahre alt, d.h., sie lebt seit ca. 5 Jahren in Berlin. Bezüglich des Alters der Gruppenmitglieder ergeben sich keine nennenswerten Unterschiede zu den bisher bearbeiteten Gruppen. Babette ist 18 Jahre alt, Anke 20 und Christine 16. Interessanter ist eher, dass sich die jungen Frauen auch hinsichtlich der Etappe innerhalb der Berufsausbildung unterscheiden. Christine geht noch zur Schule, Babette sucht eine Lehrstelle und Anke befindet sich in einer Ausbildung zur Kindergärtnerin.

Der parallele Modus der Diskursorganisation findet sich in der Passage „Türkinnen“. Das Transkript und die Interpretation dieser Passage findet sich in Kapitel 2.4. In der kurzen, prägnanten Passage geht es auf der Ebene des Allgemeinsinns um Bewohner/innen Berlins türkischer Abstammung. Parallele Elemente finden sich u.a. – wie auch in den bisherigen Passagen – in der mehrmaligen Wiederholung derselben Orientierung über mehrere Diskursbewegungen hinweg. So dokumentiert sich die Orientierung der Fremdheit und Distanz gegenüber türkischen und arabischen Einwanderern in einer Folge von Proposition, Elaboration, Konklusion, Transposition und Konklusion immer wieder. Dasselbe gilt für die Orientierung, dass Mutterglück nicht durch eine soziale Schlechterstellung der Frau erkauft werden darf. Auch diese Orientierung dokumentiert sich in einer Abfolge von Transposition, Konklusion, Proposition, Elaboration und Konklusion immer wieder. Die Transposition, die von einer Konklusion gefolgt wird, stellt quasi den Fokus der Passage dar, in dem beide Orientierungen zum Ausdruck kommen.

Das heißt, wir können die komparative Analyse um eine Gruppe junger Frauen mit je unterschiedlicher Herkunft erweitern.

3.1.2 Antithetische Diskursorganisation

Der antithetische Modus der Diskursorganisation zählt, wie bereits ausgeführt und wie die Kapitelorganisation nahe legt, zu den inkludierenden Modi, d.h., heißt auch hier kommen gemeinsame, homologe Orientierungen zum Ausdruck (siehe auch Kap. 3.3). Die gemeinsamen Orientierungen werden aber nicht durch eine immer wiederkehrende Strukturidentität innerhalb der einzelnen Diskursbewegungen entfaltet, wie beim parallelen Modus, sondern durch Widerstreit und Verneinung, ein oft konkurrierendes Gegeneinander, dessen gemeinsame Orientierungsgrundlage sich für den Interpreten/die Interpretin oft erst in der Synthese der widersprechenden Positionen als einander ergänzende Komponenten einer Orientierung, eines Habitus erschließt.

Für den parallelen Modus wurde eine Fülle an Varianten empirisch durchgespielt. Es wurde eine weit gefächerte und zugleich möglichst dichte komparative Analyse vorgelegt, um diesen Modus als Organisationsprinzip des Kollektiven möglichst gut generalisieren zu können. Dieses Konzept wird auch für den antithetischen und alle folgenden Modi weitergeführt, gleichwohl nicht in jener Ausführlichkeit, mit der exemplarisch der parallele Modus ausgearbeitet wurde. Die komparative Analyse des antithetischen Modus beinhaltet die Gegenüberstellung männlicher und weiblicher Gruppen, die Gegenüberstellung unterschiedlicher Altersgruppen (‚junge' Jugendliche, Jugendliche und Erwachsene), unterschiedlicher Herkunftsmilieus (deutsch und türkisch) und unterschiedlicher Bildungsmilieus (Lehrlinge, Arbeitslose und Studentinnen) sowie die Gegenüberstellung einer unterschiedlichen Anzahl von Beteiligten (zwischen zwei und fünf Diskussionsteilnehmer/innen). Auch hier geht es wieder darum zu zeigen, dass der antithetische Modus unabhängig von diesen Merkmalen ist. Es gilt, ihn als Strukturprinzip zunächst möglichst gut zu generalisieren.

Die Darstellung des antithetischen Modus beginnt mit einer Passage aus der Gruppe „Mantel", da sie Gemeinsamkeiten mit der zuletzt besprochenen Gruppe des Unterkapitels „Parallele Diskursorganisation", der Gruppe „Rabbit" (siehe Kap. 3.1.1.5), aufweist. Beide sind Gruppen mit ausschließlich weiblichen Mitgliedern. Das ermöglicht, das Augenmerk darauf zu richten, dass die beiden Modi der Diskursorganisation nicht an den Erfahrungsraum Geschlecht gebunden sind, also z.B. der scheinbar harmonischere parallele Modus an den weiblichen Erfahrungsraum und der scheinbar konflikthaftere antithetische Modus an den männlichen Erfahrungsraum. Die beiden Passagen sind zudem thematisch vergleichbar. Sowohl bei der Gruppe „Rabbit" als auch bei der Gruppe „Mantel" geht es um Beziehungen zum anderen Geschlecht. Beide Gruppen nähern sich diesem Erfahrungsbereich zunächst reflexiv. Diese Ähnlichkeit ist ein empirischer Beleg dafür, dass die beiden

Diskursmodi auch nicht vom Thema oder der Art der Bearbeitung eines Themas abhängig sind. Die Gruppe „Sand“, mit der wir fortsetzen, repräsentiert einen männlichen Erfahrungsraum in einer Migrationslagerung. Die Metaphorik, in der die Synthese ihren Ausdruck findet, hat einen beinahe künstlerischen Charakter. Der antithetische Modus ist in dieser Passage geradezu prototypisch repräsentiert. Das Einbeziehen einer Sequenz aus der Gruppe „Buch“ in die komparative Analyse weist schließlich auf, dass der antithetische Modus auch im so genannten Bildungsmilieu, also bei Studentinnen zu finden ist.

3.1.2.1 „Mantel“: Fünf Mädchen aus Berlin

Die folgende Gruppendiskussion stammt aus einem der Projekte zu „Entwicklungs- und milieutypischen Ausgrenzungs- und Kriminalisierungserfahrungen in Gruppen Jugendlicher“, in denen ich mitgearbeitet habe. An der Diskussion der Gruppe „Mantel“ nehmen fünf Mädchen teil. Sie treffen sich fast täglich in einem Jugendfreizeitheim im Westteil von Berlin, in welchem auch die Erhebung der Gruppendiskussion stattfand. Alle fünf wohnen in der Umgebung des Jugendfreizeitheims, bei ihren Eltern. Annika (Af) ist 17 Jahre alt und arbeitslos. Bibi (Bf) ist 13 Jahre alt und besucht eine Gesamtschule. Cindy (Cf) und Dany (Df) sind 14 Jahre alt und besuchen ein Gymnasium. Erika (Ef) ist 16 Jahre alt und besucht eine Realschule.

Zum Thema „Jungen“ finden sich in der Gruppendiskussion zwei interaktiv dichte und selbstläufige Passagen. Eine davon dient uns als erstes Beispiel für den antithetischen Diskursmodus. Die Mädchen sprechen in diesen Passagen über ihre ersten Erfahrungen mit Beziehungen zu Jungen, die in Richtung von Liebesbeziehungen gehen. Ein Vergleich der Orientierungen im Bereich des Geschlechterverhältnisses mit der Gruppe „Rabbit“ erscheint reizvoll, ist aber nicht Gegenstand der Untersuchung. Vielmehr gilt es, das Augenmerk auf die Struktur der Entfaltung bzw. Artikulation der Orientierungen zu richten.

Die Fokussierung von Liebesbeziehungen entwickelt sich quasi selbstläufig. In seiner Nachfrage greift der Interviewer eine Darstellung der Mädchen auf, in der es zwar um Jungs ging, das Thema Beziehungen aber noch nicht gestreift wurde (Jungs 1, 9–24):

9 Y1: └Habt ihr denn noch ä:::h ä:: Erfahrungen mit
10 solchen Typen?
11
12 Ef: Nach der Reihe ok? du fängst an.
13 | |

```
me:                          └@(.)@ |
                                    |
Af:                                 └Hach

Bf:        Ich sag nichts.

Af:        Ja

Cf:        @(.)@ (           )

Af:        Ja
```

Der Interviewer bezieht sich mit seiner immanenten Nachfrage (11–12) hinsichtlich „solcher Typen“ (12) auf einen vorangegangenen Gesprächsabschnitt, in dem die Mädchen den negativen Gegenhorizont männlicher Jugendkultur, jener der „Prolls“, entfalten. Er bedient sich also einer „Rückgriff-Fragestrategie“, wie Schütze (1977, S. 35ff.) dieses Interviewerverhalten nennt. Dabei wird folgende implizite Gesprächsregel genützt: Themen, die in einem (nicht autoritär strukturierten) Gespräch schon einmal genannt oder erwähnt wurden, verlieren etwaigen Tabucharakter. Sie dürfen von allen Gesprächsteilnehmer/inne/n angesprochen werden. „Denn“, so führt Schütze (1977, S. 38) aus, „das Ausweichen vor immanenten Fragen oder gar die Ablehnung dieser bedeutet, hinter das gemeinsam – und zudem gerade durch Leistung des Informanten [bzw. der Diskussionsteilnehmer/innen, A.P.] erzeugte – Diskursuniversum [sic] zurückfallen zu wollen, (...).“ Die Frage des Interviewers nach „Erfahrungen“ (9) zielt auf detailliertere Erzählungen und Beschreibungen im Zusammenhang mit den Jungen, die von der Gruppe mit despektierlichen Ausdrücken gekennzeichnet wurden. In seiner Formulierung „solche Typen“ (12) klingt also nur ein negativer Gegenhorizont, also ein propositionaler Gehalt, an, der von den Mädchen schon artikuliert wurde. Hier haben wir es demnach mit einer immanenten Nachfrage zu tun, die bezüglich des angesprochenen Themas keinen propositionalen Gehalt aufweist. (vgl. im Gegensatz dazu Kap. 3.1.1.3 und 2.3.1.3)[66]

Die anschließende Proposition erfolgt in Form von Metakommunikation. Erika nimmt die Strukturierung („nach der Reihe“, 14) und Verteilung („du fängst an“, 14) der Gesprächsbeiträge bzw. des Rederechts in die Hand. Im Gegensatz zu einem Durcheinander, welches hier offenbar antizipiert wird, sollen die Redebeiträge also nacheinander erfolgen. Dies spricht dafür, dass die Mädchen bereits Erfahrung mit Gesprächen untereinander über (diese) junge(n) Männer haben, die sich eben *nicht* nach der Reihe gestalten. In der momentanen Situation – offenbar

66 zur Initiierung und Leitung von Gruppendiskussionen vgl. auch Bohnsack 2003a, S. 207ff. und Wohlrab-Sahr/Przyborski (geplanter Erscheinungstermin: 2005)

jener der Gruppendiskussion – scheint dieser Gesprächsstil nicht angebracht. Es dokumentiert sich also eine Selbstdisziplinierung im Dienste des Umgangs mit einer gewissen Öffentlichkeit. Die Selbstdisziplinierung enthält eine Selbsterkenntnis der eigenen Undiszipliniertheit bei diesem Thema. Diese reizt zum Lachen (16). Das Lachen als Verlegenheit zu interpretieren, weil eigentlich niemand zu dem Thema etwas zu sagen hat und von daher eine Regulierung der Redebeiträge gar nicht notwendig ist, wird durch den Beitrag von Bibi (18) ausgeschlossen. „Ich sag nichts" (18) bedeutet einen Inhalt, über den man verfügt, nicht preiszugeben und lässt sich gedankenexperimentell mit den Varianten ‚Ich kann (dazu) nichts sagen' bzw. ‚Ich weiß nichts' kontrastieren, die auf ein Nichtvorhandensein entsprechender Inhalte hinweisen würden. Es geht hier also darum, dass bzw. *ob* ein exklusives, in der Intimität der Gruppe beheimatetes Wissen *veröffentlicht wird.*[67]

Die Mädchen haben also Erfahrung mit bestimmten Jungen, wobei noch gar nicht ganz klar ist, um welche Erfahrungen es sich dabei handelt. Untereinander finden diese Erfahrungen in hitzigen Gesprächen Beachtung, d.h., das Thema ist brisant. All das findet im Lachen Bestätigung, wird validiert: Es ist komisch sich vor Augen zu führen, wie man sich sonst bei diesem Thema benimmt und es ist eine komische Vorstellung bei diesem Thema nach der Reihe, also nicht hitzig durcheinander, zu sprechen. Zugleich beinhaltet die Proposition die Bereitschaft, im Rahmen der Gruppendiskussion über Erfahrungen mit diesem Thema zu sprechen. Dieser Aspekt wird jedoch durch das Lachen nicht eindeutig validiert. Betrachtet man „Hach" (Annika, 17) als Ausdruck eines leichten Unmutes, einer etwas genervten Stimmungslage, so kann darin ein Validierung der sonst eher nicht reglementierten Gesprächsweise bei diesem Thema stecken, sowie auch eine Anerkennung der Orientierung, dass, wenn das Thema quasi vor Publikum angesprochen wird, eine andere Gesprächsform angestrebt wird. Hier quasi als erste in einer Reihe, in einer Vorführung zu sprechen und zudem in einer nicht gewohnten Weise, löst einen gewissen Unmut aus. Durch die Auseinandersetzung damit, als erste zu sprechen, wird die prinzipielle Möglichkeit über Erfahrungen mit Jungen zu sprechen validiert.

67 An dieser Stelle haben wir es also mit der Interpretation einer etwas sperrigen Form, nämlich einer Proposition in Form von Metakommunikation, zu tun. In Folge einer immanenten Nachfrage bzw. Themeninitiierung beobachten wir häufig eine kurze Äußerung, die auch metakommunikative Funktion hat, z.B. die Validierung eines Themas mit „Ja" oder „Also". Oft wird auch gleich losgelegt, seltener das Thema abgeklärt, z.B. „meinst du jetzt ...". Diese knappen Validierungen bzw. Rahmenschaltelemente enthalten auf der Ebene des Dokumentsinns die Bereitschaft, sich im Rahmen der Gruppendiskussion auf das Thema einzulassen. Explizit wird dieser Aspekt kaum interpretiert, da er selten viel zur Analyse der Orientierungen beiträgt. Hier ist die ausgedehnte metakommunikative Aushandlung aber Trägerin zentraler Komponenten des Dokumentsinns.

Diese prinzipielle Möglichkeit, das Thema anzusprechen wird von Bibi – für ihre Person – zurückgewiesen. Sie „sag(t) nichts“ (18). Es lässt sich also zunächst festhalten, dass wir es mit einer Verneinung einer Orientierung zu tun haben. Annika dagegen bestätigt diese Orientierung nun ganz klar. Mit ihrem „Ja“ (20) spricht sie nicht nur eine Bestätigung der Orientierung, nämlich die prinzipielle Ansprechbarkeit des Themas in einer gemäßigten Gesprächsform, aus, sondern sie beginnt auch gleich mit ihrer Umsetzung. Im Lachen von Cindy könnte sich nun ein Amüsement über diesen Widerspruch ausdrücken. Noch einmal bestätigt Annika ihre Bereitschaft – allein inhaltlich sagt sie noch nichts zu dem Thema. Überraschender Weise ist es Bibi, die nun einen Vorstoß macht (Jungs 1, 26–50):

Bf: Ja sie sowieso voll ey die Latte
Af: Ja
me: Pscht pscht pscht
Bf: Gandolf
?f: pssst
Df: ( ) (Latte)
Af: Gandolf genau Gandolf der Alde.
Cf: Gandolf der Blonde?
?f: Pschh:::
Bf: Ja:: Gandolf mit Annika
Af: Idol (.)
Df: └Ach Idol
?f: └Psch

Bibi bekräftigt Annika als erste Sprecherin in der Reihe („ja sie“, 26), da sie über vielfältige entsprechende Erfahrungen verfügt („voll die Latte“, 26). Annika ist als Informantin im Zusammenhang mit diesem Thema geeignet. Das wird von Annika mit „ja“ (28) bestätigt. Dieser Vorstoß trifft auf Widerspruch in der Gruppe. Einige Mädchen reagieren mit „pscht pscht pscht“ (30), fordern also auf stillzuschweigen, nicht (noch) mehr preiszugeben. Bibi fährt jedoch fort. Sie nennt einen männlichen Vornamen („Gandolf“, 32), den Namen eines Jungen aus der Reihe („Latte“, 26) von Annikas Beziehungen. Der Namensnennung folgt wieder eine Aufforderung zu schweigen (34). Danys Einwurf bleibt leider weitgehend unverständlich. Es könnte sich – in Anbetracht der Reaktion von Annika – um eine Bestätigung von Bibis Vorstoß handeln. Annika ihrerseits wiederholt und bestätigt den Namen des Jungen und erklärt somit die angesprochene Beziehung als zutreffend. Die Vertrautheit und Vertraulichkeit mit dem Jungen wird durch einen umgangssprachlichen Terminus (‚der Alte', 38) zur Kennzeichnung langer, intimer oder durch bestimmte gemeinsame Erlebnisse bekannter Gleichaltriger unterstrichen. Cindy weiß offenbar den Namen nicht eindeutig zuzuordnen und fragt, ob damit „der Blonde" (40) gemeint sei. Dem Wunsch nach genauer Zuordnung folgt wieder eine Aufforderung zu schweigen. Bibi gibt jedoch die gewünschte Auskunft und macht – im Zuge der klareren Bestimmung des Jungen – auch gleich die Beziehung zwischen Annika und dem angesprochenen Jungen explizit. Annika fährt mit der genauen Bestimmung fort. Sie nennt einen seiner gruppeninternen Namen. Dany erkennt den Jungen offenbar aufgrund dieser Information. Auch diese Information wird von einem Aufruf gefolgt, die weitere Preisgabe von Informationen einzustellen („psch", 50).

Mit der Äußerung von Bibi (26) wechselt der Diskurs von der Form der Metakommunikation zur Form eines inhaltlichen Austausches. Es wird nicht mehr nur darüber verhandelt, ob und wie sich jemand zum Thema äußert. Wir erfahren auch etwas darüber: Zumindest Bibi weiß, dass Annika eine Menge Erfahrungen mit Jungen hat. Die Beziehung zu einem ganz bestimmten Jungen kann als Beispiel für die Erfahrungen dienen, Erfahrungen, die im bisherigen Diskursverlauf eher negativ gerahmt sind (despektierlich: „solche Typen", 10; problematisch: „sag nichts", 18; zu viel: „voll [...] die Latte", 26, im Sinne von ‚es reicht zunächst'). Das heißt, wir haben es mit einer Transposition zu tun, die die Metakommunikation abschließt und den inhaltlichen Austausch beginnt. In der Transposition deutet sich also weiterhin ein negativer Horizont zart an, der durch einen bestimmten Jungen exemplifiziert wird.

Die quasi strittige zentrale Orientierung, ob und wie das Wissen der Gruppe zu diesem Thema angesprochen wird, wird ebenfalls in der Transposition mitgenommen. Bibi hat sich ja am Beginn der Passage dagegen ausgesprochen, zu dem Thema etwas zu sagen, also der Proposition widersprochen. Sie nimmt nun an Stelle von Annika die Behandlung des Themas in die Hand – indem sie Annikas Erfahrungen charakterisiert und das entsprechende Beispiel auswählt. Annika validiert Bibis Ausführungen und hat auch nichts dagegen, dass Bibi an ihrer Stelle spricht. Darin dokumentiert sich auf ein Neues, dass es zwischen den Mädchen im Zusammenhang mit diesem Thema einen intensiven kommunikativen Austausch gibt. Die Kollektivität der Erfahrungen dokumentiert sich darin, dass sie durch eine andere so genau nachvollzogen werden können, dass die eine junge Frau für die andere sprechen kann. Bibis Widerspruch scheint dadurch aufgelöst, dass sie an Stelle eigener Erfahrungen die Erfahrungen von Annika bespricht. Der Widerspruch gegen Ausführungen zu dem Thema bleibt in der Gruppe, im kollektiven Zusammenhang, jedoch aufrecht. Die Aufforderungen stillzuschweigen, nicht weiterzusprechen, reißen nicht ab. Es geht somit immer noch darum, ob intimes, exklusive Wissen in diesem Moment angesprochen wird oder nicht, verheimlicht wird oder preisgegeben. Das heißt, hier stehen einander zunächst zwei Orientierungen gegenüber. Vor wem gilt es, dieses Wissen zurückzuhalten? Vor den Interviewern, vor Teilnehmerinnen, vor den fraglichen jungen Männern?

Um diese Frage zu beantworten und zugleich die Frage, um welchen Diskursmodus es sich handelt, müssen wir den Diskurs weiterverfolgen, bis der Widerspruch, der sich in den wiederkehrenden Äußerungen von „pscht", „psch" usw. in den Zeilen 30, 34, 42, 50, sowie ohne Zitat in den Zeilen 54 und 81 zeigt, endet bzw. bis er sich wandelt. Jede zusätzliche Information zur Person Gandolfs, ein weiterer gruppeninterner Name („Girsch"), der Ort, an dem ihn die Mädchen antreffen (das Jugendfreizeitheim) und sein Freund („Hubert" bzw. „Tayfun"), wird zunächst wiederum von einem Aufruf zu schweigen gefolgt. Der Widerspruch verstummt in dem Moment, in dem allen Teilnehmerinnen weitgehend klar ist, um wen es sich handelt, in dem Moment also, in dem der junge Mann eindeutig identifiziert werden kann („Gandolf mit der Yps-Jacke, ja, ja mit dieser weißen ...", 87–93 s.u.). Durch die Nennung des Namens bzw. die eindeutige Identifizierung von Gandolf wird der erste und wesentliche Schritt in der Veröffentlichung von privatem, exklusivem Wissen gemacht. Es handelt sich also um eine Identifizierung im kriminologischen Sinn. Der Widerspruch, die Aufforderung sich weiter zu äußeren, markiert immer wieder die Grenze zum nicht öffentlichen und von daher brisanten Wissen. Zugleich wird dieses Wissen immer spannender und entzieht sich immer mehr der Zurückhaltung. Das heißt, wir können von einer *antithetischen Bezugnahme* sprechen, in der sich dokumentiert, dass ganz brisantes, intimes, eben nicht zur Veröffentlichung bestimmtes Wissen, das im vertraulichen Gespräch einiger Mädchen beheimatet ist, nun aus diesem Kontext heraustritt.

Die Synthese besteht darin, dass die Gruppe nun – vorsichtig – ihr Wissen preisgibt, es bleibt aber brisantes, heikles, vertrauliches Wissen (Jungs 1, 87–113):

```
87   Cf:                         └Gandolf mit der Yps-Jacke
88                                                      |
89   Af:                                                └Ja
90                                                        |
91   Bf:                                                  └Ja
92                                                          |
93   Cf:                                                    └
94              mit der weißen (         ) (Teile)
95                             |
96   Af:                       └Ja genau (.) is der volle Arsch
97                                              |
```

Ef: └Gandolf der
mit Annika zusammen ist?
|
Cf: └Is ey komm der is so korrekt
|
Bf: └Dis is kein Proll. der is so nett; bist
du dumm?

Af: Ja schon aber weißte mit (.) der hat nur <u>Scheiße</u>
|
Bf: └Ey der mit ey der mit Annika
zusammen ist?

Af: erzählt;

Cf: Was hat er denn erzählt? warte mal kurz

Nachdem Gandolf nun eindeutig identifiziert ist, diskutieren die Mädchen über seinen Charakter. Sie streiten darüber, ob er nun „der volle Arsch“ (96) ist oder ob er „korrekt“ (101) und „nett“ (103) ist. Erika kann offenbar noch immer nicht glauben, dass nun tatsächlich über „Gandolf der“ doch „mit Annika zusammen ist“ (98–99 und 108–109) gesprochen wird, Gandolf also eindeutig als derjenige, mit dem Annika eine Beziehung hat, identifiziert ist und damit bereits intimes Wissen im Zusammenhang einer Beziehung zwischen einem jungen Mann und einer anwesenden jungen Frau offenbart ist.

Annika beschreibt Gandolf mit einem derben Ausdruck der Ablehnung und Verachtung, und zwar ist er nicht bloß in mancherlei Hinsicht ablehnens- und verachtenswert, sondern in seiner Totalität, wie sich in der Steigerung „voller Arsch“ ausdrückt. In Annikas Proposition stellt also die Erfahrung mit einem dieser Jungen („solcher Typen“, 10) einen negativen Gegenhorizont dar, in denen sich der durch und durch schlechte Charakter des jungen Mannes offenbart. Cindy und Bibi formulieren genau das Gegenteil im Zusammenhang mit seiner Person. An ihm ist nichts falsch oder abzulehnen. Despektierliche Bezeichnungen („Proll“, 103) treffen auf ihn nicht zu. Er ist im Gegenteil gänzlich ohne Fehler („korrekt“, 101), man ist ihm emotional zugetan, findet ihn eben „so nett“ (103). Es wird sogar an Annikas Verstand gezweifelt, da sie das anders sieht (103–104). Cindy wirft demnach in Kooperation mit Bibi eine entgegengesetzte Orientierung im Zusammenhang mit Gandolf auf. Er stellt jemanden dar, den man nicht *ablehnt*, sondern vielmehr *ansprechend* findet. Die Erfahrung mit ihm stellt einen positiven Horizont dar.

Der Blick auf die Diskursorganisation zeigt folgende Entwicklung: Bereits die eindeutige Identifizierung der Person Gandolf (für die Gruppe) erfolgt antithetisch. In ihrer Konklusion – einer Synthese – sowie auch im antithetischen Gegeneinander dokumentiert sich die prekäre, aber spannende Enthüllung von privatem Wissen in einer mehr oder weniger öffentlichen Situation. Zur Konklusion und damit zur Synthese gehören sowohl die eindeutige Identifikation, die Annika und Bibi mehrfach bestätigen, als auch die Äußerungen von Erika in den Zeilen 98 und 99 sowie 108 und 109, in denen sie noch mal nachfragt, ob es – tatsächlich – um den Jungen geht, der mit Annika zusammen ist. In diesem Zweifel bleibt der prekäre Charakter der Enthüllung erhalten. Diese Synthese geht in eine Proposition durch Annika über, in der sich Erfahrungen mit dem angesprochenen Jungen als negativer Gegenhorizont dokumentieren. Das heißt, wir haben es an dieser Stelle (89–99 und 108–109) mit einem Grenzfall zu tun zwischen einer Konklusion und einer Transposition, die voneinander zu trennen sind, und einer Transposition, in der diese beiden Diskursbewegungen ineinanderfallen. Annikas Proposition (Transposition) wird gefolgt von einem Widerspruch durch Cindy und Bibi. Ob es sich dabei um eine Antithese oder eine Opposition handelt, kann an dieser Stelle des Diskurses noch nicht klar entschieden werden. Wenn, so wie hier, im Widerspruch scheinbar genau das Gegenteil aufgeworfen wird (Gandolf ist abstoßend – Gandolf ist anziehend), ist dies oft ein Hinweis auf eine antithetische Organisation. Ein oppositioneller Widerspruch beinhaltet häufig einen Orientierungsgehalt, der neue, andere Aspekte beinhaltet (vgl. Kap. 3.2.1).

Annika zeigt Verständnis für die Position von Cindy und Bibi, stimmt ihnen teilweise zu („ja schon", 106). Bezug nehmend auf ihre Erfahrungen, die ja bereits von den anderen und ihr selbst als eine Art Liebesbeziehung gekennzeichnet wurden, bekräftigt sie jedoch ihre Position: Ihr gegenüber hat er im Wesentlichen gelogen („nur Scheiße erzählt", 106, 111). Cindy fordert Annika nun auf darzulegen, inwiefern Gandolf gelogen hat. Sie fordert sie also auf, ihre Position, ihre Erfahrungsgrundlage zu elaborieren. Die Fragen von Erika zur Person Gandolfs wehrt sie als momentan nicht so dringlich ab („warte mal kurz", 113).

Annika folgt Cindys Aufforderung zur Elaboration (Jungs 1, 115–155):

Af: └Also in der Disco ähm (.)
weil wir waren eigentlich noch zusamm und (.) ich
da so zu ihm hingegangen ich da so äh na ja sind
wir denn nun zusamm? und ähm willst=e überhaupt
noch so und er so na ja eigentlich schon (ich
meine) |
|
Bf: └(Igitt) i::
mit der würde ich äh schlag=s tot @(.)@
|
Af: └
@(.)@ Also er keine Zeit mehr und so und dann
nachher (höre ich) von Bibi ja äh Du volle
Arschloch und ich bin voll Scheiße und so

?f: @(.)@

Af: Wat soll=n det?

Bf: Pech (.) der

Cf: Er meinte zu mir wo ich ihm wo ich ihn gefragt hab
ob er mit Annika gehen will meint er ja er weiß nich
und Annika wär ja eigentlich ganz in Ordnung, ob
er mit ihr gehen würde, weiß er nich und er glaubt
nich und bla und da mein ich wieso nich? und da
|
Af: └Häh doch
so
|
|
Ef: └Der is ja
mit

Cf: meint er und da mei- ja jetzt is=er ja sowieso mit
ihr zusamm aber dann meinte er (.) ja dass er es in
|
?f: └((räuspern))

Cf: Berlin noch nie geschafft hat länger als drei oder
vier Wochen mit nem Mädchen zusamm zu sein
weil ihm das danach auf=n Senkel gegangen is.

Als Antwort auf Cindys Frage berichtet Annika über eine Situation in einer Disco mit dem besagten Jungen. Der Status der Beziehung ist zumindest in Annikas Augen nicht ganz klar. Sie waren nur „*eigentlich* noch zusamm(en)" (116, Hervorhebung A.P.). Durch „eigentlich" wird oft ein Widerspruch von zwei ‚Realitäten', d.h. zwei Sinnzusammenhängen markiert.[68] So könnte Annika die Vermutung hegen, dass sie im Sinne des Verhaltens des jungen Mannes nicht mehr zusammen sind. Auf der Ebene einer kommunikativen Absprache, vielleicht auch öffentlichen Absprache könnten sie aber noch als Paar gelten. Annika ergreift die Initiative. Sie geht zu dem Jungen und fragt, ob sie „denn nun zusamm(en)" (118) sind. Sie versucht also, den Status der Beziehung – wie er auch nach außen vermittelt werden kann – zu klären. Zudem erkundigt sie sich nach seinen Intentionen („willst=e überhaupt noch", 118–119). Gandolf gibt auf ihre Fragen keine eindeutige Antwort („eigentlich schon", 119). Er lässt Annika also in der gleichen Unsicherheit, aufgrund derer sie das Gespräch begonnen hat, und macht als Begründung seiner Antwort gerade darauf

68 So kann „Ich habe eigentlich keinen Hunger" bedeuten, dass man zwar aufgrund seiner körperlichen Befindlichkeit keinen Hunger hat, dass einem aber bewusst ist, dass man in Anbetracht der Uhrzeit, des gesellschaftlichen Zusammenhangs etc. doch etwas essen sollte.

aufmerksam, was bei Annika die Unsicherheit motiviert. Er habe „keine Zeit mehr" (126). Dieselben Ausgangsbedingungen führen also zu ganz unterschiedlichen Verhaltensweisen. Dass die Beziehung nur „eigentlich" besteht, scheint Gandolf nicht zu stören. „Zeit" miteinander zu verbringen und aufeinander zuzugehen gelten für Annika als essentielle Bestandteile einer Beziehung. Wie dies für Gandolf ist, bleibt rätselhaft. Von Bibi wird ihr schließlich berichtet, dass Gandolf sich – nach dem Versuch der Beziehungsklärung – in stark abwertender Weise öffentlich über sie geäußert hat, Annika also diskreditiert hat.

Gerade dieses widersprüchliche Verhalten lässt ihn und damit eine Beziehung mit ihm als gänzlich ablehnenswert erscheinen, wie Annika proponiert hat. Zudem gewinnt die Brisanz, die im öffentlichen Ansprechen des Themas liegt – wie wir zu Beginn der Passage herausgearbeitet haben –, an Inhalt. Das Ansprechen des Themas geht mit der Gefahr von Bloßstellung und weiterer Diskreditierung einher.

Diese Elaboration in Form einer Exemplifizierung von Annika erfolgt in Kooperation mit Bibi. Bibi bringt sich genau an jener Stelle in die Elaboration ein, an der deutlich wird, dass Gandolfs Antwort Annikas Unsicherheit über den Status der Beziehung mit Gandolf und über seine Handlungsmotive nur verstärkt. In Form fiktiver Rede bringt sie zum Ausdruck, was im Kopf des Jungen vorgehen könnte. „Mit der" (123), mit einer derart ekeligen („igitt i:::", 122) Person würde er sich wahrscheinlich erbrechen („würde ich äh:", 123). Sie habe in seinen Augen den Charakter eines geschlechtslosen Lebewesens, also z.B. eines Insektes, dessen Gegenwart einen ekelt und das man von daher nicht mal eigenhändig töten will („Schlag=s tot", 123).

Durch Bibis imaginative Fortführung der Exemplifizierung werden die privaten Befürchtungen von Annika stellvertretend zum Ausdruck gebracht. Es handelt sich also um eine stellvertretende Darstellung privater und potenziell diskreditierender Elemente, die ihre Diskreditierung durch Gandolf im Verlauf des Diskurses vorwegnimmt. Die stellvertretende Darstellung dieser Elemente ermöglicht die persönliche, individuelle Diskreditierung abzuwenden, indem eine andere zeigt, dass auch sie diese Befürchtungen kennt.

Annika fragt nun nach dem Sinn des Verhaltens von Gandolf („Wat soll=n det?", 132). Sie fordert quasi im Gegenzug die anderen auf, ihre Perspektive zu elaborieren, in der der junge Mann offenbar besser abschneidet, die aber wohl aufgrund ihrer Erzählung unzutreffend sein dürfte. Die Vertreterinnen der anderen Perspektive könnten sich jetzt auch ‚geschlagen' geben und Annika Recht geben. In dieser Aufforderung steckt aber auch die Bitte um Interpretationshilfe für das Verhalten von Gandolf. Liegen sein Rückzug und seine Herabwürdigungen vielleicht an ihrer Person?

Bibi entgegnet dieser Frage lapidar, dass es sich hier um eine Frage des Schicksals handelt („Pech“, 134). Wer oder was hier schicksalhaft gebunden ist, wird an dieser Stelle des Diskurses nicht klar.

Cindy exemplifiziert ihre, Annikas widersprechende, Position, Gandolf sei „korrekt“ (101), indem sie ebenfalls ein Gespräch mit dem fraglichen Jungen wiedergibt. Auch sie hat Gandolf zu seinen Intentionen hinsichtlich der Beziehung mit Annika befragt. Dies ist für ihn weniger eine Frage der Intention, der bewussten Entscheidung. Er „weiß“ (137) auf diese Frage keine klare Antwort zu geben. An Annika würde es jedoch nicht liegen, denn sie ist „ja eigentlich ganz in Ordnung“ (138). Entgegen seinen Intentionen – er bemüht sich zwar, hat es aber „in Berlin noch nie geschafft (…) länger als drei oder vier Wochen mit nem Mädchen zusamm zu sein“ (153–154) – wird er von etwas gesteuert, das sich seinem Willen entzieht. Die Mädchen gingen ihm dann auf die Nerven („auf=n Senkel“, 155). Es geht also nicht um den Willen bzw. eine bewusste Entscheidung, sondern um eine wiederkehrende emotionale Reaktion, die er im Rückblick auf vorangegangene Beziehungen an sich feststellen kann. Ausschlaggebend ist die Dauer der Beziehung zu einem Mädchen. Es hat also nichts mit dem je individuellen Mädchen zu tun – nicht ‚eigentlich‘ mit Annika z.B. Das erlaubt eine Beendigung der Beziehung letztlich ohne Gesichtsverlust des betroffenen Mädchens.

Cindy legt also dar, dass das Verhalten Gandolfs gegenüber Annika nicht der Person von Annika zuzurechnen ist. Es geht vielmehr um ein generelles Persönlichkeitsmerkmal von Gandolf, da er sich auch anderen Mädchen gegenüber so verhält. Dadurch wird eine Entdiskreditierung von Annika möglich. Es kann zudem eine gewisse Sicherheit der Verhaltensorientierung gegenüber Gandolf aufgebaut werden.

Die schlechten Erfahrungen von Annika in der Beziehung mit Gandolf sind mit der Befürchtung der Diskreditierung verbunden. Das heißt, zunächst sieht es so aus, als ob für Gandolf Partei zu ergreifen hieße, sich mit Gandolf zu solidarisieren und somit Annika ebenfalls schlecht dastehen zu lassen. Es zeichnet sich aber ein anderer Ausgang ab. Bestimmte Persönlichkeitsmerkmale des Jungen, die weder seinem Ansehen noch dem des jeweiligen Mädchens unbedingt schaden, bedingen die Trennung. Es sieht so aus, als könnten beide ohne Gesichtsverlust aus einer Trennung aussteigen. Eine Synthese der zunächst widersprüchlichen Positionen zeichnet sich also hier schon zart ab. Das heißt, dass sich die beiden Orientierungen „Erfahrungen mit Gandolf stellen einen negativen Horizont dar“ und „Erfahrungen mit Gandolf stellen einen positiven Horizont dar“ als Komponenten einer dritten Orientierung abzuzeichnen beginnen und wir von daher von einer antithetischen Bezugnahme sprechen können.

Erika validiert die Exemplifizierung von Cindy und damit die Entdiskreditierung von Annika und exemplifiziert ihre Validierung (Jungs 1, 157–179):

Ef: └Nee dis stimmt (.) dis stimmt ne pass auf, er war
ä war mit meiner Freundin zusamm weißt=e die
|
Bf: └Mit wem
war=n der noch alles zusamm?
|
Cf: └@(.)@

Af: Ey dit echt cool dis interessiert mich jetzt mal
|
Ef: └Ne
der war mit meiner Freundin zusamm weißt=e,
denn sind=se so mal weggegangen und äh denn
|
Bf: └Pech pech muss se durch na ok

Ef: so um drei Uhr sind=se weggegangen und sind nich
mehr wiedergekommen, wa, ich frag=se so seid Ihr
zusammen? sie so ja ok und dann hat er sich über
na warn=se ein oder zwei Wochen zusammen
höchstens und dann hat er sich auch nicht mehr
gemeldet und sie hat sich auch nicht mehr
gemeldet.

Erika „stimmt" (157) Cindy zu, d.h. auch ihrer Interpretation (des Verhaltens) von Gandolf. In der antithetischen Auseinandersetzung schlägt sie sich auf die Seite derer, die Gandolf verteidigen. Dabei wird es immer deutlicher, dass in dieser Betrachtung auch Annika besser dasteht, z.B. auch dahin gehend, dass sie nicht so dumm war, sich mit einem „Arschloch" einzulassen, was letztlich wieder rufschädigend, also diskreditierend ist. Es stimmt also, dass sich der Junge aufgrund seines Persönlichkeitsmerkmales, Mädchen immer nach einer bestimmten Zeit zu verlassen, in der beschriebenen Form verhalten hat und nicht etwa aufgrund ihrer konkreten Person.

Für diese Perspektive führt Erika ein weiteres Beispiel an. Gandolf sei auch mit ihrer „Freundin" (158) zusammen gewesen. Nach einer eindeutigen Beobachtung der beiden, Erika sah sie an einem Nachmittag zusammen weggehen und sie „sind nicht mehr wiedergekommen" (173–174), fragt sie ihre Freundin, ob sie eine Liebesbeziehung aufgenommen hätten. Das bestätigt ihre Freundin. „Ein oder zwei Wochen (…) höchstens" (176–177) waren die beiden zusammen. Dann hat sich der Junge nicht mehr gemeldet. Auch ihre Freundin nahm keinen Kontakt mehr auf.

Erika kann die Interpretation von Gandolfs Verhalten aufgrund einer unabhängigen eigenen Erfahrung bestätigen. Durch eine Erzählung untermauert sie, dass es sich beim Abbruch der Beziehung zu einem Mädchen nach einer bestimmten Zeit eben um sein Persönlichkeitsmerkmal handelt. Das Zeitlimit wird sogar unterschritten. Die Faktizität und Authentizität dieser Erfahrung ist in der Detaillierung der Darstellung („drei Uhr", 173), im Redeimport („sie so ja ok", 175) und im Hinweis darauf, dass es sich um eine Freundin Erikas handelt, dokumentiert. Die Handlungsmotive von Gandolf und der Freundin Erikas werden nicht angesprochen.

Annika äußert sich schon am Anfang der Exemplifizierung der Validierung erfreut („echt cool", „interessiert mich", 165). Es drückt sich also eine freudige Erwartung der Bestätigung der Interpretation von Cindy am Beispiel eines anderen Mädchens aus, dem Ähnliches widerfuhr. In diesem Beispiel wird das Mädchen von dem Jungen auch nicht öffentlich entwertet. Zudem wird der rufschädigende Effekt, sich mit einem unflätigen Jungen eingelassen zu haben, geschmälert, wenn es anderen ebenso erging. Die freudige Erwartung gilt also der Abwehr von Diskeditierung und der Erhärtung einer gewissen Vorhersehbarkeit bezüglich des Handelns des Jungen.

In der Folge nimmt nun Bibi auf einen anderen Jungen Bezug (Jungs 1, 181–198):

Cf: Na wenn sie sich auch nicht is=es doch ihr Pech
Bf: ⌊So wie Micha
Af: ⌊So macht er es nämlich dauernd
Ef: ⌊Welcher Micha?
Bf: ⌊Micha Bott
Af: ⌊Er ruft überhaupt nicht mehr an ((Geräusch durch geschlossene Lippen))
Df: Arschloch
Af: Ja
Cf: Ach der sich bei mir nicht mehr gemeldet hat na ja is sein Problem ich hab mich dann auch nich mehr gemeldet

Cindy hält fest, dass auch Erikas Freundin, d.h. auch das Mädchen – nicht nur der Junge –, für die Definition des Zusammenseins Verantwortung trägt („ihr Pech", 181). In doppeltem Sinn wird von Annika und Bibi nun die Erzählung von Erika abschließend bestätigt. Bibi führt einen Jungen an („Micha", 183), der sich gegenüber Cindy ebenso verhalten hat wie Gandolf gegenüber Annika. Annika belegt durch ihre augenblickliche Erfahrung, dass diese Erfahrung wohl beliebig wiederholbar ist („So macht er es nämlich dauernd", 183–184). Gandolfs Verhalten ist irreversibel und nicht näher erklärbar: „er ruft überhaupt nicht mehr an ((Geräusch durch geschlossene Lippen))" (192–193). Auf einer kommunikativen Ebene ist hier nichts zu machen, wie sich auch in der prosodischen Kommentierung ausdrückt. Was bleibt, ist letztlich doch eine Abwertung des Jungen oder sich quasi in einem souveränen Akt ebenso zu verhalten wie er.

Durch die Parallelisierung des Verhaltens von Gandolf mit dem eines anderen Jungen wird dieses Verhaltens weiter generalisiert. Während auf der ersten Stufe der Generalisierung dieses Verhalten als generelles Persönlichkeitsmerkmal von Gandolf dargestellt wurde, erscheint es nun auf der zweiten Stufe der Generalisierung als ein Persönlichkeitsmerkmal eines zweiten Jungen. Diese zunehmende Generalisierung trägt weiter zur Entdiskreditierung von Annika bei und ermöglicht auch eine zunehmende Verhaltenssicherheit im Umgang mit Jungen. So wird es möglich, den bzw. die Jungen – zumindest im Sinne einer gewissen Vorhersagbarkeit ihres Verhaltens – einzuschätzen und sich damit zu arrangieren.

Mit dieser Synthese wird die Passage „Jungs 1" abgeschlossen. In ihr, wie auch in der antithetischen Bezugnahme – aus Perspektive ihrer Auflösung dokumentiert sich das Orientierungsproblem der Rätselhaftigkeit und Unvorhersehbarkeit der Jungen und die Furcht vor Diskreditierung sowie Ansätze zu deren Bewältigung.

Aus der Perspektive dieser Synthese gewinnen die einzelnen Orientierungskom ponenten, die wir bereits beleuchtet haben, an Plastizität: Mit der Veröffentlichung von (Erfahrungs-)Wissen, das in einer intimen Beziehung zum Partner sowie in intimen Gesprächen mit Freundinnen gewonnen wurde, geht die Gefahr von Diskreditierung, von Rufschädigung einher. Es ist von daher brisantes, prekäres, aber ungemein spannendes Wissen. Als weiteres Orientierungsproblem und Dilemma kristallisiert sich – neben der Rätselhaftigkeit und Unvorhersehbarkeit der Jungs – eine Diskrepanz zwischen Erfahrungswissen aus einer Liebesbeziehung mit einem Jungen und dem öffentlichen Wissen im Bezug auf den Jungen heraus. Wird der Junge öffentlich geschätzt, stellen sich negative Erfahrungen in der intimen Beziehung als durch das Mädchen verschuldet dar. Sie taugt nichts und steht damit schlecht da. Räumt man nun aber Erfahrungswissen aus der intimen Beziehung Priorität gegenüber dem öffentlichen Wissen und Ansehen gegenüber dem Jungen ein, hieße das, sein Ansehen zu schädigen und damit letztlich auch das eigene, da man ja mit ihm eine Beziehung eingegangen ist. Überall lauert also die Gefahr der Diskreditierung. Der Diskurs leistet nun zum einen eine Solidarisierung im Hinblick auf die Befürchtung der Diskreditierung. Nicht nur Annika kennt diese

Befürchtung und steht alleine damit da. Vielmehr ist sie auch den anderen bekannt und ebenso unangenehm. Zum anderen leistet der Diskurs eine Entdiskreditierung. Das Problem ist in mehr oder weniger stabilen Eigenschaften der Jungen zu suchen, nicht bei den Mädchen.

Die Orientierungsprobleme im Zusammenhang mit Jungen und die Ansätze zu deren Bewältigung stellen sich auf der Ebene der Diskursorganisation folgend dar:

- Proposition in Form von Metakommunikation (durch Erika) – Orientierungsgehalt: Über das Thema wird gesprochen (aber nicht so hitzig wie sonst).
  - Validierung der Proposition u.a. in Form einer Interjektion (Annika) – Bestätigung des Orientierungsgehalts
- Antithese in Form von Metakommunikation (Bibi) – Orientierungskomponenten: Ablehnung über das Thema zu sprechen
- Erster Ansatz einer Synthese, zugleich Transposition in Form einer Beschreibung (Bibi) – Orientierungsgehalt: Es geht um intimes, privates Wissen, dessen Veröffentlichung problematisch, aber spannend ist. Die angesprochenen Erfahrungen mit Jungs sind eher negativ.
- Antithese in Form metakommunikativer Interjektionen (mehrere) – Orientierungskomponenten: Markierung der Grenze zum privaten, problematischen Wissen. Kontrafaktische (paradoxe) Dynamisierung der Preisgabe des Wissens.
  - Elaboration der Transposition in Form einer Exemplifizierung (Bibi in Kooperation mit Annika und Cindy) – Orientierungsgehalt: Endgültige Preisgabe von intimem Erfahrungswissen im Zusammenhang mit Jungen.
- Synthese in Form einer Validierung (Annika in Kooperation mit Bibi und Cindy) – Orientierungsgehalt: Das Wissen ist problematisch und brisant, der entscheidende Schritt in Richtung Veröffentlichung ist nun aber getan.
- Proposition in Form einer Beschreibung (Annika) – Orientierungsgehalt: Die Erfahrung aus der intimen Liebesbeziehung ist negativ. Der Junge ist in seiner Totalität ablehnenswert, repräsentiert einen negativen Gegenhorizont. Die eigene Beziehung zu ihm ist somit diskreditierend.
- Antithese in Form einer Beschreibung (Cindy in Kooperation mit Bibi) – Orientierungsgehalt: Der Junge repräsentiert im Gegenteil Fehlerfreiheit und Anziehung, also einen positiven Gegenhorizont.
  - Elaboration der Proposition in Form einer Exemplifizierung (Annika) – Orientierungsgehalt: Beziehungserfahrungen mit dem Jungen sind negativ.

  - Aufforderung zur weiteren Elaboration der Proposition (Cindy)
  - Fortsetzung der Elaboration der Proposition in Form einer Exemplifizierung durch eine Erzählung (Annika in Kooperation mit Bibi) – Orientierungsgehalt: Erfahrungen in Liebesbeziehungen gehen mit der (Gefahr einer) Diskreditierung durch den Jungen einher. Das Verhalten des Jungen bleibt undurchschaubar und ist verunsichernd.
  - Aufforderung zur Elaboration der Antithese (Annika)
  - Elaboration der Antithese (Anbahnung der Synthese) in Form einer Exemplifizierung durch eine Erzählung (Cindy): Das Verhalten des Jungen ist stabil und von daher vorhersehbar. Zudem ist der Abbruch der Beziehung keine Reaktion auf die individuelle Persönlichkeit von Annika. Es gehen keine Diskreditierungen von ihm aus.
  - Validierung der Elaboration (Erika)
  - Fortsetzung der Elaboration der Antithese in Form einer Exemplifizierung durch eine weitere Erzählung (Erika) – Orientierungsgehalt: Generalisierung, d.h., ein Beziehungsabbruch ist nicht in Zusammenhang mit der individuellen Persönlichkeit des Mädchens zu bringen. Der Junge diskreditiert nicht, repräsentiert keinen negativen Gegenhorizont.
- Konklusion im Modus einer Synthese in Form weiterer Exemplifizierungen (Bibi zusammen mit Annika, Dany und Cindy) – Orientierungsgehalt: Weitere Generalisierung. Das Verhalten der Jungen gewinnt an Vorhersehbarkeit (bleibt aber unerklärlich) und verliert seinen diskreditierenden Charakter. Die Diskrepanz zwischen dem intimen Wissen aus Liebesbeziehungen und dem öffentlichen Wissen, dem Ansehen des Jungen, wird als Orientierungsproblem bearbeitet ebenso wie die Gefahr und Schmach von Diskreditierung und die Rätselhaftigkeit und Unvorhersehbarkeit des Verhaltens attraktiver Jungen.

3.1.2.2 „Sand“: Zwei junge Männer türkischer Herkunft

Auch die Diskussion der Gruppe „Sand“ stammt – wie jene der Gruppen „Mantel“ und „Buch“ – aus einem der Projekte zu „Entwicklungs- und milieutypischen Ausgrenzungs- und Kriminalisierungserfahrungen in Gruppen Jugendlicher“, an welchen ich mitgearbeitet habe. An der Diskussion nehmen zwei junge Männer türkischer Herkunft teil. Sie sind beide 24 Jahre alt und haben keine abgeschlossene Ausbildung. Ahmet hat wechselnde Jobs im Gastgewerbe als Kellner. Bahri ist arbeitslos und versucht gerade auf dem zweiten Bildungsweg einen Abschluss in einem technischen Beruf zu machen.

Ahmet und Bahri kennen sich aus der Zeit, als sie als Teenager in Banden organisiert waren. Zum Zeitpunkt des Interviews hatten sie keinen regelmäßigen Kontakt. Die Gruppendiskussion ergab sich im Anschluss an ein biographisches Interview mit Ahmet, das wir im Freien führten. Ein plötzlich einsetzender Regenguss ließ uns Schutz in einem Kinderhäuschen auf einem öffentlichen Spielplatz suchen – ebenso wie Bahri. Ahmet forderte Bahri auf sich – gemeinsam mit ihm – für eine Gruppendiskussion zur Verfügung zu stellen, die wir unmittelbar durchführten.

Mit der Gruppe „Sand" variieren wir im Vergleich zu „Mantel" neben dem geschlechtstypischen Erfahrungsraum und dem Alter bzw. der entwicklungstypischen Phase sowie der Muttersprache bzw. Bilingualität (die Gruppe „Sand" spricht Deutsch und Türkisch, „Mantel" nur Deutsch) auch den Erfahrungsraum, der durch eine Migrationslagerung der Teilnehmer gegeben ist. Die Orientierungen, die mit diesem Erfahrungsraum in Zusammenhang stehen, dokumentieren sich besonders dicht in der Passage „Heirat". Wie bei der Gruppe „Mantel" geht es um die Gestaltung von Liebesbeziehungen. Wieder bleibt mir an dieser Stelle anzumerken, dass hier ein Vergleich der Orientierungen interessant wäre, dieser uns aber auf eine andere Fährte bringen würde (zur Einbettung der Orientierungen der Gruppe „Sand" in eine komparative Analyse mit anderen migrationsgelagerten Gruppen vgl. Bohnsack/Loos/Przyborski 2001). Der antithetische Diskurs, der hier nun von Interesse ist, findet in dieser Passage in einer eindrucksvollen Metaphorik seine Auflösung.

Die Passage beginnt mit der Frage des Interviewers, ob Ahmet und Bahri „denn mal Familie ham" (1) wollen. Diese Frage ist mehr oder weniger exmanent, denn das Thema „Heiraten" oder angrenzende Themen wie Liebesbeziehungen sind bisher noch nicht gefallen. Die Frage beinhaltet auch keine Komponenten, die Erzählungen oder Beschreibungen evozieren könnten. Vielmehr wird zart ein propositionaler Gehalt vorgegeben: Eheschließung als etwas zukünftig Erstrebenswertes (zur Leitung von Gruppendiskussionen vgl. Kap. 2.3.1.1, 2.3.1.2 und 2.3.1.3 und Bohnsack 2003a, S. 207ff.). Entsprechend beziehen sich die beiden Interviewten zu Beginn der Passage eher auf die Interviewer. Erst dann entwickelt sich ein Diskurs untereinander.

Bahri und Ahmet wollen eine Familie, wenn ihre „(unsere) Zeit dafür da is" (4) – führt Bahri aus, denn, so setzt Ahmet fort: „Familie haben is schon was Schönes aber nicht was Einfaches" (7–8). Der propositionale Gehalt, den der Interviewer angerissen hat, wird aufgegriffen, in einer Proposition durch Bahri formuliert und in einer gemeinsamen Elaboration der beiden Teilnehmer ausgearbeitet. Eine eigene

Familie ist erstrebenswert, ein Wunsch für die Zukunft, eine Entwicklung, die unbestimmt, schicksalhaft entworfen wird und offenbar mit Hindernissen verknüpft ist. Die Umsetzung des Wunsches ist eben „nicht" etwas „Einfaches" (8).

Zum einen fehlen aufgrund der beruflichen Situation die Rahmenbedingungen für die Gründung einer Familie. Zum anderen, und hier scheint die Problematik zu gipfeln, ist letztlich nicht klar, was überhaupt unter einer (eigenen) Familie zu verstehen ist („Eine Familie was heißt eine Familie °weißt du?°"). Die Umsetzung der Familiengründung scheitert nicht an mangelnden Möglichkeiten. Sowohl Bahri als auch Ahmet hatten Möglichkeiten zu heiraten bzw. „hab"en „Frauen" (35–36). Sie haben es aber nicht gemacht bzw. konnten sie „die Richtige nicht finden" (34–35), wie es Ahmet formuliert.

Darin, ‚die Richtige' zu finden, dokumentiert sich zum einen eine Orientierung an einer romantischen Liebe, in der es um die persönliche, die ganz individuelle Identität der beiden Partner geht, die dann – durchaus auch schicksalhaft – genau füreinander bestimmt sind bzw. zueinander passen. Es geht auch darum, eine Partnerin zu finden, die in dem Sinne „perfekt" (42) ist, dass Frau *und* Mann „immer" füreinander „da" sind. In dieser Orientierung an Gegenseitigkeit wird eine Brüchigkeit traditionaler Rollenvorgaben deutlich. Damit sieht sich Ahmet eher allein. Er „denkt das so", „viele" jedoch „nicht" (47).

In angehängten Fragen („weißt du?", 8, 15, 22 und 37, „verstehst du", 28, 43), die an die Interviewer/innen gerichtet sind, dokumentiert sich das Bemühen, sich den Interviewer/inne/n verständlich zu machen. Nach einer Pause von etwa sieben Sekunden – einer ziemlich langen Pause in einem Gespräch – wirft Ahmet eine Proposition auf, die die beiden Diskussionsteilnehmer stärker in einen Diskurs untereinander verstrickt. Ahmets Vorstellungen zu seiner eigenen Vermählung treffen auf deutlichen Widerspruch durch Bahri (Heirat, 52–73):

Am: Und wenn ich heirate dann heirate ich nach meiner Art °weißt du,° (3)
Bm: └Nach deiner Art?
Am: └Ja. also es kann mir nichts sagen
Bm: └Wie denn?
Am: also (.) zum Beispiel meine Mutter sagt zu mir (1) ja ich lebe wie ich: das richtig finde; verstehst du,
Bm: └Ja ich weiß auch nicht (.) aber ick gloob manchma muss man sich auch der Familie anpassen ne,

Am: └Naja: jetzt will sie (.) mir sagen
|
Bm: └Der Kultur halt anpassen und
so.
|
Am: └Ja was Kultur ja, °ich°

Bahri kann gar nicht glauben, dass Ahmet nach seiner eigenen „Art“ (52, 55) heiraten will. Es bleibt ihm rätselhaft, „wie“ (59) er das machen möchte. Ahmet hält dagegen, dass das, was z.B. seine Mutter zu ihm sagt, bedeutungslos für ihn bleibt. Er lebt auch so, wie er es „richtig“ (62) findet. Bahri wiederum plädiert für eine Anpassung an „Familie“ (65) und „Kultur“ (70). Aber auch der Begriff „Kultur“ bleibt für Ahmet fragwürdig.

Ahmets Proposition erfolgt in Form einer Orientierungstheorie, also einer Theorie, die für zukünftiges Handeln Orientierung gibt. Wie zuvor schon deutlich wurde, ist eine Heirat, eine feste Bindung mit einer Frau, für die beiden jungen Männer wichtig und erstrebenswert, wenngleich sie auch problematisch erscheint. Eine derartige Bindung möchte Ahmet nach seinen eigenen, persönlichen, individuellen Vorstellungen gestalten. Wenn die Schwierigkeiten überwunden werden können, wenn es überhaupt zu einer Heirat kommt, dann sollen hier ganz persönliche Vorstellungen, die eigenen individuellen Vorlieben zum Tragen kommen. Der positive Horizont, der hier also aufgeworfen wird, ist die Gründung einer Familie auf eine individuelle Weise.

Bahris Nachfrage erfolgt erst nach einer kleinen Pause, wie als hätte er sich den Sinn der Aussage erst einmal klar machen müssen. Mit seiner Frage stellt er nun den Wahrheitsgehalt bzw. die Ernsthaftigkeit von Ahmets Proposition ganz grundsätzlich in Frage, nicht das Heiraten an sich, aber die Umsetzung nach persönlichen Vorstellungen. Er verneint damit Ahmets Orientierungstheorie. Diese Vorstellung kann unmöglich handlungsleitend sein. Ob hiermit eine Antithese oder eine Opposition angerissen wird, kann an dieser Stelle noch nicht gesagt werden. Wieder bleibt anzumerken, dass das komplette Gegenteil bzw. die gänzliche Verneinung einer Orientierung auf eine Antithese hinweist, im oppositionellen Diskurs dagegen eine widersprüchliche, *andere* Orientierung aufgeworfen wird (vgl. Kap. 3.2.1).

Ahmet setzt zu einer Exemplifizierung seiner Proposition an, indem er darauf eingeht, was seine Mutter zu ihm sagt. Er bricht diese Exemplifizierung zugunsten einer weiteren, übergeordneten Orientierungstheorie ab, mit der er seine Proposition elaboriert. Auch wenn wir an dieser Stelle noch nichts darüber erfahren, was Ahmets Mutter zu ihm sagt, wird dennoch deutlich, dass in einer persönlichen Gestaltung der Eheschließung eine Abgrenzung von der Herkunftsfamilie liegt, denn was die

Mutter sagt, bleibt sinnentlehrt für Ahmet. Dagegen steht eine Lebensführung nach den eigenen persönlichen Vorstellungen. Ahmet beendet seinen Redebeitrag mit einer Frage nach dem Verständnis der anderen.

Bahri bestätigt ein Verständnis der Worte Ahmets („Ja", 64), scheint sich aber erneut erst fassen zu müssen („ich weiß auch nicht", 64), worin sich zumindest eine leichte Verstörung über Ahmets Beitrag dokumentiert. Doch auch Bahri elaboriert seine Position. Manche Lebensorientierungen lassen sich nur in der Anpassung an die Herkunftsfamilie und die Herkunftskultur finden – und eben nicht in deren gänzlicher Zurückweisung. Dies scheint besonders für die Frage der Eheschließung und Familiengründung zu gelten. Ebenso wie Ahmet nichts mit den Aussagen seiner Mutter anfangen kann, bleibt auch der Begriff Kultur für ihn nichtssagend, wenn es um die Gestaltung seines Lebens bzw. seiner Familiengründung geht.

Im folgenden Diskurs arbeiten die beiden Diskussionsteilnehmer ihre widersprechenden Positionen jeweils weiter aus (Heirat, 75–91):

75	Bm:	└Ja doch eigentlich du kannst doch nicht
76		vergessen deine Kultur; du hast doch au ne Kultur; kannst ja
77		nich plötzlich nee sagen (.) wenn de ne wenn (.) wenn de nich
78		weest wer du bist kannst de au nich (2) biste auch nichts. (.)
79		|
80	Am:	└°Ja:°
81		
82	Bm:	°irgendwie so.° musst doch wissen wat Du bist und wer du bist
83		|
84	Am:	└Ja und
85		jetzt bei uns sind ja zwei verlobt; ja jetzt mal meint zu mir, (.)
86		meine Mutter meint zu mir jetzt, (.) nimm Du lieber eine von
87		(.) von unsern Gegend weißt du, also von unseren
88		|
89	Y1:	└Mhm
90		
91	Am:	Familienumgebung (1) meint sie zu mir; (°also°)

Für Bahri erscheint es nicht möglich, dass die Herkunftskultur für Ahmet völlig bedeutungslos bleibt. Es ist nicht möglich, die eigene Kultur zu „vergessen" (76). Die abrupte Verneinung der Herkunftskultur („plötzlich nee sagen", 77), der Bruch mit ihr, geht mit einem Verlust der Identität einher. Die Frage „wer" (78, 82) man ist, kann nicht mehr beantwortet werden. Damit geht auch ein Verlust der reflexiven Sicherheit hinsichtlich der eigenen sozialen Stellung bzw. Position einher („wissen wat Du bist", 82). Ahmet führt nun aus, was seine Mutter zu ihm sagt. Angesichts der Verlobung von der Familie nahe stehenden Personen richtet sie ihren Rat, ihre Vorstellungen an ihren Sohn. Er möge sich eine Frau aus der „Gegend" (87) seiner Herkunft, der Gegend seiner Familie suchen.

Die Weiterführung der Herkunftskultur, ihre handlungsstrukturierende Kraft und ihre Basis für das reflexive Wissen über sich selbst sowie die soziale Stellung werden einer individuellen Lebensgestaltung auf der Grundlage des persönlichen Urteils entgegengestellt. Durch die jeweiligen Elaborationen von Proposition (Ahmet) und der Proposition entgegen stehenden These (Bahri) werden – in der Begrifflichkeit von Goffman (u.a. 1974b) gesprochen – zwei unterschiedliche Modi der „Identität" deutlich. Zum einen ist dies die *soziale*, die zugeschriebene *Identität*, die in der sozialen Rolle, der sozialräumlichen Herkunft, in der Tradition, in die die Familie eingebunden ist, begründet ist. Zum anderen ist es die *persönliche*, individuelle *Identität*, die in der Einzigartigkeit der persönlichen Biographie und ihrer reflexiven Verarbeitung begründet ist. Diese beiden Seiten von Identität als Grundlage für die Auswahl einer Partnerin zur Gründung einer Familie stehen einander gegenüber.

Ahmet elaboriert seinen negativen Gegenhorizont der sozialen Identität als Grundlage für die Familiengründung an zwei weiteren Beispielen. Letztes Jahr hat „ein Bekannter" (95, ohne Transkript) Ahmet gefragt, ob er sich seine Tochter „mal anschauen" (97, ohne Transkript) möchte. Der Bekannte wollte wissen, wie Ahmet sie fände. Ahmet weist das Angebot und die Fragen gänzlich von sich. Er sagt: „Ich will nix" (98, ohne Transkript). Er versucht, sich der Bewertung der Tochter zu entziehen, wüsste so und so nicht, was er mit ihr anfangen soll („@was soll ich mit sie ja@", 98, ohne Transkript). Bahri formuliert, worum es in der Exemplifizierung geht: „Die vermitteln; die machen Vermittlung" (102–103, ohne Transkript).

Der Bekannte, also offensichtlich jemand, der aus dem familialen Umkreis von Ahmet kommt, hat versucht, seine einzige Tochter an Ahmet zu vermitteln. Diese Absichten werden jedoch nicht direkt benannt. Vielmehr wird deutlich, dass der Bekannte ein bestimmtes Prozedere einzuleiten versucht, dem sich Ahmet wiederum gänzlich zu entziehen versucht. Das heißt, Ahmet weiß, wie alle anderen aus der Community auch, worauf es hinauslaufen wird, nämlich auf eine Heiratsvermittlung. Von daher erübrigt sich ein offenes Ansprechen. Da Ahmet keine der möglichen Weiterführungen Recht ist, versucht er dem Ganzen zu entkommen.

Wie auch schon in der ersten Exemplifizierung, in welcher er den Rat bzw. die Aufforderung seiner Mutter darstellt, kommt hier folgender Orientierungsrahmen zum Ausdruck: Die Herkunft der Partnerin aus der Region bzw. aus dem Umfeld, aus dem die Familie stammt, bildet eine geeignete Basis für die Vermittlung einer Ehe, für die Gründung einer neuen Familie. Die verwandtschaftliche und/oder sozialräumliche Bindung wird offenbar als Garant für eine habituelle Übereinstimmung der Ehepartner gesehen, ein Zusammenpassen der Partner hinsichtlich der handlungspraktischen Umsetzung ihrer sozialen Identität und ihres sozialen Habitus. Von diesem Orientierungsrahmen distanziert Ahmet sich mit aller Deutlichkeit.

Mit der Formulierung des Orientierungsrahmens – „Die vermitteln; die machen Vermittlung" (102–103, ohne Transkript) – wird deutlich, dass Bahri dieser Orientierungsrahmen geläufig ist und es genau darum gegangen ist, als er von der Anpassung an die Familie gesprochen hat. Er hat Ahmet genau verstanden und kann auf den Punkt bringen, was die Erzählung exemplifiziert. Darin kommt eine Gemeinsamkeit der Erfahrungsgrundlage zum Ausdruck. Dennoch stehen die beiden Modelle der Auswahl einer Partnerin und der Familiengründung, auf der Grundlage sozialer Identität durch die Familie oder auf der Grundlage persönlicher Identität nach dem eigenen Urteil, als einander widersprechende Orientierungsrahmen gegenüber.

Ahmet greift die Formulierung „Vermittlung" (107, ohne Transkript) auf und bringt im Anschluss gleich sein nächstes Beispiel in Form einer Erzählung dazu. Bahri unterstützt diese Erzählung. Ahmet war in „Istanbul" (108, ohne Transkript). Sein „Onkel" (108, ohne Transkript) lud Ahmet ein, ihn in die nächste Stadt zu begleiten. Dort würde auch seine „Schwägerin" (123, ohne Transkript) wohnen, die er dann kennen lernen könnte. Ahmet willigte ein, betonte aber seinem Onkel gegenüber, dass er nur mitkommen wollte, „um" sich die „Stadt (…) anzugucken" (124–125, ohne Transkript). Bahri bestätigt ihn: „@Klar deswegen bist=e auch dahin gegengen …@" (133–134, ohne Transkript). Sie fuhren hin. Ahmet sah „so ein bisschen Kleinstadt" (151, ohne Transkript) und sie aßen dort „mit denen was zusammen" (149, ohne Transkript), also offensichtlich mit der Schwägerin und ihren Eltern bzw. anderen Verwandten der Schwägerin. Schließlich fragte ihn sein Onkel, wie ihm seine Schwägerin gefallen hätte. Wieder lehnt er die Frage nach der Bewertung der jungen Frau gänzlich ab: „Ich hab gesagt na was für Frage ist das, weißt du (4)@" (153–154, ohne Transkript).

Bahri unterstützt Ahments Ablehnung der gesamten Situation: „Kriegst=e erst ma Paranoia" (158, ohne Transkript), und kommt mit dieser Formulierungshilfe Ahmets Frage nach Verständnis („@...weißt du (4)@", 154, ohne Transkript) nach. Ahmet setzt mit der Erzählung des Dilemmas, in das er hineingeraten ist, fort. Er weiß, dass er den Onkel beleidigt, wenn er die junge Frau nicht positiv bewertet, mit einer positiven Bewertung aber seine Zustimmung zu weiteren Schritten gibt. Die Ablehnung der Frage an sich kann der Onkel gar nicht verstehen. Ahmets Dilemma findet auch in der Erzählstruktur ihren Ausdruck. Immer wieder bricht Ahmet ab, setzt neu an und macht Pausen an Stellen, an denen der Sinnzusammenhang noch nicht zu einem Ende gekommen ist. Immer wieder betont er „ich will nicht" (170, 184, ohne Transkript). Schließlich ringt er sich dazu durch, seinem Onkel zu sagen, dass er findet, die Schwägerin sähe „nicht gut aus" (171, ohne Transkript). Er schließt seine Erzählung mit der Koda: „Wenn der nicht geschafft hat, kommt der nächste." (176/180, ohne Transkript) Das Dilemma setzt sich fort.

In dieser Exemplifizierung kommen wieder dieselben Orientierungskomponenten zum Ausdruck. Ohne offenes Ansprechen und trotz seiner ausdrücklichen Ablehnung kommt Ahmet in die Situation einer Heiratsvermittlung, wieder im engsten Familienumkreis, was eine Übereinstimmung der Partner hinsichtlich ihres sozialen Habitus sicherstellen soll. Und wieder schlagen seine Versuche sich dieser Vermittlung zu entziehen („Stadt [...] angucken") fehl. Sie werden von seinem Onkel nicht verstanden. Wie in der grundsätzlichen Ablehnung des Vermittlungsversuchs dokumentiert sich auch in dem Problem, sich seinem Onkel verständlich zu machen, wie weit Ahmet von der Herkunftskultur seiner Eltern entfernt ist. Diese Entfernung bringt ihn letztlich immer wieder in dasselbe Dilemma.

Auf der Ebene der Diskursorganisation vollzieht sich nun eine entscheidende Weiterentwicklung: Bahri leistet an jener Stelle, an der das Dilemma seinen Höhepunkt erreicht, eine Formulierungshilfe. Er formuliert, wie es einem geht, wenn man plötzlich erkennt, dass man – letztlich ohne Absicht – in die Verlaufskurve eines Vermittlungsversuchs gerät. Man bekommt „Paranoia"(158, ohne Transkript). Man fühlt sich in einem hohen Maß verfolgt, ohne zu wissen, wie man die Verfolger loswerden kann. Damit bringt Bahri wieder seinen unmittelbaren Nachvollzug der erzählten Situation zum Ausdruck, zugleich aber auch seine ganz deutliche Distanz gegen diese Form der Vermittlung. Bahri findet sich nun nicht mehr auf der Seite der widersprechenden These, sondern ganz klar im Einklang mit dem negativen Gegenhorizont von Ahmets Orientierungsrahmen. Das heißt, in der Distanz zu der Form der Familiengründung auf der Basis des sozialen Habitus, wie er durch die jeweiligen Herkunftsfamilien vertreten wird, beginnt sich eine *Synthese* zart abzuzeichnen.

In der Folge beginnt Ahmet mit einer weiteren Exemplifizierung in Form einer Erzählung, die interessanterweise von Bahri zu Ende geführt wird (Heirat, 184–206):

Am: ... Und wo ich im Dorf war, (3)
Y1: └Mhm
Am: angeblich hat mein Mutter angerufen und gesagt ((räuspern))
Ahmet kommt, (.) und (.) der sucht ein Mädchen oder will ein
Mädchen haben ne, (.) hat so gesagt (einmal); und auf einmal
komm ich raus im Dorf so, bei und gibt es so <u>Wasserfall</u> weißt
du wo die Leute (.)
Bm: └Wasser schöpfen.
Am: └Wasser schöpfen ne, (.)
bin ich rausgekommen so: (1) war ganz morgens, und alle
Frauen da am Wasser weißt Du, (2) @(7)@

Y1: └Mhm
Bm: └@Plötzlich standst du
dann da wird gegeuckt oder watt (.) nach alter Tradition wird
geguckt so@ (2)
Y2: └@(.)@

Ahmet erzählt von einem Aufenthalt im Heimatdorf seiner Eltern. „Angeblich hat" seine „Mutter angerufen" (188) und das Dorf informiert, dass er kommt und „ein Mädchen" sucht. Es gibt dort einen „Wasserfall" (191), an dem die „Leute" (192) aus dem Dorf – wie Bahri weiterführt – „Wasser schöpfen" (194). Ahmet erzählt weiter, dass früh am Morgen, als er aus dem Haus kam, „alle Frauen da am Wasser" (197–198) waren. Bahri setzt fort, dass Ahmet da gestanden hat und die Frauen „nach alter Tradition (…) geguckt" (203–204) haben.

Obwohl die Familien der Diskutanten nicht aus derselben Gegend kommen, sie nicht sehr eng befreundet sind, d.h. einander diese Situation offensichtlich noch nicht erzählt haben, kann Bahri die Geschichte für Ahmet zu Ende führen. Wie in den Formulierungshilfen von Bahri dokumentiert sich im gemeinsamen Erzählen noch deutlicher eine homologe, eine strukturidentische Erfahrungsbasis aufgrund derer Bahri den Fortgang der Begebenheit ergänzen kann, obwohl er den tatsächlichen Ausgang zuvor nicht kannte.

Die Koda der Geschichte, und zugleich die Konklusion der Passage, erfolgt kooperativ (Heirat, 208–227):

Bm: Ja war so? (1) @wie schön weißt=e da (hättst=e) en Film
Am: └@(Ah: es) es standen viele jaa@
Bm: gedreht ey@; (2)
Am: └@Es standen viele ja@
Bm: └@Türkische Filme sind so
ah (.)@
Am: └@Echt.@ (2) th=th=th=th
(8)
Y1: puhhh (1)
Am: └@(.)@ War witzig ja.
Bm: └@(.)@

Bahris Nachfrage, ob es sich tatsächlich so zugetragen hat, wie er die Geschichte zu Ende geführt hat, wird von Ahmet offensichtlich als rhetorische Frage aufgefasst, die das Ende der Begebenheit markiert. Bahri bewertet nun die Begebenheit abschließend als „schön“ (208), so schön, dass Ahmet, der diese Situation vor Ort erlebt hat, einen „Film“ (208) hätte drehen sollen. Beide bestätigen den Interviewer/inne/n, dass „türkische Filme“(216) so sind.

Auch hier haben wir es wieder mit einer Geschichte der Vermittlung zu tun. Man könnte fast sagen, in diesem Fall hat Ahmets Mutter ihm gleich alle jungen Frauen des Dorfes vermittelt. Diese Erzählung beinhaltet somit eine Steigerung zu den letzten. Aus einer möglichen Partnerin werden gleich ganz viele. Ahmet erfährt nicht einmal mehr indirekt von dem Vermittlungsversuch und er muss sich auch gar nicht erst irgendwohin begeben, sondern bloß am Morgen das Haus verlassen und da stehen sie alle. (vgl. „Paranoia“ 158, ohne Transkript) Dennoch lassen sich dieser Erzählung reizvolle Seiten abgewinnen. Sie ist romantisch wie das morgendliche Wasserschöpfen. Das Interesse der Frauen bestätigt Ahmets Attraktivität und letztlich auch die seiner Familie. In der Begebenheit setzt sich eine „alte Tradition“ (203) fort.

Das heißt, in dieser Geschichte dokumentiert sich die *Distanz* zur traditionellen Heiratsvermittlung, wie sie in den Herkunftsfamilien gepflegt wird bzw. wurde, zugleich aber auch eine gewisse *Sympathie* dafür. Auch Ahmet ist nun nicht mehr nur auf seiner Seite, in der die traditionelle Heiratsvermittlung ganz klar den negativen Gegenhorizont darstellt. Distanz und Sympathie erscheinen nun in dieser Erzählung als zwei Seiten *einer* Medaille. Sie bildet den Ausgangspunkt für die *Konklusion in Form einer Synthese.*

Mit der abschließenden Bewertung der Geschichte bzw. ihrer Koda findet die Gruppe zu einer Artikulation des gemeinsamen Orientierungsrahmens. Die Heiratsvermittlung auf der Basis sozialer Beziehungen und sozialer Habitus ist ein tradiertes Orientierungsmuster, das für die Elterngeneration Bedeutung hat. Die jungen Männer haben sich davon entfremdet. Für sie hat es kaum mehr Realitätsgehalt als ein „Film“ (208), ein ‚Heimatfilm‘ aus der Heimat ihrer Eltern. Sie ist veraltet, ein Klischee, in das sie nicht mehr hineinpassen. In dieser *Entfremdung* liegt ein gewisses Orientierungsdilemma: Für beide ist eine Familie erstrebenswert. Für die Enaktierung dieses positiven Horizonts finden sich aber keine inhaltlich gefüllten Handlungsorientierungen. Die beiden jungen Männer stehen vor Neuland.

Auf der Ebene der Diskursorganisation bestätigt sich also ein antithetischer Modus. Aus der Proposition ‚Ablehnung der Ehevermittlung auf der Basis des sozialen Habitus und stattdessen der ganz eigene Weg im Sinne der persönlichen Identität‘ und ihrer Antithese ‚Annahme der und Sympathie gegenüber der Tradition der Ehevermittlung auf der Basis von sozialem Habitus und sozialer Identität und eine Ablehnung des eigenen Weges' entspringt die *Synthese* der *Entfremdung gegenüber der traditionellen Form der Heiratsvermittlung.* Diese Entfremdung beinhaltet ein Orientierungsdilemma der jungen Männer im Zusammenhang mit einer eigenen Familiengründung, denn neue Wege sind noch nicht gefunden.

Perfomatorisch dokumentiert sich die gemeinsame Erfahrungsbasis eindrucksvoll in der arbeitsteiligen Inszenierung der Erzählung und ihrer anschließenden Verarbeitung und Bewertung. Die Schlüsselstellen werden jeweils in ihrer Bedeutsamkeit von Bahri dargestellt, obwohl es Ahmet war, der die Situation erlebt hat. Ahemt kommt zwar auf den „Wasserfall" (191) zu sprechen. Dessen Bedeutsamkeit als soziales Zentrum des Dorfes, da dort die Menschen aus dem Dorf „Wasser schöpfen" (194), wird jedoch von Bahri ausgeführt. Ahmet erzählt zwar, dass er das Haus verließ und alle Frauen sich im sozialen Zentrum des Dorfes „am Wasser" (198) eingefunden hatten, aber dass dies im Zusammenhang mit der Heiratsvermittlung von Bedeutung ist, wird wieder durch den Beitrag von Bahri hervorgehoben. Die Frauen haben nach Ahmet „geguckt", wie es im Dorf in so einer Situation üblich ist, wie sich in der Formulierung „nach alter Tradition" (203) ausdrückt. Zugleich wird in dieser Formulierung auch dem Stellenwert der Heiratsvermittlung für die beiden jungen Männer Ausdruck verliehen, denn die Tradition ist alt, nicht mehr zeitgemäß.

In den Zeilen 208 bis 219 hebt schließlich Bahri die Schönheit der Erzählung hervor und erklärt sie als geeignet für einen entsprechend schönen und guten Film. Ahmet beschreibt gleichzeitig und dann nochmals unmittelbar nach Bahris Äußerung das schöne Sujet, die vielen Frauen, die am Wasser standen, das die Grundlage für eine entsprechende Filmszene bildet. Damit wandelt sich spätestens an dieser Stelle die alltägliche Verfolgung durch die Elterngeneration zu einem erstarrten Bild verklärt-schöner Vergangenheit.

Wie auch schon bei der Gruppe „Mantel" gewinnt der antithetische Diskurs aus der Perspektive der Synthese an Plastizität. In Ahmets Proposition der Heirat „nach" seiner „Art" (52) dokumentiert sich aus dieser Perspektive nun nicht nur der positive Horizont einer Familiengründung auf der Basis von persönlicher Identität und persönlichem Habitus, sondern vielmehr seine Distanz zur Heiratsvermittlung auf der Basis des sozialen Habitus, wie sie von der Eltergeneration gefordert und gelebt wird. Dies findet nachhaltig seinen Ausdruck in den vier Exemplifizierungen aus Ahmets Erfahrungsschatz. In der Antithese von Ahmet scheint mit dem Wissen der Interpretation der gesamten Passage die Synthese schon zart aufzuleuchten. Es heißt, man „muss sich auch der Familie anpassen (...) der Kultur halt anpassen" (65–66, 70). Zwar erscheinen hier die traditionellen Grundlagen für die Familiengründung, wie sie durch die Familie und die Kultur repräsentiert sind, als positiver Gegenhorizont. Anpassen kann man sich aber letztlich nur an etwas, das einem nicht (mehr) ganz entspricht. Das heißt, es findet sich auch hier die Distanz und die Entfremdung gegenüber der traditionellen Form der Familiengründung. Antithetisch gegenüber stehen einander letztlich nur die Versuche der Lösung des zugrunde liegenden Orientierungsdilemmas. Bahri beleuchtet die Gefahren einer gänzlichen Abkehr von der Herkunftskultur, Ahmet die alltägliche Qual, die die Auseinandersetzung mit der althergebrachten Form der Heiratsvermittlung mit sich bringt. Entsprechend sieht Bahris Lösungsvorschlag vor, sich zu beugen, und Ahmets, sich zu entziehen oder sich dagegenzustellen. Beide Lösungsansätze zeigen jedoch handlungspraktisch keinen Erfolg. Die Situation – wie ganz zu Beginn der Passage deutlich wurde – ist geprägt durch das Orientierungsdilemma: „Familie haben is schon was Schönes aber nicht was Einfaches“ (7–8).

3.1.2.3 „Buch“: Ergänzung der komparativen Analyse

Mit der Gegenüberstellung der Gruppen „Mantel“ und „Sand“ konnten bereits einige wesentliche Dimensionen variiert werden. Wie schon erwähnt, waren dies der geschlechtstypische Erfahrungsraum, der Erfahrungsraum, der durch die Migrationsgenerationslagerung geprägt ist, die Muttersprache bzw. die Bilingualität, die entwicklungstypische Phase und die Anzahl der Teilnehmer bzw. Teilnehmerinnen am Gespräch. Konstant blieb letztlich u.a. das Bildungsmilieu.

Von daher nehmen wir eine weitere Gruppe in die komparative Analyse auf. Die entsprechende Passage wird an einer anderen Stelle der Arbeit interpretiert, da sie doppelt in die komparative Analyse eingebettet ist. Es handelt sich dabei um die – bereits bekannte – Gruppe „Buch“. Sie besteht aus drei junge Studentinnen der technischen Universität, deren Eltern aus der Türkei stammen. Als dominierend wurde in dieser Gruppe der parallele Modus herausgearbeitet (vgl. Kap. 3.1.1.1). In einigen wenigen, kurzen Sequenzen findet sich jedoch auch der antithetische Modus. Herausgearbeitet wird dies in Kapitel 4.2.1 anhand der Passage „fließend Deutsch“. Während der Großteil der Passage parallel organisiert ist, findet sich zu Beginn der Passage ein antithetischer Austausch.

Man ist sich nicht einig darüber, ob Vertreter/innen öffentlicher Institutionen sich in der Regel ausgrenzend gegenüber der Gruppe, d.h. gegenüber jungen Frauen türkischer Herkunft, verhalten, oder ob dieses Verhalten der Vergangenheit angehört. Diese antithetische Gegenüberstellung mündet in der Synthese, dass nicht die jungen Frauen den Vertreter/inne/n der Öffentlichkeit ausgeliefert sind, sondern vielmehr umgekehrt, dass sie dem Verhalten und Erscheinungsbild der jungen Frauen ausgeliefert sind. Die jungen Frauen werden zu den Handelnden und verlassen die Position der Erleidenden, Ausgegrenzten. Die Vertreter/innen der Öffentlichkeit sind die Provozierten. Sie verlieren Handlungsspielräume.

Im Zusammenhang der komparativen Analyse lässt sich festhalten, dass sich auch in einer Gruppe, bei der wir herausarbeiten konnten, dass sie sich im akademischen Milieu verorten lässt (vgl. Kap. 3.1.1.1), der antithetische Modus der Diskursorganisation repräsentiert ist.

3.1.3 Univoke Diskursorganisation („Unisono")

Der univoke Modus der Diskursorganisation bzw. ‚Unisono' – wie ich diesen Modus auch nenne – zählt, wie der antithetische und der parallele Modus, zu den inkludierenden Modi. Das heißt, auch hier kommen gemeinsame Orientierungen zum Ausdruck (siehe auch Kap. 3.3). Im Unterschied zu den beiden bisher beschriebenen Modi sind die Erfahrungen, die sich im univoken Modus inszenieren, nicht nur homolog, also strukturidentisch, sondern es sind dieselben, *identische* Erfahrungen. Dieser Modus findet sich also systematisch in Diskursen auf der Grundlage derselben Erfahrungsbasis. Dabei ist wichtig zu unterscheiden, dass ein Vorfall, ein Ereignis oder auch eine historische Entwicklung von verschiedenen Beteiligten ganz unterschiedlich erfahren werden kann. Es genügt also nicht, zur selben Zeit am selben Ort gewesen zu sein. Im univoken Modus inszeniert sich die Erfahrung derselben Begebenheiten aus derselben Perspektive, die Erfahrung ist identisch und damit auch homolog strukturiert.

Der univoke Modus liegt weniger, wie die beiden anderen inkludierenden Modi, im Verhältnis der Diskursbewegungen zueinander, sondern stärker in der Performativität innerhalb der Diskursbewegungen. Die Diskursbewegungen werden hier auch gemeinsam realisiert. Das Besondere an dieser gemeinsamen Realisierung ist das gleichzeitige Sprechen. Die ganze Gruppe spricht sozusagen ‚unisono' bzw. ‚univok'.

Meine Aufmerksamkeit wurde auf das Phänomen des univoken Modus gerichtet, da er sowohl der phänomenologischen Beschreibung von Gesprächen als auch den Regeln für Gespräche, wie sie von der Konversationsanalyse (vor allem Sacks/Scheglhoff/Jefferson 1978 und Streeck 1983) erarbeitet wurden, entgegengestellt sind.[69] Die phänomenologische Beschreibung – die „Basisbeobachtungen" (Streeck 1983, S. 76) bzw. „facts", wie es im Original heißt (Sacks/Schegloff/Jefferson 1978, S. 10) –, die dabei interessant ist, lautet: „Überwiegend spricht nur ein einzelner

69 Dabei geht es mir hier weniger um eine grundsätzliche Kritik an der Konversationsanalyse, sondern um eine Differenzierung und Weiterentwicklung von Regelhaftigkeiten in vorab wenig strukturierten bzw. wenig gelenkten Gesprächen.

Teilnehmer; es kommt zwar gelegentlich vor, dass mehrere Beteiligte zugleich reden, aber dann doch nur für einen kleinen Augenblick; (...)“, bzw. im Original: “3. Occurences of more than one speaker at a time are common, but brief. 4. Transitions form one turn to a next with no gap and no overlap between them are common. Together with transitions characterized by slight gap or slight overlap, (...).” (Sacks/Schegloff/Jefferson 1978, S. 11)

Aus dem Regelsystem geht hervor, dass immer nur ein/e Sprecher/in das Rederecht hat. Bei einer „übergaberelevanten Stelle“, wenn eine/r vom „gegenwärtigen Sprecher (...) gewählt“ wurde, „hat *allein* der solcherart gewählte Sprecher das Recht, den nächsten Turn zu übernehmen“ (Streek 1983, S. 77, Hervorhebung A.P.), bzw. bei Sacks/Schegloff/Jefferson (1978, S. 13): “If the turn (...) involove (...) a ‚current speaker selectes next' technique, the party so selected has rights, and is obliged, to take next turn to speak, and no others have such rights (...).” Auch bei der so genannten „Selbstwahl“ erhält nur eine/r den „nächsten Turn“, und zwar „wer als erster beginnt“ (Streek 1983, S. 77), bzw.: “If the turn-so-far is so constructed as not to involove the use of a ‚current speaker selects next' technique, self-selction for next speakership may, but need not, be instituted, with first stater aquiring rights to a turn, (...).” (Sacks/Schegloff/Jefferson 1978, S. 13) Das kann dazu führen, dass man zu früh beginnt (a.a.O., S. 32f.) oder bei gleichzeitigem Start kurzfristig gleichzeitig gesprochen wird (a.a.O., S. 15f.). Prinzip aber bleibt, dass nur eine Person spricht und auch alle Gesprächsteilnehmer/innen daran orientiert sind.

In dem Gesprächsmaterial, das wir im Folgenden betrachten, scheint dieses Prinzip seine Gültigkeit zu verlieren. Selbst wenn eine Sprecherin am Ende einer Turn-Konstruktion zu sprechen beginnt, heißt das für eine andere noch lange nicht, dass sie nicht weiterspricht. Noch tiefer gehend scheinen auch die übergaberelevanten Stellen nicht mehr übergaberelevant zu sein. Die Einsätze einer zweiten Sprecherin erfolgen unabhängig davon, ob eine Konstruktion zu einem Ende gekommen ist oder nicht. Es wird gleichzeitig gesprochen, ohne dass die Beteiligten einander stören oder wir die Gleichzeitigkeit mit den Regeln, die eine Gleichzeitigkeit verhindern helfen sollen, erklären könnten, wie beim gleichzeitigen Start oder einer kurzen Überlappung aufgrund eines verfrühten Beginns. Vielmehr scheint das gleichzeitige, das gemeinsame Sprechen hier dem Diskurs förderlich zu sein und Prinzip zu haben. Derartige Phänomene haben im Bereich der angewandten Sprachwissenschaft zu einer intensiven Diskussion der „Sprecherrolle“ (u.a. Schwitalla, 1992) geführt. (vgl. auch Kap. 1.1.3)

Bisher konnte ich diesen Modus nur in weiblichen Gruppen herausarbeiten. Zumindest hier versuche ich, einen möglichst großen Kontrast in der komparativen Analyse vorzulegen. Zunächst liegt die Diskussion von zwei jungen Frauen türkischer

Herkunft aus Berlin vor. Dieser Gruppe wird eine Gruppe von drei erwachsenen Frauen aus England gegenübergestellt. Damit werden die entwicklungstypische Phase, die Bilingualität, der Sprachraum, die Migrationsgenerationslagerung und die Anzahl der Teilnehmerinnen und das Bildungsmilieu variiert.

3.1.3.1 „Straße“: Eine Dyade junger Frauen türkischer Herkunft

Auch die Diskussion der Gruppe „Straße“ stammt – wie jene der Gruppen „Mantel“, „Buch“ und „Sand“ – aus einem der Projekte zu „Entwicklungs- und milieutypischen Ausgrenzungs- und Kriminalisierungserfahrungen in Gruppen Jugendlicher“, in welchen ich mitgearbeitet habe. Die Gruppe „Straße“ besteht aus zwei jungen Frauen, die der 3. Generation türkischer Migrant/inn/en angehören. Alev ist 19 Jahre alt und Buket 18. Zum Zeitpunkt des Interviews besuchen beide eine Abendschule, in der sie ihren Realschulabschluss nachholen wollen. Zuvor haben sie – ausgenommen eine Schulstufe – immer dieselbe Schule und meist dieselbe Klasse besucht. Alev und Buket wohnen bei ihren Eltern, beide in derselben Straße. Diese befindet sich in der Nähe des Jugendfreizeitheims, in dem auch das Interview stattfand. Der Besuch dieser Jugendeinrichtung ist seitens ihrer Eltern untersagt. In der Umgehung dieses Verbots haben die jungen Frauen jedoch jede Menge Routine.

Die Gruppendiskussion verläuft ausgesprochen selbstläufig. Nach ca. 30 Minuten erfolgt eine erste immanente Frage durch die Interviewerin, die wiederum eine Interaktion der Mädchen von ca. 30 Minuten auslöst. Gegen Ende erfolgen die Fragen in häufigeren Abständen. Insgesamt dauert die Diskussion ca. 90 Minuten. Auffälliges Stilmerkmal der Interaktion ist, dass entweder eine der beiden eine längere Erzählung oder Beschreibung allein durchführt und dabei von der anderen kaum kommentiert und unterstützt wird oder es zu dem hier beleuchteten Phänomen kommt. So entsteht der Eindruck, es spricht nur eine Einheit, in komplexeren oder weniger komplexen Formen.

Am Beginn der Passage „Türken“, nach ca. 10 bis 15 Minuten Diskussion, schlagen die jungen Frauen vor, „über die Türken“ (1) zu sprechen. Für die jungen Frauen heißt „über die Türken“ zu sprechen, über die eigene Familie („Also; meine Familie ...“, 12–13) zu sprechen, und zwar über deren Erziehungsstil. In dieser Proposition dokumentiert sich, dass für ihr ‚Türkischsein‘ die Herkunftsfamilie das Wichtigste ist. Sie ist der Drehpunkt, der primäre Rahmen der Migrationslagerung der jungen Frauen. Die komplexe Bedeutung, die dem Erziehungsstil für die Migrationslagerung zukommt, dokumentiert sich in interaktiv oft äußerst dichten Elaborationen.

Alev und Buket jammern zwar, dass ihre „Eltern (...) streng" (13) sind, besonders Alevs Vater. Die beiden grenzen sich jedoch – ebenso wie ihre Eltern – von jenen Eltern ab, bei welchen „Kopftuch tragen" (34, ohne Transkript) eine Pflicht und „schminken" (34, ohne Transkript) ein Verbot darstellen. Der negative Gegenhorizont von Eltern *und* Kindern sind also Familien bzw. Eltern, die an der Unterwerfung der persönlichen Identität unter die Präsentation einer bestimmten sozialen Identität orientiert sind. Trotz der beanstandeten Strenge dokumentieren sich keine grundsätzlichen Orientierungsdifferenzen zwischen Eltern und Kindern.[70]

Die Strenge der Eltern, ihr Erziehungsstil, resultiert u.a. aus ihrem Verhältnis zur türkischen ortsgesellschaftlichen Öffentlichkeit. Diese wird am Beispiel der Straße, in der die beiden jungen Frauen wohnen, dargestellt. Die beiden jungen Frauen erläutern, wie es zu den Restriktionen des Vaters hinsichtlich ihres Kleidungsstils kommt (Türken, 40–73):

40	Af:	... und mein Vater ist n=bisschen strenger halt s aber
41		nicht so dass ich mich jetzt so mich ä: mich nicht
42		schminken darf Kopftuch tragen, das muss ich alles
43		nicht
44			
45	Bf:	└Nee das müssen wir nicht, das wollen wir auch
46		nicht	
47			
48	Af:	└Also er ist schon er denkt eigentlich schon
49		modern, aber wir wohnen auf so einer Straße da sind
50		nur Türken und (.) halt
51			
52	Bf:	└Und die lästern
53			
54	Y2:	└Hm,
55			
56	Af:	└Und da sind die
57		Männer die ganzen Männer	
58			
59	Bf:	└Wenn wir jetzt
60		Miniröcke anziehen dann kucken die so und dann (.)
61			
62	Af:	└Ja
63		
64	Bf:	das will ja kein Vater dass die Männer da hinterher

70 Hier und hinsichtlich der gesamten Orientierungen, die nun dargestellt werden, ergeben sich interessante Vergleiche vor allem mit der Gruppe „Sand". Diesen inhaltlichen Vergleich der Orientierungen vernachlässigen wir aber wieder zugunsten der komparativen Analyse der Diskursmodi. Eine Einbettung der Orientierungen der Gruppe „Straße" und der Gruppe „Sand" in eine komparative Analyse mit anderen Gruppen, deren Mitglieder türkischer Herkunft sind, findet sich in Bohnsack/Loos/Przyborski 2001.

kucken; |
|
Af: └Die Männer die g- gucken da
ja einen also auf ä au- auch wenn wir n' Kind hätten
(.) sogar dann würden die gucken
| |
Bf: └Ja und die Türken auch └Wenn ne Frau
mit=n Kind herumläuft aber kurz angezogen, naja
|
Y2: └Mh

Bf: pfeifen und so hinterher unsere Straße ist so: ( )
türkisch |
Af: └Naja und (.) mein Vater
kennt halt die die Leute er hängt halt mit denen rum
und deswegen; (.) will er das vermeiden; (halt) mit
den Jungs; also nur das darf ich nicht

Obwohl Alevs Vater streng ist, „denkt" er „eigentlich schon modern" (48–49). Denn in der „Straße" (41), in der Alev und Buket mit ihren Eltern wohnen, „sind nur Türken" (42) „und die lästern" (44). Zudem „kucken" (52, 57, 61) und „pfeifen" (68) die ganzen türkischen Männer" (49, 56, 59) Mädchen und Frauen hinterher, wenn sie „Miniröcke" (52) tragen, selbst wenn sie mit einem „Kind" (64) unterwegs sind. Alevs Vater „hängt" mit diesen Männern „rum" (71), ist in diese Community eingebunden und will all das „vermeiden" (72).

Es wird eine Unterscheidung zwischen Denken und Handeln vorgenommen. Das Denken des Vaters hat Zukunft. Es ist „modern". Sein Handeln dagegen unterliegt Konventionen, die sich in der szenischen Darstellung der Straße dokumentieren. Sie repräsentiert die türkische ortsgesellschaftliche Öffentlichkeit, in die der Vater eingebunden ist. Dort ist es dieselbe Gruppe von Männern, die durch Blicke und prosodische Äußerungen („pfeifen", 68) persönliche Grenzen von Frauen verletzen, durch üble Nachrede („Lästern", 44) ihr Ansehen (und damit des Mannes bzw. des Vaters, s.u.) schädigen und zugleich die Verhinderung der Grenzverletzungen bei den Vätern einfordern, wie die Exemplifizierung es bei Alevs Vater zeigt.

Wie es sich in dieser Sequenz dokumentiert, so wie auch an anderen Stellen aus empirischem Material türkischstämmiger Personen, geht es dabei um den Orientierungszusammenhang bzw. den Habitus der ‚männlichen Ehre' (vgl. den Aufsatz „Male Honor", Bohnsack/Loos/Przyborski 2001, Nohl 2001a sowie Schiffauer 1983 und 1987). In der Passage „Türken" sprechen die jungen Frauen am Ende davon, dass ihren Vätern „die Ehre sehr (...) wichtig" (290, ohne Transkript) ist. Die Männer haben darauf zu achten, dass u.a. die Frauen ihrer Familie sich so verhalten, dass es nicht zu Grenzverletzungen kommen kann. Werden die Grenzen der familialen Sphäre – meist repräsentiert durch die Frauen – verletzt, so ist die Ehre des verantwortlichen Mannes – meist des Vaters oder des Ehemanns – verletzt. Interessant ist, dass es sich nicht um eine reziproke Orientierung handelt. Es entspricht zumindest dem europäischen akademischen Denken eher, dass diejenigen, die so genau auf den Schutz der Grenzen achten (müssen), auch die Grenzen der anderen wahren müssten. Dem ist aber nicht so. Sobald sich die Gelegenheit ergibt, sobald sich eine Blöße offenbart, wird diese von den Männern zur Grenz- bzw. Ehrverletzung genützt. Für den Vater von Alev heißt das nun, dass sein Ansehen, seine Ehre gegenüber den anderen Männern der Community auf dem Spiel stehen. Seine soziale Einbindung und der daraus resultierende Handlungsdruck stehen also seinem Denken entgegen. Es geht also primär um die Beziehung der Männer untereinander.

Die Männer greifen in doppelter Weise in die persönliche Sphäre der Frauen ein: einerseits durch die Grenzverletzung selbst, und andererseits dadurch, dass sie mit dem Hinweis auf die Notwendigkeit der Verhinderung potenzieller Grenzverletzungen den Frauen Restriktionen ihres Kleidungsstils auferlegen. Dies steht dem ‚modernen Denken' entgegen. Die Orientierungen in der Sphäre der Öffentlichkeit der türkischen Community und der Sphäre der Familie der jungen Frauen sind somit nicht deckungsgleich. Über den Vater, der durch seine positive Einbindung in diesen Sozialraum („er hängt [...] mit denen rum", 71) dem Habitus der männlichen Ehre verpflichtet und damit angreifbar bleibt, ragt der Sozialraum in die Familie hinein. Es bedarf eines Balanceaktes, eines Sphärenmanagements, will man nicht mit einer der beiden Sphären in Konflikt geraten. An der Vermeidung derartiger Konflikte sind die Töchter wie die Väter gleichermaßen interessiert. Allein hinsichtlich der Umsetzung scheinen sich Unterschiede aufzutun.

In der Perspektive der Männer, die in diese Darstellung aufgenommen ist, sind Mädchen und Frauen in Miniröcken, ‚Schlampen'; sie präsentieren sich moralisch verwerflich. Von daher dürfen sie auch ‚übergriffig gucken'. Kontaktaufnahme zwischen den Geschlechtern ist nicht möglich und muss rituell gelöst werden, also zwischen den jeweiligen Familien (vgl. Kap. 3.1.2.2). Das moderne Denken ist an einem weniger ritualisierten Ablauf orientiert. Im Tragen von Miniröcken dokumentiert sich in dieser Hinsicht ein Ausloten von Grenzen, eine Vorstufe zum Testen von anderen Wegen und eine stärker werdende Orientierung an Reziprozität, an Gegenseitigkeit bei der Interaktion der Geschlechter.

In dieser Exemplifizierung des ‚Türkischseins' von Buket und Alev dokumentiert sich also ein komplexer Orientierungszusammenhang, in den neben der eigenen Perspektive die Perspektive der Männer der ortsgesellschaftlichen Öffentlichkeit und jene innerhalb der Familie aufgenommen ist. Das gelingt durch eine dichte szenische Darstellung, die wir nun auf der Ebene der Diskursorganisation genauer betrachten.

Der gemeinsamen Realisierung einer Diskursbewegung – hier einer Exemplifizierung – durch mehrere Gesprächsteilnehmer/innen sind wir im Verlauf der bisherigen Ausführungen schon vielfach begegnet. Es hat sich sogar als etwas ganz Typisches für wenig reglementierte Gespräche herausgestellt. Auffallend ist in der zitierten Passage und wie wir sehen werden generell für diesen Diskursmodus, dass im Zuge der gemeinsamen Realisierung einer Diskursbewegung nicht nur einzelne fokussierte Worte oder kleinere Einheiten *gleichzeitig* gesprochen werden, sondern der Großteil der gesamten Diskursbewegung gleichzeitig von beiden Teilnehmerinnen gesprochen wird.

Das „moderne" Denken wird von Alev auf den Begriff gebracht, *während* Buket Alevs Beispiel dazu aus der Handlungspraxis durch eine Pointierung desselben unterstreicht (sie „müssen" kein „Kopftuch" tragen, 37) und die Perspektive der jungen Frauen dazu verdeutlicht (sie „wollen es [...] auch nicht", 37–38). Das heißt, auf zwei unterschiedlichen Abstraktionsebenen wird dieselbe Orientierung zum selben Zeitpunkt gebracht: Die Ablehnung einer Unterwerfung der persönlichen Identität gegenüber der öffentlichen Präsentation eines sozialen Habitus als positiver Horizont des modernen Denkens.

Die Orientierungen der türkischen ortsgesellschaftlichen Öffentlichkeit werden an dieser Stelle noch nicht begrifflich gefasst. Wie erwähnt, sprechen die jungen Frauen erst am Ende der Passage von „Ehre". Sie kommt in der abstrahierenden Beschreibung, der szenischen Darstellung der „Straße" zum Ausdruck. Eingeleitet wird diese Darstellung von Alev. Sie spricht die ‚heimatliche' „Straße" (41) an, auf der ausschließlich „Türken" (42) sind. Im anschließenden „und" (in Kombination mit dem vorangegangenen „aber" 41) kommt zum Ausdruck, dass es im Folgenden um die Relevanz der Straße für den Erziehungsstil der Eltern geht. Dieses „und" (42, 44) wird gleichzeitig von Alev und von Buket ausgesprochen. Sie ziehen am gleichen Strang. Buket setzt mit einem Merkmal der „Türken" (42), zu „lästern" (44), fort. Das heißt, alles, was in der Folge dargestellt wird, hat mehrfaches Gewicht, da es zu den Eigenschaften der „Türken" gehört, Regelverstöße und Normverletzungen im sozialen Umfeld weiterzuerzählen. Diese Eigenschaft der „Türken" setzt den Vater angesichts der in der Folge dargestellten Szene zusätzlich unter Druck. Die kooperative Realisierung eines Sinnzusammenhangs wie diese ist uns schon mehrfach begegnet. Sie weist zunächst nur auf homologe Erfahrungen hin.

Alev spricht nun „die Männer die ganzen Männer" (48–49), die sich in der Straße befinden, an. Zugleich lässt Buket die beiden jungen Frauen in „Miniröcke"n auf der Straße spazieren. Der Rhythmus von „da sind die *Män*ner die ganzen *Män*ner" (48–49, Hervorhebung kursiv, um die Betonung zu kennzeichnen) nimmt einen Marschrhythmus, einen Samba, mit einer Betonung des dritten Viertels eines Viervierteltaktes auf und vermittelt somit geradezu einen akustischen Eindruck, wie die jungen Frauen auf der Straße gehen. Was gleichzeitig geschieht, wird gleichzeitig formuliert. Dass die „Männer“ (49), die ja von Alev angesprochen wurden, „dann gucken“ (52), wird von Buket ausgeführt. Sie nimmt nur mit einem Demonstrativpronomen auf sie Bezug. Sie selbst hat die „Männer“ noch nicht angesprochen. Alev nannte sie, während Buket sprach. Darin wird deutlich, dass die Frauen einander hier beim gleichzeitigen Sprechen überhaupt nicht stören. Im Gegenteil, die eine Frau kann auf die Worte der anderen Bezug nehmen, auch wenn sie zu dem Zeitpunkt, als diese sie geäußert hat, gerade etwas anderes gesagt hat. Zudem führen sie problemlos ihre Konstruktionen zu Ende, die eine Frau wird also durch die Worte der anderen nicht unterbrochen. Durch die szenische Darstellung wird das gleichzeitige Sprechen plastischer und dichter.

Buket bricht ihre Konstruktion ab – ohne, dass sie etwa von Alev unterbrochen würde –, als es damit weitergehen könnte, was passiert, wenn die Männer den Frauen in ihren Miniröcken nachgeschaut haben. Hier ließe sich ergänzen, dass nun die männlichen und weiblichen ‚Lästerer‘ die Begebenheit in der Community weitertragen. Dies ist scheinbar jedoch nicht der springende Punkt. Das Problem ist grundsätzlicher Natur und auch nicht nur das Problem von Alevs Vater, denn es „will ja kein Vater“, dass Männer seiner Tochter nachgucken und damit die Grenzen der familialen Sphäre verletzen. Dieser Aspekt scheint den jungen Frauen ganz selbstverständlich zu sein und entspricht zudem den eigenen Orientierungen. Er findet nur eine ganz kurze Erwähnung. Die übergriffigen Blicke der Männer dagegen empören die jungen Frauen. Über die Männer in der Rolle der ‚Guckenden‘ wird ziemlich respektlos gesprochen „die ganzen ...“ (49), „die“ (52), das ‚Hinterhergucken‘ mehrfach wiederholt (52, 57, 61, 68); über den Vater, den die Grenzverletzung trifft, weniger respektlos.

Nachdem die Erwähnung des Vater quasi ein Solo hatte in der gleichzeitig gesprochenen Darstellung der Straße, wird nun wieder *gleichzeitig* das die Mädchen empörende, grenzverletzende ‚Gucken‘ der Männer angesprochen (Buket 57–58, Alev 59–60). Es wird beinahe dasselbe gesagt und damit fokussiert. Darin kommt zum Ausdruck, dass hier der Stein des Anstoßes liegt. Die Empörung gilt der Partikularität und der fehlenden Reziprozität der Moral der türkischen Community. Sie greift in erster Linie in die persönlichen Freiräume, in die persönliche Identität der Frauen ein, während den Männern jegliche Grenzverletzung zusteht. Von den Mitgliedern der eigenen Familie wird eine strikte Wahrung von Grenzen gegenüber der Öffentlichkeit verlangt, gegenüber anderen werden die Grenzen jedoch nicht eingehalten.

Der Ausdruck von Ablehnung und Empörung gegenüber diesem Gebaren der „Männer“ (59), der „Türken“ (63), gipfelt darin, dass sie „sogar“ (61) bei Frauen im Minirock, die mit Kindern unterwegs sind, „gucken“ (61). Die Männer verletzen hier die Grenzen, obwohl klar ist, dass die Familienplanung so weit fortgeschritten ist, dass es keinen Bedarf einer Kontaktaufnahme gibt. Sogar dort, wo also die Kontaktaufnahme zum anderen Geschlecht nicht erwünscht sein kann, überschreiten die Männer Grenzen, zu deren Wahrung sie von ihren eigenen Familienmitgliedern eine Palette an Maßnahmen einfordern. Dies wird zwar nicht mit gleichzeitigem Sprechen artikuliert, aber zwei Mal hintereinander, als würden sie es den Interviewer/inne/n zwei Mal sagen müssen, damit diese es überhaupt glauben können. Darin drückt sich unter anderem die große Empörung aus.

Dort, wo nun die szenische Darstellung zu einem Ende kommt und Buket die „Straße" noch einmal als „so türkisch" bezeichnet, bindet Alev ihren „Vater", auch wieder überlappend, in das Bild ein. Während Buket sagt: „(U)nsere Straße ist so: ( ) türkisch" (76–77), lässt Alev ihren Vater in der Szene der türkischen Straße erscheinen. Er ist Teil der am Beispiel der Straße dargestellten Community und ebenso eingebunden in den Zusammenhang der Straße wie Alevs Redebeitrag in die abschließende Bewertung der Straße durch Buket. Das heißt, die Einbindung des Vaters kommt metaphorisch zum Ausdruck. Er kennt die „Leute" und ist ebenso mit ihnen verbunden wie Alev und Buket mit ihren Freund/inn/en („er hängt [...] mit denen rum", 71). Zudem kommt sie auch performatorisch, eben in der sprachlichen Umsetzung, der Art des gleichzeitigen Sprechens zum Ausdruck. Die Ambivalenz gegenüber dieser Einbindung kommt in ihrer abwertenden Darstellung („halt", „mit denen", 71) bei einer gleichzeitigen Anerkennung des davon ausgehenden Handlungsdrucks zum Ausdruck.

Es ist dieselbe Straße, die Alev und Buket darstellen, und sie steht metaphorisch für dieselbe Community und dieselbe Problematik der beiden jungen Frauen: Wie zuvor schon ausgeführt, ragt die Sphäre der Community in die familiale Sphäre hinein, und es bedarf eines Sphärenmanagements, um nicht mit einer der Sphären in Konflikt zu geraten. Die *Erfahrungsbasis* ist somit nicht nur homolog, sondern sie ist *identisch*. Identisch nicht in einem wie immer gearteten objektiven Sinn. Ist es ‚wirklich' dasselbe, was sie gesehen haben? Viel ausschlaggebender ist, dass die Dinge aus derselben Perspektive wahrgenommen werden und auch identisch konstruiert werden. Somit weist diese Form auf ein teilweises Zusammenfallen der persönlichen Identität und des persönlichen Habitus der Beteiligten hin. Umgangssprachlich ausgedrückt heißt dies, Alev und Buket haben nicht die gleichen Probleme, sondern ein und dasselbe Problem.

Die Proposition, die hier in Form einer Exemplifizierung weiter elaboriert wurde, wird damit deutlicher. Der Erziehungsstil der Eltern ist ein zentraler Teil des Sphärenmanagements, den sowohl Eltern als auch Kinder zu bewältigen haben. Es macht ein Pendeln zwischen der Primordialität des persönlichen Habitus und der Primordialität – zumindest der Präsentation – eines sozialen Habitus als Teil des Habitus der männlichen Ehre notwendig. Ein strenger Vater hat so gesehen Vor- und Nachteile. Er beugt Konflikten mit der türkischen ortsgesellschaftlichen Öffentlichkeit vor, er schränkt aber auch den Ausdruck der persönlichen Identität ein.

Am Beispiel des Schminkens wird diese Proposition in der Folge weiter ausgearbeitet. Die Mädchen blicken auf eine Phase zurück, in welcher der Ausdruck eines persönlichen Stils stärker eingeschränkt war. Diese Phase bildet zwar einen negativen Gegenhorizont, denn es wurde der selbstbestimmte Umgang mit der Gestaltung des eigenen Äußeren deutlich eingeschränkt. Dennoch dokumentieren sich auch hier wieder keine grundsätzlichen Differenzen mit den Eltern. Die Aufhebung des Schminkverbots ist eine Frage der Reife („dann war ich ihnen reif genug", 102, ohne Transkript), was auf eine Entwicklungstheorie hinweist, die Eltern und Kinder gemeinsam ist: Kinder entwickeln naturgemäß (reifen) die Fähigkeit zu selbstverantwortlichem Handeln, das ihnen je nach Entwicklungsstand auch zugebilligt werden kann. Solange dieser nicht erreicht ist, darf auch über das eigene Äußere nicht verfügt werden. Der strittige Punkt zwischen Eltern und Kindern ist hier wiederum die Umsetzung der Entwicklungstheorie, der Erziehungsvorstellungen. Es geht nicht um die Frage, ob sie sich überhaupt schminken dürfen oder nicht, sondern um die Frage des Zeitpunktes: Ab welchem Alter dürfen sie über die Gestaltung ihres Äußeren selbst bestimmen? Bei Buket war es früher („mit zwölf", 104–105, ohne Transkript), was begrüßt wird, bei Alev später. Alevs Eltern wird entschuldigend zugute gehalten, dass Buket im Gegensatz zu Alev eine ältere Schwester hat. Ihre Eltern waren von daher „schon gewöhnter daran" (109, ohne Transkript). Auch hier wird wieder das Spannungsverhältnis von Denken und Handeln deutlich.

Von der Position des Vaters, der auch den Zeitpunkt für die Erlaubnis sich zu schminken bestimmt hat, wird in der folgenden Elaboration zur Position der Mutter gewechselt (Türken, 112–146):

Bf: └Meine Mutter
is ja noch so also mein Vater manchm- der meckert
manchmal sagt so ja zieh doch nicht so nicht diese
kurzen Teile an meine Mutter sagt so na und? soll
sie ihr Leben genießen also meine Mutter ist da halt
eher so: also meine Mutter ist da okay
|
Af: └weil meine Mutter hat selber das
durchgemacht wegen ihren Eltern: (.) deswegen
deswegen |
|
Bf: └Sie meinte so ähm ich hab ich durfte
das alles nicht |

Af: └Deswegen
deswegen darf sie das alles
Bf: └Aber ihr sollt es machen meinte sie
Af: └
Also die solln=s machen eben dürfen was sie nicht
gemacht hat; was sie versäumt hat
Bf: └Also zum Beispiel sie durfte abends
nicht in die Discos gehen und in der Türkei schickt
sie mich auch in die Discos (.) und hier (1) selten
Af: └Hier so
wenn wir so also meine Mutter ist auch schon cool so
in den Sachen
Bf: └Ja ihre Mutter
Af └Sie kommt einfach mit zu
Discos und so

Wenn Bukets Vater ihr verbietet „kurze Teile" anzuziehen, lenkt ihre Mutter ein. Sie hat dieses Verbot selbst erlebt und meint nun: Was sie versäumt hat, sollen ihre Töchter genießen. Sie durfte z.B. keine Diskotheken besuchen, was sie ihrer Tochter zumindest in der Türkei erlaubt. Alevs Mutter begleitet die Mädchen hier in Discos.

Die Mutter schränkt den Vater in seiner Autorität, in seiner Entscheidungsgewalt ein. Sein Verbot („zieh […] nicht diese kurzen Teile an", 114–115) wird gar nicht als solches dargestellt, sondern lediglich als ‚Meckern' („der meckert", 113), und es wird von der Mutter außer Kraft gesetzt. Sie gestattet ihrer Tochter einen eigenen Stil. Dafür hat sie Argumente, die weder an der Öffentlichkeit orientiert sind noch an Gewohnheiten, sondern am persönlichen Wohl ihrer Tochter.

Auch diese Haltung findet, wie das Verhalten des Vater gegenüber dem Schminken, eine Erklärung. Beim Schminken wurde die Beziehungsdynamik in der Familie herangezogen, hier eine biographische Genese der Orientierung der Mutter ausgearbeitet. Bukets Mutter hat selbst die Erziehung ihrer Eltern als Einschränkung erlebt. Ihren Töchtern gewährt sie nun Freiheiten, die sie nicht hatte, kompensatorisch, wie Alev und Buket meinen. Hierin dokumentiert sich eine sehr weit gehende wechselseitige Perspektivenübernahme von Mutter und Tochter sowie eine wechselseitige Identifikation. Die Mutter versetzt sich mit Hilfe der Erinnerung an die eigene Jugend in die Lage der Töchter. Für die Töchter erscheint die Perspektive der Mutter, die sie ihren Töchtern anscheinend kommunikativ dargelegt hat, nachvollziehbar: Was ihr verwehrt geblieben ist, sollen die Töchter genießen.

Die Tochter wiederum betrachtet den Vater aus der Perspektive der Mutter, er „meckert" (113).

Dort, wo Bukets Mutter ihre Jugend erlebt hat, in der Türkei, darf Buket in die Disco, in Deutschland nur „selten" (137). Alev und Buket dürfen in Deutschland in die Disco, wenn Alevs Mutter „einfach mit zu Discos" (145 - 146) kommt. Der familiäre Bereich, die familiäre Kontrolle und Aufsicht, wird hier in die Öffentlichkeit ausgedehnt und durch diesen „Trick" der Aktionsradius der Mädchen erweitert. Durch die Väter wird die Öffentlichkeit Alevs und Bukets „Straße" in die Familie verlegt, durch die Mütter die Familie in die Öffentlichkeit verlängert.

Auch in dieser Sequenz greifen die Redebeiträge der beiden Mädchen ineinander, überlappen einander, ohne dass damit wesentliche Störungen oder Abbrüche ausgelöst werden. Unmittelbar nachdem Buket die Orientierung ihrer Mutter am persönlichen Wohl ihrer Tochter ausgearbeitet hat – diese „soll (...) ihr Leben genießen" (115–116) –, setzt Alev mit der Erklärungstheorie zur biographischen Genese dieser Orientierung an. Zu diesem Zeitpunkt nimmt Alev noch eine Globalevaluation ihrer Mutter vor (sie „ist da okay", 117). Die Erklärungstheorie hat gleichermaßen Bedeutung für die Genese der Orientierung der Mutter wie auch für ihre umfassende positive Bewertung. Buket selbst hakt, wieder den Beitrag von Alev überlappend, mit der kommunikativen Verständigung zwischen Mutter und Tochter über die biographischen Hintergründe der Mutter und mit deren kompensatorischen Beweggründen ein. Während wiederum Alev dies als Ursächlichkeit für ein etwas höheres Ausmaß an Freiheit unterstreicht.

Der Diskurs vollzieht sich quasi in einem ‚Zopfmuster'. Die eine beginnt ihren Gesprächsbeitrag immer schon bevor die andere ihren beendet hat. So legen sich die Gesprächsbeiträge wie die Stränge eines Zopfes übereinander und stützen, aber stören einander nicht. Ein Teil dient oft als untermalender Hintergrund eines anderen Teils. Auf diese Weise kann nur gesprochen werden, wenn man immer schon weiß, wie die andere enden wird, was die Pointe sein wird; bzw. auch umgekehrt, wenn die eine ihren Beitrag in Lautstärke und Schnelligkeit zurücknimmt, um die andere fortsetzen zu lassen, dann kann sie das nur im Vertrauen darauf tun, dass die andere in der gleichen Gesinnung, d.h. mit einer entsprechenden Orientierung, fortfährt. Es ist weniger so, dass die Dramaturgie schon von vornherein bekannt ist, der Text schon durch oftmaliges Durchsprechen eingeübt ist, sondern es dokumentiert sich eine Gewissheit über bzw. ein Vertrauen auf die totale Übereinstimmung der Betrachtung.[71]

71 Diese Gewissheit dokumentiert sich auch in einer Beobachtung während des Gesprächs: Alev sagt ganz leise zu Buket: „Erzähl mal das weiter." Sie geht rasch zur Glastür, die den Raum verschließt,

Zuletzt werfen wir noch einen Blick auf einen Ausschnitt aus einer weiteren Passage aus der Diskussion der Gruppe „Straße". Nachdem wir uns die univoke Diskursorganisation auf der Ebene von Textsorten zunächst anhand einer abstrahierten Beschreibung angesehen haben und dann anhand einer argumentativen Sequenz, haben wir es hier nun mit einer Erzählung zu tun.

Gegenstand der Passage ist die Regelung der Beziehungen der jungen Frauen zum anderen Geschlecht. Wie sich bereits in der Passage „Türken" abgezeichnet hat, sind die beiden jungen Frauen nicht an einer rituellen Kontaktaufnahme, vermittelt durch die Eltern, zu jungen Männern orientiert. Wie in dieser und in zwei weiteren Passagen („Eifersucht" und „Jungs") deutlich wird, kümmern sie sich im wahrsten Sinne des Wortes ‚auf eigene Faust' um junge Männer, in die sie sich verliebt haben. Die Ansprüche, die sie auf diese jungen Männer erheben, führen bis zu Verstrickungen in körperliche Auseinandersetzungen mit potenziellen Rivalinnen, mit denen sie sich „schlagen" (198, ohne Transkript). Im Konflikt mit der Polizei, die diese ‚Schlägereien' nach sich ziehen, haben sie sich zahlreiche Anzeigen eingehandelt. Nicht ohne Stolz weisen sie darauf hin, dass sie mit diesen Trophäen ihre „Wände tapezieren" (1, ohne Transkript) können.

Auf der Ebene von Textsorten ist die gesamte Passage eine lange Erzählung, mit mehreren eingelagerten Erzählungen, z.B. Vorgeschichten und Hintergrunderzählungen. Bezeichnend sind die Übergänge zwischen einzelnen Erzählabschnitten und fokussierte Erzählabschnitte bzw. Höhepunkte. An diesen Stellen lässt sich das für den univoken Modus typische Zopfmuster bzw. gleichzeitiges, gemeinsames Sprechen finden.

Der Inhalt der langen, komplexen Erzählung mit einer mehr als unübersichtlichen Deixis lässt sich wie folgt umreißen: Buket ist in Imad (arabischer Herkunft) verliebt, was aber weder er noch die Öffentlichkeit erfahren dürfen. Ein Mädchen aus Alevs Schule, Shirin, ist auch in Imad verliebt und „@natürlich: kam es da zu Konflikten@" (44, ohne Transkript). Shirin mokiert sich zunächst darüber, dass Buket in Imads unmittelbarer Nähe steht. Shirin wird dabei verbal von ihrer Freundin Bedia (beide arabischer Herkunft) unterstützt.

Einige Zeit später trifft Buket Bedia und Shirin in der U-Bahn. Es kommt zu Provokationen und der Androhung von Schlägen. Am nächsten Tag stellt Alev Shirin, mit der sie in eine Klasse geht, in der Schule wegen dieses Vorfalls zur Rede. Wieder erhält Shirin Unterstützung von Bedia. Die gegenseitigen Beschimpfungen, „Scheiß Türken" (97, ohne Transkript) und „Scheiß Araber" (100–101), münden

schlüpft leise hinaus, wechselt einige Worte mit einem Jungen, der vor der Tür steht, schlüpft ebenso leise wieder in den Raum und setzt sich an ihren Platz. Sie nimmt ganz unmittelbar und selbstverständlich wieder am Gespräch teil. Ohne Beobachtungsprotokoll würde man gar nicht bemerken, dass sie einige Momente nicht dabei war.

in einer Aufforderung zur tätlichen Auseinandersetzung. Als es losgeht, werden sie allerdings von ihren Mitschülern festgehalten. Bedia schlägt eine Fortsetzung außerhalb der Schule vor. Zeit und Ort werden sofort festgelegt.

Alev und Buket sowie Bedia und Shirin treffen einander im Park. Bedia bringt ihre Brüder mit, Alev Freunde. Es kommt zum Kampf der beiden Mädchen, Alev gegen Shirin. Der Bruder von Shirin mischt sich ein und greift Alev körperlich an. Buket pfeift ihn zurück. Er soll seine Schwester festhalten. Dennoch gewinnt Alev. Sie „hatte sie richtig s- so am Boden" (214). Als Alev dann mit dem Bruder redet, geht Shirin noch aus dem Hinterhalt auf Alev los. Buket warnt sie im rechten Augenblick und Alev versetzt Shirin einen Faustschlag ins Gesicht.

Ob dieser Niederlage schwört Shirin bei ihrem toten Vater: „morgen bist du dran" (248, ohne Transkript). Lächerlicherweise erstattet sie Anzeige bei der Polizei. Alev wird vorgeladen. Da sie keine Verletzungen hat, fügt ihr Buket einen Pferdekuss zu. Sie schlägt ihr mehrmals mit dem Knie gegen den Oberschenkel, damit dort ein blauer Fleck entsteht. Was Shirin und Bedia zu Protokoll gegeben hatten, war „voll kurz" und „voll die Lüge" (325, ohne Transkript). Alev und Buket geben die lange Wahrheit zu Protokoll. Die Anzeige wird eingestellt. Würde es zu einer Verhandlung kommen, hätten die Mädchen auch keine Angst davor. Sie würden „vor Gericht" sagen: „Sie liebt ihn und dann is auch egal" (317, ohne Transkript). Zwei weitere kurze Erzählungen belegen: „ (M)an kann sich immer retten" (390, ohne Transkript) im Fall einer Anzeige.

Werfen wir zunächst einen Blick auf die Übergänge zwischen den Vorgeschichten. Alev beendet zunächst den Erzählabschnitt, in welchem sich Shirin unterstützt durch Bedia darüber mokiert, dass Buket schon wieder bei Imad steht. Auch Alev unterstützt Buket, indem sie, während sich Shirin und Bedia in Richtung U-Bahn entfernen, sagt: „(I)s die bescheuert" (62–63). Am nächsten Tag finden die Geschehnisse ihre Fortsetzung (Schlägerei, 65–77):

Af: ... das war dann halt vorbei die Sache und dann, war
des an dem Tag wo du dich mit (ihr gestritt-) @(.)@
|
Bf: └Ja und dann geh ich so ne:
am nächsten Tag, ich hab sie begleitet ich so wollte
zur Schule gehen
|
Af: └Ja da war sie alleine ich war schon in der
Schule |
|
Bf: └Ich war alleine mit
einem Jungen auf einmal sitzen sie in der U-Bahn

Nachdem also Buket Alev in die Schule gebracht hat, fährt sie selbst allein bzw. mit einem Jungen mit der U-Bahn zur Schule. Dort begegnen ihr Shirin und Bedia. Nach provozierenden Blicken kommt es zur Androhung von Schlägen. Der Junge und andere Fahrgäste bemühen sich um eine Deeskalation. Die Auseinandersetzung endet mit einer gegenseitigen Beschimpfung hinsichtlich der ethnischen Herkunft (Schlägerei, 100–108):

Bf: └Da meinte ich ihr seid Scheiß
Araber und dann, hab ich=s ihr erzählt am Abend am
|
Af: └Ja und dann hat sie mir erzählt, und ich

Bf: nächsten Tag geht sie natürlich hin

Af: nächst- am nächsten hab ich Schultag also geh ich in
die Schule, ich hab gleich so Shirin gerufen ...

Bei der ersten Gelegenheit erzählt Buket die Begebenheit ihrer Freundin Alev. Am nächsten Tag unternimmt Alev sofort etwas, um Buket bei ihrer Mitschülerin Shirin zu rächen.

Am Ende der Vorgeschichte mit Imad macht Alev deutlich, dass dieser Teil beendet ist, die Erzählung aber weitergeht (65–66). Alev setzt mit „und dann" (65) fort und spricht einen bestimmten Tag an, indem sie darauf hinweist, was an diesem passiert ist. Kaum hat Alev einen „Tag" (66) noch ohne nähere Bezeichnungen genannt, beginnt Buket schon mit dem nächsten Erzählabschnitt, der sich eben an diesem Tag abspielte. Zu Beginn begleitet Alev Buket bei ihrer Erzählung noch mit unterstützenden Details, dann übernimmt Buket die Erzählung allein. Der Wechsel der Sprecherinnen erfolgt überlappend. Es wird dabei deutlich, dass Alev an dieser Stelle genauso gut weitererzählen könnte wie Buket, obwohl Buket die folgende Begebenheit allein erlebt hat.

Wie beim längeren gleichzeitigen Sprechen dokumentiert sich in diesem gemeinsam hervorgebrachten Übergang zwischen den Erzählabschnitten die gemeinsame Perspektive der Mädchen. In diesen Fällen geht es um gemeinsam gemachte Erfahrungen, also um dieselbe Erfahrung, nicht allein um homologe Erfahrungen. Selbst der Teil der Geschichte, der erzählten Erfahrung, in dem Buket allein ist, wird aufgrund der Einrahmung dieses Abschnitts zur gemeinsamen Geschichte. Zum einen wird dies auf der inhaltlichen Ebene vollzogen, zum anderen durch die Performativität des Diskurses: So wie Buket Alev zur Schule bringt bzw. begleitet, so bringt Alev bzw. Alev Buket im Diskurs zu dem Erlebnis in der U-Bahn.

Das Erlebnis in der U-Bahn wird, dadurch dass es „erzählt" (101, 103) wird, Teil der gemeinsamen Geschichte. Auch diese Schlüsselstelle für die Vergemeinschaftlichung des Erlebnisses findet ihren Ausdruck in der Performativität des Diskurses. Das Zusammensein am Abend und das Erzählen der Geschichte wird von beiden gleichzeitig artikuliert, ohne dass die eine zugunsten der anderen abbrechen würde. In diesem Abschnitt begleitet nun Buket Alev zur Artikulation eines Teils der Geschichte, den Alev allein erlebt hat.

Zuletzt werfen wir noch einen Blick auf die diskursive Umsetzung des Höhepunkts der Schlägerei (Schlägerei, 192–246):

Af: ... also sind wir
aufeinander losgegangen ham wir uns geschlagen und
|
Bf: └@(.)@

Af: so, und dann hab ich nur im Gefühl jemand zieht an
meinen Haaren, ich dreh mich um is der Bruder er hat
sich wirklich so eingemischt @(.)@
|
Bf: └Ick meinte auch zu ihm ich meinte so fass sie
nich an und so er wollte auch mit der Faust in ihr
|
Af: └Ja und dann wollte- ja=ja

Bf: Gesicht schlagen, ich meinte so hör auf damit.
|
Af: └Ja er meint so hö- lass
sie los lass sie los aber ich hör ja ich hör ja ich kuck
|
Bf: └Ich meinte nimm deine Schwester
und nich sie

Af: nur des Mädchen an ich hatte so richtig s am Boden;
naja und dann hat sie uns auch auseinand- hat der hat
|
Bf: └(Wir) ham mit dem
Bruder danach geredet.

Af: der Bruder uns so uns auseinander genommen er
wollte mit mir reden so er meint ihr macht kein Streit
mehr und so und des Mädchen hatte so ihre Schuhe
ausgezogen, weil weil sie hatte so ne hohen Schuhe,
|
Bf: └Sie meinte
so geht=s besser so geht=s besser @die ganze Zeit@
|
Af: └Ja @(.)@ zieht sie ihre Schuhe
aus und an dem Tag hatte es geregnet alles Schlamm,
und da hat sie mich noch getroffen an der Hose, naja
egal (.) und dann ham wir da gestanden und sie hat in
der Zeit ihre Schuhe angezogen, wo ich mit ihrem

Bruder geredet @habe @ |
|
Bf: └( ) ich habs nur
gesehen sie redet da, sie rennt so auf sie zu ( )
|
Af: └Ja sie
wollte noch so kommen so
Bf: ich so Alev Alev kuck sie dreht sich um (.) bum voll in
|
Af: └und ich hab (.)
@richtig mit der Faust@ @(.)@
Bf: die Fresse @(.) sie kippt so@ ich hab da nur gelacht

Die Ereignisse, die von der Logik der Darstellung her gleichzeitig stattfinden, werden von den Mädchen auch gleichzeitig realisiert. In dem Moment als sich der „Bruder" von Shirin, mit der sich Alev schlägt, „einmischt" (199), mischt sich auch Buket in das Kampfgeschehen ein: Sie „meinte so fass sie nicht an" (201–202). In der Performativität des Diskurses findet diese Einmischung ebenfalls wieder ihren Ausdruck im gemeinsamen Sprechen. Während also Alev in den Kampf involviert ist, den Bruder nur hört, wie er „lass sie los" (208–209) sagt, und die Gegnerin zu „Boden" (214) bringt, pfeift Buket den Jungen zurück, beobachtet, dass er gar versucht, Alev „mit der Faust in ihr Gesicht zu schlagen" (202/206), und fordert ihn auf, seine „Schwester" (211) am Kämpfen zu hindern und nicht Alev. Was gleichzeitig passiert, wird auch gleichzeitig zum Ausdruck gebracht. Das komplexe Geschehen des Kampfes, in dem mehrere Dinge gleichzeitig passieren, spiegelt sich im Diskurs.

Selbst in der Situation, in der Alev Buket gar nicht hört, weil sie so in den Kampf involviert ist, gelingt eine gleichzeitige Darstellung des Gleichzeitigen. Das heißt, auch wenn die Perspektiven in einer konkreten Situation unterschiedlich sind, werden die Erlebnisse derart innerhalb der Gruppe bearbeitet, dass die Konstruktionen wieder identisch sind. Das Zusammenfallen von kollektiver und persönlicher Identität ist also nicht nur ein passives Zusammenfallen, vielmehr wird es von den Mädchen auch immer wieder hergestellt.

Eindrucksvoll ist auch die Darstellung im Vorfeld des finalen Faustschlages und des Schlages selbst. Wahrend Alev mit dem Bruder redet, beobachtet Buket, wie Shirin aus dem Hinterhalt einen weiteren Angriff startet, und warnt „Alev" (241). Wieder wird das, was gleichzeitig passierte, auch gleichzeitig erzählt. Der Schlag selbst, also der Höhepunkt des Kampfes, wird von beiden im selben Moment erzählt, und zwar ergänzend. Damit ist er ganz deutlich fokussiert. Von Buket erfahren wir, dass es ein heftiger Schlag ins Gesicht war („bum voll in die Fresse", 241/246), und von Alev, dass der Schlag mit der geballten „Faust" (244) erfolgte.

In der Analyse der Passage „Schlägerei" wurde der Interpretation der Orientierungen eher wenig Aufmerksamkeit geschenkt. Gerade die gemeinsame Erzählung hat es ermöglicht, die Identität der Orientierungen der beiden jungen Frauen herauszuarbeiten, ohne auf die Orientierungen selbst eingehen zu müssen, was m.E. unser Ergebnis stützt. Dennoch möchte ich am Ende anmerken, dass es bei all den „Konflikten" um die Regelung ganz persönlicher Beziehungen ging und nicht um die konkrete, ritualisierte Umsetzung eines sozialen Habitus bzw. einer sozialen Identität. Alev und Buket verfolgen hier die Suche nach habitueller Übereinstimmung auf der Basis des persönlichen Habitus. Ihnen fehlen aber offensichtlich – sozialisationsbedingt – einige Regeln oder Konventionen zur Bewältigung damit verbundener Unstimmigkeiten. Somit sind sie auf einen elementaren bzw. voraussetzungslosen Weg der Konfliktbewältigung verwiesen, denjenigen der körperlichen Gewalt.

3.1.3.2 „Rabbit": Eine weitere Re-Interpretation

In den Arbeiten von Jennifer Coates (1996) findet sich ebenfalls ein Beispiel für Unisono, und zwar im Unterkapitel „Semantic repetition" (S. 214). Es handelt sich dabei wieder um die Gruppe „Rabbit", die uns schon im Kapitel zum parallelen Modus der Diskursorganisation begegnet ist (vgl. Kap. 3.1.1.5). Sie besteht aus drei Frauen, Anna (Af), Liz (Lf) und Sue (Sf), die alle Anfang dreißig sind und einander regelmäßig treffen.

Die Sequenz „Reading the Daily Mail" (Coates 1996, S. 216) ist recht knapp und zu ihrer diskursiven Einbettung – da dies ja auch nicht der Gegenstand von Coates' Arbeit ist – nichts weiter zu finden. Gegenstand dieser Gesprächssequenz ist ein Boulevardblatt bzw. die Mutter von Sean (Reading the Daily Mail, 1–25)[72]:

```
Sf:     Sean's mother – the Daily Mail is her bible
                                                  |
Af:                                               └Mhm s-
        there's nothing in it                     |
                                                  |
Lf:                                               └Yeah my
        friend thinks the Mail – no there isn't
        |                       |
```

72 Das Transkript dieser Sequenz findet sich bei Coates (1996) auf Seite 216. Ich habe das verwendete Transkriptionssystem, wie bei der Passage „Relationships", verändert, um in dieser Arbeit ein Transkriptionssystem beizubehalten. Es geht dadurch kaum Information verloren.

9	Sf:	⌊She does- ⌊She phoned me I know there
10		isn't anything |
11		|
12	Lf:	⌊You
13		skim straight through it
14		|
15	Af:	⌊There was a copy I was looking at on the train
16		tonight you pick through it and there's nothing in it
17		|
18	Lf:	⌊and there's nothing
19		in it no
19		|
20	Af:	⌊two seconds later you've finished the paper
21		|
22	Sf:	⌊Yeah
23		|
24	Lf:	⌊Yeah

Die Zeitung „Daily Mail“ ist die Bibel (“bible”, 1) von Seans Mutter. In dieser Zeitung ist nichts drin. Seans Mutter rief am Vortag an, Sue weiß (hat schon zuvor gewusst), dass nichts war (nichts gewesen sein wird). Es reicht die Zeitung kurz durchzublättern, in zwei Minuten ist man damit fertig – wie sich auch letzten Abend im Zug zeigte, als Anna sich ein Exemplar schnappte.

Coates (1996, S. 214) geht es bei diesem Gesprächsabschnitt um semantische Wiederholungen. Sie definiert diese wie folgt: “Often when speakers repeat material, they vary the words used while preserving the meaning.” Wiederholungen spielen sich also oft auf der Ebene von Bedeutungen ab, ohne dass dabei dieselben Worte verwendet werden müssten. Bedeutungsähnlichkeiten als homologe Strukturen, die wir anhand des Gesprächsmaterials herausarbeiten konnten, beschäftigen uns in der vorliegenden Arbeit letztlich seit dem Beginn des empirischen Kapitels. Beim univoken Modus der Diskursorganisation, wie er anhand der Gruppe „Straße“ verdeutlicht wurde, war nun das Interessante, dass diese Bedeutungsähnlichkeiten auch gleichzeitig bzw. mit einer systematischen Überlappung der Gesprächsbeiträge der Teilnehmerinnen artikuliert werden können. Auf das gleichzeitige Sprechen mehrerer Gesprächsteilnehmerinnen geht Caotes bei der Analyse dieses Gesprächsabschnitts nicht ein.

Der Abschnitt beginnt damit, dass Sue sich darüber lustig macht, wie wichtig die Zeitung „Daily Mail“ für die Mutter von Sean ist. Sie orientiert sich in einer Weise an ihr bzw. gibt ihr eine Bedeutung, die absolut nicht angemessen ist. Das kann ein Hinweis darauf sein, dass Seans Mutter einen Habitus bzw. einen Orien tierungszusammenhang verkörpert, von dem sich die Gruppe „Rabbit“ abgrenzt. Aufgrund der Knappheit des Gesprächsausschnitts lässt sich aber weder der an Seans Mutter exemplifizierte Habitus genauer herausarbeiten noch in welchem

Handlungszusammenhang dieser für die Gruppe der Frauen steht. Klar ist jedoch, dass man sich hier von etwas abgrenzt.

Anna und Liz ‚ergreifen' im selben Moment das Rederecht und führen beide ihren Beitrag weiter. In Annas Beitrag dokumentiert sich, dass jede Bedeutung im Sinne von Wichtigkeit, die man dieser Zeitung gibt, unangemessen ist, weil gar nichts drinsteht ("there's nothing in it"). Gleichzeitig mit Anna gibt Liz im ersten Teil ihres Gesprächsbeitrags zu verstehen, dass es in ihrem Bekanntenkreis auch jemanden gibt, der/die die „Daily Mail" positiv bewertet. Sie hat also eine ähnliche Erfahrung gemacht wie Sue. Sie bricht ihre Konstruktion innerhalb des Turns ab und bestätigt im zweiten Teil ihres Gesprächsbeitrages den Gesprächsbeitrag Annas – nämlich, dass in der Zeitung nichts drinsteht.

Hier dokumentiert sich wieder das Vertrauen auf die gemeinsame Perspektive, auf die identische Wahrnehmung des Massenmediums „Daily Mail" – bei gleichzeitigem Wissen, dass andere Personen es anders wahrnehmen.

Während Liz Anna bestätigt, führt nun Sue selbst aus, wie wenig sie von der Wichtigkeit der Orientierungen, die sich in der „Daily Mail" ausdrücken, hält. Denn was für jemanden wichtig ist, der die „Daily Mail" liest, das kann nur völlig bedeutungslos sein – besonders, wenn es möglicherweise im Zusammenhang mit der Zeitschrift steht. Von daher wusste sie auch, dass der Anruf von Seans Mutter grundlos war. Das heißt, auch hier findet wieder die Geringschätzung der Zeitung bzw. ihrer Leser/innen ihren Ausdruck. Seans Mutter und die „Daily Mail" verkörpern für Sue den negativen Gegenhorizont gleichermaßen. Sie stehen wechselseitig füreinander.

Während Sue noch von dem Anruf spricht, bringt Liz die Bedeutungs- und Inhaltslosigkeit der Zeitung durch die Handlungspraxis bei der Lektüre derselben zum Ausdruck. Man blättert glatt durch – eben ohne irgendwo hängen zu bleiben, da ja auch nichts drinsteht. Schon nach den ersten zwei Worten der Handlungspraxis des Lesens hakt Anna wieder ein, ebenfalls mit der Handlungspraxis des ‚Durchschauens'. Sie wird noch konkreter, nimmt auf eine Erfahrung mit der Zeitung vom letzten Abend Bezug. Auch sie hatte die „Daily Mail" gleich durchgeblättert und war innerhalb von zwei Sekunden mit der Zeitung fertig. Das heißt, die Ebene der Handlungspraxis wird unmittelbar aufgegriffen. Die beiden Frauen legen gleichzeitig ihre Handlungspraxis im Zusammenhang mit der Zeitung dar, die eine auf der Ebene einer abstrahierten Beschreibung, die andere ein konkrete Begebenheit erzählend. Die Konstruktionen ihrer Äußerungen scheinen durch das gleichzeitige Sprechen nicht zu leiden. Beide führen ihre Darstellung zu Ende. Auch dokumentiert sich wieder ein Vertrauen darauf, dass die andere dasselbe zum Ausdruck bringt, man von demselben Erfahrungszusammenhang spricht. Für die drei Frauen hat das Lesen der „Daily Mail" dieselbe Bedeutung.

In Bezug auf die Handlungspraxis mit dem täglich erscheinenden Massenmedium „Daily Mail“ haben die drei Frauen also ein und dieselbe Orientierung. Durch dieses Medium ist für die Frauen auch derselbe negative Gegenhorizont verkörpert. Zumindest für Sue wird dieser negative Gegenhorizont auch durch Personen verkörpert, für die die „Daily Mail“ einen geradezu grenzenlos positiven Horizont darstellt. Auch wenn nicht klar wird, inwieweit die anderen beiden Frauen auch Erfahrung mit derartigen Personen haben, ist ihnen zumindest auf der Grundlage ihrer eigenen Erfahrung mit der Zeitschrift klar, worum es Sue bei der Darstellung von Seans Mutter geht. Auch wenn es im weiteren Verlauf der Passage um Seans Mutter gehen mag, so hat doch der alltägliche Umgang mit der Zeitung „Daily Mail“ in dieser Sequenz die Oberhand gewonnen, und dabei haben eben die Frauen dieselbe Erfahrung. Die Gruppe artikuliert dieselbe Orientierung.

3.2 Exkludierende Modi

Als exkludierende Modi bezeichne ich jene Modi, in welchen unterschiedliche, unvereinbare Orientierungen zum Ausdruck kommen. In diesen Formen diskursiver Praxis bringt das Kollektiv unterschiedliche, einander widersprechende Orientierungen hervor. Zur Analyse kommt also die Inszenierung bzw. die Artikulation unterschiedlicher Erfahrungsgrundlagen. In diesem Zusammenhang werden zwei Modi der Diskursorganisation dargestellt: der oppositionelle und der divergente Modus.

Bohnsack weist bereits 1989 auf eine „oppositionelle“ (S. 413) Diskursorganisation hin. Später nehmen Bohnsack und Schäffer (2001) darauf Bezug. Der divergente Modus der Diskursorganisation wurde als solcher bisher nicht benannt bzw. in der Literatur vorgestellt.

In der Geschichte der Entwicklung der dokumentarischen Methode ist begründet, dass der Ausarbeitungsgrad der inkludierenden Modi höher ist als jener der exkludierenden Modi. Zunächst wurde in erster Linie nach gemeinsamen Erfahrungsgrundlagen gesucht (vgl. u.a. Bohnsack 1989, Bohnsack et al. 1995, Behnke 1997, Nohl 1996 und 2001a, Schäffer 1996 und 2003, Nestler 1996, Meuser 1998, Loos 1999, Nentwig-Gesemann 2000, Weller 2003). Von daher wurde fast ausschließlich mit Realgruppen gearbeitet, die sich – wie auch die empirischen Ergebnisse zeigen – immer aufgrund einer Gemeinsamkeit bestimmter Erfahrungsräume bilden. In der vorliegenden Arbeit konnte von daher an reichhaltige Erfahrungen aus der empirischen Forschung angeknüpft werden, um diese zu systematisieren und auszuarbeiten.[73]

Hinsichtlich der exkludierenden Modi musste erst entsprechendes Material gefunden werden, also z.B. eine Gruppe, in der längere Zeit auf der Grundlage unterschiedlicher Erfahrungen gesprochen wird und dieser Bereich nicht gleich einem Themenwechsel zum Opfer fällt (wie z.B. in Kap. 4.2.2). Es lässt sich nämlich vorab nicht schon eine ‚Gruppe' definieren, die einen exkludierenden Modus aufweist. Ebenso wie sich dieser Modus, wie auch die anderen Modi, nicht mit einem oberflächlichen Blick auf das Material erkennen lässt. Vielmehr ist er erst auf dem Weg der intensiven Interpretation zu entschlüsseln. Die empirische Grundlage der exkludierenden Modi ist dünner als jene der inkludierenden – in dieser Arbeit wie auch hinsichtlich der zahlreichen Textinterpretationen, die Grundlage für Arbeiten zu unterschiedlichen Gegenständen mit der dokumentarischen Methode bilden (vgl. u.a. Bohnsack/Nentwig-Gesemann/Nohl 2001a, Loos 1999, Schäffer 2003 und Vitouch/Przyborski/Städtler-Przyborski 2003). Das folgende Unterkapitel entwirft den Beginn einer systematischen Erfassung der exkludierenden Modi.

3.2.1 Oppositionelle Diskursorganisation

Der oppositionelle Modus der Diskursorganisation findet sich also in Gesprächen bzw. Gesprächsabschnitten, in welchen die Teilnehmer/innen über keine geteilten Erfahrungen verfügen. Bohnsack und Schäffer (2001, S. 237) formulieren dazu: „Ein oppositioneller Diskursmodus liegt dann vor, wenn Rahmeninkongruenzen auftreten, also Unterschiede der Orientierungsrahmen, die von den Teilnehmenden nicht in einen übergreifenden kollektiv geteilten Rahmen überführt werden können." Einander widersprechende Orientierung(skomponent)en münden also nicht, wie beim antithetischen Modus (vgl. Kap. 3.1.2), in eine Synthese, d.h. in eine Konklusion, in der Widersprüche als Teile einer Orientierung deutlich werden. Es kommt vielmehr zu so genannten „rituellen Konklusionen" (vgl. u.a. Bohnsack/ Schäffer 2001), in welchen Themen – ohne sich auf diese Themen selbst zu beziehen – abgeschlossen werden. Das können beispielsweise die Frage nach einem neuen

73 Diese Stelle bietet sich an, um darauf hinzuweisen, dass rekonstruktive Methoden eben nicht nur rekonstruktiv hinsichtlich ihres Gegenstandes sind, wie es zum Beispiel eine Entwicklungstypik für das Jugendalter sein kann, sondern auch hinsichtlich der Methodik selbst. Die unterschiedlichen Modi der Diskursorganisation gehören in der Forschungspraxis zum ständig eingesetzten Methodenwissen. Bisher wurde es also angewandt, aber noch nicht *systematisch* zum Gegenstand gemacht. Insofern rekonstruiert die vorliegende Arbeit die rekonstruktive Methodik selbst.

Thema, die Äußerung von Allgemeinplätzen wie ‚jeder hat eine andere Meinung' oder die Suspendierung eines Themas wie ‚darüber spricht man nicht' sein.

Diesen Modus schauen wir uns zunächst anhand einer größeren Gruppe junger Männer an. Sie sind zum Teil türkischer und zum Teil arabischer Herkunft, leben in Berlin und sind eher einem bildungsfernen Milieu zuzuordnen. Anschließend weist eine Passage aus einer gemischtgeschlechtlichen Gruppe junger Akademiker/innen aus einer deutschen Stadt auf, dass sich der Modus unabhängig von den Erfahrungsräumen der Migrationsgenerationslagerung, des Geschlechts, des Bildungsmilieus, des Sozialraumes Metropole bzw. Stadt und der Muttersprache bzw. Bilingualität findet. Ergänzt wird die komparative Analyse schließlich um eine Gruppe von Studentinnen türkischer Herkunft, um diesen Modus auch in einer (geschlechtshomogenen) weiblichen Gruppe zu zeigen.

3.2.1.1 „Schild": Sechs Jugendliche türkischer und arabischer Herkunft

Die Diskussion der Gruppe „Schild" stammt – wie jene der Gruppen „Mantel", „Buch", „Sand" und „Straße" – aus einem der Projekte zu „Entwicklungs- und milieutypischen Ausgrenzungs- und Kriminalisierungserfahrungen in Gruppen Jugendlicher", in welchen ich mitgearbeitet habe. Die Gruppe „Schild" besteht aus sieben jungen Männern. Die demographischen Daten zu den einzelnen Gruppenmitgliedern lassen sich nur lückenhaft rekonstruieren – weder die entsprechenden Kurzfragebögen wurden von den Jugendlichen annähernd vollständig ausgefüllt, noch können diese Informationen der Gruppendiskussion entnommen werden. Aus den fünf teilweise ausgefüllten Fragebögen lässt sich Folgendes entnehmen: Ates (Am) und Can (Cm) sind siebzehn Jahre alt, Biniz (Bm) neunzehn. Sie arbeiten in einem Lehrverhältnis. Erdal (Em) und Güner (Gm) sind einundzwanzig Jahre alt. Erdal hat eine Lehre abgeschlossen und arbeitet als „Mechaniker für Messinstrumente". Güner arbeitet in einem Lehrverhältnis. Deniz (Dm) und Fatih (Fm) machen weder im Fragebogen noch in der Diskussion Angaben zu persönlichen Daten bzw. zu ihrer Ausbildungs- bzw. Arbeitssituation. Sie dürften sich im Altersmittel befinden, d.h., sie sind ca. achtzehn bis zwanzig Jahre alt.

Die Herkunft der Eltern der jungen Männer ist zum größten Teil türkisch, der eine oder andere Elternteil ist auch arabischer Herkunft, wie sich aus den Sprachkenntnissen und Selbstzuschreibungen in der Gruppendiskussion erkennen lässt. Darüber hinaus sind die migrationsgeschichtlichen Hintergründe unterschiedlich. Zwei der Teilnehmer verbrachten mehrere Jahre in verschiedenen anderen westdeutschen Städten. Einige sind in Berlin geboren, andere in der Türkei.

Zwei der Teilnehmer wohnen nicht im Bezirk, in dem sich das Jugendzentrum befindet, in welchem sich die Gruppe unter anderem trifft.

Von anderen Gruppen wird die Gruppe „Schild“ für ihr geschlossenes Auftreten bewundert. Die Gruppe „Schild“ ist Teil einer größeren Bande, die ein bis zwei Jahre viel Aufsehen erregt hat, sowohl medial als auch bei anderen Peergroups im eigenen und in angrenzenden Bezirken.

Die Diskussion wurde in dem Jungendzentrum durchgeführt, in dem die Gruppe immer wieder zusammentrifft. Die Diskussion verläuft hitzig. Sie ist geprägt von wiederkehrenden Beschimpfungen, immer wieder gewinnt man den Eindruck, das Gespräch drohe im nächsten Moment abzubrechen. Es ergeben sich einzelne kleine Handgemenge. Die Interviewer müssen ihre technischen Geräte vor Übergriffen seitens der Jugendlichen schützen. Dennoch hat die Diskussion eine Dauer von fast zwei Stunden und beinhaltet lange selbstläufige Abschnitte.

Wie bei allen Gruppen dient der Übergang von der Schule in das Berufsleben als Eingangsfragestellung. Die Passage „Beruf“, der wir uns zunächst zuwenden, bildet also den Beginn der Diskussion (Beruf, 5–20):

Y1: ... also am Anfang stellen denn wir immer so die Frage
ihr seid jetzt alle in der Ausbildung ne, ah:::m wollt ihr
Am: └Also ich ( )
Y1: denn da in dem Beruf wo ihr jetzt arbeitet wollt ihr da
dabei bleiben?
?m: └Na klar
Gm: └Wir hoffen es doch
?m: └Warum nicht
Dm: └Hoffen
wir jedenfalls da hat er recht (2)

Die Eingangsfragestellung zu dieser Gruppendiskussion zielt nicht – wie dies sonst innerhalb des Forschungsprojektes gehandhabt wurde – auf Erfahrungen in der Zeit des Überganges von der Schule in den Beruf. Hier fragt der Interviewer, ob die Jugendlichen in ihrem derzeit ausgeübten Beruf bleiben wollen. Die Frage zielt also auf Entwürfe hinsichtlich der beruflichen Zukunft. Damit setzt sie voraus, dass sich die Jugendlichen mit berufrelevanten Zukunftsorientierungen bereits theoretisch reflektierend auseinander gesetzt haben. Zudem ist die Frage, ganz formal betrachtet, eine geschlossene Frage, die mit „ja“ oder „nein“ beantwortet werden kann. Es wird also kein Raum zur Entfaltung der eigenen Perspektive im Zusammenhang mit dem

Thema Beruf gegeben. Die Frage kann positiv oder negativ beantwortet werden und diese Antwort schließlich argumentativ, d.h. theoretisch reflektierend, begründet werden. In dieser Frage dokumentiert sich folglich nicht ein offenes Interesse an den Erfahrungen der Jugendlichen im Bereich des Themas Schule und Beruf und der ihnen eigenen Form des Umgangs damit, der – wie die Forschungserfahrung zeigt (vgl. u.a. Bohnsack 1989, Bohnsack/Loos/Schäffer/Städtler/Wild 1995, Schäffer 1996, Przyborski 1998, Nohl 1996 und 2001a) – in den seltensten Fällen auf der Ebene der theoretischen Reflexion erfolgt.

Die jungen Männer können die Auseinandersetzung mit dem Thema Beruf also nicht in Form und Inhalt in ihrer eigenen Weise entfalten, vielmehr ist der Rahmen der Entfaltung durch die Interviewerfrage vorgegeben. Sie stellt eine *Fremdrahmung* her. Mit dieser Fremdrahmung müssen sich die Jugendlichen zunächst auseinander setzen. Derartige Fragen nach Vorstellungen und Begründung zur beruflichen Zukunft haben Jugendliche meist von pädagogischen Instanzen, in der Schule, im Ausbildungsverhältnis, im Beruf oder auch von anderen – staatlichen – Kontrollinstanzen zu erwarten. Der Umgang mit dieser Frage erlaubt also Einblicke in die Art und Weise des Umgangs mit Fremdrahmungen, wie sie die Jugendlichen in ihrem Alltag immer wieder erleben.

Ates setzt bereits beim Ansprechen der „Ausbildung" (6) durch den Interviewer zu einem Beginn des Gesprächs an. An dieser Stelle ist der Einstieg in die Diskussion noch durch eine sehr vage Vorgabe strukturiert (vgl. dazu Bohmsack 2003a, S. 207ff.). Der Interviewer führt seine Frage jedoch zu Ende.

Von zumindest drei Teilnehmern wird die Frage des Interviewers in positiver Richtung beantwortet. Ihre Intention ist es, in den derzeit ausgeübten bzw. zu erlernenden Berufen zu bleiben, wenngleich aus dem Wollen ein „Hoffen" (15, 19) wird. „Hoffen" nimmt den Aspekt der Fremdbestimmung stärker auf als „wollen". Es ist ein passiver, ja fast unterwürfiger Ausdruck einer Bestrebung, der häufig im formelhaften höflichen Austausch angewandt wird. Es dokumentiert sich hier also eher ein ‚braves', fast ironisiertes Mitmachen bei der Gruppendiskussion als ein Entwurf für die Zukunft, bei dem man mögliche Schwierigkeiten bei der Umsetzung von außen bedenkt.

Der nicht genau identifizierbare Teilnehmer stellt gar die Frage in Frage („Warum nicht?"), als sei ihre positive Beantwortung völlig selbstverständlich. Darin wird deutlich, dass man sich mit einer positiven Beantwortung der Frage letztlich die Begründung erspart. Die positive Beantwortung ist also der unproblematischere Weg, die Hintergründe müssen dem Fragenden klar sein. Damit ist die Beantwortung der Frage abgeschlossen. Das heißt, es wird auf die implizite Erzählaufforderung der geschlossenen Frage nicht eingegangen. Mit der Beantwortung der Frage geht das Rederecht wieder an die Interviewenden zurück. Die Teilnehmer lassen die Interviewer gewissermaßen ‚einfahren'. Der Diskurs kommt – beinahe – zum Erliegen („lapse", vgl. Sacks/Schegloff/Jefferson 1978, S. 25ff.).

Bei einer Fragebogenuntersuchung würde man wahrscheinlich sagen, dass die jungen Männer hier ‚sozial erwünscht' antworten. Prinzipiell sind sie selbstverständlich an einer Kontinuität in ihrem Arbeitsleben orientiert. Die Gründe dafür sind selbstverständlich und müssen nicht erläutert werden. Sie antworten inhaltlich so, wie sie meinen, dass es pädagogische Instanzen erwarten, und haben letztlich nichts von sich preisgegeben. Bereits hier, wie auch in der bruchstückhaften Beantwortung der Fragebögen, dokumentiert sich, dass es mit einem Vertrauensverhältnis bei der Gruppe „Schild" gegenüber den Feldforscher/inne/n nicht so recht geklappt hat. Das könnte ein Hinweis auf die Spezifik der Gruppe sein, die mühsam ihre äußere Geschlossenheit trotz innerer Brüche aufrechterhält. Diese Interpretation wird durch die anderen Gruppen, die einen exkludierenden Modus aufweisen, im Vergleich mit jenen, die einen inkludierenden Modus aufweisen, verstärkt (vgl. Kap. 3.2.2.1).

Der propositionale Gehalt der Interviewerfrage, ein theoretischer, reflektierter Umgang mit beruflichen Entwürfen und eine Kontinuität innerhalb institutionell vorgegebener Ablaufmuster, wird zwar bestätigt. In der Bestätigung dokumentiert sich aber – wie allerdings erst später signifikant wird – eher ein wohlwollender Umgang mit einer Fremdrahmung als Handlungsorientierungen bezüglich des beruflichen Bereichs.

Das Gespräch entwickelt sich selbstläufig weiter. Die Proposition wird zunächst von Erdal elaboriert und differenziert (Beruf, 22–45):

Em: Na=ja is klar dass jeder erstma versucht äh: seinen
Beruf zu lernen und die Abschlussprüfung äh:: äh:: zu
bestehen und dann ( ) halt weitersehen ob die
Betriebe sie überhaupt übernehmen alle (.) ne und
wenn sie nich übernehmen is es dann schwer auch mit
Ausbildung für Ausländer für türkische Jugendliche
das ham wer die Erfahrung haben schon öfter unser
äh: Freunde gemacht (.) die halt in einem Job
arbeiten der außerhalb ihres Berufes ist (.) da kenn
ich schon ein paar (.) is nich gerade leicht mit Beruf
(.)
|
Gm: └Ik meine och ik will ja och nicht lebenslang den
Beruf erlernen was ik mache (.) d äh:: würde och ik
mach zum Beispiel ( ) ik will das nich mein
Leben lang machen; das würde mir eines Tages och
stinken ( ) vielleicht zehn Jahre fünfzehn Jahre mehr
nischt (.) finde ik och bisschen viel wenn ik jetz
zwanzich Jahre lang arbeiten (würde)
|
Bm: └Da hat er

ausnahmsweise recht ich mach jetzt
Zerspannungsmechaniker und wenn ich fertig habe (
) anders (.) n anderen Beruf oder, (.)

Erdal führt aus, dass „jeder" (22) zwar einen Abschluss anstrebt, es aber nicht leicht ist für „Ausländer" bzw. „für türkische Jugendliche" (27) im erlernten Beruf zu bleiben, da sie von den Ausbildungsbetrieben nicht übernommen werden bzw. im erlernten Beruf keine Arbeit finden und einen anderen „Job" (29) haben.

Die Fremdrahmung wird in Erdals Beitrag deutlicher. Durch den Interviewer wird die Realität der beruflichen Zukunft der Jugendlichen mit seiner Frage verkannt. Denn sie ist kaum von der Frage des Wollens bestimmt, sondern vielmehr von den Bedingungen auf dem Arbeitsmarkt. Diese sind geprägt durch eine Fremdethnisierung bzw. -stigmatisierung der jungen Männer als „Türken" bzw. „Ausländer" (27), die ihnen in ihrem beruflichen Alltag widerfährt bzw. deren Konsequenzen sie aus dem Schicksal von Freunden kennen. In der reflexiven Darstellung dieser Erlebnisse gerät diese Fremdethnisierung zu einer Selbstethnisierung. Wider ‚vernünftige' Einstellungen, wie das Anstreben von beruflichen Abschlüssen, wie Erdal die Intention einer beruflichen Kontinuität in der Zukunft elaboriert, erscheint es ihm als wenig aussichtsreich, als „Türke" an dieser Kontinuität festzuhalten, da er das Enaktierungspotenzial, die Möglichkeit zur Umsetzung, als gering einschätzt. Damit schränkt er die Orientierung an dem Entwurf einer Kontinuität ein, differenziert sie.

Erdal ist jedoch prinzipiell an einem institutionalisierten Ablaufmuster eines beruflichen Weges orientiert. Es gilt eine Ausbildung zu machen, abzuschließen und nach einer sinnvollen Weiterführung dieses Weges zu schauen („weitersehen", 24), mit Berücksichtigung der Schwierigkeiten, die durch Fremdethnisierung bedingt sind. Die Proposition wird also insofern elaboriert, als Erdal den theoretisch-reflexiven Rahmen weiterführt, der durch den Interviewer vorgegeben wurde und von den Teilnehmern zunächst validiert bzw. als Fremdrahmung ironisiert wurde.

In Güners Versprecher, der Erdals Beitrag folgt, dokumentiert sich eine zweifache Zurückweisung von Kontinuität. Er möchte „nicht lebenslang den Beruf erlernen", den er macht (34–35). Er ist also weder an einer Kontinuität von Bildung und Weiterbildung orientiert, noch daran, seinen erlernten Beruf für immer auszuüben. Vielmehr erscheint ihm die lebenslange Ausübung seines Berufes über Jahre hinweg als äußerst langweilig. Für ihn, wie auch für Biniz, erscheint eine berufliche Kontinuität, sei es nun hinsichtlich der Fortsetzung von Bildung oder desselben Berufes, nicht wünschenswert. Und was dann kommen soll, ein „anderer Beruf oder," (45) – „was auch immer" ließe sich ergänzen –, ist nicht klar. Das heißt, letztlich gehen Güner und Biniz nicht theoretisch-reflexiv mit der Planung ihrer beruflichen Zukunft um. Sie wissen nur, was sie nicht wollen, und sie lehnen im Gegensatz zu Erdal eine Orientierung an einem institutionalisierten Ablaufmuster ab.

In der Auseinandersetzung mit Erdal dokumentiert sich somit ein Unterschied von Güners Umgang mit dem Thema Beruf im Vergleich zur Auseinandersetzung mit dem Interviewer. Was nicht die Unterstellung einer Lüge bedeutet. In beiden Äußerungen von Güner wird deutlich, dass er zunächst einmal seinen erlernten Beruf ausüben möchte. Unterschiede ergeben sich aber im Hinblick auf den Umgang mit Zukunft. Sieht es in seiner ersten Äußerung in der Diskussion so aus, als würde es hier Entwürfe geben, die reflektiert und abgewogen werden – was durch den Interviewer nahe gelegt wird –, wird hier eher deutlich, dass die unliebsamen Elemente der Gegenwart wie Langeweile und die Situation der Ausbildung an sich zumindest in der Zukunft vermieden werden sollen, es aber keinen positiven Entwurf für die Zukunft gibt.

Erdal wirft also einen anderen Rahmen, eine andere Orientierung hinsichtlich des Themas der beruflichen Zukunft auf. Dabei geht es nicht um den reflexiven Umgang mit positiven Entwürfen, sondern lediglich um die Negation unliebsamer Erfahrungen aus Vergangenheit und Gegenwart. Ob es sich dabei um eine Antithese oder eine Opposition handelt, kann an dieser Stelle noch nicht empirisch begründet werden. Dass es sich aber nicht um eine bloße Verneinung handelt bzw. schlicht das Gegenteil behauptet wird, gibt einen ersten Hinweis darauf, dass Erdal mit seinem „ik will ja och nich lebenslang den Beruf erlernen was ik mache“ (43–42) eine Opposition formuliert hat. Biniz validiert und elaboriert diese gegenläufige Diskursbewegung. Auch er will in Zukunft beruflich etwas anderes machen, als er jetzt macht.

Der unterschiedliche Umgang mit Zukunft von Erdal und Güner setzt sich in den anschließenden Elaborationen fort (Beruf, 47–78):

```
47  Em:                                  └Kannst ja auch mit
48          deinem Abschluss mit äh dein abgeschlossenen
49          Ausbildung äh halt dann noch weitermachen
50          Weiterbildung zum Beispiel dich weiterqualifizieren
51          zum Beispiel auch dann besser für die Zukunft
52                                                  |
53  ?m:                                             └N-
54          anderes Beruf
55                   |
56  ?m:              └Genau
57                            |
58  Em:                       └Nicht nur äh anderen Beruf
59          sondern auch besser Qualifikation das heißt besseres
60          äh Geld besseres Gehalt;
61                                 |
```

Gm: └Das kommt aber (drauf an)
du arbeitest
|
Em: └Und besseres bessere Aussichten; ja. ist klar. (.)
|
?m: └
((türkisch unverständlich))
|
Gm: └Meine ( ) ik hab zum Beispiel zehn
Jahre Schule gemacht, jetzt drei Jahre Ausbildung
dann will ik och nich weiterbilden; wat soll ik machen
ik hab schon zehn Jahre hinter mir wenn ik da noch
vier Jahre zur Schule geh und studier (.) möchte ik
och nich ( ) will ja nich mein ganzes Leben lernen
|
Fm: └
Reden wir nur über=s Arbeiten oder wie? (1)

Nach dem Abschluss einer Ausbildung kann man sich durch „Weiterbildung (…) weiterqualifizieren", erläutert Erdal. Das führt zu einer „besseren Qualifikation" (59) mit einem „anderen Beruf" (58), was „besser für die Zukunft" (51) ist und auch ein „besseres Gehalt" (60) bedeutet. Insgesamt hat man damit „bessere Aussichten" (65). Güner möchte nach zehn Jahren Schule und drei Jahren Ausbildung keine Weiterbildung machen, denn er will nicht sein „ganzes Leben lernen". Fatih fragt, ob nun „nur über=s Arbeiten" (78) geredet wird.

In Erdals Fortsetzung der Elaboration des Entwurfes einer beruflichen Zukunft (also der Proposition) dokumentiert sich eine Aufstiegsorientierung, die – wie zuvor schon deutlich wurde – mit institutionellen Ablaufmustern in Zusammenhang steht. An dieser Stelle lässt sich kaum herausarbeiten, in welchem Verhältnis diese Aufstiegsorientierung und die Ideen zu ihrer Umsetzung mit den Hindernissen, die Erdal im Zusammenhang mit Ethnisierungen dargelegt hat, stehen. Ganz klar dokumentiert sich dagegen wieder ein fast virtuoser Umgang mit Zukunftsentwürfen, eine Reflexion und Bewertung theoretischer Möglichkeiten.

Güner dagegen beginnt zunächst mit einer Infragestellung von Erdals Entwurf (62–63). Dann elaboriert er jedoch seine Position, die – wie auch schon zuvor – nicht in der bloßen Verneinung des Entwurfes von Erdal liegt, wie wir es von den antithetischen Diskursen kennen (vgl. insbesondere Kap. 3.1.2.2). Denn Güner blickt nicht in die Zukunft, sondern in die Vergangenheit, eine Fortsetzung dieser Vergangenheit scheint ihm nicht attraktiv. Hier geht es nicht um einen positiven Entwurf der Zukunft, sondern um Erfahrungen in der Vergangenheit und Gegenwart, die einen negativen Horizont bilden, ohne dass dies zu einer theoretischen Reflexion anderer Möglichkeiten, zu Entwürfen, wie bei Erdal führen würde.

Fatih fragt im Anschluss an Güners Elaboration (der vermutlichen Opposition), ob das Thema ‚Arbeit' das einzige Thema der Diskussion ist. Er macht damit deutlich, dass ihn dieses Thema wenig interessiert und in seinem Relevanzsystem keinen besonders hohen Stellenwert hat, wie es auch für andere Lehrlingsgruppen in diesem Alter typisch ist (vgl. u.a. Bohnsack 1989, Bohnsack/Loos/Schäffer/Städtler/Wild 1995, Schäffer 1996, Nohl 1996 und 2001a). Es langweilt ihn. Implizit fordert er damit auf, ein anderes, interessanteres Thema zu besprechen oder das Gespräch sein zu lassen, da es keinen Sinn macht. Auf der Ebene der Diskursorganisation ist dies der Ansatz zu einer Konklusion, zu einer Beendigung des Themas. Wobei das Thema hier nicht, wie wir es aus den bisherigen Passagen kennen, inhaltlich abgeschlossen wird und damit auch Orientierungskomponenten deutlicher werden, sondern hier wird der Versuch gemacht, das Thema zu suspendieren, indem man ihm seine Relevanz abspricht und eben zumindest indirekt zum Aufwerfen eines neuen Themas auffordert. Diese Form der Konklusion bezeichnen wir als *rituelle Konklusion.*

Fatih ist damit nur teilweise erfolgreich. Immerhin kommt es zu einer kurzen Pause im Gespräch. Der (oppositionelle) Diskurs zum Thema berufliche Zukunft setzt sich fort. Durch diese Fortsetzung des Themas kann an dieser Stelle des Gespräches letztlich immer noch nicht entschieden werden, ob die Gruppe noch zur Artikulation einer gemeinsamen Orientierung findet oder ob wir es mit einem oppositionellen Diskurs zu tun haben.

Erdal baut in der Folge seine Zukunftsentwürfe aus, stellt die berufliche Laufbahn in einem Lehrberuf jener mit einem Abschluss als „Meister" (91, ohne Transkript) und mit einem „Studium" (93, ohne Transkript) gegenüber. Statt einer „Mietwohnung" (95, ohne Transkript) kann man sich dann schon ein „Haus" (94, ohne Transkript) leisten. Güner bekräftigt, was er *nicht* machen will („Ik meine dass ik nich studieren will", 109, ohne Transkript).

Fatih fragt schließlich nach der Erfahrungsgebundenheit der Entwürfe von Erdal. Er will wissen, ob dieser studiert, was Erdal verneint. Andere Teilnehmer bringen in Erfahrung, dass Erdal seine Ausbildung schon abgeschlossen hat. Güner fragt daraufhin nach der Sinnhaftigkeit von Erdals Entwürfen bezüglich eines Studiums. Warum hat er es nicht gleich gemacht, sondern zuerst eine Ausbildung? Auf ein Neues dokumentiert sich, dass es den anderen im Gegensatz zu Erdal um das Machen, die konkrete Handlungspraxis geht, während sich Erdal auf einer abstrakt-theoretischen Ebene bewegt und mögliche Szenarien für die Zukunft entwirft, egal, ob diese umsetzbar sind oder nicht. Er entwirft also nicht nur inhaltlich eine akademische Laufbahn, es dokumentiert sich auch eine akademische Herangehensweise, der theoretische Entwurf und dessen Reflexion. Wir haben es also mit einem Gegeneinander zu tun. Erst der Blick auf die Konklusion erlaubt zu entscheiden, ob es ein antithetischer oder ein oppositioneller Diskurs ist: Geht es um Teile einer Orientierung oder haben wir es mit zwei ganz unterschiedlichen Orientierungen zu tun?

Abgesehen davon, dass im Anschluss an Güners Frage nach der Sinnhaftigkeit von Erdals Zukunftsszenarien ein Besucher des Jugendzentrums die Diskussion durch eine Frage nach Alkoholerlaubnis im Jugendzentrum stört, setzt Fatih nun erneut zu einer rituellen Konklusion an. Er fragt: „Kann ma mal Pause machen?" (184) Der Interviewer fragt im Anschluss, ob er jetzt ausgeschaltet habe. Fatih hat offenbar andeutungsweise das Gerät zur Aufnahme bedient. Zugleich beginnen Nebengespräche in türkischer Sprache, die so leise sind, dass man den Inhalt leider nicht verstehen kann. Es wird aber deutlich, dass diese Gespräche keine offiziellen Beiträge zur Gruppendiskussion sind. Der Gesprächszusammenhang droht abzubrechen.

Erdal konstatiert dagegen: „Es geht weiter." Womit er offensichtlich die anderen zu disziplinieren versucht und zur Fortsetzung der Gruppendiskussion aufruft. Ein nicht identifizierbarer Teilnehmer unterstützt ihn mit „sch:::::::::" (193). Die türkischen Nebengespräche verebben kurzfristig und es kommt zu folgender Konklusion des Themas Beruf (Beruf, 195–242):

195	Am:	Äh::: wollen wir jetzt mit der Arbeit abschließen und
196		über was anderes sprechen,
197		|
198	Em:	└Äh:::: könn wa machen
199		weil wir haben jetzt alles geäußert was wir machen
200		wollen also und so |
201		|
202	Am:	└Weil wir
203		haben jetzt alles geäußert was wir machen wollen und
204		so unser Freund Erdal hat sich geäußert dass man wenn man
205		studiert weiterkommen kann, <u>danke</u> <u>Erdal</u>.
206		|
207	Em:	└Ich
208		danke dir ich werde mir überlegen ob ich noch
209		weitermache
210		|
211	?m:	└N=ja das sind ganz
212		|
213	Am:	└Ich werde mir überlegen ob ich ( )
214		|
215	Gm:	└Wenn du mir Geld gibst dann mach ich
216		weiter @(.)@
217		|
218	?m:	└Ja du Arschloch
219		|
220	Em:	└Jaaa natürlich muss jeder

selber wissen wie er

me: ((lauter werdendes Durcheinander, großteils
türkisch)) |
|
Am: └Aber Erdal um dir einen Gefallen zu
tun (.) aber Erdal um dir einen Gefallen zu tun (1)
aber Erdal um Dir einen Gefallen zu tun
|
Y1: └**Auf Deutsch auf Deutsch** (.) ihr könnt ruhig
streiten ((den Höhepunkt des Durcheinanders
übertönend))
|
Fm: └Über was wollen wir jetzt reden? Student ( )
oder so das is jetzt vorbei
|
Am: └Was denn Ausländerfeindlichkeit, wir
reden jeden Tag über Ausländerfeindlichkeit
|
Cm: └Was was
Wahrheit ist

me: ((Durcheinander Ende))

Entgegen den unterschiedlichen Versuchen des zumindest momentanen totalen Abbruchs des Gesprächszusammenhangs der Gruppendiskussion beginnt Ates in der Art eines Moderators das Thema „Arbeit" (195) für abgeschlossen zu erklären und aufzufordern über etwas anderes zu sprechen. Der Abbruch eines Gesprächszusammenhangs ist eine der radikalsten Formen einer rituellen Konklusion, die uns aus dem Alltag geläufig ist. Hier wird nun das Thema explizit für abgeschlossen erklärt, ohne dass sich die Widersprüche lösen ließen. Der Gesprächszusammenhang wird nicht aufgelöst. Das mag mit der Verpflichtung den Gesprächszusammenhang aufrechtzuerhalten in Zusammenhang stehen, den die jungen Männer durch die Bereitschaft zur Teilnahme an der Gruppendiskussion eingegangen sind.

Erdal validiert den Abschluss des Themas und begründet ihn damit, dass es insofern erschöpfend behandelt wurde, als „alles geäußert" wurde. Ates wiederholt Erdals Formulierung der Begründung wortwörtlich und hebt Erdals Beitrag zu Diskussion, „dass man wenn man studiert weiterkommen kann" (204–205), hervor und bedankt sich bei Erdal. Das heißt, wie ein Moderator greift er quasi ein Highlight der Diskussion heraus und bedankt sich für diesen ‚wertvollen' Gesprächsbeitrag. Erdal gibt seinerseits den Dank – für die ‚freundliche' Erwähnung seines Beitrags – zurück. Die doppeldeutige Fortsetzung seiner Äußerung – quasi im Zuge des Austausches von Höflichkeiten – dokumentiert die Ironie dieser Interaktion.

Was als ‚wertvoller Beitrag' herausgehoben wurde, nämlich eine akademische Ausbildung als Möglichkeit des Aufstiegs, wird von Erdal nun in Frage gestellt. Er wird sich „überlegen ob" er „noch" weitermacht (208–209). Zugleich – bezogen auf das gesamte Gespräch – droht er damit auch an, den Gesprächszusammenhang überhaupt zu verlassen.

Güner nützt die Gelegenheit zu einer weiteren doppelten Ironisierung: Für Geld macht er weiter (215–216). Auf das Studium bezogen bedeutet es genau das Gegenteil von dem, wie Erdal in der vorangegangenen Diskussion ein Studium dargestellt hat, nämlich als Investition in die Zukunft. Güner sieht diesen Sinn nicht. Es ist eine Betätigung, für die er an sich bezahlt werden möchte, andere Beweggründe für eine Weiterbildung oder ein Studium gibt es für ihn nicht. Auf das Gespräch bezogen bedeutet es eine ähnliche Zurückweisung der Sinnhaftigkeit. An und für sich sieht Güner keinen Nutzen in der Gruppendiskussion, für Geld würde er aber weitermachen. In doppelter Weise spricht er also dem akademischen Zugang zur Welt (der Arbeit bzw. der Erfassung einer Lebenswelt) eine Sinnhaftigkeit ab.

Ein unbekannter Teilnehmer stimmt Güner zwar zu („Ja", 218), zugleich macht er aber auch auf dessen Bösartigkeit gegenüber den Interviewern – denen gegenüber man sich ja für die Gruppendiskussion bereit erklärt hat – und gegenüber Erdal aufmerksam („du Arschloch", 218).

Erdal fasst im Anschluss die Kontroverse noch einmal allgemein. Es „muss jeder selber wissen wie er" (220–201) sein Leben gestaltet, was er macht oder Ähnliches, könnte man ergänzen. Das heißt, der eine hält dieses für gut, der andere jenes. Bewertungen können unterschiedlich ausfallen. Die Zurückweisung seines Zuganges ist also nicht einer Fehlerhaftigkeit seiner Person geschuldet, sondern ein allgemeines Problem. Nach diesem wieder sehr akademischen, theoretisch-reflektierten Umgang mit den Bösartigkeiten eines anderen Teilnehmers setzt nun ein Gespräch jenseits der Gruppendiskussion ein.

Daraufhin versucht der Interviewer, die jungen Männer wieder auf Linie zu bringen. Fatih unterstützt ihn, indem er erneut die Moderation übernimmt und zur Findung eines neuen Themas auffordert. Dies scheint auch bei jenen anzukommen, die sich nicht mehr am offiziellen Gespräch beteiligt haben, denn Ates greift offenbar aus diesem Gespräch eine Idee zu einem neuen Thema auf: „Ausländerfeindlichkeit" (137 und 138), ein Thema, über das sie „jeden Tag" (138) reden. Can validiert die Relevanz dieses neuen Themas für die Diskussion. Der Beitrag von Ates ist somit bereits eine neue Proposition, die ich deshalb mit aufgenommen habe, um zu zeigen, dass diese lange Konklusion hier nun tatsächlich zu einem Ende gekommen ist, bzw. um zu zeigen, dass es sich hier tatsächlich um eine Beendigung eines Themas handelt, die schließlich auch zu einem anderen Thema führt.

Auf der Ebene der Performanz betrachtet ist diese Konklusion beinahe kunstvoll. Die jungen Männer inszenieren hier ironisch distanziert eine Gruppendiskussion bzw. moderieren ihre Widersprüche. Es gelingt ihnen damit, die Widersprüche im Hegel'schen dreifachen Sinn *aufzuheben* – nicht jedoch aufzulösen. Es bleibt also eine *rituelle Konklusion.* Erstens sind die Widersprüche auf eine andere Ebene gehoben: Zunächst bewegt sich der Diskurs auf einer argumentativen Ebene, auf der unterschiedliche Positionen vertreten werden. In der Konklusion wird der Diskurs auf einer metakommunikativen Ebene weitergeführt, von der aus es möglich wird, die unterschiedlichen Positionen als Redebeiträge zu einem Thema zu qualifizieren. Zum Zweiten wird es auf dieser Ebene möglich, die Widersprüchlichkeit zumindest vorübergehend zu vernichten. Man ist sich einig darüber, dass man sich nicht einig ist. Dennoch drohen die Widersprüche immer wieder den Gesprächszusammenhang überhaupt aufzulösen. Und zum Dritten ist der Widerspruch in seinen für die Gruppe wesentlichen Gehalten erhalten: Ironisierend wurde der einzige echte Entwurf noch einmal zusammengefasst. Der Inhalt und die Abgrenzung davon seitens anderer wurden damit abschließend festgehalten. Das Thema Arbeit ist nicht weiter interessant. Sie haben zu dem Thema geäußert, was im Rahmen der Fremdrahmung möglich war.

Die jungen Männer spielen, indem sie sich gegenseitig unter Verwendung einschlägiger Floskeln (z.B. „Danke Erdal", 205) moderieren, die Fremdrahmung durch den Interviewer nach. Die Gruppe weist die Fremdrahmung nicht erst zurück oder distanziert sich von ihr (wie z.B. „Techno", Kap. 3.1.1.3 oder die Gruppen in Schäffer 1996). Vielmehr provozieren sie den Interviewer, indem sie seine Rolle überflüssig machen, durch ironisierende Nachahmung sowie durch ihren Versuch, die Kontrolle über das Aufnahmegerät zu übernehmen, mit ihrer performatorischen Inszenierung. Die Virtuosität dieser Inszenierung gibt einen Hinweis darauf, dass die jungen Männer vertraut sind mit Fremdrahmungen, sie damit alltägliche Erfahrungen haben. Ja, es scheint sogar, dass die Gruppe bloß innerhalb dieser Fremdrahmung ihre Einigkeit aufrechterhalten kann und die Teilnehmer ohne diese kaum ein gemeinsames Thema bzw. eine gemeinsame Orientierung haben. Auch beim nächsten Thema findet sich keine gemeinsame Orientierung, obwohl es quasi selbstläufig gewählt wird.

Die Themenfindung ist nur ‚quasi' selbstläufig, da es ein Thema ist, von dem die jungen Männer annehmen können, dass es den Interviewer interessiert. Sie begeben sich also selbstläufig in die nächste Fremdrahmung. Der Interviewer bestätigt auch sein Interesse an diesem Thema. Es „würde" ihn „schon mal interessieren was" Jugendliche so von der „Ausländerfeindlichkeit" (Passage „In der deutschen Gesellschaft", 6–7) halten. Diese Nachfrage zielt wieder weniger auf Erfahrungen als auf Meinungen und Einstellungen, d.h. heißt auf Theorien. Es ist dadurch schwer zu sagen, ob die geringe Erfahrungsgebundenheit des folgenden Diskurses allein ein Element des Diskurses zwischen dem Interviewer und den Interviewten oder ein Merkmal des Diskurses der Gruppenmitglieder untereinander darstellt.

Auf die zitierte Nachfrage des Interviewers proponiert Erdal eine deutliche Ablehnung von Ausländerfeindlichkeit, die ein großes („viel", 10, s.u.) Problem darstellt. Er elaboriert seine Proposition u.a. mit einer Folge der Fernsehserie „Spiegel-TV" (In der deutschen Gesellschaft, 9–29):

Em: └Ich halt
es für viel hier (.) ich mag das nicht wenn ich im
Fernsehen sehe Ausländer raus oder so und die ham
die Deutschen wir warn mal zusammen mit Hitler wir
ham geholfen sagen wir mal aber ich bin auch nich
dafür stolz ich fick diesen Hitler und diesen Atatürk
der mitgeholfen hat mit Rassisten und so, fick ich alle;
wer sind sie denn überhaupt? (.) Und jetzt und jetzt
kommen die hier Ausländer raus jetzt sind wir fertig
zusammen und jetzt können die uns abschicken oder
was, unsere Eltern äh, die ham unsere Eltern gerufen
(.) hier gibt=s Arbeit, hilft und und so; unsere Eltern
sind hingegangen, die können doch nichts dafür, und
wir sind hier groß geworden und jetzt heißt es hier eh
Ausländer eh raus, wir ma- wir töten die und so, ich
hab gestern ein Spiegel-TV gesehen (.) Ausländer
raus, schade dass wir keine umgebracht haben und
so, das wird noch geschehen in zwei oder drei Jahren
wird es eh eh beherrschen wir Berlin, Leipzig und
Rostock, Ostteil ist gehört sowieso ihnen (.) die
Hurensöhne

Die Abneigung gegenüber einer starken Ausländerfeindlichkeit, die Erdal hier proponiert, gerät in seiner Elaboration zu einer ohnmächtigen Wut: Im Fernsehen sieht er, wie „Ausländer raus" (11) und Ähnliches von Deutschen gefordert wird. Die „Ausländer" werden zum Spielball der Mächtigen. Dem einstigen Verbündeten werden die Deutschen untreu, die Arbeitskräfte der 60er- und 70er-Jahre werden nun, wo man sie nicht mehr braucht, fallen gelassen. Erdal grenzt sich dabei nicht nur von diesem Verrat der Deutschen ab, sondern auch von einer Verantwortungslosigkeit und Kurzsichtigkeit von Atatürk (und Hitler). Diese starke Distanzierung von Atatürk ist für die Jugendlichen dieser Altersgruppe ungewöhnlich, wie sich in den übrigen Forschungserfahrungen in diesem Feld zeigte. Ihre Eltern und sie selbst sind quasi die ausgelieferten, unschuldigen Opfer einer verantwortungslosen Machtpolitik. Sie wurden zuerst geholt. Jetzt zeichnet sich ein Bedrohungsszenario ab, in dem die Ausländer aus dem Land hinausgeworfen und getötet werden und die „Hurensöhne" (29) immer weitere Teile Deutschlands beherrschen.

In dieser Darstellung verschwimmen die ausländerfeindlichen Parolen von Bürgern mit einer verschwörerischen Machtpolitik und Gewalt gegen Asylwerber mit sämtlichen ethnisch motivierten Formen von Ausgrenzung. Dabei gehören die Türken zu der Gruppe der ausgegrenzten, bedrohten Opfer gegenüber einer politisch-rassistischen Übermacht. Das heißt, in dieser Elaboration dokumentiert sich eine ohnmächtige Opferrolle, die die Bürger türkischer Herkunft in ein Boot mit Asylwerbern setzt und eine Verschwörung der skrupellosen politischen Macht mit ausländerfeindlichen Bürgern, vor allem aus dem Ostteil Deutschlands, vermutet.

Can fragt interessiert nach der Sendung. Daraufhin elaboriert Erdal weiter (In der deutschen Gesellschaft, 35–37):

35	Em:	└He, gestern.
36		heute ist wieder Report über Nazis, da zeigen die
37		wieder wie brutal die sind mit Schwertern und so

Erdal hebt also noch einmal die Brutalität der „Nazis" hervor, die eine Bedrohung darstellt, der man mehr oder weniger hilflos ausgeliefert ist.

Im unmittelbaren Anschluss an „brutal" (37) artikuliert sich Widerspruch (In der deutschen Gesellschaft, 39–60):

39	?m:	└Ne ( ) konusuyor ya?[74] (1)
40		|
41	?m:	└Jetzt bin
42		ich dranne
43		|
44	me:	└((Nebengespräch, leise))
45		|
46	Am:	└Wir sind auch
47		brutal.
48		|
49	?m:	└Dogru dürüst konus[75]
50		|
51	?m:	└Du bist überhaupt gar
52		nicht brutal überhaupt.
53		|
54	Dm:	└Hier, der ist der brutalste, der
55		sticht sogar Türken ab.
56		|
57	me:	└@(.)@
58		|
59	Dm:	└Sag ick ehrlich, Mann (.)
60		der hat letztes Mal sein eigenes Freund abgestochen.

74 Was ( ) spricht er denn da?

75 Sprich ganz ehrlich

Ein stimmlich nicht zuordenbarer Teilnehmer fragt in türkischer Sprache, was Erdal denn da spricht (39). Die Verwendung des Türkischen ist hier weniger ein Hinweis darauf, dass er dem Inhalt der deutschen Ausführungen nicht folgen konnte und eine Aufklärung wünscht, als vielmehr ein Dokument dafür, dass es hier um einen strittigen Punkt geht. Wie sich in der Folge noch mehrfach zeigen wird (s.u.), werden strittige Punkte immer wieder in türkischer Sprache ausgetragen. ?m kann es also gar nicht glauben, was Erdal sagt, so sehr weicht es von seiner eigenen Sichtweise ab.

Ein anderer Teilnehmer möchte sich einschalten, kommt aber nicht zu Wort. Während andere ein kurzes Nebengespräch aufnehmen, formuliert Ates die widersprechende Orientierung. Nicht nur die Nazis, auch der „Wir"-Zusammenhang (46) ist brutal. Damit wird entgegen einer Opferrolle eine Gegnerschaft artikuliert, wobei man es mit diesem Gegner locker aufnehmen kann, ihm eben hinsichtlich der Brutalität um nichts nachsteht.

Die beiden stimmlich nicht identifizierbaren Teilnehmer bestreiten zwar die Ebenbürtigkeit der Brutalität. In der Verneinung allein lässt sich aber noch nicht sagen, welche Position die beiden vertreten.

Deniz elaboriert die Brutalität der Türken. Sie macht vor nichts halt, nicht einmal vor jenen, mit denen man mehr oder weniger eine gemeinsame Migrationsgeschichte hat, vor anderen „Türken" (55) bzw. vor dem eigenen „Freund" (60). Somit wird der Zusammenhalt einer freundschaftlichen Verbindung (der Demonstration) der eigenen Stärke und Brutalität untergeordnet.

Diese Steigerung der widersprechenden Orientierung wird von der Gruppe zunächst als Ironisierung aufgefasst. Sie löst ein gemeinsames Lachen aus. Auch eine Ironisierung ist nur lustig, wenn sie einen Orientierungsgehalt aufgreift, der gegeben ist, sonst wird sie erst gar nicht verstanden. Güner betont jedoch den Wahrheitsgehalt seiner Äußerung. Eine freundschaftliche Verbindung schützt nicht vor Brutalität.

Wieder, wie auch in der Passage „Beruf", stehen einander zwei unterschiedliche Orientierungen gegenüber. Zum einen haben wir es mit einer Anklage aus einer Opferposition gegenüber einer moralisch verwerflichen, bedrohlichen Übermacht zu tun. Die Übermacht setzt sich aus einer unverantwortlichen Machtpolitik mit brutalen, machthungrigen Anhängern zusammen und richtet sich gegen alle anderen Volksgruppen. Die Komponenten sind hier: die ohnmächtige Opferposition, die moralische Bewertung (in der man als moralisch überlegen aussteigt) und die indirekt hergestellte Gemeinsamkeit mit ‚anderen Ausländern'. Zum anderen geht es um einen schlichten Vergleich mit einem Gegner. Brutalität ist die Dimension des Vergleichs. Moral spielt hier keine Rolle, wird nicht nur ironisch der Brutalität untergeordnet. Von einer Opferrolle oder gar Ohnmacht ist keine Spur. Vereinfacht kann man wieder, ähnlich wie schon in der Passage „Beruf", sagen, dass auf der einen Seite theoretisch (-moralisierend) mit dem Thema umgegangen wird und auf der anderen Seite auf der Ebene handlungspraktischer Orientierungen. Zwar unterlegen zu sein, aber auf moralischer Ebene der Gewinner zu sein, ist für Erdal kein Problem. In der widersprechenden Position ist man dem Gegner zumindest hinsichtlich der Brutalität ebenbürtig. Ohnmacht wird nicht angenommen und wahrscheinlich schon gar nicht hingenommen. Moral erscheint bedeutungslos.

Das Thema ist damit noch nicht beendet. Von daher muss auch letztlich noch offen bleiben, ob diese unterschiedlichen Zugänge zu der Thematik einander als antithetische oder oppositionelle gegenüberstehen. Es kommt in der Folge zu einer Konklusion, die in dieser Frage weiterhilft (In der deutschen Gesellschaft, 35–37):

62	me:	((Nebengespräch, leise))
63				
64	?m:	└?m └Mania, ters ters konusmayin,
65		ya[76]
66			
67	Am:	└( )birbirinizi sikmekten baska bir sey
68		bilmiyorsunuz, sikin amina[77]
69			
70	?m:	└Die Türken ficken sich
71		gegenseitig
72			
73	Em:	└nicht Türkisch reden Mann
74			
75	Am:	└Onu
76		demiyorum, bunu diyorum (.) maniak ya[78]
77			
78	?m:	└
79		Türklerbirbirini sikin[79]
80			
81	Am:	└Sikerim, bana ne? (2) Almana
82		Huri[80]

Im unmittelbaren Anschluss an die Betonung des Wahrheitsgehalts der Brutalität gegen die eigenen Freunde („Sag ich ehrlich, Mann“, 59) beginnt ein Nebengespräch. In doppeltem Sinn bringt diese Äußerung die Gruppe in gefährliche Nähe ihrer Brüche, ihrer Orientierungsdiskrepanzen. Die körperliche Auseinandersetzung ist

76 Idiot, sprecht nicht durcheinander
77 Ihr könnt nicht anders als ficken, fickt Fotzen
78 Das meine ich nicht, ich meine dies, Idiot
79 Türken, fickt euch gegenseitig
80 Ich ficke, was interessiert es mich, eine Fotze den Deutschen (Übersetzung von ‚Almana Huri‘ laut der Erläuterung eines Teilnehmers)

ein möglicher, recht voraussetzungsarmer Weg der Auseinandersetzung, d.h. damit auch eine Form Opponenten zu begegnen. Das heißt, zum einen werden die Folgen von Diskrepanzen damit inhaltlich angesprochen. Zum anderen ist der Aktionismus der körperlichen Auseinandersetzung ein gänzlich anderer Handlungsmodus als der theoretisch moralisierende. An dieser ‚Bruchstelle' beginnt quasi eine für die Gruppe typische rituelle Konklusion, die meist mit einem derartigen Nebengespräch beginnt.

Das Nebengespräch gibt wieder Gelegenheit, sich ordnend in den Diskurs einzuschalten, d.h. die Moderation zu übernehmen und damit die Fremdrahmung wieder ins Spiel zu bringen. Der moderierende Ordnungsruf erfolgt in türkischer Sprache. Damit scheint eine gewisse Ernsthaftigkeit und Nachdrücklichkeit verbunden zu sein. Ates erwidert diesen Ordnungsruf mit vulgärtürkischen Flüchen. Darin scheint die Gegnerschaft erneut auf. Die Türken können nicht anders, als sich in einer abwertenden Weise zu verhalten: provokant, brutal etc. Sie sollen nur weitermachen damit und diese werden noch einmal mit einer abwertenden Beschimpfung bedacht („Fotzen" 68, Fußnote). Ein nicht identifizierbarer Sprecher meint auf Deutsch, dass sich „die Türken" (70) „gegenseitig" (71) bekriegen. Damit fühlt sich Ates aber missverstanden. Er meint nicht die Auseinandersetzung untereinander. Damit streitet er aber mit einem aus der Gruppe und somit bleibt der nicht identifizierbare Teilnehmer doch im Recht, wenn er erneut auf die inneren Konflikte hinweist (79). Letztlich geht es in jedem Fall um innere Konflikte. Ates gibt auf, „was interessiert es ihn". Dieser letzte vulgärtürkische Fluch wird abgerundet mit „Almana Huri", einer Floskel, die wir nur in dieser Gruppe beobachten konnten, dafür umso häufiger. Mit diesem Ausruf können meist wieder alle geeint werden. Im Angesicht der Fremdrahmung, die von Deutschen ausgeht, ist die Gruppe dann immer wieder geeint. Ein neues Thema wird aufgeworfen. (An dieser Stelle ist es die Rolle der Polizei bei Auseinandersetzungen mit unterschiedlichen Gruppen.)

Auf der Ebene der Diskursorganisation betrachtet, wurde also keine ‚dritte' Orientierung deutlich, die die beiden widersprechenden als Teile einer Orientierung deutlich werden ließ. Wir haben es von daher mit einer rituellen Konklusion zu tun. Mit der Form der ritualisierten Beschimpfungen und der Inszenierung einer Fremdrahmung schafft es die Gruppe aber, ihre Brüche bis zur nächsten Runde zu kitten.

Der Diskurs zum Thema „Ausländer" dauert ca. 25 Minuten. Er wurde, um den Überblick zu wahren, in zwei ‚Passagen' geteilt. Den Einstieg in das Thema, den Beginn der ersten Passage „In der deutschen Gesellschaft", haben wir nun schon kennen gelernt. Die zweite Passage heißt „Nazis und Asylanten". Prinzipiell unterscheiden sich die beiden Teile jedoch nicht voneinander. Immer wieder kommt es in beiden Teilpassagen zu oppositionellen Diskursen. Die Form der rituellen

Konklusionen wiederholt sich. Die zweite Passage beginnt beispielsweise mit folgender Auseinandersetzung (Nazis und Asylanten, 1–13)[81]:

1	Am:	Also unsere Einstellung wissen sie jetzt gegen die (.)
2		Nazis. (1) Überhaupt keine gute Einstellung.
3		|
4	Dm:	└Gegen die Faschisten.
5		|
6	?m:	└Sagn
7		wa mal so.
8		|
9	Cm:	└Im Osten sind ja fast alles Nazis.
10		|
11	?m:	└Is ja berechtigt.
12		
13	me:	((leises Nebengespräch, großteils türkisch))

Ates setzt zu einer thematischen Konklusion an, quasi auf der Ebene des kleinsten gemeinsamen Nenners der widersprüchlichen Positionen zum Thema „Nazis“ (2). Sie werden abgelehnt, als ebenbürtige Gegner wie auch als Teil einer bedrohlichen Übermacht, von den ‚Aktionisten‘ ebenso wie von den ‚Theoretikern‘. Deniz validiert diesen Ansatz zu einer Konklusion. Ein nicht identifizierbarer Teilnehmer akzeptiert die Formulierung aber nur vorläufig. Man kann es zwar „mal so“ (6) „sagn“ (7), aber ob das richtig ist, ob es stimmt, ist noch nicht endgültig geklärt. Die eigentliche Orientierung ist damit also noch nicht treffend artikuliert. Der „Osten“ (9) wird als beherrscht von „Nazis“ (9) gefasst. Konkrete Erfahrungen haben die Teilnehmer mit dem „Osten“ nicht – zeigt sich im Verlauf der Diskussion. Es dokumentiert sich, dass hier ein konkretes Überhandnehmen der bedrohlichen Macht, ein Ausdruck der Übermacht verortet wird, also die Position der ‚Theoretiker‘.

Ein nicht identifizierbarer Teilnehmer formuliert nun den Widerspruch. Es sei „ja berechtigt“. Nun stellt sich zunächst die Frage, ob die Ablehnung der „Nazis“ (2) berechtigt ist oder es berechtigt ist, im Osten ein Nazi zu sein, und er die „Nazis“ legitimiert. Die Gegner haben quasi in ihrem Territorium eine Berechtigung. Das würde ein neuerliches Aufbrechen der Opposition zwischen den Verfechtern der Übermacht und jenen der Gegnerschaft innerhalb der Gruppe bedeuten. Der Diskursverlauf legt letztere Interpretation nahe. Wie schon bei den übrigen rituellen Konklusionen in dieser Gruppe beginnt zunächst ein leises Nebengespräch, gefolgt von einer Runde von Ordnungsversuchen und Beschimpfungen (Nazis und Asylanten, 15–46):

81 Der Beginn der Passage ist hier letztlich schlecht gewählt. Sie beginnt mit einer Konklusion. Im Dickicht der vielen Beschimpfungen ist auf die intuitiven Kompetenzen zur Diskursstruktur kein Verlass mehr. Sie kann letztlich nur in einer Analyse herausgearbeitet werden

Am: └Wir sind
gegen Rechtsradikale; alles (Schlaffen)
|
?m: └?m gelsene[82]
|
Gm: └
Neden,[83]
|
me: └Gel gel burda herkes ( )[84]
|
?m: └Morku. Proje
yapiyoruz. (1)[85]
|
?m: └Ya siktir o[86]
|
?m: └@(1)@ ((rülpsen))
|
Am: └sen ne
diyorn ( )[87]
|
me: └@(1)@
|
Am: └(weil er) so schöne Augen
hat.
|
?m: └Lan kendini sikmeyin.[88]
|
Gm: └Ist auch erschreckend wie
die ganzen Rechtsradikalen im Osten bestraft werden
wenn sie Asylheime und so äh:: äh::
|
Cm: └Ja

Ates versucht sich im Diskurs mit Brutalität durchzusetzen, wie er es auch inhaltlich vertritt. Performatorisch heißt das, sich mit Lautstärke durchzusetzen. Er brüllt, dass sie „gegen Rechtsradikale" (16) sind, es also keinen Platz für eine Legitimation von „Nazis" gibt. Dem anschließenden türkischen Ordnungsruf

82 Komm doch ?m
83 Warum,
84 Komm komm alle
85 Alter. wir machen ein Projekt
86 Lass dich ficken
87 Was sagst du ( )
88 Fickt euch selbst

folgt eine Auseinandersetzung über die Sinnhaftigkeit hier geordnet zu sprechen. Es wird auf den Rahmen des Gesprächs, das wissenschaftliche Projekt, verwiesen. Aber auch diesbezüglich scheint es keine Einigkeit zu geben, denn dem Teilnehmer, der auf das wissenschaftliche Projekt verweist, wird mit der Empfehlung eines sexuellen Kontakts in der passiven Rolle beschimpft, worin eine Degradierung ihren Ausdruck findet. Dieser vulgären Beschimpfung folgt Lachen und lautes Rülpsen, das zu einem Gesprächsbeitrag wird, da wie auf einen Gesprächsbeitrag darauf reagiert wird. Diese Provokation der Interviewer, die Ironisierung der gesamten Gesprächssituation, eint die Gruppe in lautem Lachen.

Im unmittelbaren Anschluss wird die Degradierung des Teilnehmers, der sich um Ernsthaftigkeit bemüht hat, – in deutscher Sprache – wieder aufgenommen. Die Empfehlung zum sexuellen Kontakt in der passiven Rolle erfolgte, da dieser so „schöne Augen" hat. Damit wird die Degradierung wiederholt. Für Sprachunkundige bleibt der Diskurs rätselhaft. Die Gruppe macht sozusagen nach außen dicht. Die Rätselhaftigkeit dokumentiert sich auch im nächsten Beitrag, in dem eine Verständnisfrage gestellt wird. Um das Verständnis expliziter Inhalte scheint es in dieser performatorischen Inszenierung aber nicht zu gehen.

Wir haben es also wieder mit einer Reinszenierung der Konflikte zu tun, die dadurch zeitweilig aufgehoben werden. Die ‚Fremdrahmer' werden damit provoziert und eine Geschlossenheit der Gruppe nach außen damit mitinszeniert.

Am Ende der Passage „Nazis und Asylanten" und damit auch am Ende des Themas „Ausländerfeindlichkeit" entzündet sich die Opposition am Verhältnis zu Asylanten. Jene Teilnehmer, die es mit den Nazis an Brutalität aufnehmen wollen (‚Aktionisten'), betrachten Asylwerber als „Scheinasylanten" (425), die nur hinter einem deutschen Pass her sind. Von daher sind sie quasi vogelfrei. Die anderen Teilnehmer, die sich als Opfer einer Übermacht begreifen (‚Theoretiker'), sehen sich durch die Angriffe der „Nazis" auf Asylanten und deren rassistische Äußerungen ebenso angegriffen und bedroht wie Asylanten. Die Nähe der Asylanten zu den „Türken", die durch die Position der ‚Theoretiker' entsteht, führt zu einem massiven Ausdruck der Ablehnung von Asylanten bei den ‚Aktionisten'. Asylwerber werden von Ates abwertend als „Araber" (547, ohne Transkript) bezeichnet. Was mit einem „a::::::: Scheiße Alter" (549, ohne Transkript) quittiert wird. Die Kontroverse steigert sich weiter: Ates wird von Deniz unterstützt, der meint: „Araber kommen hier rein (…) Araber machen Hektik" (560–561, ohne Transkript). Dieser Äußerung folgt in türkischer Sprache: „Red nicht so abartig" (564, ohne Transkript). In der nächsten Äußerung wird körperliche Gewalt angedroht, die von den anderen dann doch unterbunden wird.

Die Provokation der Teilnehmer von „Schild" mit einer Nähe zum arabischen Raum stellt einen ersten Höhepunkt der diskrepanten Orientierungen dar. Unter jenen, die die theoretische Position vertreten und sich in der Opferrolle sehen, gibt es offenbar mehr Nähe zum arabischen Raum. Sie werden von jenen, die sich als handlungsfähig gegenüber den „Nazis" sehen, angegriffen. Die nächste Frage, die auch schon zu Beginn der Passage diskrepant diskutiert wurde, ist, ob die migrierten eigenen Eltern und die jungen Männer als deren Kinder unfreiwillig gekommen sind oder nicht. Die oppositionellen Orientierungen, ob man sich in einer Opferposition befindet oder handlungsfähiger deutscher Bürger mit türkischer Herkunft ist, stehen einander im Diskurs gegenüber. Die Vertreter der Opferposition bringen sich dabei in die Nähe der Asylwerber und verteidigen diese auch vehement. Für die andere Gruppe ist die Frage der Nähe zu Asylwerbern bzw. anderen „Ausländern" irrelevant, da sie hier geboren und sowieso Deutsche sind. („Du bist hier geboren du Arschloch", 602, ohne Transkript).

Die anschließenden gegenseitigen Beschimpfungen von ca. 2,5 Minuten enden schließlich folgend („Nazis und Asylanten", 635–698):

Fm: └((Fängt an mit
einem Partner arabische Flüche rhythmisch
aufzuzählen bis zum Ende der Passage))
|
Em: └Ey guuk doch meine Familie Mann
|
?m: └Ja
du bist hier geboren Mann
|
?m: └Is doch egal
|
?m: └Man ( )
sakat lan bu cocuk ( )[89]
|
?m: └Sen ne diyon, anlamadim.[90]
|
?m: └Ya bizi
buraya cagirdilar[91]
|
?m: └Bizi diyor ha? seni cagirmadi götlü anne(
)[92] |
|
?m: └**Pic** (
) oglum allgemein diyor iste[93] |

89 Mann dieser Junge ist behindert
90 Was sagts du ich habe nichts verstanden
91 Mann sie haben uns hierher gerufen
92 Uns sagt er ha? dich haben sie nicht gerufen du Arsch Mutter( )
93 Mann er meint es allgemein

?m: └
Ho:p hop
?m: └Ya annesi babasi kendisi ayni[94]
?m: └Anak manzara
?m: └Anak
tizak
?m: └Ya sikecegim ( )[95]
?m: └Manyak lan cocuk deli ya[96]
?m: └Babanizi bubanizi
baslatmayin ( ) amina goyayim[97]
?m: └Anak krassak
?m: └Anak kissak
└Anak dizzak
?m: └Manyak ben ne
diyom[98] @(.)@
?m: └Anak dizzak eyrii
Am: └Ähahaha du arabische Wichser
?m: └Kulchara manyuk anta
ani
?m: └( ) beni mi diyor ( )[99]
Y1: └Ihr ihr ihr müsst die
Mikrofone stehen lassen
?m: └((rülpsen)) tschuldige
Cm: └Das war sehr

94 Mann seine Mutter sein Vater er selbst is doch gleich
95 Ich ficke
96 Idiot Mann der Junge ist verrückt
97 Fangt jetzt nicht mit euren Vätern an verdammt noch mal
98 Idiot was habe ich gesagt
99 meint er mich

701 gut
702
703 (6)

Die oppositionellen Positionen zur eigenen Geschichte als einer Geschichte des Erleidens oder des Handelns werden zuerst auf Deutsch dann auf Türkisch weitergeführt. Als Teil der Konklusion wird dieser Austausch betrachtet, da hier im Hintergrund bereits die rhythmische Aufzählung arabischer Flüche beginnt, die sich bis zum Ende der Passage fortsetzt. Der Hintergrund dieses Rhythmus ist Teil der erneuten Reinszenierung der Konflikte innerhalb der Gruppe. Bei diesem Schlagabtausch ist schon von vornherein klar, dass sich der Widerspruch nicht auflösen wird. Im Gegenteil scheint sich die Gruppe geradezu lustvoll aktionistisch hineinzusteigern. Die Opponenten werden dabei auch angefeuert („Ho:p Hop", 660). Zugleich wird der Grenzgang, der hier vollführt wird, zum Ausdruck gebracht. Ein Teilnehmer wird für „verrückt" (Übersetzung der Äußerung in Zeile 672) erklärt und es wird davor gewarnt, jetzt mit den Vätern anzufangen (vgl. Übersetzung der Äußerung in Zeile 674–675). Verrücktheit ist jenseits der Grenze der alltäglichen Normalität und die Warnung markiert die Nähe zu einer Gefahr.

Die arabischen Äußerungen und Flüche finden nun auch im Vordergrund statt, was Ates offenbar zu der Äußerung „du arabische Wichser" (688) hinreist, die sich beim Anhören des Bandes zum Zweck der Transkription beinahe liebevoll anhört. Nach einer – zumindest auf der Ebene der Sprache – weiteren arabisch-türkischen Gegenüberstellung fordert der Interviewer die jungen Männer auf, die Mikrofone stehen zu lassen. Beim Transkribieren fiel auch die unterschiedliche Lautstärke der Beiträge auf, d.h., dass die Mikrofone manipuliert wurden, was den Eindruck einer Inszenierung erhöht. Auf diese Ordnungsbestrebung ‚rülpst' ein Teilnehmer dem Interviewer etwas. Das Rülpsen selbst wird als „sehr gut" kommentiert, was letztlich beide Beiträge zu einer Kommentierung des vorangegangenen Diskurses werden lässt. Das Rülpsen in Zusammenhang mit dem Kommentar löst ein lautes Auflachen in der Gruppe aus. Von Oppositionen und Beschimpfung bleibt inhaltlich nichts übrig. Was momentan bleibt, ist die Provokation des Interviewers und eine lustvolle Steigerung der Teilnehmer in einen Aktionismus mit einem lustigen Ausgang.

Der Ablauf der rituellen Konklusionen dieser Gruppe hat immer wieder dieselbe Struktur, die in dieser besonders langen Konklusion noch einmal deutlich hervortritt. Es beginnen Nebengespräche, hier z.B. die rhythmisch intonierten Flüche. Gegenseitige Beschimpfungen mischen sich mit Ordnungsrufen und Elementen der vorangegangenen diskrepanten Punkte, Türkisch mischt sich mit Deutsch (und Arabisch). Am Ende steht eine ironisierende Parole (z.B. „Almana Huri", 82 – Passage „In der deutschen Gesellschaft"), die Ironisierung einer Beschimpfung oder eine prosodische Kommentierung (Rülpsen, 30 und 698 – Passage „Nazis und Asylanten"), die zu einem Gesprächsbeitrag wird, indem darauf wie auf einen Gesprächsbeitrag reagiert wird. Gelingt es durch eine derartige Äußerung Lachen in der Gruppe auszulösen, wird die Gruppendiskussion inhaltlich und in deutscher Sprache wieder aufgenommen.

Wir finden wieder folgende Elemente: Die Widersprüche werden aufgehoben, aber nicht aufgelöst, dadurch dass sie auf die Ebene der Beschimpfung statt des inhaltlichen Austausches gehoben werden. Sie bleiben in ihren wesentlichen Gehalten erhalten und die Brisanz des Widerspruches ist durch die Qualifikation des Ganzen als inhaltlich irrelevant vernichtet. Der Interviewer wird provoziert, nach außen bleibt die Gruppe geschlossen.

Diese Gruppe bleibt m.E. so lange bei ihrem oppositionellen Diskurs, weil sie durch die Erfahrung von Fremdrahmung und eine gemeinsame Praxis des Umgangs damit letztlich – eben auch im Sinne einer gemeinsamen Erfahrung – geeint sind, gerade in den rituellen Konklusionen in der Form ritualisierter Beschimpfungen. Die Möglichkeit des Ausdrucks von Gemeinsamkeit im Format Beschimpfung wurde eindrucksvoll von Labov (1980a) dargestellt. Wenngleich er die semantische Interpretation ausspart, ist seine formale Analyse der Beschimpfungen junger Amerikaner so präzise, dass der Ausdruck von Gemeinsamkeit nur allzu deutlich wird. Damit stehen sie auch in dem Sinne der Definition von Gruppe, wie sie hier vertreten wird, an der Grenze noch als Gruppe zu gelten. Als Gruppe gelten hier jene, die durch gemeinsame Erfahrungen und damit im Zusammenhang stehende homologe (Handlungs-)Orientierungen miteinander verbunden sind (vgl. Kap. 1.2). Wie sich im Text dokumentiert, scheint es hier innerhalb der Gruppe große Unterschiede zu geben. Gemeinsam ist den jungen Männern aus der Gruppe „Schild" jedoch die Erfahrung von Fremdrahmung und Fremdethnisierung.

Wie wir auch aus der Kriminalsoziologie (vgl. Lipp 1985, Matza 1964 sowie Bohnsack/Schäffer/Städtler/Wild 1995 u.a. S. 36f.) wissen, führen Fremdrahmungen und Fremdstigmatisierungen schließlich dazu, sich auch selbst zu stigmatisieren bzw. die Fremdrahmungen und -prozessierungen geradezu aufzusuchen. So können wir in der Gruppe „Schild" beobachten, dass, wenn die ‚Substanz' der Fremdrahmungen durch den Interviewer nachlässt, die Gruppe selbst ein derartiges Szenario herstellt. Diese Szenarien münden dann in die ritualisierten Beschimpfungen, in welchen die Unterschiede zum einen hochgekocht werden, zum anderen die Gruppe aber nach außen dichtmacht. Denn eine Teilnahme an dieser Art der Beschimpfung ist nur jenen möglich, die darin eingeübt sind und doch über eine gewisse Ähnlichkeit der Migrationslagerung verfügen.

Durch diese Besonderheit der Gruppe eignete sie sich zum einen gut für den empirischen Aufweis des oppositionellen Modus. Er findet sich sehr häufig in der Gruppe und wird auch in längeren Diskursabschnitten geführt. Zum anderen eignet sich die Gruppe weniger gut, da es ja auch darum geht, dass wir es bei einem oppositionellen Diskurs letztlich nicht mit einer Gruppe zu tun haben. Wie gesagt, steht die Gruppe „Schild“ hier an einer Grenze.

3.2.1.2 „Baum“: Eine gemischtgeschlechtliche Gruppe aus Leipzig

Die Gruppe „Baum“ stammt aus einem Lehrforschungsprojekt, das in einer Lehrveranstaltung von Monika Wohlrab-Sahr von Studierenden der Theologie und Soziologie an der Universität Leipzig durchgeführt wurde. In diesem Projekt wurden Gruppendiskussionen mit Jugendlichen und jungen Erwachsenen zum Thema Jahrtausendwende durchgeführt. Wie der interaktiv dichte, lebendige bis hitzige Höhepunkt der Diskussion zeigt, ist den Teilnehmern die Auseinandersetzung mit der zum Zeitpunkt der Diskussion etwa 10 Jahre zurückliegenden Wende, der Vereinigung des geteilten Deutschland, eher noch ein Anliegen als das so genannte Millennium.

Die Diskussion wird von Studierenden geführt. Es nehmen an ihr sechs Schüler/innen der 11. Schulstufe eines Gymnasiums teil: Martina, Fred, Gustav, Karl, Ludwig und Emmeran. Alle kommen aus Leipzig und leben auch dort. Weitere Daten zu den Teilnehmer/inne/n wurden nicht erhoben. Die Diskussion dauerte etwas mehr als eine Stunde. Für die komparative Analyse bedeutet diese Gruppe in erster Linie eine Variation der Migrationsgenerationslagerung und des Bildungsmilieus gegenüber der Gruppe „Schild“, deren Teilnehmer aus der Türkei stammen und deren höchste in der Gruppe vertretene Ausbildung eine abgeschlossene Lehre ist. Die Passage „Entwicklung“ aus der Gruppe „Baum“, die uns als Beispiel dient, findet sich zu Beginn des zweiten Drittels und bildet den lebendigsten Teil der Diskussion.

Die Passage beginnt mit einer Frage des Interviewers nach Karls Wünschen. Eine Frage, die sich direkt an einen Teilnehmer richtet, bedeutet einen massiven Eingriff in die Verteilung der Redebeiträge. In der Rekonstruktion impliziter Gesprächsregeln von Sacks, Scheglhoff und Jefferson (1978) bedeutet die Wahl eines/r nächsten Sprechers/Sprecherin das Recht und die Pflicht als Nächste/r zu sprechen. Ja, sogar ein Nicht-Sprechen der gewählten, also angesprochenen Person wird dann als Gesprächsbeitrag gewertet. Mithin ist das direkte Ansprechen eines Teilnehmers an einer Gruppendiskussion ein Eingriff in die Verteilung der Redebeiträge. Für eine Gruppendiskussion bedeutet dies, dass die Gruppe sich zu diesem Thema nicht in der ihr eigenen Form entfalten kann. Dies dokumentiert sich auch in der Diskussion der Gruppe „Baum“. Im Fall der Passage „Entwicklung“ äußert sich zunächst Karl allein zum Thema „Wünsche“, und zwar mehr als vier Minuten lang. Für die Rekonstruktion dieser Passage ist dieser Teil wichtig, da sich die Gesprächsbeiträge der anderen im weiteren Verlauf der Passage auf die Ausführungen von Karl beziehen.

Karl beginnt folgend: „Dass man sich also wirklich mal überlegt, was man besser machen kann, von beiden Seiten. also dass der westdeutsche Bundesbürger sowie auch die Regierung sich überlegt, was könnten wir jetzt auch in diesem Moment besser machen." (146–147, Passage „Entwicklung", ohne Transkript) Zwar soll hier „wirklich" etwas geschehen, dies allerdings zunächst nur auf einer theoretischen Ebene, auf der Ebene der ‚Überlegung'. Diese Überlegungen gelten einer möglichen Umsetzung von ‚etwas Besserem'. Letztlich dokumentiert sich hier nur ein negativer Horizont, nämlich die abstrakte Person oder Personengruppe, die sich hinter einem „man" verbirgt. Diese hat sich entweder gar nichts überlegt oder etwas, das nicht gut ist. Ob sie, wenn sie sich etwas überlegt, das Richtige trifft und damit zum positiven Horizont wird oder dies dann auch (erfolgreich) umsetzen muss, bleibt unklar. Damit bleibt auch ein positiver Horizont offen.

Wie wir aus der Elaboration erfahren, sind es die „westdeutschen Bundesbürger" (147) und die „Regierung" (147). Das heißt, der ‚Westen' verkörpert diesen negativen Gegenhorizont. Der Begriff „man" schließt hier Karl und seine Bezugsgruppe nicht ein, sondern bezieht sich lediglich auf andere.[100]

Karl führt weiter, dass es gilt sich zu überlegen: „Was könnte man aus dem System rausschmeißen, was könnte man reinnehmen" (148–149, Passage „Entwicklung", ohne Transkript). Denn es hat sich „letztlich nichts geändert" (173, Passage „Entwicklung", ohne Transkript), außer dass sich der Unterrichtsstoff vergrößert hat, zum Beispiel im Fach „Geographie" (151, Passage „Entwicklung", ohne Transkript), das früher „Heimatkunde" (156, Passage „Entwicklung", ohne Transkript) hieß, wie ihm Martina bei der Findung der früheren Bezeichnung behilflich ist.

Im Wesentlichen dokumentiert sich in Karls Proposition und deren Elaboration das Erleben einer Fremdbestimmung, der man nichts entgegensetzen kann. Die eigene Situation bzw. eine Verbesserung derselben ist von mehr oder weniger abstrakten Einflussgrößen abhängig, in deren Macht und Verantwortung es liegt, diese herbeizuführen. Auch die Ideen dazu müssen von dieser Seite kommen: Von der „Regierung" (147, Passage „Entwicklung", ohne Transkript), den „westdeutschen Bürgern" (147, Passage „Entwicklung", ohne Transkript) und vielleicht dem Unterrichtsministerium oder eben in wessen Verantwortung die Gestaltung des Unterrichtsstoffes liegt. Auch in der Verwendung des DDR-spezifischen Begriffes System dokumentiert sich eine Fremdbestimmung, dem System als abstrakter

100 Oft wird „man" auch bei der Formulierung von Regeln oder Richtlinien verwendet, die den Sprecher oder die Sprecherin mit einbeziehen, wie z.B. bei: Man isst nicht mit den Fingern.

Größe ist alles geschuldet. Letztlich, wie es sich in den Ausführungen von Karl dokumentiert, wurde nur ein Etikettenumtausch betrieben, wie sich im Beispiel der Namen der Unterrichtsfächer zeigt, und das ‚System' an sich nicht verbessert.

Karl elaboriert weiter. Hier erscheint „die Wirtschaft" (168) als eine abstrakte Größe, die „vorangetrieben worden" (169) ist, von einer anderen, etwas weniger abstrakten Größe, der „Regierung", was auf der Ebene der einzelnen, konkreten Menschen, die aber letztlich auch abstrakt bleiben, nur negative Folgen hat (Entwicklung, 172–188):

```
Km:                    ... die Gesellschaft verändert sich
        nicht dass es den Leuten besser geht, sondern dass
        es der Wirtschaft besser geht; warum haben wir so
        viele Arbeitslose? die ganze Politik, die dort gemacht
        wird, zielt doch erst mal darauf hin es der Wirtschaft
        so angenehm wie möglich zu machen; wir überlegen
        uns doch, wie schaffen wir Investitionsmöglichkeiten
        und nicht für die Leute, sondern für die Wirtschaft;
                                                  |
Y1:                                               └Mhm
                                                      |
Km:                                                   └
        Das heißt also, dass man aus dem Kreislauf gar nicht
        rauskommt, auch eigentlich gar nicht rauskommen will
        und daraus folgt, ohne Geld geht=s trotzdem nicht
        also tun wir erst mal alles für das Geld und um das
        Geld aber im Endeffekt geht=s trotzdem nicht, weil
        das Zwischenmenschliche auf der Strecke bleibt.
```

Die „Leute" (173) sind bestimmt durch Veränderung der „Gesellschaft" (173), die aus dem Dienen der abstrakten Größe „Wirtschaft" (174) resultiert. Zu beobachten ist ein Verfall, in welchem die konkreten Personen („Leuten", 173) einer abstrakten Macht („Wirtschaft", 174) gegenübergestellt sind, der sie ausgeliefert sind. Die Macht stärkt sich auf Kosten des einzelnen Menschen und seines Wohls bzw. seiner Handlungsmöglichkeiten, indem sie ihn arbeitslos macht.

Ein „Kreislauf" (184) der Unentrinnbarkeit, der Fremdbestimmung wird dargestellt, also ein Teufelskreis aus der Notwendigkeit des Geldes und seiner Feindschaft mit dem „Zwischenmenschlichen". Karl zeichnet ein dunkles Bild zukünftiger Entwicklungen. Ein positiver Entwurf oder positive Horizonte sind hier ausgeschlossen. Letztlich zeigt sich nur ein alles verschlingender negativer Horizont. Darin drückt sich eine Negation aus. Eine „Phase der Negation", eine krisenhafte Entwicklung durchlaufen alle Jugendlichen (z.B. Bohnsack 1989). Der Grad ihrer Ausprägung hängt von verschiedenen milieutypischen Einflussgrößen ab (vgl. auch Bohnsack/Loos/Schäffer/Städtler/Wild 1995, Schäffer 1996, Nohl 1996 und 2001a). An dieser Stelle lässt sich weder sagen, ob es sich bei Karl um eine entwicklungsbedingte Negation oder eine andere Negation handelt, noch, ob es bei ihm ein Ausdruck einer umfassenden Krise ist. Das ist für unser Erkenntnisinteresse auch nicht zentral. Wichtig dagegen ist, die Negation als Orientierung (einer ‚Desorientierung') festzuhalten.

Karl beendet seine Elaboration mit: „da wird es eine Wirtschaftsreform geben, die einfach ist besser ist und viel mehr Geld also das Level wird noch viel viel höher gesetzt" (190–191). Eine „Wirtschaftsreform" schraubt den „Level" (190), den Teufelskreis, „noch viel viel höher" (191), d.h., alles wird letztlich nur schlimmer. An dieser Stelle setzt die Interviewerin die Diskussion fort (Entwicklung, 193–212):

Y1: └Das
alles unpersönlicher wird, oder?
|
Km: └Ja. Natürlich,
|
Fm: └Nö, weeß
ich nicht so genau.
|
Km: └Na ich denk schon;
|
Gm: └Also, das, was
wir ( ) alles wird unpersönlicher werden;
|
?m: └((husten))

Gm: ist damit gemeint, mit Unpersönlichkeit? meine
Familie kenne ich immer noch, mit der rede ich mit
euch rede ich genauso; was wird unpersönlicher, wenn
ich einkaufen gehe? da hole ich das was ich will und
quatsche ne halbe Stunde mit der Verkäuferin.

Die Interviewerin schaltet sich mit einer Fortsetzung der Elaboration ein. Sie führt einen Aspekt, den Karl zuvor ausgearbeitet hat, weiter. Das schwarze (Zukunfts-) Szenario geht mit einem Verlust sozialer Nähe einher. Karl validiert die Fortsetzung der Elaboration nachdrücklich. Der Verlust sozialer Nähe ist ein „natürlich"er (196), ein selbstverständlicher Bestandteil zukünftiger Entwicklungen (denen man ja ausgeliefert ist). Die Interviewerin hat hier also einen Aspekt von Karls Orientierung gut zum Ausdruck gebracht. Damit hat sie sich letztlich wie eine Teilnehmerin verhalten. Lediglich durch die an ihre Formulierung angehängte Frage („oder?") wird ihr Beitrag auch zu einer Aufforderung zu einer weiteren Elaboration, die die Diskussion wieder für die anderen Teilnehmer/innen zu öffnen scheint.

Fred meldet Widerspruch an: „Nö" (198). Mit seiner Formulierung „Ich weiß nicht so genau" in Reaktion auf Karls „natürlich" (196) qualifiziert er zumindest die Entwicklung des Verlusts sozialer Nähe stärker als theoretischen Entwurf, der auch anders ausfallen kann. Bei Karl dagegen erscheinen die Entwicklungen als unentrinnbare, quasi „natürliche" Gesetzmäßigkeit. Wie weit der Widerspruch reicht, lässt sich noch nicht sagen.

Karl nimmt die Allgemeingültigkeit seiner Ausführungen zurück und qualifiziert sie auch mehr auf der Ebene des Denkens als der des Natürlich-Faktischen angesiedelt, bleibt aber bei seiner Einschätzung der zukünftigen Entwicklung. Er „denkt schon" (201).

Gustav fragt nach dem Bedeutungsgehalt von „Unpersönlichkeit" (208). Damit wird also zunächst nicht der ganze Entwurf in Frage gestellt, sondern nur der Aspekt, der durch die Interviewerin herausgehoben und zur allgemeinen Diskussion gestellt wurde. Gustav gibt sich selbst die Antwort, was seine Frage zu einer rhetorischen Frage werden lässt. Er lotet die Bedeutung auf der Ebene seiner eigenen Erfahrungen aus. Es bestätigt sich die Interpretation, dass es dabei um soziale Nähe geht. Gustav erlebt diese in seinem unmittelbaren Umfeld, in seiner Familie ebenso wie beim Einkaufen. Gustav bringt damit den Diskurs auf die Ebene von Erfahrungen. „Unpersönlichkeit" wird damit zu einem Aspekt der theoretischen Ausführungen von Karl, die man an seinen eigenen Erfahrungen überprüfen kann. Diese Überprüfung fällt negativ aus. Die rhetorische Frage lässt sich somit in „Was soll Unpersönlichkeit überhaupt heißen?" umformulieren, denn aus der eigenen Erfahrung kann dazu nichts beigetragen werden. Die theoretischen Überlegungen halten der Erfahrung nicht stand.

In seiner Darstellung handelt Gustav aktiv: Er redet mit seiner „Familie" (209) und seinen Mitschülern bzw. seiner Mitschülerin, die hier versammelt sind, er geht „einkaufen" (211) und quatscht dort „mit der Verkäuferin"(212). Dabei ist er Subjekt seines Handelns und keinen gesellschaftlichen oder politischen Entwicklungen ausgeliefert. Es dokumentiert sich ein anderer Zugang als bei Karl: Ein aktives Handeln im Sinne eines positiven Horizonts (‚soziale Nähe'), der auch völlig unproblematisch umgesetzt werden kann. Karl dagegen entfaltet ausschließlich negative Horizonte. Es wird lediglich klar, was er nicht will, was ihm missfällt, weniger jedoch, wohin es gehen könnte.

Bei Gustav dokumentiert sich keine Negation. Er entwickelt keine theoretisch begründeten bzw. argumentierten schwarzen, bedrohlichen Entwicklungen für die Zukunft. Sie erscheint dagegen als eine Fortsetzung gegenwärtiger Erfahrungen und Handlungen. In diesen Handlungen werden positive Horizonte, wie soziale Nähe, ganz selbstverständlich umgesetzt. Warum sollte die Zukunft etwas anderes wie „Unpersönlichkeit" (208) bringen? Gustav schließt damit an Freds Formulierung eines Widerspruchs an und elaboriert ihn. Ob wir es dabei mit dem Aufwerfen und der Elaboration einer Antithese oder einer Opposition zu tun haben, können wir letztlich wieder erst im Zusammenhang mit einer entsprechenden Konklusion entscheiden. Es handelt sich nun aber wieder nicht bloß um eine schlichte Verneinung einer Orientierung, sondern letztlich um einen ganz anderen Zugang zu dem Thema, also um die Entfaltung einer anderen, einer neuen Orientierung im Vergleich zu Karls Orientierung. Dies spricht eher für eine Opposition.

Martina schaltet sich hier nun mit Widerspruch gegenüber Gustav und Fred ein (Entwicklung, 214–222):

214 Mf: └Naja aber
215 unpersönlich insofern du kannst ja schon im Internet
216 einkaufen gehen; du kriegst es dann vor die Haustür
217 gebracht
218 |
219 Gm: └Das mache ich ja nicht; ich geh halt ganz
220 persönlich dahin und das bringt=s mir halt; ich meine
221 irgendwie das ist doch keine Unannehmlichkeit, das
222 passt mir doch

Martina bleibt bei dem Beispiel von Gustav, dem Einkaufen. Auch hier kann sie die Sichtweise festmachen, dass alles unpersönlicher wird. Jetzt kann man „im Internet einkaufen gehen" (215–216). Erledigungen, die früher Interaktionen im öffentlichen Bereich voraussetzten, können nun ohne direkte soziale Interaktion abgewickelt werden. Martina spricht nicht von eigenen Erfahrungen, sondern von theoretischen Möglichkeiten und ihren theoretischen Folgen. Ebenso wie bei Karl „die Wirtschaft" (168) ist es hier nun das „Internet" (215) als abstrakte Einflussgröße, die sich gegen das Wohl der konkreten Menschen in Form der Unterbindung ihrer sozialen Kontakte auswirkt. Handelnde Menschen kommen in dieser Darstellung nicht vor, sie werden bewegt von der Entwicklung des Internet. Die Zukunft erscheint düster. Wir finden somit dieselben Eckpunkte der Negation wie bei Karl. Martina elaboriert hier mithin die Proposition.

Gustav entgegnet Martina, dass er diese Möglichkeit nicht nutzt, sondern persönlich Geschäfte aufsucht, ganz so wie es ihm auch „passt". Gustav bleibt auf der Ebene seiner konkreten Handlungspraxis. Er nutzt die (theoretische) Möglichkeit nicht, gestaltet seine Einkäufe, sie reflektierend, so wie es ihm „passt". Gustav erscheint hier wieder als aktiv Handelnder, der mit negativen (möglichen) Entwicklungen nicht zu beeindrucken ist. Damit elaboriert er die gegenläufige Position bzw. These. Das heißt, wir haben es hier mit einer Fortsetzung des antithetischen oder des oppositionellen Diskurses zu tun, wobei sich keine Annäherung der beiden Positionen abzeichnet.

Ludwig setzt die Diskussion wieder auf der theoretischen Ebene fort (Entwicklung, 224–240):

Lm: └Aber die Geschichte hat=s ja eigentlich gezeigt dass es auch dass es früher dass es für uns sozusagen unpersönlicher geworden ist.

Gm: └Na, was denn?

Lm: └Da sagt man doch früher, früher ham=mer zusammen gegessen hat mer warn mer in der Familie, hat mer zusammen gewohnt und so, s=ist schon heut nicht mehr so; und zweitausend und in den nächsten Jahrhunderten wird's noch viel weniger sein.

Mf: └Guck mal wie viele Singlehaushalte es doch eigentlich gibt in Hamburg hat fünfzig Prozent Single (.) fünfzig Prozent

Ludwig stellt die negativen Entwicklungen, die Abnahme sozialer Beziehungen in einen historischen Zusammenhang: „Die Geschichte hat=s ja eigentlich gezeigt" (224–225). Gustav fragt nach einer Konkretisierung dieses Zusammenhangs. Ludwig zieht das Familienleben heran. Er bezieht sich auf das, was „man" (231) „sagt" (231), wenn es um die Vergangenheit geht, und nicht auf eigene Erfahrungen, nicht einmal auf überlieferte Erfahrungen, z.B. Erzählungen von anderen. Auch wenn er über die Gegenwart spricht, in der die sozialen Interaktionen in der Familie abgenommen haben, geht es um die „Familie" (232) im Allgemeinen und nicht um seine eigenen Erfahrungen. Das Bedauern, dass man früher zusammen in der Familie gegessen habe, während man jetzt nicht einmal mehr zusammen wohnt, klingt nach der Beschwörung einer heilen Vergangenheit, in der alles besser war, während es in der Gegenwart, die man nicht so leicht verklären kann, schlechter ist und von daher auch die Zukunft nichts Gutes bringen kann. Damit führt Ludwig die Verfallssemantik der Proposition und ihre theoretisierende Herangehensweise weiter, setzt deren Elaboration fort, trotz einer Aufforderung von Gustav, der die handlungspraktische Position vertritt, zu konkretisieren.

Martina setzt diese Elaboration der Proposition durch Ludwig fort. Sie bringt ‚Fakten' aus der Bevölkerungsstatistik, also wieder nicht aus der eigenen Erfahrung. Schon in Karls Elaboration zu Beginn der Passage verkörperten die „westdeutschen Bürger" einen negativen Gegenhorizont, als Teil der Macht und der dunklen zukünftigen Entwicklungen. Die Wahl einer Stadt im westlichen Teil Deutschlands, in der es bereits „fünfzig Prozent" (239) „Singlehaushalte" (238) gibt, spricht also wieder dafür, dass die ‚schlechte' Zukunft, der Verfall, aus dem Westen kommt.

Gustavs Perspektive auf den Westen unterscheidet sich von jener, die Karl und Martina entworfen haben (Entwicklung, 242–259):

Gm: ˪Der gemeine Wessi trifft sich nicht zu Hause,
wie der gemeine Ossi es gemacht hat früher, sondern
man trifft sich in der Kneipe. er hat trotzdem
Gemeinschaft. ob er=s nun zu Hause mach oder in der
Kneipe macht, ist eigentlich egal
Mf: ˪Is aber anders
Gm: ˪Ja
sicher.
Mf: ˪Die Gemeinschaft hat sich trotzdem verschoben
na guck dir, mmh es gibt noch so kleine Gruppen
und so was aber so die große Gemeinschaft
( )
me: ˪((beginnen
zugleich zu sprechen, zunehmender Tumult ca. 3
sek))

Gustav setzt das Thema des Vergleichs des Osten mit dem Westen nun ganz explizit fort. „Der (...) Ossi" (243) traf sich zu Hause, während sich „der (...) Wessi" (242) „in der Kneipe" (242–243) trifft. Beide haben „Gemeinschaft" (245). Martina dagegen meint, dass das „aber anders" (248) ist und „die Gemeinschaft (...) sich (...) verschoben" (253) hat. Noch während Martinas Äußerungen beginnen mehrere Teilnehmer zugleich, wie auf einen Schlag, das Wort zu ergreifen und laut und unverständlich durcheinander zu brüllen. (Ebenso schlagartig, wie der Tumult begonnen hat, verlischt er auch wieder und die Gruppe diskutiert geordnet weiter; ohne Transkript.)

Ganz deutlich wird in Gustavs Beitrag, dass der westliche Teil Deutschlands mit seinen Gepflogenheiten *nicht* als negativer Gegenhorizont dient. An der Oberfläche lassen sich zwar Unterschiede erkennen, aber die Grundstruktur bleibt dieselbe, eine letztlich positive Grundstruktur. Westdeutsche wie Ostdeutsche suchen und gestalten „Gemeinschaft" (245), d.h. soziale Nähe und Interaktion. Wie er sein eigenes Handeln konzipiert, nämlich selbstbestimmt und nach den eigenen Bedürfnissen gestaltet, konzipiert Gustav auch das Handeln der anderen. Niemand ist ausgeliefert. Weder da noch dort gibt es negative Entwicklungen, denen man anheim fällt oder schon gefallen ist. Damit elaboriert Gustav noch einmal die gegenläufige Position, die Opposition, wie wir gleich sehen werden.

Martina hebt in ihrem Beitrag die, in Gustavs Beitrag oberflächlichen, Unterschiede zwischen Bürgern aus dem Osten und aus dem Westen hervor. Gustav stimmt ihr zu. In ihrem nächsten Beitrag wird deutlich, dass sie die Unterschiede nicht lediglich auf einer oberflächlichen Ebene verortet, sondern auf einer

Orientierungsebene. In der Idee der „großen Gemeinschaft“, deren Verlust sie beklagt, klingt auch wieder die Vergangenheit im sozialistischen Ostblock an, die für einen Teil der Gruppe im Verfall begriffen ist, im Sinne einer ‚guten alten Zeit‘, die einer schlechteren Gegenwart gewichen ist, sodass die Zukunft nur noch viel schlechter ausfallen kann.

Martina hat hier also zu einer Konklusion im Sinne der Formulierung einer Gemeinsamkeit der oppositionellen Orientierungen angesetzt, bzw. indem sie einen Versuch unternimmt den Vertretern der Opposition doch noch die Augen für den ‚tatsächlichen‘ Verfall zu öffnen. Der starke Anklang und der positive Blick auf die Vergangenheit im Ostblock scheint die Widersprüche, die oppositionellen Zugänge, aber erst recht entfacht zu haben. Ähnlich wie die Gruppe „Schild“ macht aber auch die Gruppe „Baum“ an dieser Stelle dicht. Die Auseinandersetzung wird so hitzig geführt, dass sie das Ohr der Öffentlichkeit nicht mehr erreicht, die Konsistenzverpflichtung, die die Teilnehmer/innen mit der Bereitschaft zu einer Gruppendiskussion eingegangen sind, wird kurzfristig verlassen. Die Redebeiträge sind für Außenstehende nicht mehr zu verstehen und werden somit zu einem Teil einer *rituellen Konklusion*: Nach diesem Aufwallen reißt man sich quasi wieder am Riemen und setzt die Gruppendiskussion mit einem neuen Thema fort, ohne die beiden widersprechenden Positionen als Teile einer Orientierung artikuliert zu haben.

Die beiden Orientierungen, die Negation und der theoretisierende Umgang mit der Zukunft zum einen und das aktive Handeln im Sinne der eigenen Bedürfnisse und die Zukunft als Weiterführung dieser Handlungspraxis zum anderen, bleiben unverbunden nebeneinander stehen. Die Schüler/innen nehmen (weiterhin) ‚brav‘ an der Diskussion teil, hören einander zu, lassen einander aussprechen und sprechen verständlich. Wie auf Knopfdruck beginnt, wenn sich widersprechende Orientierungen nicht vereinbaren lassen, ein kurzer Tumult. Danach wird die Diskussion mit einem anderen Thema artig weitergeführt.

An den Themen Arbeit und (schulische) Bildung wird dieselbe Opposition in der Folge erneut entfaltet, wieder münden die Themen schließlich in einem Tumult. Da diese Variation der Themen keinen Erkenntnisfortschritt beinhaltet, beenden wir die Analyse der Gruppe „Baum“ an dieser Stelle.

3.2.1.3 „Buch“ – Ergänzungen der komparativen Analyse

Mit der Gegenüberstellung der Gruppen „Schild“ und „Baum“ konnten bereits einige wesentliche Dimensionen variiert werden. Wie schon erwähnt, waren dies der bildungsmilieutypische Erfahrungsraum, der Erfahrungsraum, der durch die Migrationsgenerationslagerung geprägt ist, die Muttersprache bzw. die Bilingualität und die Anzahl der Teilnehmer bzw. Teilnehmerinnen am Gespräch. Hinsichtlich des geschlechtstypischen Erfahrungsraumes hatten wir es bei der Gruppe Baum zum ersten Mal mit einer gemischtgeschlechtlichen Gruppe zu tun, wobei in der behandelten Passage offensichtlich nicht auf der Grundlage geschlechtstypischer Erfahrungen diskutiert wurde. Das einzige Mädchen vertrat die Opposition gemeinsam mit Jungen und auch hinsichtlich der Thematik wurde der Erfahrungsraum Geschlecht nicht berührt.

Die Gruppe „Buch“, die wir hier noch in die komparative Analyse aufnehmen, verkörpert eine geschlechtshomogene, weibliche Gruppe. Es diskutieren nur Frauen. Damit wird der Aufweis geleistet, dass z.B. das einzige Mädchen in der Gruppe „Baum“ nicht einfach von den Jungen ‚mitgezogen‘ wird und ‚eigentlich‘ einen männlichen Modus verwirklicht, sondern dass dieser Modus auch in reinen Mädchen- bzw. Frauengruppen zu finden ist. Die entsprechende Passage aus der Gruppe „Buch“ wird an einer anderen Stelle der Arbeit interpretiert, da sie doppelt in die komparative Analyse eingebettet ist.

Die „Buch“ besteht – wie an anderer Stelle ausführlich dargelegt (vgl. Kap. 3.1.1.1) – aus drei jungen Studentinnen der technischen Universität, deren Eltern aus der Türkei stammen. Als dominierend wurde in dieser Gruppe der parallele Modus herausgearbeitet (vgl. Kap. 3.1.1.1). In einigen wenigen kurzen Sequenzen findet sich jedoch auch der oppositionelle Modus. Herausgearbeitet wird dies in Kapitel 4.2.2 anhand der Passage „Heimat“. Eine der jungen Frauen, Berfin, möchte wie ihre Eltern in die Türkei zurückkehren. Eine andere, Ceday, empfindet Deutschland als ein „großes Stückchen Heimat“ (92, Passage „Heimat“), in der sie auch bleiben möchte.

Dabei formulieren die beiden Mädchen nicht bloß gegenteilige Intentionen. Es sind mehrere *Orientierungs*komponenten, die sich bei den beiden jungen Frauen unterscheiden: Berfin erlebt ihre Biographie im Gegensatz zu Ceyda in Kontinuität mit ihren Eltern. Für sie ist die Türkei nicht nur Urlaubsland wie für Ceyda, sondern ein Land, in dem sie einen Teil ihres Lebens verbracht hat. Sie hat im Gegensatz zu Ceyda, die nur ihren Urlaub dort verbrachte, tatsächlich die Möglichkeit, einen Vergleich zu ziehen. Auch das Erleben von Fremdheit scheint bei Ceyda und Berfin unterschiedlich gelagert zu sein. Während es bei Ceyda um ihre Gewohnheiten und Selbstverständlichkeiten im alltäglichen Lebensvollzug geht, geht es Berfin darum, wie sie von anderen, insbesondere im öffentlichen Leben, behandelt wird. Zuletzt unterscheiden sich die Orientierungen der beiden jungen Frauen noch hinsichtlich der Einschätzung der Möglichkeit ihrer handlungspraktischen Umsetzung. Ein Leben in Deutschland ist für Ceyda eine Selbstverständlichkeit und bedeutet lediglich eine Weiterführung des Gegenwärtigen. Bei Berfin dokumentiert sich, dass ein Leben in der Türkei einen Aufbruch mit Unsicherheit bedeuten würde. Sie sucht nach einer Reduktion dieser Unsicherheit in Form einer sicheren Arbeitsstelle.

Es dokumentieren sich also Unterschiede im Umgang mit der eigenen Biographie (im Verhältnis zu den Eltern), unterschiedliche Erfahrungen in und mit der Türkei, ein unterschiedliches Erleben von Fremdheit und ein unterschiedlicher Umgang mit der Zukunft. Das heißt, hier wird ein oppositioneller Diskurs geführt.

Hinsichtlich dieses Themas kommt es zu keiner Konklusion in der Gruppe, vielmehr zaubert Ayla, die dritte Teilnehmerin an der Diskussion, rasch ein anderes, bereits zuvor diskutiertes Thema aus dem Hut, begibt sich also in ein Gesprächsumfeld, dessen Tauglichkeit bereits geprüft wurde. Das heißt, hier findet sich keine Konklusion, sondern schlicht ein Themenwechsel, mit dem der oppositionelle Diskurs abgebrochen wird. Das Thema wird suspendiert. Das ist die einzige Stelle dieser Gruppendiskussion mit einem oppositionellen Modus der Diskursorganisation.

3.2.2 Divergente Diskursorganisation

Der divergente Modus der Diskursorganisation findet sich in Gesprächen bzw. Gesprächsabschnitten, in welchen die Teilnehmer/innen über keine geteilten Erfahrungen verfügen. Im Unterschied zum oppositionellen Modus knüpfen die Diskursbewegungen aber aneinander an. So werden z.B. Sachverhaltsdarstellungen oft bestätigt, oder es werden Markierer für die Bestätigung oder für eine lediglich leichte Differenzierung einer Proposition („ja, aber") gesetzt. Im Anschluss daran werden dann aber einander widersprechende Orientierungsrahmen aufgeworfen. Das heißt, beim divergenten Modus bleiben die Rahmeninkongruenzen eher verdeckt. Die einander widersprechenden Orientierung(skomponent)en münden, ebenso wie beim oppositionellen Modus (vgl. Kap. 3.2.1), nicht in eine Synthese, in der Widersprüche als *Teile einer* Orientierung deutlich werden, sondern in „rituelle Konklusionen" (vgl. Kap. 2.3.10.2), in welchen z.B. das Thema an einen anderen Schauplatz verlegt wird, an dem die Widersprüche nicht mehr relevant sind (vgl. Kap. 3.2.2.1).

Diesen Modus schauen wir uns zunächst anhand einer Gruppe junger Frauen unterschiedlicher Herkunft an, die sich in einer Jugendeinrichtung in Berlin treffen.

Eine stammt aus dem westlichen Teil Berlins, die andere aus dem östlichen und die Dritte aus dem ehemaligen Jugoslawien. Sie befinden sich in unterschiedlichen Stadien einer nicht akademischen Berufsausbildung. Anschließend wenden wir uns einem Tischgespräch einer Familie aus Potsdam zu. An diesem Gespräch nehmen die Eltern sowie ihre drei Kinder teil. Die komparative Analyse ist hier ein wenig anders gelagert und vor allem durch den unterschiedlichen Gesprächszusammenhang gegeben. Im ersten Fall handelt es sich um eine Diskussion, die nur zu Zwecken der Erhebung in Anwesenheit von Interviewerinnen geführt wurde, im anderen Fall um ein Gespräch aus dem familialen Alltag, das ohne Beisein von Feldforscher/inne/n stattfand. Zudem finden sich aber auch Unterschiede hinsichtlich der entwicklungstypischen Lagerung und des sozialräumlichen Milieus.

3.2.2.1 „Schmetterling“: Drei junge Frauen unterschiedlicher Herkunft

Die Diskussion der Gruppe „Schmetterling“ stammt – wie jene der Gruppen „Mantel“, „Buch“, „Sand“, „Straße“ und „Schild“ – aus einem der Projekte zu „Entwicklungs- und milieutypischen Ausgrenzungs- und Kriminalisierungserfahrungen in Gruppen Jugendlicher“, in welchem ich mitgearbeitet habe. Die Gruppe „Schmetterling“ besteht aus drei jungen Frauen, die sich mehrmals in der Woche in einer Einrichtung für Mädchen und junge Frauen, dem Café Wir, treffen. Die Einrichtung befindet sich in einem traditionellen Arbeiterbezirk im westlichen Teil Berlins. Anke (Af) ist 20 Jahre alt und kommt aus einem Bezirk im Osten Berlins. Sie macht eine Ausbildung zur Kindergärtnerin. Babette (Bf) ist 18 Jahre alt und kommt aus jenem Bezirk Berlins, in dem sich auch das Café befindet. Sie sucht einen Ausbildungsplatz. Christine (Cf) ist 16 Jahre alt und stammt aus (dem ehemaligen) „Jugoslawien“, wie sie selbst sagt und auch im begleitenden Fragebogen schreibt. Sie lebt im selben Haus wie Babette, das sich in der unmittelbaren Nachbarschaft des Cafés befindet. Christine geht noch zur Schule.

Die Gruppendiskussion verläuft eher zäh. Sie dauert rund 70 Minuten, wobei gegen Ende die Schwester von Christine, die eigentlich vollständig teilnehmen wollte, hinzukommt. Kurz darauf wird die Diskussion durch die Sozialarbeiterin beendet, die auf das Ende der Öffnungszeit der Einrichtung hinweist. In den ersten sieben Minuten erfolgen sechs Interventionen der Interviewerinnen, die sich thematisch auf den Übergang von der Schule in das Berufsleben beziehen. Man ist sich darüber einig, dass es keine Chancen auf dem Arbeitsmarkt gibt. Erst die Frage, woher sie einander kennen würden, vermag ein wenig Selbstläufigkeit in Gang zu setzen. Die jungen Frauen finden in den folgenden acht Minuten zwar selbst Themen, deren Bearbeitung wird jedoch immer wieder durch metakommunikative Äußerungen wie „darüber nicht reden“ abgebrochen. Derartige Äußerungen bringen die Selbstläufigkeit der Diskussion auch in weiterer Folge immer wieder zum Erliegen. Erst mit den Passagen „Türkinnen“ (vgl. Kap. 2.4) und „Schweinefleisch“ (vgl. Kap. 4.1), gefolgt von den Themen „Mädchen“ und „Jungs“ wird die Diskussion engagierter und lebendiger, wobei die erzählerischen Elemente knapp bleiben und die selbstläufige Bearbeitung fünf Minuten selten überschreitet. Eine selbstläufige Passage von über 10 Minuten folgt einer Frage nach „Erfahrungen mit der Polizei“ nach etwa 50 Minuten. Sie ist interaktiv sehr dicht und weist auf ihrem Höhepunkt ein eindringliches sprachliches Bild auf. Diese Passage, „Grenzüberschreitungen“, wird in der Folge näher betrachtet.

Die Passage beginnt mit einer immanenten Nachfrage zu Erfahrungen mit der Polizei durch eine Interviewerin. Kurz davor hatten die Mädchen von „Anzeigen“ gesprochen. Babette weiß einiges dazu zu erzählen (Grenzüberschreitungen, 5–34):

Bf: Also:: @he@
|
me: ⌊@(2)@
|
Bf: ⌊Na ja; einmal ham=wa nich richtig Erfahrung
gekriegt ((einatmen)) e:m im Kaufhaus ne; kann=ma sich ja
denken; was da passiert is, ne? @(.)@ im Kaufhaus **u:nd**
denn wollt uns mal ne Mutter anzeigen nee mich wollt
schon zwei Mal ne Mutter anzeigen; ja zwei Mal; einmal weil
wir ne Freundin von mir und ich da war so=n Mädchen die
hat uns (.) ehm öfters irgendwie blöd angemacht und
irgendwann sind=wa auf sie lo:s und ham=sie gegen Kasten
geschubst und da wollt die Mutter ne Anzeige machen; und
einmal hatten=wa Ärger mit so=nem anderen Mädl und da
war=n wa unten im Hausflur und die war im Fenster und da
ham gesagt sie soll runterkommen und die is nich runter
gekommen und da war uns langweilig ham=wa n Butterfly
raus genommen hat=sie gleich gesagt wir ham=se mit
bedroht mit=m Messer und wa wollten das halt ma hätten
wa auch fast ne Anzeige gekriegt aber irgendwie: (.)
wussten sie ja nich wie wir heißen dadurch hatten=wa Glück
gehabt
|
Y: ⌊Mhm
|
Bf: ⌊Wir ham das so gehö:rt dann später von=ner
Freundin, die die eine kannte und da hat die gesagt ja die
Mutter wollte ne Anzeige machen und eure Namen raus-
kriegen und so: (1) und dadurch hatten wir eigentlich Glück
(2) na ja; alles kann=ma ja nich so erzählen @(.)@

Babette leitet ihre Proposition mit einem lang gezogenen „Also::“ (5) und einem leicht hämischen Auflachen ein. Daraufhin lachen auch die anderen. Dann folgt ein „Na ja“ (9). Diese Reaktion auf die Interviewerinnenfrage ist jedenfalls keine einfache Zustimmung, die Frage nach Erfahrungen mit der Polizei zu beantworten. „Also“ als Rahmenschaltelement leitet etwas ein, meist eine Darstellung, eine Erzählung. Babette bringt sich mit dem „Also::“(5) in die Rolle der Erzählerin und sie stimmt einer Beantwortung der Frage der Interviewerin zu. Diese Zustimmung bzw. dieser Erzähleinstieg wird aber sofort mit einem zunächst etwas inszenierten Lachen abgebrochen, in das alle mit einem richtigen Lachen einstimmen. Es wird (bereits hier) eine Erzählung inszeniert, die nicht erzählt wird. Ähnlich wie bei der Gruppe „Mantel“ (vgl. Kap. 3.1.2.1) geht es hier um die Frage der Veröffentlichung von Wissen. In diesem Fall ist das Wissen zwar nicht intim, aber ebenso prekär. Immerhin beinhaltet die Frage eine Aufforderung zur quasi öffentlichen Darstellung von Gesetzesüberschreitungen. Dennoch scheint es etwas Spannendes daran zu geben, das gegenüber dem Verschweigen dieses Wissens überwiegt. Entsprechend folgt auch ein „Na ja“ (9). Man kann die Interviewerinnenfrage nicht mit einem eindeutigen „Ja“ beantworten. Man würde ja dann quasi vor laufendem Tonband ein Geständnis ablegen.

Die Proposition ist mithin, dass „Erfahrungen mit der Polizei“ (2, ohne Transkript) und vor allem die Erzählung derselben prekär, aber lustvoll spannend sind. Darin drückt sich Stolz auf diese Erfahrungen aus. Diese Proposition wird in Form von drei Exemplifizierungen von Babette elaboriert.

Babette erwähnt eine Begebenheit „im Kaufhaus“ (10), von der man sich ja „denken“ (11) könne, „was da passiert ist“ (11). Zudem wollten zwei Mal Mütter von gleichaltrigen Mädchen sie „anzeigen“ (13). Das eine Mal haben sie ein Mädchen, das sie öfters „blöd angemacht“ (15) hatte, gegen einen „Kasten geschubst“ (17–18). Das andere Mal hatten sie mit einem Mädchen eine Auseinandersetzung „im Hausflur“ (19). Offenbar ging dieses Mädchen dann in eine (ihre) Wohnung und schaute aus dem Fenster. Als das Mädchen auf eine Aufforderung von Babette und anderen hinunterzukommen nicht reagierte und Babette und den anderen zudem „langweilig“ (21) war, zückten sie ein Messer. Die Mutter des Mädchens meinte, ihre Tochter sei mit dem Messer bedroht worden. Sie wollte Babette und die anderen anzeigen, konnte aber ihre Namen nicht in Erfahrung bringen, wie sie später von einer „Freundin“ erfuhren. „Eigentlich“ (33) hatten sie also „Glück“ (34). Des Weiteren gibt es noch Sachen, die man nicht erzählen kann.

Eingeleitet wird die Exemplifizierung „Kaufhaus“ mit „einmal“ (9), einer typischen Einleitung für eine Erzählung. Es folgt die Nennung eines Schauplatzes („im Kaufhaus“, 10), was auch zum Format einer Erzählung passt. (vgl. u.a. Labov 1980) Zu Beginn – nach einem Abstract, das in Form der Interviewerfrage bereits gegeben ist – erfolgt eine Einführung in die Rahmenbedingungen. Dieser erste Ansatz einer Erzählung wird aber erneut, wie schon die Proposition, abgebrochen.

Diesmal mit einem Appell an Wissen, das zwischen den Interviewerinnen und den Interviewten als geteiltes, als bekanntes Wissen vorausgesetzt wird. Damit gewinnt die Begebenheit im Kaufhaus den Charakter eines allgemeinen Wissensbestandes, also von etwas ‚Normalem', Üblichem. Zugleich drückt sich in dem Nicht-Erzählen aus, dass man darüber nicht spricht. Man verlässt eine Grenze (in diesem Fall wahrscheinlich eine rechtliche, da es sich ja um Kontakte mit der Polizei handelt) oder macht zumindest einen Grenzgang. Die Begebenheit im Kaufhaus ist mithin eine Bagatelle, über deren mögliche moralische Zweifelhaftigkeit Babette Bescheid weiß, was sie gegenüber den Interviewerinnen deutlich dokumentiert.

Diese Art der Darstellung verhindert zudem, sich in eine Erzähldynamik zu verstricken. Das heißt, Babette behält die Kontrolle über das Ausmaß an Selbstoffenbarung. Damit wird den Interviewerinnen eine Rolle zugeschrieben, die jenen der Kontrollinstanzen, um die es ja geht, sehr nahe ist.

In den folgenden beiden Beispielen wird deutlich, dass nicht die Polizei die relevanten Kontrollinstanz ist, sondern die Eltern, die ‚Mütter', die in die Angelegenheiten der Mädchen in Form der Androhung einer Einschaltung der Polizei eingreifen.

Im ersten Beispiel folgt auf eine verbale Provokation ein körperlicher Angriff durch Babette und andere. Das heißt, an einer Deeskalation sind die Mädchen jedenfalls nicht interessiert. Dies ist ein erster Hinweis auf eine Suche nach Verstrickung. Im zweiten Beispiel kommt diese Suche noch stärker zum Ausdruck. Babette und andere bedrohen ein Mädchen, das nicht tut, was sie von ihr verlangen, zumindest symbolisch mit einem Messer. Die Lust und Suche nach Verstrickung, nach einer sich verselbstständigenden Dramaturgie, wird besonders in den Kommentaren deutlich: Es war ihnen „langweilig" (21) und sie „wollten das halt ma" (23) probieren oder sehen, wie das ist, könnte man ergänzen. Es soll sich was tun, was ereignen, dass die Langeweile nimmt und insofern spannend ist, als man den Ausgang noch nicht kennt.

Das Thema wird also zwar als leicht moralisch zweifelhaft inszeniert. So kann man z.B. die Erwähnung der Langeweile und der Neugier auch als Rechtfertigung verstehen. Direkte Kontakte mit der Polizei werden erst gar nicht detailliert ausgeführt. Babette sucht jedoch alle Erlebnisse zusammen, in denen es fast zu einer Anzeige gekommen wäre. Die Begriffe „anzeigen" (12, 13) und „Anzeige" (24, 32) werden oft erwähnt, ohne dass es dazu gekommen wäre. Stolz und Faszination an derartigen Verstrickungen und Grenzüberschreitungen werden deutlich. Der Ausgang der Begebenheiten ist insofern „Glück", als sie nicht weiter eskaliert sind – sie hatten aber das Potenzial zu eskalieren. Sie wurden also weit genug getrieben, um gefährlich zu sein. Man kann daher stolz sein.

Bfs Inszenierung als ‚schlimmes Mädchen' endet mit einem Hinweis, das bisher nur die Spitze des Eisbergs ans Licht geführt wurde. In „so" einer Situation, also des Interviews (des Verhörs), kann nicht alles erzählt werden. Wieder dokumentieren sich in diesem Hinweis auf die strategische Zurückhaltung von Information die Informationskontrolle, der Stolz und die Faszination und das Wissen über die moralische Zweifelhaftigkeit hinsichtlich Verstrickungen und Grenzüberschreitungen.

Der Koda von Babette, dass man nicht alles erzählen kann, folgt eine Kommentierung der gesamten Darstellung durch Christine (Grenzüberschreitungen, 36–51):

36	Cf:	└@(.)@ (1)
37		Schlimmes Mädchen Babette
38		|
39	Bf:	└Das sind noch das sind die softeren Sachen @(.)@
40		|
41	Cf:	└@(1)@
42		°Ja°
43		|
44	Bf:	└Na ich weiß nich
45		|
46	Cf:	└Ich hatte zum Glück noch keine
47		Erfahrung damit
48		|
49	Bf:	└Na damals damals war
50		|
51	Cf:	└Und will sie auch nich ha:ben

Christine lacht und bezeichnet Babette als „schlimmes Mädchen" (37), während Babette noch einmal darauf hinweist, dass sie noch nicht alles erzählt hat, nämlich nur die „softeren Sachen" (39), und ebenfalls lacht. Christine stimmt in das Lachen ein und bestätigt Babette darin. Babette reagiert ‚mit Bescheidenheit' auf die vermeintliche Kür zum ‚schlimmen Mädchen'. Sie „weiß nich" (44), ob sie wirklich eines ist. Im unmittelbaren Anschluss daran erklärt Christine, dass sie diese Grenzüberschreitungen ablehnt. Sie hat „zum Glück noch keine Erfahrungen damit" (46–47), d.h., sie freut sich darüber. Den Beginn einer Äußerung von Babette übergehend, setzt Christine noch energisch hinzu, dass sie auch keine Erfahrungen damit haben will.

Christine nimmt also zunächst gegenüber Babette eine Haltung ein, die jener der Interpretierenden ähnelt. Sie distanziert sich und interpretiert Babettes Form der Darstellung. Im Diskurs appelliert sie damit an diese Form der Darstellung, der Inszenierung Babettes eigener Person eben als „schlimmes Mädchen". Ihre dokumentarische Interpretation von Babette ist gut geraten, denn Babette fühlt sich zunächst geschmeichelt, reagiert auf die Zuschreibung wie auf eine Kompliment, mit einer bescheidenen Zurückweisung (44) der vermeintlichen Huldigung ihrer Person (zu Reaktionen auf Komplimente vgl. Pomerantz 1978). Christine erwischt Babette in ihrem Stolz, und Babette gibt zu verstehen, dass sie von viel gravierenderen Grenzüberschreitungen zu erzählen wüsste, hier aber eben „nur die softeren Sachen" zum Besten gegeben hat. Womit sie das Kompliment zugleich als gerechtfertigt qualifiziert und zurückweist.

Christine bestätigt Babette zunächst dahingehend, dass diese eigentlich noch mehr zu berichten hätte, um sich in ihrer nächsten Äußerung gänzlich von derartigen Verstrickungen und Grenzüberschreitungen zu distanzieren. Weder Stolz noch Koketterie werden deutlich. Weder das Schicksal („Glück", 46) noch ihre Intention („will", 51) haben Christine in die Situation eines möglichen Kontakts mit der Polizei geführt und sie ist froh darüber.

Christine knüpft somit an den Orientierungsrahmen von Babette an, (er)kennt ihn und weiß ihn auf den Punkt zu bringen. Auch hinsichtlich der Faktizität von Babettes Darstellung stimmt sie zu. Diese hat alles, was sie erzählt hat, erlebt und noch viel mehr und ‚Schlimmeres'. Gerade durch die Zustimmung zu den Fakten und die Ironisierung der Orientierung von Babette fällt Christines Schlag umso härter aus. Zu Beginn fühlt sich Babette ja verstanden, in ihrer Orientierung an der Faszination an der Verstrickung bestätigt. Wie der Verlauf des Diskurses aber zeigt, wirft Christine an dieser Stelle schon einen anderen Orientierungsrahmen auf bzw. über Babettes Orientierungsrahmen, könnte man sagen, und zwar indem sie ihn ironisiert: Es ist lächerlich zu prahlen, stolz auf Verstrickungen mit der Polizei zu sein. Babette hat sich nicht nur moralisch zweifelhaft, sondern töricht präsentiert.

In Christines Elaboration ihrer widersprüchlichen Orientierung hinein erfolgt eine Reaktion darauf seitens Babette. Sie verlegt die Ereignisse in die Vergangenheit („damals damals", 49). Darin dokumentiert sich eine gewisse Distanzierung, die in der Folge von Babette weiter ausgearbeitet wird (s.u.).

Auf der formalen Ebene ist interessant, dass Babette in der Elaboration ihrer Proposition immer von „wir" bzw. „wa", „uns" usw. (9, 12, 14, 16, 18, 19, 21, 23, 24, 26, 30, 32 und 33) spricht. Nur bei einer einzigen Exemplifizierung führt Babette aus, dass es sich um sie und „ne Freundin" (14) handelte, also offensichtlich nicht um eines der anwesenden Mädchen. Bei den anderen Begebenheiten bleibt offen, wer noch dabei war. Pronomen in der ersten Person Mehrzahl klingen in einer Gruppendiskussion schnell nach Pronomen, die die anderen Teilnehmer/innen einbeziehen. Christines Bezugnahme zeigt aber, dass sie nicht dabei gewesen ist und sich zudem von derartigem Handeln abgrenzt. Sie lässt sich nicht vereinnahmen.

Es kommt hier also zu einem gegenläufigen Diskurs. Noch können wir nicht sagen, ob die beiden Orientierungskomponenten noch zusammenfinden.

Festzuhalten bleibt, dass sie nicht einfach nebeneinander stehen, sondern dass Christine Elemente von der Orientierung, die Babette vertritt, aufgreift und in die gegenläufige Orientierung stellt. Bohnsack spricht in diesem Zusammenhang von einer „Fremdrahmung" (2003a, u.a. S. 228 und 230) oder „Falschrahmung".

Babette scheint in der Folge klein beizugeben (Grenzüberschreitungen, 53–64):

64 Bf: └Des
65 mit=der Polizei wenn man=se einmal gesehen hat des wa::
66 hier wenn w- s- ich ei- ich kenn kein Jugendlichen in em ki
67 ehm kidi Alter wo man Pubertät kommt der nich geklaut hat
68 und okey man entweder jemand wird erwischt oder man hat
69 Glück gehabt und wird nich erwischt und wir hatten damals
70 halt des Pech wir wurden erwischt wir ham=des erste Mal in
71 unsrem Leben geschwänzt erste Mal in unsrem geklaut und
72 wurden gleich erwischt ((poch)) na ja; hat man halt Pech
73 jehabt; aber is ganz gut meine Eltern ham ganz gut ehm
74 reagiert und dadu:rch ha=ich=s auch nie wieder gemacht
75 ich=hab nie wieder geklaut.

Wenn man mit der Polizei in Kontakt gekommen ist, dann war das im „kidi Alter" (67), also als man noch ein Kind war. Denn Babette kennt keinen „Jugendlichen" (66), der in seiner „Pubertät (...) nich geklaut hat" (67). Ob man „erwischt" (69) wird oder nicht, ist eine Frage des „Glück"s (69) oder eben „Pech"s (70). Letzteres war bei ihnen der Fall. Als sie das erste Mal die Schule schwänzte, wurden sie „gleich erwischt" (72), ebenso wie beim ersten Mal Klauen. Babettes Eltern haben „gut (...) reagiert" (73–74). Aus diesem Grund hat sie es „auch nie wieder gemacht" (74).

Babette wechselt die Perspektive. Sie verlegt ihre Lust an aktionistischer Verstrickung in eine Lebensphase, der sie natürlich schon entwachsen ist und die sie nun geläutert analysieren kann. Von der Selbstdarstellung in Form der Erzählung eigener Handlungen kommt sie nun zu einer allgemein entwicklungspsychologisch en Betrachtung in Form einer theoretischen Argumentation. (Alt)Klug qualifiziert sie Grenzüberschreitungen als entwicklungsbedingte Krise, schicksalhaft. Ebenso eine Frage des Schicksals ist es, ob man dabei in Berührung mit Kontrollinstanzen kommt oder nicht. Was aber weiter nichts zur Sache tut, denn die Reaktion von anonymen staatlichen Kontrollorganen ändert das Verhalten sowieso nicht. Viel wichtiger ist die Reaktion von relevanten Anderen, den „Eltern" (73).

Ihr Handeln liegt in der Vergangenheit und dient hier nur mehr noch als Beleg ihrer theoretischen Betrachtung. Die eigenen Handlungsorientierungen bei der Ausübung einer Grenzüberschreitung bleiben dabei ausgespart und eine moralische Beurteilung ausgeklammert. Im Übrigen erfahren wir dabei, was sich im Kaufhaus ereignet hat. Babette hat „geklaut" (71). Was in ihrer Darstellung als ähnliche Bagatelle erscheint wie der Schule unentschuldigt fernzubleiben.

Christines moralische Haltung erscheint aus Babettes neuer Perspektive entwicklungstypisch zurückgeblieben und defizitär. Sie hat noch nicht einmal entsprechende Erfahrungen, also ist sie noch nicht einmal im „kidi Alter“ (67). Babette selbst erscheint abgeklärt und geläutert, indem sie quasi eine Perspektive über den Dingen einnimmt.

Babette überholt damit Christine ‚rechts‘. Sie distanziert sich noch weiter von der Lust an Verstrickungen und Grenzüberschreitungen als Christine, indem sie das Ganze als Entwicklungsproblem analysiert. Auf der Ebene der Diskursorganisation gelingt ihr damit eine *rituelle Synthese.* Als schicksalhafte Entwicklungskrise betrachtet, entziehen sich die Suche und Provokation von Grenzüberschreitungen und Verstrickungen der Intention und der moralischen Bewertung, an denen Christine orientiert ist. Lust und Stolz werden zum Symptom der Entwicklungskrise. Christine kann aus ihrer defizitären Perspektive (eigentlich) nicht mitreden. Der Widerspruch ist vernichtet, aber nicht gelöst.

Auch in dieser Synthese nimmt Babette den faktischen Gehalt von Christines Ausführungen mit. Christine hat noch nicht geklaut. Sie stellt dieses ‚Faktum‘ aber vom Rahmen einer moralischen Bewertung und einer positiven Identifikation in den Rahmen eines entwicklungstypischen Phänomens, das jenseits von Identifikation und moralischer Bewertung distanziert betrachtet wird.

Im Zuge dieser rituellen Synthese wirft Babette gleich ein neues Thema auf: die Reaktion von kontrollierenden und pädagogischen Instanzen auf die Grenzüberschreitungen. Das heißt, wir haben es hier mit einer Transposition in Form einer rituellen Synthese zu tun.

Es wird damit deutlich, dass die beiden Orientierungen von Babette und Christine nicht zwei Seiten einer Medaille sind. Babette ist fasziniert und angezogen von Grenzüberschreitungen, brüstet sich entweder mit deren (beinahen) Folgen oder generiert eine Entwicklungstheorie dazu, während Christine sie ablehnt. Christine hat aber nicht schlicht gegen Babette opponiert, sondern hat ihr sowohl faktisch Recht gegeben als auch ihren Orientierungsrahmen treffend kommentiert, dann aber ihren eigenen ‚darüber‘ gelegt. Babette ihrerseits greift ebenfalls den faktischen Gehalt von Christines Äußerungen auf und stellt diese in ihren Orientierungsrahmen. Diese Form der Bezugnahme unterscheidet sich also vom oppositionellen Modus der Diskursorganisation und soll, wenn er sich nicht doch als antithetischer Modus entpuppt, *divergenter Modus* heißen.

Kaum Luft holend elaboriert Babette gleich ihre Transposition. „Schläge“ (69, ohne Transkript) und „Stubenarrest“ (70, ohne Transkript) sind nicht das probate Mittel in der Auseinandersetzung mit grenzüberschreitenden Kindern bzw. Jugendlichen. Es muss zumindest den Versuch einer Perspektivenübernahme in Form eines Gespräches geben, dokumentiert sich in Babettes Ausführungen. Ihre Eltern haben im Zusammenhang mit ihrem übermäßigen Suchtmittelkonsum „ganz soft" mit ihr „geredet" (87–88). Im anderen Fall setzt sich das unerwünschte Verhalten fort, wie es Babette durch eine „Freundin" (69, ohne Transkript) exemplifiziert.

Babette reflektiert und analysiert nicht nur pädagogisch altklug. Sie versucht innerhalb der Gruppe von Gleichaltrigen auch so zu handeln, wie sich in ihrer unmittelbar anschließenden Transposition zeigt. Transpositionen sind, wenn sie interaktiv erfolgen, immer ein Dokument dafür, dass es sich um ganz zentrale Orientierungen handelt, die quasi von einem Thema zum anderen mitgenommen werden können. Wenn jedoch, so wie hier, nur eine Person mehrere unterschiedliche Diskursbewegungen übernimmt, dann handelt es sich eben zunächst nur um die Orientierungen dieser einen Person und nicht um kollektiv geteilte bzw. für die Gruppe zentrale Orientierungen (Grenzüberschreitungen, 88–113):

```
88   Bf:                                            ... (1) und
89             irgendwie versuch=ich jetz auch seitde:m ich nich mehr
90             geraucht habe versuch=ich die Leute hier auch irgendwie
91             wegzukriegen die die ich noch kenne
92                |                      |
93   Af:          └m:hm                  |
94                                       |
95   Cf:                                 └Na okay ich hab=s einmal
96             versucht                             |
97                                                  |
98   Bf:                                            └Zum Beispiel die
99             hat mer auf die Hand gekotzt weil se Alkoho:l und kiffen
100            muss @ey@
101                    |
102  Af:               └@°(          )°@
103                                   |
104  Bf:                              └Seit dem hat=se och nich mehr
105            geraucht (.)
106                    |
107  Cf:               └Aber des war witzig, dass du=s eigentlich nich
108            gesehen hast, dass ich gekifft habe
109                                          |
110  Bf:                                     └Mhm (.) sonst krieg ich
111            ne Menge mit
112                      |
113  Cf:                 └Ja:.
```

Seit Babette aufgehört hat Haschisch zu rauchen, versucht sie auch „die Leute hier" (90), die sie noch kennt, „wegzukriegen" (90–91). Anke setzt eine betonte Interjektion der Zustimmung. Christine offenbart, dass sie Haschisch „einmal versucht" (95–96) hat. Mit Bezug auf Christines Äußerung setzt Babette gleich zu ihrem ersten Beispiel an: Christine hat ihr „auf die Hand gekotzt" (99), weil sie

Alkohol und Haschisch gleichzeitig zu sich nahm. Seither hat Christine es nicht mehr getan. Ohne näher zu erläutern, was ihr Beitrag zum Unterlassen des Gebrauchs von Haschisch durch Christine war, nimmt Babette diesen als Beleg für ihr erfolgreiches Handeln. Dabei hat sie gar nicht gesehen, dass Christine Haschisch geraucht hat, erfahren wir von Christine selbst. Babette stuft es als Ausnahme ein, dass ihr dies entgangen ist, denn sonst bekommt sie viel mit. Christine bestätigt dies.

Babette versucht sich also in der Gruppe ihrer Freunde aufgrund ihrer umfangreichen Erfahrungen als pädagogische Instanz im Zusammenhang mit Verstrickung und Grenzüberschreitung, zu welchen man den Konsum eines gesetzlich verbotenen Suchtmittels zählen kann. Wer es nicht unterlässt, bekommt es mit ihr zu tun. Nicht alle ihrer „Leute“ (90) scheinen das mitgemacht zu haben, denn einige kennt Babette schon gar nicht mehr.

Anke bestätigt zwar, dass Babette diese Position zu verkörpern versucht. In der extremen Betonung dieser zustimmenden Interjektion dokumentiert sich aber bereits eine ironische Distanzierung.

Christine bietet sich als Beispiel für Babettes Proposition, dass man grenzüberschreitendem Handeln pädagogisch begegnen muss, an. Noch bevor für Außenstehende klar ist, worum es geht, unmittelbar nach Christines ersten Worten („Na okay ich“, 95), greift Babette dieses Angebot auf und beschreibt Christines ‚einzigen Versuch‘. Darin dokumentiert sich zunächst, dass die Mädchen von derselben Begebenheit sprechen; ob sie dabei dieselbe Erfahrung gemacht haben, kann man an dieser Stelle noch nicht sagen.

Babette beschreibt nun in abschreckender Weise Christines erste Erfahrungen mit Haschisch. Sie führt Christine quasi als Regelverletzerin vor. Die pädagogische oder vielmehr pädagogisierende Orientierung dokumentiert sich also sowohl inhaltlich als auch performatorisch, in der Art und Weise wie sie im Diskurs mit Christine umgeht. Dieses pädagogische Handlungsschema ist auf den Counterpart der Regelverletzerin, verkörpert durch Christine, angewiesen.

Die Begebenheit selbst dokumentiert weniger Babettes Fähigkeit zur Perspektivenübernahme und zur kommunikativen Bewältigung eines Konflikts aufgrund einer Grenzüberschreitung, wie sie es in der Rolle der Regelverletzerin selbst als positiv erlebt hat, als vielmehr die unliebsamen, ganz unmittelbar unangenehmen Folgen einer Grenzüberschreitung. Christine hatte ihren Haschischkonsum von vornherein als Versuch dargestellt. Das Ergebnis des Versuches schreit nicht unbedingt nach Wiederholung. Wie zuvor schon deutlich wurde, ist Christine eher zurückhaltend in der Suche nach Verstrickungen. Von daher verwundert es nicht, wenn Babette festhält, dass sie es bisher nicht wieder getan hat. Babette verbucht dies als ‚Erfolg‘ ihres pädagogischen Eingreifens, welches durch dieses Ereignis ja ganz explizit exemplifiziert werden soll („Zum Beispiel“, 98).

Christine steigt auf diesen Bedeutungsgehalt nicht ein. Babette wird nicht als pädagogische Instanz validiert und damit auch nicht die Notwendigkeit einer relevanten Anderen für das Unterlassen dieser Handlung. Stattdessen führt Christine Babette in der Inkompetenz ihrer pädagogischen Kontrolle vor.

Hier dokumentieren sich also wieder zwei Orientierungen. Babette verschiebt die Faszination an der Grenzverletzung hin zu dessen Kontrolle und Pädagogisierung. Christine lotet eher zurückhaltend Grenzen aus, wobei ihr ein negativer Ausgang zu genügen scheint um damit wieder aufzuhören. Auf der Ebene des Faktischen sind sich die beiden dennoch so einig, dass es hier keiner gegenseitigen Korrekturen bedarf. Die Begebenheit wird nur jeweils in einen anderen Orientierungsrahmen gestellt. Dadurch entsteht eine Art Schlagabtausch und der Diskurs beinhaltet wieder die Komponenten einer Falschrahmung. Diesmal ist es Babette, die Christines recht selbstbestimmten Versuch mit Haschisch in ihr pädagogisches Handlungsmodell stellt, in dem es eine/n relevante/n Andere/n braucht, um mit grenzüberschreitendem Handeln aufzuhören.

Damit sind aber noch nicht alle Komponenten der Interaktion erfasst. Hinsichtlich der herausgehobenen Stellung gegenüber anderen mehr oder weniger Gleichaltrigen, die Babette für die Aufrechterhaltung der Pädagogisierung auf der Ebene der Performanz braucht, arbeiten Babette und Christine zusammen. Christine lässt sich – fast ohne Widerspruch – von Babette vorführen und sie bestätigt ihre herausgehobene Position im Kontrafaktischen. Christine kann Babettes pädagogische Kontrolle sehr gut unterlaufen. Babette hat gar nicht gemerkt, dass Christine Haschisch konsumiert. Das ist „witzig" (107), also etwas Besonderes. Damit unterstreicht Christine die Regel, dass Babette die Kontrolle normalerweise gelingt, was Babette selbst auch gleich explizit macht. Diese Explikation wird unmittelbar von Christine validiert. Zugleich führt nun Christine Babette in deren Inkompetenz vor und weist damit auf ihre Fähigkeit hin, ihre Handlungskompetenz zu wahren.

Christine misst sich zwar mit Babette und bewahrt ihre Autonomie, trägt aber zur Herstellung und Aufrechterhaltung von Babettes herausgehobener Position bei. Beide sind an einer hierarchischen Gruppenstruktur orientiert.

Babette baut ihre Machtposition in der Folge inhaltlich und performatorisch weiter aus, nicht ohne dass daran gekratzt würde (Grenzüberschreitungen, 115–134):

115 Bf: └Aber sagen=wa mal so:: des
116 Einzigste was richtich (cool) is
117 |
118 Af: └Wann hast=n du gekifft?
119 |

Cf: └Weil du=s von mir gar
nich erwa:rtet hättest
|
Bf: └**dass=sich dass=sich keiner** traut so richtich mehr
vor mir zu rauchen so also Drogen zu nehmen oder so;
|
Cf: └Ja:
|
Bf: └
weil irgendwie:
|
Af: └Det is aber blöde jetz machen sie=s alleine
|
Cf: └Respekt so
mäßig (.) so:

Babette bestätigt nun, was sich im Zusammenhang mit den Orientierungen an einem pädagogischen Handlungsschema bereits abgezeichnet hat. Es geht ihr um die Kontrolle und den autoritativen Gehorsam der anderen. Damit elaboriert sie die Proposition, die sie in den Zeilen 88 bis 91 aufgeworfen hat, in Form ihrer Formulierung. Christine validiert diese Proposition und damit die prinzipielle Effektivität externer Kontrolle im Zusammenhang mit Drogenkonsum ebenso wie die hierarchische Struktur und Babettes entsprechende Position in der Gruppe.

Das heißt, hinsichtlich der Art und Weise der Verhinderung von Konsum unerlaubter Suchtmittel werden sich Babette und Christine einig. Hinsichtlich der Faszination derartiger Verstrickung und ihrer Erfahrungen sowie auch der Umsetzung der Möglichkeiten der Verhinderung bleiben die Unterschiede zwischen den beiden Mädchen aufrecht. Babette ist angezogen und fasziniert, beschäftigt sich auf die eine oder andere Weise aktiv damit und verfügt über entsprechende Erfahrungen. Christine dagegen ist eher vorsichtig, probiert zwar einmal etwas aus, exponiert sich aber weder in der Suche nach Verstrickung noch mit Stolz darüber noch mit deren Verhinderung. Ihre Erfahrungen sind eine Ausnahme, wie sich in ihrem Einwurf in den Zeilen 119 bis 121 zeigt. Babette hätte eine derartige Grenzüberschreitung von ihr nicht „erwartet“ (121). Sie ist nicht typisch für sie.

Christine bleibt also bei dem Sinnzusammenhang, dass Babette ihre Regelverletzung, ihre Grenzüberschreitung, entgangen ist. Dabei findet sie Gründe für die Lücke in Babettes Kontrolle. Erneut unterstützt sie damit Babettes Vormachtstellung in der Gruppe der Gleichaltrigen und unterstreicht gleichzeitig ihre Unabhängigkeit von Babette, die ihr Verhalten zwar gut, aber eben nicht vollständig einschätzen kann. Kontrolle ist nur möglich, wenn man andere auch einzuschätzen weiß. Viel zu bemerken ist nicht lediglich eine Frage der Aufmerksamkeit, sondern resultiert auch aus einer Kenntnis der anderen. Das bescheinigt Christine Babette, was jedoch sie selbst betrifft, so durchschaut Babette sie nicht vollständig.

Auf der Ebene der Diskursorganisation ist in diesem Abschnitt interessant, dass die gegenläufigen Orientierungen im Zusammenhang mit Verstrickung und Grenzüberschreitung zugunsten der Bestätigung von Babettes herausgehobener Position allmählich verschwinden. Gestützt wird dieser Prozess dadurch, dass Babette und Christine auf der Grundlage unterschiedlicher Orientierungen und unterschiedlicher Positionen und Handlungsschemata in der Gruppe an einer Eindämmung des Suchtmittelkonsums im Freundeskreis interessiert sind. Zudem akzeptiert Christine die übergeordnete Position von Babette. Die Erfahrungsgrundlagen unterscheiden sich aber, und diese Unterschiede brechen doch immer wieder auf.

Mitten in der Formulierung der Proposition von Babette richtet Anke eine Frage an Christine. Sie interessiert sich dabei nicht für die Eindämmung des Suchtmittelkonsums, sondern möchte mehr Details von Christines Erfahrung damit herausfinden. Ihr Beitrag lässt sich als Versuch interpretieren, die Gesprächsebene, die Babette verfolgt und in welcher sie von Christine unterstützt wird, zu suspendieren.

Babette behauptet sich gegen die beiden Unterbrechungen – hier sind es Unterbrechungen und keine Überlappungen – mit Lautstärke und setzt sich damit durch. Das heißt, ihre herausgehobene, mächtige Stellung inszeniert sich auch hier wieder performatorisch. Christine hält ihr dabei die Steigbügel.

Anke dagegen macht einen Widerspruch laut. Sie wendet sich gegen die Sinnhaftigkeit und Effektivität von Kontrolle und Gehorsam bzw. Repression im Zusammenhang mit der Eindämmung von Suchtmittelgebrauch. Sie sind „blöde“ (131), denn negative Folgen und Kontrolle führen zu einem verdeckten, zu einem Konsum außerhalb anderer sozialer Kontakte, „allein“ (131). Dies macht letztlich auch ein sinnvolles Handeln mit diesen unmöglich. Sie ziehen sich zurück, bleiben unter sich. Es entsteht eine ‚Szene‘ im Verborgenen. Man könnte sagen, Anke vertritt damit eine ‚offene Drogenpolitik‘.

In Ankes Versuch der Suspendierung der Beschäftigung mit der Eindämmung bzw. dem Unterbinden von Suchtmittelkonsum zu Beginn des letzten Zitats aus der Gruppendiskussion blinkt rückblickend dieser Widerspruch schon auf. Mit welcher Art des Widerspruches wir es hier zu tun haben, einer Antithese, einer Opposition oder einer Divergenz, kann an dieser Stelle noch nicht geklärt werden.

Am Ende des Textausschnittes, den wir jetzt betrachtet haben, unterstützt Christine Babette noch einmal in ihrer besonderen Weise. Aus ‚sich nicht trauen‘, also einem von Angst geleiteten Gehorsam, wird einer, der von Respekt bestimmt ist, also von Anerkennung einer Autorität. Letztere Form des Gehorsams bedeutet wieder mehr Handlungsspielraum, zugleich aber wieder eine Unterstützung von Babettes herausgehobener Position. Sie differenziert damit Babettes Proposition.

Babette reagiert auf Ankes Widerspruch, nicht auf Christines Unterstützung (Grenzüberschreitungen, 136–165):

Bf: ⌊Ja jetz machen=se das heimlich mehr also die trauen
sich nich weil ich meistens mit den Leuten rumhänge
haben=se dadurch weniger Konsumierung in sich drinne
weil=se sich des nich trauen zum Beispiel wir ham jetz
wieder neue Leute kennengelernt
Cf: ⌊Was heißt hier tra:uen?
Bf: ⌊Na ja nich trauen aber sagen=wa
mal so ihr m- ihr macht des un- also die machen es ungerne
vor mir;
Cf: ⌊Ja genau.
Bf: ⌊U:nd zum Beispiel wir ham jetz wieder
welche
Cf: ⌊So **respektmäßig** so ich weiß
nich so
Bf: ⌊wir ham jetz wieder welche kenn=gelernt und da::
sind auch ziemlich mit so mit kiffen und so und die
rauchen jetz auch weniger;
Y1: ⌊Mh:m
Bf: ⌊des find=ich voll toll (.)
Cf: ⌊
Stimmt

Babette stimmt Anke zu. Jetzt „machen=se das heimlich" (136). Insgesamt geht aber die Quantität des Haschischkonsums zurück, denn Babette ist viel mit „den Leuten" (137) zusammen und da „trauen" (139) diese sich nicht. Christine springt wieder auf den Begriff „trauen" an, der in diesem Zusammenhang einen Gehorsam auf der Grundlage von Angst kennzeichnet. Sie besteht auf ihren Handlungsspielräumen und fürchtet Babette nicht, wie sich inhaltlich und performatorisch (sie traut sich zu widersprechen) in ihrer aufbrausenden Frage dokumentiert. Babette greift auch diesen Einwand auf. Es ist keine Frage von Angst, sondern von einem Unbehagen, einem inneren Widerstand, den ihre Gegenwart und ihre Art gegen die Einnahme des Genussmittels bei den anderen hervorruft. Dies wird von Christine zwar validiert, im nächsten Atemzug aber doch noch einmal in ihrer bereits geäußerten Version

„respektmäßig" (153) differenziert. Sie bleibt bei ihren Handlungsspielräumen und der Möglichkeit zur aktiven Entscheidung.

Die Zustimmung Babettes gegenüber Anke erweist sich als oberflächlich. Auf der Ebene der Beschreibung des Faktischen, des ‚Was', zeigt sich eine Gemeinsamkeit. In der Gegenwart von Babette wird nicht gekifft, in ihrer Abwesenheit, vor ihr verborgen („allein", 131, wie es Anke ausdrückt, bzw. „heimlich", 136, wie es Babette ausdrückt) dagegen schon. Die Orientierungen, in die dieses Phänomen eingebettet wird, das ‚Wie' unterscheiden sich jedoch: Babette bricht eine Lanze für den Nutzen von Gehorsam und Kontrolle, also für ein autoritäres Vorgehen, egal, ob sich dadurch Handlungsorientierungen nachhaltig ändern, während Anke diesem autoritären Stil jegliche Sinnhaftigkeit abspricht.

Babette übergeht die Qualifizierung ihrer Vorgehensweise als „blöde" (131) durch Anke, übergeht Ankes Widerspruch und nutzt ihre Beschreibung des Faktischen ihrer Orientierung. Mit welchem Modus der Bezugnahme wir es zu tun habe, lässt sich immer noch nicht stichhaltig klären. Wie wir z.B. bei „Mantel" und „Sand" (vgl. Kap. 3.1.2.1 und 3.1.2.2) sehen konnten, kann sich Widerspruch auch in zwei Seiten *einer* Medaille auflösen. Im Darüberwerfen einer anderen Orientierung über eine faktische Beschreibung, wie hier, oder über eine andere Orientierung durch ihre Vorführung und Ironisierung dokumentiert sich jedoch eine gewisse Vereinnahmung, eine Machtstruktur. Die Machtverhältnisse zwischen Babette und Christine erscheinen klar. Christine provoziert Babette da und dort ein wenig, zeigt, dass sie nicht komplett ohnmächtig und handlungsunfähig gegenüber Babette ist, unterstützt aber auf der Grundlage dieser handlungsfähigen Position Babettes Machtposition nur umso besser. Zwischen Anke und Babette sind die Verhältnisse noch nicht geklärt.

Babette exemplifiziert selbst ihre Proposition, den positiven Horizont des Gehorsams gegenüber ihrer Person. Der Haschischkonsum von neuen Bekannten wurde durch den Kontakt mit ihr „jetz auch weniger" (158). Babette ist geradezu begeistert über den Effekt ihrer autoritativen Einflussnahme, sie validiert quasi ihre eigene Exemplifizierung, ebenso Christine.

Interessant ist bei den neuen Bekannten, dass sie nicht z.B. wegen ihres Haschischkonsums gemieden werden. Babette scheint eher den Kontakt zu suchen, worin sich erneut die Faszination an Verstrickung (bzw. an deren Kontrolle) dokumentiert.

Anke bleibt hartnäckig, lässt sich nicht übergehen und unterstützt Babette nicht in ihrer Position, auch die Orientierung ihres Beitrags lässt sie nicht umpolen: (Grenzüberschreitungen, 167–178):

Bf: └Wenn man so dass man so ein
|

Af: └Aber nur wenn sie mit dir zusammen sind;
Bf: └**Na ja** aber is doch immerhin etwas;
Cf: └Ja: (1) also ich find=des in Ordnung
Bf: └Besser als wenn sie dauernd fett sind.

Babettes und Christines Interaktion ist sehr engmaschig. Anke hat kaum die Möglichkeit, eine übergaberelevante Stelle abzuwarten. Hier unterbricht sie Babette. Babette nimmt die Konstruktion, die infolge von Ankes Unterbrechung abbricht, nicht mehr wieder auf. Hier setzt sich also Anke durch, mit Gewalt. Sie scheint aber auch kaum eine andere Chance zu haben, da Babette mit ‚Gefolgschaft unterwegs' ist. Ein weiteres Dokument dafür, dass wir es hier mit einem machtstrukturierten Diskurs zu tun haben.

Anke hebt erneut hervor, dass die Einschränkung des Genussmittelkonsums sich auf das Zusammensein mit Babette beschränkt. Damit wendet sie sich wieder gegen die Sinnhaftigkeit und Effektivität von Babettes autoritärem Umgang mit dem Drogenkonsum gegenüber Gleichaltrigen. Er hat bloß einen situativen Effekt, welcher bei Anke einen negativen Horizont darstellt.

Für Babette ist der situative Effekt jedoch ein Erfolg. Er bringt zumindest Fenster der Nüchternheit mit sich, wie sie selbst ausführt. Babette bleibt der Verstrickung und Grenzüberschreitung ganz nahe. Und es ist ihr Erfolg. Sie erfährt eine Bestätigung ihrer herausgehobenen Position in der Gruppe Gleichaltriger sowie ihrer eigenen Läuterung. Indem Anke den Effekt von Babettes Bemühungen schmälert, schmälert sie auch deren Position. Christine dagegen bestätigt wieder den Effekt und damit die Position.

Wir können also eine zweite Runde des widersprüchlichen Diskurses zwischen Anke und Babette beobachten. Es ist noch immer nicht klar, ob sich die widersprüchlichen Orientierungen von Anke und Babette als Teile einer Orientierung herausstellen. Christine bleibt in ihrer Rolle der Steigbügelhalterin für Babette. Babette bleibt bei ihrer Vereinnahmung des faktischen Gehalts von Ankes Äußerungen als Beleg für ihre Orientierung, der Effektivität ihres repressiven Umgangs mit Drogenkonsum.

Zwei Mal, vor Ankes widersprüchlicher Äußerung und nach dieser, wurde das autoritäre Vorgehen von Babette explizit positiv bewertet (162 und 171–172) und diese positive Evaluation von Christine bestätigt (165 und 174–175). Die positive Evaluation einer Orientierung dient oft dem Abschluss der Behandlung eines Themas. Anke ‚stört' hier bei einer möglichen Konklusion. Das macht auch verständlicher, warum Anke gerade hier Christine unterbricht – nämlich bevor diese Orientierung abschließend bewertet und damit letztlich von der ganzen Gruppe validiert ist.

Doch Babette lässt sich nicht stören und vereinnahmt Ankes Widerspruch sogar im Aufwerfen einer neuen, übergeordneten Orientierung, die letztlich der Bestätigung ihrer Orientierung dient, der aber Anke nicht widersprechen kann. Denn es wird jene Orientierung aufgegriffen, die Ankes Widerspruch erst möglich macht. Babette grenzt sich von einem ständigen unkontrollierten Drogenkonsum ab („dauernd fett") als Bestätigung ihres autoritären Verhaltens und wirft damit gleich eine neue Orientierung (und ein neues Thema) auf, „die kaputten Leute" (180), die aber die strittigen Orientierungen im Zusammenhang mit den pädagogischen Maßnahmen ausklammert. Das heißt, Babette formuliert eine Transposition, die sie unmittelbar elaboriert (Grenzüberschreitungen, 178–183):

Bf: ... was is=n mit Ralf; was is=n mit
Ömer was is=n was is=n mit Levent Alter? Wie sehn die:
aus? Die sind doch voll die kaputten Leute geworden.
Af:
°Ja::°

Babette zählt eine Reihe von Leuten auf, die „dauernd fett sind" (178, ohne Transkript) und dadurch „voll die kaputten Leute geworden" (180) sind. Unkontrollierter Drogenkonsum führt zu einer Zerstörung der gesamten Persönlichkeit und stellt von daher einen negativen Gegenhorizont dar. Diese Orientierung kann Anke nun nur bestätigen, geht es ihr doch schon die ganze Zeit darum, dass der Effekt von Babettes Maßnahmen zu klein ist in Bezug auf die Eindämmung des Drogenkonsums.

Gemeinsam gehen sie nun die „Leute" (180) durch, die den negativen Gegenhorizont verkörpern, diskutieren, wie schlimm es um sie bestellt ist. „Bei Ömer" (188, ohne Transkript), meint Anke, „is es nich mehr so do:ll" (188–189, ohne Transkript). Babette erinnert daran, wie er „aussieht" (192, ohne Transkript). Anke stimmt zu. „Haschisch macht so: gleichgültig" (199–200, ohne Transkript), führt Babette aus, und „Ralf ist das beste Beispiel" (203–204, ohne Transkript). Es „stimmt" (204, ohne Transkript), dass Haschisch gleichgültig macht, bestätigt Anke. Mit Ralf ist nun das beste Beispiel gefunden. Er ist schon „vierundzwanzig", „arbeitslos" (198, ohne Transkript) und in keiner Weise an einer Veränderung seiner Situation interessiert. Die Gleichgültigkeit wird von Babette noch einmal unterstrichen („eja:l (.) ejal ejal ejal (.) ejal is achtnachzich", 207–208) bestätigt, und damit werden das Thema, die Einmütigkeit und die Auffaltung dieser Orientierung auch beendet. Eine Verstrickung, die auf die Gesamtbiographie übergreift, lehnt auch Babette ganz klar ab. Babette schwingt sich wieder zu ihrem Lieblingsthema dieser Passage auf, die Frage des Eingreifens bzw. des Umgangs mit Drogenkonsum von Gleichaltrigen (Grenzüberschreitungen, 211–242):

Bf: Na ja is doch so
(.) ( ) ich war extrem (.) aber ich find=s gut; wenn die so
wenn sie sich nich trauen vor mir zu rau- ich also nich
trauen; sondern, dass die des nich mö:gen, vor mir zu
rauchen; das find=ich voll gut. weil des baut mich ruhich
auf und irgendwie
Af: └Weil sie
wissen, dass du Vorwürfe dann machst und dann ja:: und du
machst dein Le::ben kaputt und bla:
Bf: └Ja: un
weil sie sich weil sie sich ja weil sie sich des des nich
anhören wollen aber was is=n des is doch besser; oder? (2)
Oder hat es dir Spaß gemacht mir auf de Hand zu kotzen?
(1)
Cf: └@(1)@
Bf: └Ja.
Cf: └@Dir hat es nich Spaß gemacht@ @(.)@
Bf: └°Ja
siehst=e°
Cf: └@(.)@
Bf: └Was haste denn von dem Zeug? Kannste auch
so gut d- rauf sein; e:y,
Cf: └Ja klar.
Bf: └Außerdem is=es viel zu
teuer. (.)

Babette greift also erneut ihre Proposition aus den Zeilen 115 bis 116 und 123 bis 124 auf, den autoritären Umgang mit dem Konsum von Rauschmitteln. Sie beginnt damit, dass sie „extrem" (212) war, wobei offen bleibt, ob sie in der Ausübung ihrer autoritären Rolle extrem war oder bei ihrem früheren eigenen Konsum von Rauschmitteln. Letztlich bestätigt beides ihre herausgehobene Position und ihr Engagement im Zusammenhang mit Verstrickungen durch den Konsum von Rauschmitteln. Sie betont in der Folge ganz stark das gute Gefühl, welches ihr die

Autorität bei der unmittelbaren Kontrolle von Genussmittelkonsum vermittelt. Es „baut“ (215) sie „auf“ (216), bestärkt sie weiter in ihrer Autorität und in ihrem Wechsel der Seiten von der Grenzüberschreiterin zur Grenzwächterin.

Interessant ist ihre Selbstkorrektur im Zusammenhang mit dem Begriff „trauen“, gegen welchen sich mehrfach die Kritik von Christine gerichtet hat. Wie sich an der Interaktion zwischen Babette und Christine bisher gezeigt hat, stützt sich Babettes herausgehobene Position, ihr Charisma, ganz wesentlich auf Christines Beiträge dazu. Umgekehrt nun schmälert das Einbeziehen von Christines Kritik durch Babette ihren Stellenwert nicht. Das Charisma speist sich gerade aus diesem schnellen, sensiblen Reagieren auf die Unterstützenden. (vgl. dazu auch Soeffner 1992, S. 177)

Anke ist hier nun schneller mit ihrer Unterbrechung als zuvor. Babettes pädagogisches Einschreiten ist den anderen nur lästig, ihre Argumentation bloßes Gerede („bla:“, 220). Damit werden die Unterschiede zwischen Babette und Anke erneut sichtbar. Während Babette zufrieden ist mit einer schlichten Repression des Verhaltens, die sie mit ihrem autoritären Eingreifen erreicht, geht es Anke um etwas Nachhaltigeres. Autoritäres Eingreifen wird unterwandert, wie zuvor deutlich wurde, zeigt nur situative Effekte und drängt die Grenzübertretung in den Bereich des Heimlichen. „Vorwürfe“ (219) möchte man nicht hören, sie machen ein schlechtes Gewissen, das fühlt sich leichter an, wenn einem alles egal ist. Anke vertritt also, wie es sich zuvor schon abzeichnete, einen offenen Umgang und eine tragfähige Beziehung beim Umgang mit (unerlaubten) Drogen, statt auf Repression und nerviges Gerede zu setzen.

Babette vereinnahmt Ankes Widerspruch wieder. Es ist gut, dass sie den anderen auf die Nerven geht, sie ihr Gerede nicht hören wollen. Sie greift wieder ihre Argumentation von zuvor auf, dass situative Fenster der Nüchternheit „besser“ (224) sind als der ununterbrochene Konsum. Sie erntet keine Reaktion, keine Validierung, vielmehr kommt es zu einer winzigen Pause in dem bisher ganz engmaschigen Diskurs.

Babette setzt die Elaboration der Proposition weiter fort und führt erneut Christine als Regelverletzerin vor, wobei das Beispiel wieder eher die unmittelbaren unliebsamen Folgen des Genussmittelkonsums verdeutlicht als einen Erfolg von Babettes Eingreifen. Christine hat Babette „auf die Hand“ ge„kotz“t (225). Diese Unangenehmen Folgen stellt Babette wieder in den Zusammenhang der Sinnhaftigkeit ihres autoritären Umgangs, womit das Beispiel in einen Orientierungsrahmen gestellt wird, für den es letztlich nicht passt.

Babette fragt, nach Bestätigung heischend, ob es „Christine Spaß gemacht“ hat, ihr „auf die Hand zu kotzen“ (225). Christine erfüllt die Erwartung die unliebsamen Folgen zu bestätigen nicht, stattdessen lacht sie. Weder hat Babette sie erwischt, noch waren ihr Gerede oder andere Maßnahmen für sie unangenehm. Vielmehr war sie es, die bei Babette Unbehagen auslöste, was ihr, wie sich in ihrem Lachen ausdrückt, Spaß machte. Es machte ihr Spaß, Babette ans Bein zu pinkeln bzw. ihr auf die Hand zu kotzen, damals wie offensichtlich auch jetzt im praktischen Vollzug des Diskurses.

Hier wird es nun schwierig, die Frage zu klären, ob wir es wieder mit einer Bestätigung der Regel im Kontrafaktischen zu tun haben ‚Babette ist eine Autorität und nur deshalb ist es lustig, ihr ausnahmsweise mal zu zeigen, dass man noch Handlungsspielräume hat' oder ob Babette durch ihren autoritären Umgang mit Gleichaltrigen die Unterwanderung ihrer Vorschriften geradezu provoziert und – so wie bei Christine, die entgegen einer richtigen Einschätzung durch Babette zu Haschisch und Alkohol gegriffen hat – damit den Konsum von Genussmitteln gar fördert. Christine rüttelt jedenfalls heftig an der herausgehobenen Position von Babette und auch an deren Orientierung an einem autoritären Umgang mit Genussmitteln.

Babette wertet Christines Reaktion jedoch als Einsicht („Ja siehst=e", 234–235), als Verständnis und Validierung ihrer Proposition. Sie klammert ihre Ironisierung durch Christine vollständig aus. Babette bricht damit an dieser Stelle mit der konditionellen Relevanz, die sie zuvor selbst installiert hat. Ihr pädagogisch autoritäres Handeln erweist sich unter der Bedingung als gut, dass es Christine nicht gefallen hat, ihr auf die Hand zu kotzen. Diese Bedingung wird aber nicht bestätigt, nicht erfüllt. Dennoch fährt Babette so fort, als wäre sie erfüllt worden und kommt rasch wieder zu dem Punkt, über den sich Einigkeit in der Gruppe herstellen lässt: die prinzipielle Ablehnung bewusstseinsverändernder Genussmittel. Ähnlich wie zuvor wird also der widersprüchliche Diskurs mit einem Allgemeinplatz in Richtung einer Beendigung geführt. Christine validiert die prinzipielle Ablehnung in Zeile 242.

Nun könnte eigentlich noch eine dritte Runde des widersprüchlichen, vereinnahmenden Austausches in der Gruppe beginnen, oder man könnte auch sagen, dass Gespräch ist an einem toten Punkt angelangt, denn es wäre nur eine Wiederholung desselben möglich. Babette setzt mit folgendem Alleingang fort (Grenzüberschreitungen, 245–268):

245 Bf: ... okay; ich weiß, wenn ich Oma bin später,
246 hab=ich meinen Eltern auch gesagt, wenn ich ne alte Oma
247 bin, nichts mehr vom Leben habe, werd=ich mir n
248 Schaukelstuhl haben und werd=auch meine Tüte
249 nem- ähm: reinzieh:en weiß ich janz jenau; Was hab=ich denn sonst
250 |
251 me: └@(.)@
252
253 Bf: noch für Vorstellungen? (.) ey ich kann vielleicht nich mehr
254 kaum noch was sehen ich kann kaum noch laufen; dann

zieh=ich mir doch ne Tüte rein dann hab=ich wenigstens
noch so=n bisschen den Spaß
me: └@(1)@
Cf: └@(1)@
Bf: └da haste wirklich
keinen Spaß mehr so kann jetz kann in unserm Alter kann
man sich den Spaß noch verschaffen aber als alter Mensch;
was haste denn da noch für Spa:ß? da wartest=e auf den
To:d. da kann ich mir meine Tüten auch reinziehen.
me: └°@(.)@°

Wenn Babette alt ist, nicht mehr „laufen“ (255) und „sehen“ (255) kann, eine „Oma“ (245, 246) im „Schaukelstuhl“ (248) ist, dann wird sie sich ihre „Tüte (…) reinziehen“ (249–250). Dann hat sie „wenigstens noch so=n bisschen Spaß“ (256–257). Das hat sie den „Eltern auch gesagt“ (246). Als Oma wartet man „auf den Tod“ (266), da kann sie sich ihre „Tüte auch reinziehen“. Babettes Darstellung der Metapher von der alten Oma wird immer wieder begleitet vom Auflachen der anderen. Danach vollzieht sich schließlich ein Themenwechsel.

Mit ihrer Metapher hebt Babette das Thema des Umgangs mit bewusstseinsverändernden Drogen in eine andere Zeit, auf einen anderen Schauplatz. Die strittigen Orientierungen verlieren hier ihre Relevanz. Die Erziehung ist in diesem Alter weitgehend abgeschlossen, es erübrigt sich also über pädagogische Konzepte zu streiten und die Freuden der Grenzüberschreitung können auch nicht mehr mit ihren Folgen für die Biographie abgewogen werden, denn die ist – zumindest in Babettes Darstellung – dann beendet. Wir können hier – wie schon bei der Gruppe „Schild“ (vgl. Kap. 3.2.1.1) – von einer rituellen Synthese sprechen: Die strittigen Positionen sind im Hegel'schen dreifachen Sinn aufgehoben: Sie sind bewahrt. Babette kann ihre Machtposition gegenüber den anderen in der Gruppe behaupten. Sie hat das letzte Wort und den Applaus auf ihrer Seite. Sie bleibt mit ihren Autoritätsansprüchen erfolgreich. Die strittigen Positionen sind auf eine andere Ebene gehoben. Der Faszination von Grenzüberschreitung kann – an das Ende des Lebens verschoben – freier Lauf gelassen werden. Es findet sich niemand mehr, der für diesen Zeitpunkt Engagement für eine andere, eben weniger an Grenzüberschreitungen interessierte Orientierung entwickelt. Die strittigen Positionen sind in ihrer Widersprüchlichkeit vernichtet. Am Ende des Lebens erübrigt sich ein Auseinandersetzung um den pädagogisch besten Weg. Auch die Frage der Macht verliert angesichts des Todes an Bedeutung wie auch die Frage, wer gegenüber der Oma eine pädagogische Instanz vertreten darf.

Die rituelle Synthese – eine Ausprägung einer rituellen Konklusion (vgl. Kap. 2.3.10) – erweckt hier zwar den Anschein, als würde das Thema themenbezogen abgeschlossen, genauer betrachtet springt Babette aber aus dem Thema heraus. Es geht eben nicht mehr um den Umgang mit leichten Drogen im Jugendalter, sondern um die Gestaltung des Lebensabends. Die Differenzen können in diesem Zusammenhang nicht abgehandelt werden. Die Faszination an der Grenzüberschreitung birgt nicht mehr die Gefahr, sich sein Leben damit zu verbauen, insofern muss auch nicht mehr nach dem richtigen pädagogischen Konzept gefahndet werden. Auch die Frage der Macht zerfließt. Die Oma bleibt, am Ende des Lebens angekommen, ohnmächtige letzte Instanz.

Der divergente Modus der Diskursorganisation unterscheidet sich vom oppositionellen Modus dadurch, dass faktische Beschreibungen und Orientierungskomponenten immer wieder zur Stärkung einer widersprechenden Orientierung verwendet werden. Diese Vereinnahmung bzw. ‚Falschrahmung' verdeckt widersprechende Orientierungen. Wem es besser gelingt, die Differenzen zugunsten seiner Orientierung zu verwischen, hat ‚gewonnen'. Das Verdecken der Unterschiede lässt sich mithin als eine Form des machtstrukturierten Diskurses verstehen. Vom antithetischen Modus der Diskursorganisation unterscheidet sich der divergente Modus dadurch, dass die Orientierungsunterschiede nicht zu Teilen einer Orientierung bzw. auch eines Orientierungsdilemmas verschmelzen. Die Annäherungen der einander widersprechenden Positionen sind nicht ‚echt' bzw. nicht sachlich begründet, mithin kommt es auch nicht zu ‚echten' Synthesen.

Der divergente Modus erscheint als der bisher komplexeste Modus. Von daher werfen wir noch einmal einen zusammenfassenden Blick auf die Entfaltung der Orientierungen der drei Mädchen der Gruppe „Schmetterling" in der Passage „Grenzüberschreitungen", wie wir es schon bei der Passage „Fließend Deutsch" aus „Buch" (vgl. Kap. 3.1.1.1) und der Passage „Jungen" aus der Gruppe „Mantel" getan haben (vgl. Kap. 3.1.2.1):

- Proposition in Form von Metakommunikation (Babette) – Orientierungsgehalt: Faszination von Grenzgängen bzw. Grenzüberschreitungen, Wissen um die Möglichkeit der moralisch negativen Bewertung und Kriminalisierung
    - Elaboration der Proposition, drei Exemplifizierungen in Form von Erzählungen (Babette) – Orientierungsgehalt: Faszination und Stolz im Bezug auf die Provokation von Verstrickung, Vorwurf der moralischen Zweifelhaftigkeit wird vorweggenommen: Bagatellisierung und strategische Informationskontrolle

- Divergenz in Form einer Kommentierung, einer Feststellung und einer Orientierungstheorie (Christine) – Orientierungskomponenten: Ablehnung von Grenzüberschreitungen, Ironisierung des Stolzes auf Grenzgänge
- Rituelle Synthese, zugleich Transposition in Form einer Argumen-tation (Babette) – Orientierungsgehalt: Ausklammerung von Handlungsorientierungen im Zusammenhang mit kriminalisierungsfähigem, grenzgängerischem Handeln. Pädagogische Perspektive: Grenzgänge als entwicklungsbedingte Krise Jüngerer, schicksalhaft
    - Elaboration der Transposition in Form einer Exemplifizierung (Babette) – Orientierungsgehalt: Beendigung von grenzüberscheitendem Verhalten durch die Interaktion mit relevanten Anderen
- Transposition in Form einer Orientierungstheorie (Babette) – Orientierungsgehalt: eigene herausgehobene Position und eigener pädagogischer Einfluss in der Gruppe der Gleichaltrigen zur Einschränkung von deren Drogenkonsum als positiver Horizont
- Divergenz in Form einer Interjektion (Anke) – Orientierungsgehalt: Ironisierung des pädagogischen Einflusses von Babette
- Divergenter Diskurs in Form einer Exemplifizierung (Christine und Babette) – Orientierungsgehalt (1: Babette, Elaboration der Proposition): Kontrolle und Pädagogisierung und zugleich Faszination vom Spiel mit Grenzen und Verstrickung; Orientierungsgehalt (2: Christine, Elaboration der divergenten Orientierung): Zurückhaltung und Vorsicht beim Spiel mit Grenzen und Verstrickung; gemeinsame faktische Grundlage: negative Folgen einer Grenzüberschreitung; gemeinsamer Orientierungsgehalt (3): hierarchische Gruppenstruktur mit Babette an der Spitze
    - Elaboration der Proposition in Form einer Formulierung der Proposition (Babette) – Orientierungsgehalt: Kontrolle und autoritativer Gehorsam der anderen, die eigene herausgehobene Position als positiver Gegenhorizont, Faszination von der Verstrickung mit (leichten) Drogen
    - Divergenz in Form einer immanenten Nachfrage – Orientierungsgehalt: Suspendierung des Themas, Nicht-Anerkennung von Babettes herausgehobener Position
    - Elaboration der Divergenz in Form einer Argumentation (Christine) – Orientierungsgehalt: Vorsicht und Zurückhaltung im Zusammenhang mit Verstrickung mit (leichten) Drogen
    - Validierung der Elaboration der Proposition (Christine) – Orientierungsgehalt: Kontrolle und autoritativer Gehorsam der anderen

gegenüber Babette zur Verhinderung von Verstrickung als positiver Horizont

  - Elaboration der Divergenz einer Evaluation und einer Beschreibung (Anke) – Orientierungsgehalt: Repression und Kontrolle als negativer Gegenhorizont, ‚offene Drogenpolitik'
  - Differenzierung der Proposition in Form einer Frage und einer Reformulierung (Christine) – Orientierungsgehalt: Anerkennung von Babettes Autorität als positiver Horizont, kein angstvoller Gehorsam
  - Elaboration der Proposition in Form einer Argumentation (im divergenten Modus)[101] – Orientierungsgehalt: die positiven Folgen (Schmälerung des Gesamtkonsums) der Repression sind größer als die negativen (verdeckte Szene = gemeinsamer faktischer Gehalt)
  - Validierung der Elaboration der Proposition (Christine)
  - Fortsetzung der Elaboration der Proposition in Form einer Exemplifizierung durch eine Beschreibung (Babette) – Orientierungs-gehalt: Gehorsam und Kontrolle als positiver Horizont, Faszination von Verstrickung durch Drogenkonsum
  - Validierung der Elaboration der Proposition (Christine)
  - Divergenter Diskurs (Elaboration der Divergenz und der Proposi-tion) in Form von Argumentationen (Anke und Christine) – Orientierungsgehalt (1, Anke): autoritärer, repressiver Umgang als negativer Horizont, ‚offene Drogenpolitik' als positiver Horizont; Orientierungsgehalt (2, Babette): autoritärer, repressiver Umgang als positiver Horizont; gemeinsamer faktischer Gehalt: situativer Effekt der Repression
  - Validierung der Proposition (Christine)
- Rituelle Synthese zugleich Transposition in Form einer Argumentation (Babette) – Orientierungsgehalt: ständiger unkontrollierter Drogenkonsum als negativer Gegenhorizont, Ausklammerung der Frage des pädagogischen Umgangs damit
  - Elaboration der Transposition durch eine Exemplifizierung in Form einer Beschreibung (Babette) – Orientierungsgehalt: Gefährdung von Persönlichkeit und Biographie durch ständigen Drogenkonsum als negativer Gegenhorizont
  - Validierung der Elaboration der Transposition (Anke)

101 Der Modus der Reaktion von Babette auf Anke lässt ihren Beitrag zur Divergenz werden und nicht zur Opposition, und zwar dadurch, dass der faktische Gehalt bzw. Orientierungskomponenten aufgriffen werden und in die eigenen eingearbeitet werden, ‚falsch gerahmt' werden.

  - Fortsetzung der Elaboration der Transposition (Babette in Kooperation mit Anke) – Orientierungsgehalt: Schädigung der Persönlichkeit und der Biographie durch unkontrollierten Drogenkonsum als negativer Gegenhorizont
  - Konklusion in Form einer Validierung der Orientierung (Babette)
- Proposition in Form einer Wiederholung einer Formulierung der Proposition (Babette) – Orientierungsgehalt: Kontrolle und autoritativer Gehorsam der anderen, die eigene herausgehobene Position als positiver Gegenhorizont, Faszination von der Verstrickung mit (leichten) Drogen
  - Divergenter Diskurs (Elaboration der Divergenz und der Proposition) in Form von Argumentationen (Anke und Christine) – Orientierungsgehalt (1, Anke): autoritärer, repressiver Umgang als negativer Horizont, ‚offene Drogenpolitik' als positiver Horizont; Orientierungsgehalt (2, Babette): autoritärer, repressiver Umgang als positiver Horizont; gemeinsamer faktischer Gehalt: situativer Effekt der Repression
  - Elaboration der Divergenz in Form einer Beschreibung (Christine) – Orientierungsgehalt: Ironisierung des Einflusses von Babette und von negativen Folgen
  - Elaboration der Proposition in Form einer Argumentation, Bruch der konditionellen Relevanz der Argumentation (Babette) – Orientierungsgehalt: autoritärer, repressiver Umgang als positiver Horizont
  - Anbahnung einer rituellen Konklusion in Form einer Argumentation (Babette) – Orientierungsgehalt: Verstrickung durch Drogen als negativer Horizont
- Konklusion in Form einer rituellen Synthese (Babette) – Orientierungsgehalt: Faszination von der Verstrickung mit bewusstseinsverändernden Drogen und an Grenzüberschreitungen, Ausklammerung der pädagogischen Orientierungen, eigene Machtposition

Exkurs: Modi der Diskursorganisation und Erfahrungen im Feld

Bei allen Gruppen mit exkludierenden Modi, d.h. bei den Gruppen „Schild" und „Baum" ebenso wie bei „Schmetterling", schien es mit dem Vertrauensverhältnis nie so richtig zu klappen. Es war schwer, wenigstens rudimentäre Vereinbarungen zu treffen, die eingehalten wurden, bzw. einen Termin für eine Gruppendiskussion zu vereinbaren. Man musste quasi auf gut Glück mit dem Gerät ins Feld gehen. Die Bereitschaft mitzumachen erschien gering. Die Diskussionen verliefen schleppend oder die Geräte wurden zweckentfremdet. Im Gegensatz zu anderen Gruppen, die sich über den Kontakt mit den Feldforscher/inne/n freuten, ihn auch immer wieder von sich aus suchten, hatte man bei diesen Gruppen eher den Eindruck, dass sie froh waren, wenn die Eindringlinge nicht mehr erscheinen würden. Man erklärte sich zur Gruppendiskussion bereit, um in Ruhe gelassen zu werden.

Die Barrieren gegenüber der Teilnahme an der Untersuchung waren bei jenen „Gruppen", die über weniger gemeinsame Erfahrungen verfügten, wesentlich stärker als bei anderen Gruppen. Man wollte nicht über sich sprechen, sich nicht vor einer fremden (wissenschaftlichen) Öffentlichkeit präsentieren. Erst nach der Interpretation des Materials wird deutlich, dass die Zurückhaltung der „Gruppen" und das Misstrauen gegenüber den Feldforscher/inne/n eher einer Vorsicht im Umgang mit den Brüchen innerhalb der eigenen Gruppe entsprang als einem missglückten Einstieg in das jeweilige Feld.

3.2.2.2 Familie „Schiller": Ein Tischgespräch

Das „Tischgespräch" der Familie „Schiller" stammt aus der von der DFG geförderten Untersuchung „Erziehung und Tradition. Tradierungsprozesse in Familien." (Bohnsack/Gebhart/Kraul und Wulf 2001). Die Passage ist Teil eines Gesprächs der Familie „Schiller" bei Tisch und wurde von der Familie selbst aufgezeichnet, d.h., bei der Erhebung war unmittelbar kein/e Forscher/in anwesend. Sie ist in Bohnsack (2003a, S. 212ff.) vollständig abgedruckt, ebenso wie ihre formulierende und reflektierende Interpretation. Im Kontext der vorliegenden Arbeit dient die Passage einer ersten Generalisierung des divergenten Modus, welcher – wie zu Beginn schon erwähnt – der letzte bisher identifizierte Diskursmodus ist.

Die Familie „Schiller" lebt in der Umgebung von Berlin. Am Gespräch nehmen der Vater (V), die Mutter (M) und ihre drei Kinder teil. Rebekka (Rf), die Älteste, ist 12 Jahre alt, ihr Bruder Tobias (Tm) 11 und das jüngste Kind, David (Dm), 5. Gegenüber der Gruppe „Schmetterling" wird mit der Familie „Schiller" die Anzahl der Teilnehmer/innen variiert, die Geschlechtshomogenität bzw. -heterogenität der Gruppe, der entwicklungstypische, sozialräumliche und generationstypische Erfahrungsraum ebenso wie das Format des Gesprächs, das zumindest nicht in erster Linie zu Zwecken der Erhebung geführt wurde.

Zu Beginn der Passage fordert der Vater Tobias auf „Doch (kurz) mal von" seiner „Differenzierungsstunde" (1, „Differenzierungsstunde", ohne Transkript) zu erzählen. Der Vater initiiert also ein Thema ohne eine Orientierung vorzugeben, die unmittelbar mit dem konkret initiierten Thema in Zusammenhang steht. Der Orientierungscharakter, der propositionale Gehalt, dokumentiert sich lediglich auf der Ebene der Metakommunikation. Er besteht in dem Interesse zur offenen

Entfaltung des Themas durch eine bestimmte Person. Mit der Aufforderung des Vaters erhält Tobias den Raum und auch die Verpflichtung zur Entfaltung seiner Orientierungen zu dem Thema. Tut er dies nicht, bedarf es einer Erklärung oder Begründung. In welchem übergeordneten Orientierungszusammenhang das Interesse des Vater steht, wird im Verlauf der Passage deutlicher.

Alle anderen Familienmitglieder haben Informationsbedarf, wissen nicht genau, was eine Differenzierungsstunde ist und was deren Einführung in den Unterrichtsplan bedeutet. Vater und Sohn entfalten gemeinsam, dass in einem der drei Fächer Biologie, Sport und Musik eine Stunde mehr in der Woche gewählt werden kann. Dabei grenzt der Vater seine Fragen an Tobias immer mehr ein, und es stellt sich heraus, dass der Vater sehr genau über die Differenzierungsstunde Bescheid weiß. Tobias muss die richtigen Antworten geben, muss sein Wissen unter Beweis stellen. Wobei sich sogar zeigt, dass Tobias letztlich besser informiert ist als der Vater. Dennoch wird deutlich, dass der Vater sich an einer Prüfungssituation, an einem pädagogischen Handlungsschema orientiert.

Dabei scheint es auch um die Entfaltung der richtigen Orientierungen im Zusammenhang mit der Entscheidung für eines der drei Differenzierungsfächer zu gehen. *„Sport“*, wie „die Kinder alle“ es *„wollten“* (44, „Differenzierungsstunde“, ohne Transkript), ist jedenfalls die falsche Entscheidung, dokumentiert sich in der Äußerung des Vaters. Tobias bestätigt, dass er, wie alle anderen, für Sport war. Seine Mutter tut, trotz ihrer Kenntnis der Vorlieben ihres Sohnes, erstaunt. Tobias wird in der Angelegenheit der Wahl der Differenzierungsstunde „der Entscheidungsinstanz der Familie, sozusagen einem ‚Familientribunal‘“ (vgl. Bohnsack 2003a, S. 225) vorgeführt. Hinsichtlich der Entscheidungskriterien, also der Orientierung, in die diese Entscheidung eingebettet wird, hat die Mutter eine Vorreiterrolle inne: Oberstes Kriterium ist die Leistung. Die Wahl muss durchgehalten werden, bei Sport ist zusätzlicher Sport zu leisten, und es geht um die Grundlage für spätere schulische Leistungen, die in ihren Augen durch Biologie am besten abgedeckt werden. Tobias wird dabei unterstellt, kein Durchhaltevermögen zu haben und sich vor Leistung zu drücken.

Tobias selbst stellt seine Entscheidung in den Zusammenhang sozialer Beziehungen. Mit den beiden Lehrern, die die anderen Fächer anbieten, kommt er nicht gut zurecht. Rebekka schlägt sich auf die Seite der Mutter, argumentiert im Rahmen der Leistungsorientierung und fordert Tobias auf „Mathe“ (73, „Differenzierungsstunde“, ohne Transkript) zu nehmen, denn da ist er „gut“ (74, „Differenzierungsstunde“, ohne Transkript). Tobias nutzt die Unaufmerksamkeit seiner Schwester bezüglich der Fächer um ihr eine vor den Latz zu knallen: *„Nein es gibt in diesen Differenzierungsstunden kein Mathe du hirnloses Geschöpf.“* (75, „Differenzierungsstunde“, ohne Transkript) Wegen Mangel an Kompetenz kann sie keine sinnvollen

Beiträge zum Diskurs leisten. Nach einer Bitte des Vaters, solche Äußerungen zu unterlassen, und einer Androhung der Mutter, dass Tobias seinerseits körperlich aus der Tischgemeinschaft ausgeschlossen wird, kehrt die Mutter zum Kern des Themas zurück (Differenzierungsstunde, 84–120):

84	M:	Wenn hier jemand hirnlos ist dann kannst du dich mal
85		umgucken wer dit is,
86		
87	Tm:	( )
88		
89	M:	das sind die Leute, die sich Sport als Hauptfach suchen.
90		
91	Rf:	Genau und wenn ich hätte-
92		
93	V:	@(1)@
94		|
95	Tm:	└Mann das ist doch nicht meine Hauptfach.
96		
97	Rf:	Doch das ist sozusagen dein Hauptfach.
98		|
100	M:	└Wenn du besonders stark gefördert wirst dann is dat schon dein Hauptfach (1)
101		
102	Rf:	Tobias aber ( )
103		
104	Tm:	Das is nich n Förderfach das ist (.) ein (.)
105		|
106	V:	└(Hälst du von mir)
107		|
108	M:	└
109		Ein Differenzierungsfach.
110		
111	Tm:	Ein Lustfach was man machen möchte.
112		
113	M:	Tobias, die Fächer in denen man besonders viel Lust hat
114		|
115	Tm:	└Nein
116		
117	M:	und besonders viel Zeit verbringt, in denen wird man halt
118		besonders gefördert. und soweit ich mich erinnern kann
119		hast du bisher jeden Art von Leistungssport abgebrochen
120		hast weil es dir zu viel des Guten war.

Noch einmal dreht die Mutter den Spieß um. Tobias hat sich mit seiner Entscheidung für Sport als „Hauptfach" (89) in die Reihe von Inkompetenten („hirnlos", 84) gestellt, die nichts Sinnvolles zum Gespräch beitragen können. Rebekka stimmt ihr zu. Tobias korrigiert seine Mutter, denn es geht „nicht" (95) um das „Hauptfach" (95). Rebekka verteidigt die Mutter. Die Mutter ihrerseits erklärt, dass ein Fach, in dem man „stark gefördert" (99) wird, eben ein „Hauptfach" (100) ist. Tobias hält entgegen, dass es auch kein „Förderfach" (104), sondern ein „Lustfach" (111) ist. Die Mutter greift den Begriff der „Lust" (113) auf, die verbunden mit „viel Zeit" (117) ein Fach ergibt, in dem „man halt besonders gefördert wird" (117–118). Sie fügt hinzu, dass Tobias bisher jede Art „Leistungssport abgebrochen" (119) hat, weil es ihm „zu viel des Guten" (120) wurde.

Die Mutter grenzt nicht nur Tobias auf dieselbe Art aus, wie dieser seine Schwester ausgegrenzt hat, sondern gleich alle „Leute" (89), die „Sport" im Zusammenhang der schulischen Ausbildung einen zentralen Stellenwert einräumen und sich dahingehend engagieren. Sie werden mit dem Argument ausgegrenzt bzw. als negativer Gegenhorizont etabliert, dass sie insgesamt inkompetent sind, ihnen der Intellekt fehlt. Damit grenzt sich die Mutter von einem bestimmten Habitus ab, bei welchem Sport einen hohen Stellenwert einnimmt, durchaus im Sinne einer Geschmackspräferenz. Zugleich nimmt sie Tobias, der seine Entscheidung im Sozialraum Schule verortet, die Basis seiner Argumentation. Auf die Mehrheit, die seine Gesinnung hat, kann er sich nicht stützen. Auch eine soziale Beziehung mit solchen Leuten, soziale Nähe, wäre abzulehnen. Der negative Gegenhorizont, den die Mutter hier proponiert, ist eine Zuordnung zu einem unpassenden Habitus, fehlender Intellekt und fehlende bzw. falsche Leistungsorientierung. Denn Sport dient in ihren Augen, wie sich zuvor zeigte, nicht dem schulischen Weiterkommen. Die Mutter verortet Sport nicht in der Zweckrationalität von Anforderungen des institutionalisierten Ablaufmusters ‚schulische Ausbildung'.

In Tobias' Beitrag dokumentiert sich eine Korrektur der Mutter. Damit bescheinigt er auch ihr eine gewisse Inkompetenz oder zumindest Unaufmerksamkeit im Diskurs. Er verwendet also – wie schon bei dem Disput mit seiner Schwester – ein Stück weit die Orientierung der Mutter ‚Leistung und Intellekt' und schlägt – vorsichtig – mit ihren Waffen zurück. Die Mutter bringt im Diskurs nicht die nötige Aufmerksamkeit, die nötige Leistung auf, denn es geht „nicht" (97) um ein „Hauptfach" (97), wie sie es bezeichnet hat. Es ist weder der richtige Begriff noch die richtige Einordnung der Differenzierungsstunde in eine Aufstellung der Prioritäten in der Schule, die durch die Bezeichnung ‚Haupt-' ein Fach als erstes, wichtigstes definiert. Damit rettet er sich und die anderen vor der Ausgrenzung durch die Mutter. Sie sind nicht „die Leute", zu denen man besser nicht dazugehören sollte. Die Differenzierungsstunde hat keine oberste Priorität hinsichtlich der schulischen Anforderungen. Auf der Ebene der Diskursorganisation meldet Tobias also Widerspruch an.

Mutter und Tochter bleiben dabei, dass der Begriff „Hauptfach" (97 und 100) richtig gewählt ist, lassen Tobias' Rehabilitierung ins Leere laufen, ebenso wie seinen – vorsichtigen – Schlag. Im Rahmen der Leistungsorientierung der Mutter (und der Tochter, die diese mitträgt) trifft der Begriff. Er ist sinngemäß „sozusagen" (97) bzw. „schon" (100) richtig. Dort, wo Leistung unterstützt, man „gefördert" wird, muss auch ein Schwerpunkt der Leistungserbringung liegen. Mutter und Tochter elaborieren damit die Proposition.

Tobias elaboriert seine widersprüchliche Position. Dabei dokumentiert sich eine Differenzierung. Es gibt in der Schule Einheiten, die sich stärker der Leistungserbringung unterordnen lassen, für die das zweckrationale Prinzip der Realisierung einer anspruchsvollen schulischen Ausbildung gilt. Aber es gibt auch andere, wie die Differenzierungsstunde, die ein „Lustfach" (113) darstellt. Sie ist nicht im Prinzip von Leistung und Zweckrationalität zu verorten, sondern im Prinzip von Lust und Neigung, einer zweckfreien Freude am Machen und der Realisierung sozialer Kontakte, wie dem Sport mit allen anderen zusammen und dem Lehrer, den man gern mag.

Oberflächlich greift die Mutter Elemente aus Tobias' Einwand auf, wie z.B. den Begriff „Lust" (113), kommt ihm näher und nimmt auch hinsichtlich des Begriffstreits zurück: „man wird *halt* (…) gefördert" (117–118, Hervorhebung AP). Die Differenzierung der beiden Prinzipien von Leistung und Zweckrationalität auf der einen Seite und Neigung und Lust auf der anderen Seite, die Tobias vornimmt, wird nicht offen zurückgewiesen, sondern „systematisch unterlaufen bzw. verunklart" (Bohnsack 2003a, S. 227). Erstens werden „Lust"haben (113) und „Zeit"verbringen (117) gleichermaßen als Elemente der Realisierung von Leistung dem Prinzip Leistung untergeordnet. Zweitens wird die Orientierung an Lust und Neigung als inauthentisch zurückgewiesen, denn wäre sie authentisch, dann müsste sie auch auf der Ebene der Leistung Erfolg bringen. Sie wird also auch hier wieder der Zweckrationalität und der Leistung unterworfen und damit als eigenständiger Wert bzw. als Orientierungsrahmen nicht anerkannt. Damit wird die gegenläufige Orientierung, die Tobias aufgeworfen hat, vereinnahmt, seine Differenzierung außer Kraft gesetzt. Das sind die typischen Elemente des divergenten Modus.

Mutter und Vater validieren die Orientierung an Leistung und Zweckrationalität („Da hat sie recht", 122, ohne Trankript, „Det bringt doch keinen Sinn", 124, ohne Transkript) und wehren die Versuche von Tobias sich am Gespräch zu beteiligen mit Lautstärke ab. Sie schließen das Thema als ‚Sieger' ab. Dabei bleibt es aber nicht. Gleich setzt die Mutter zum nächsten (Teil-)Thema an, anhand dessen die ‚richtigen' Orientierungen entfaltet werden. Wenn Tobias zum Sport geht und Leistungssportler oder Sportlehrer werden will, dann muss er neben der Differenzierungsstunde noch mehr investieren, seine Leistung „konsequent (…) nachmittags" (126) im „Leistungssport" (127) unter Beweis stellen. Hier wird also erneut die Leistungsorientierung bekräftigt sowie auch die Zweckrationalität, nicht nur in Hinblick auf die schulische Laufbahn selbst, sondern auch in Hinblick auf ihren übergeordneten Zweck, nämlich eine berufliche Karriere.

Damit stellt die Mutter die Entscheidung von Tobias für Sport nun endgültig in ihr Relevanzsystem. Sie steht nicht mehr im Rahmen von Lust und Neigung, sondern in der Zweckrationalität der beruflichen Karriere. Damit nimmt sie eine für den divergenten Modus typische „Fremdrahmung“ (vgl. Bohnsack 2003a, u.a. S. 230) vor. Tobias und seine Mutter beziehen sich zwar auf dasselbe, nämlich eine Entscheidung für Sport, stellen sie aber in zwei ganz unterschiedliche Orientierungsrahmen. Sie reden aneinander vorbei.

An der Entscheidung für Biologie wird noch einmal der richtige Weg vorgeführt (Differenzierungsstunde, 131–167):

M: **... Biologie wirst Du total dringend brauchen du ärgerst dich vielleicht mal zu Tode später weil du keen Biologie in der Schule hattest nur weil du=et schon in der vierten Klasse abgewählt hast.**

V: Fünften.

M: In der fünften.

Tm: Ich hatte schon Biologie.

M: **Ja aber nur einmal in der Woche. (1)**

Tm: Ja schön und die anderen gehen jetzt alle zum Sport ja? und ich (spazier) ganz nebenbei,

M: (Wenn de dann)

V: Ach Quatsch da gehen auch andere Kinder

M: Tobias glaubst du dass die anderen Eltern möchten dass ihre Kinder (.) alle zum Sport gehen

Dm: (sitzen) ((jammernd))

V: (Hör mal kurz zu.)

M: in den wichtigen Stunden,

Tm: Ja sogar sehr viele.

V: Die erlauben det überhaupt nich die Lehrer Tobias die unterscheiden da auch; gib mal bitte den Obstteller rüber Rebekka; die machen nicht Sport die Kinder; die Lehrer die werden auch da motivieren (.) überreden und so.

„Biologie" (131) braucht man in der „Schule" (133) „total dringend" (131), und es kann zu großem Ärger führen, wenn man es nicht gehabt hat. Er habe „Biologie" (140) schon gehabt, wendet Tobias ein. Die Quantität reicht aber nicht aus, entgegnet die Mutter und fährt nicht gleich fort. Tobias ergreift die Chance, um auf seine Perspektive hinzuweisen. Wenn er Biologie wählen würde, wäre er der Einzige. Er wäre allein und würde ziemlich dumm dastehen, wenn alle anderen zum Sport gehen und er nicht. So weit wird es nicht kommen, sind sich Mutter und Vater einig, denn nicht nur die „anderen Eltern" (152) werden zu verhindern wissen, dass „ihre Kinder (.) alle zum Sport" (153) gehen, auch „die Lehrer" (164) werden es nicht „erlauben" (164) und werden ebenso wie die Eltern hier „motivieren" (167) und „überreden" (167).

Ohne es rational zu begründen gibt die Mutter dem Fach „Biologie" den Stellenwert eines wesentlichen Elements zu Verwirklichung der schulischen Karriere, also innerhalb ihres zweckrationalen Orientierungsrahmens. Tobias meint dieses Element schon ausreichend erfüllt zu haben, macht damit also deutlich, dass er bereit ist, diesen Orientierungsrahmen auch mitzutragen. Die widersprüchliche Bearbeitung der Frage der Quantität des Biologieunterrichts ist also eher eine antithetische.

Eigentlich ist Tobias aber seine Differenzierung wichtig. Er orientiert sich – wie auch in der Einbeziehung des Verhältnisses zu den Lehrern dokumentiert – auch und ganz wesentlich an der Schule als System persönlicher Beziehungen, als „konjunktiven Erfahrungsraum" mit seinen eigenen Orientierungszusammenhänge n. Sie ist für ihn nicht nur eine Organisation, wie für die Mutter, die ein Etappe auf dem Weg in den Beruf darstellt. Es geht also nicht nur um die Zweckrationalität des einen oder anderen Faches, sondern z.B. auch um die Gefahr des Ausschlusses aus der Peergroup.

Aber auch dieser Bereich wird in einer *Macht*demonstration, in der die anwesenden eigenen Eltern mit den anderen Eltern und den Lehrern zu einer Einheit verschmelzen, geschluckt. Dieser Erfahrungsraum kann gar keine eigene Orientierung beinhalten, weil die Kinder letztlich in Verlängerung der Erwachsenen agieren, die diese, wie auch in der aktuellen Situation, „überreden", sie lenken. Es wird zwar auf die Angst, die sich in Tobias' Beitrag dokumentiert, eingegangen, aber nicht auf die Orientierung, die dieser Angst zugrunde liegt. Die Schule ist gar kein Sozialraum, der für sich besteht. Sie ist bloß eine Inszenierung der Erwachsenen. Tobias kann letztlich nichts passieren, wenn er sich an das hält, was die Eltern sagen – so wie alle anderen auch.

Hier ist es nun das Element der Angst, das aufgegriffen, aus dem ihr zugrunde liegenden Orientierungsrahmen herausgehoben und in einen anderen Orientierungsrahmen gestellt wird. Sie wird ‚glücklicherweise' dadurch auch gleich entkräftet bzw. werden die ‚richtigen' Handlungsorientierungen aufgezeigt, die das Befürchtete vermeiden helfen. Damit sind erneut die Elemente des divergenten Modus beschrieben. In diesem Gespräch lassen sich weitere derartige ‚Falschrahmungen' aufzeigen (vgl. Bohnsack 2003a, S. 220ff.), da diese aber für die vorliegende Arbeit keinen Erkenntnisfortschritt beinhalten, brechen wir die Analyse an dieser Stelle ab.

3.3 Zusammenfassung der Modi der Diskursorganisation

3.3.1 Übersicht der empirischen Grundlage für die Diskursmodi

Die folgende Übersicht enthält eine Zuordnung der Gruppen und Passagen zu den einzelnen Diskursmodi. Sie dient lediglich dazu, einen Überblick über das Material herzustellen, das wir bisher behandelt haben.

ob und wie Erfahrungsbasis geteilt wird	**gemeinsamer Orientierungsrahmen: inkludierende Modi**			**Rahmeninkongruenz: exkludierende Modi**	
	strukturidentische Erfahrungen		identische Erfahrungen, partielles Zusammenfallen der Identität	nichtgeteilte Erfahrungen: offene Erfahrungsunterschiede	nichtgeteilte Erfahrungen: Falschrahmungen
Modus der Diskursorganisation	**parallel**	**antithetisch**	**unisono**	**oppositionell**	**divergent**
Gruppen und Passagen:	**Schmetterling:** • Türkinnen **Buch:** • fließend Deutsch • Eltern **Techno:** • Tanzen **Haus:** • Verwandtschaft **Tisch:** • Eingangspassage **Rabbit:** • Relationships	**Mantel:** • Jungs **Sand:** • Heirat **Techno:** • Buch **Haus:** • fließend Deutsch	**Straße:** • Türken • Schlägerei **Rabbit:** • Daily Mail	**Schild:** • Eingangspassage • In der deutschen Gesellschaft • Nazis und Asylanten **Baum:** • Entwicklung **Buch:** • Heimat	**Schmetterling:** • Grenzüberschreitungen **Schiller:** • Sportunterricht

3.3.2 Zusammenfassung der Merkmale der Modi der Diskursorganisation

Die einzelnen Diskursmodi werden hier in ihren wesentlichsten Strukturmerkmalen noch einmal ganz knapp zusammengefasst. Zusammenfassende Darstellungen der Passagen finden sich auch jeweils am Ende der entsprechenden Unterkapitel. Die typischen Merkmale werden dort stärker auf das jeweilige Material bezogen. Zudem finden sich für den parallelen, den antithetischen und den divergenten Modus schematische Darstellungen der Diskursbewegungen von gesamten Passagen an folgenden Stellen der Arbeit: Kapitel 3.1.1.1, Kapitel 3.1.2.1 und Kapitel 3.2.2.1. In der Folge wird auf Verweise auf das konkrete Material zugunsten einer besseren Lesbarkeit verzichtet.

Bei den *inkludierenden Modi der Diskursorganisation* wurde die Gemeinsamkeit der Erfahrungen herausgearbeitet, bei den *exkludierenden* die Unterschiedlichkeit. Typisches Merkmal des *parallelen* Modus ist die Wiederholung von Orientierungen und von performatorischen Merkmalen des Diskurses über Themen und Teilnehmer/innen hinweg. Die Gemeinsamkeit der Erfahrungen dokumentiert sich bei diesem Modus auch in folgenden Merkmalen der Diskurspraxis: 1. An fokussierten Stellen, dort also, wo Zentren gemeinsamer Orientierungen berührt werden, vollziehen die Gesprächsteilnehmer/innen den Diskurs gleichzeitig. Sie sprechen gemeinsam, überlappend, oft in unterschiedlichen Worten, ohne dass die Teilnehmer/innen einander stören. Dabei kommt es zu keinen Konstruktionsabbrüchen, sondern zu einer gegenseitigen Bestärkung. 2. Oft wird auf einen Clou bzw. eine Pointe einer Erzählung oder einer Beschreibung ‚reagiert', bevor diese artikuliert werden. Sie können von anderen Gesprächsteilnehmer/inne/n vorweggenommen werden, ohne dass diese selbst zugegen waren.

Typisches Merkmal des *antithetischen* Modus ist das Gegeneinander von Orientierungskomponenten, welches erst am Ende der Behandlung eines Themas als Artikulation einer gemeinsamen Orientierung, eines gemeinsamen Orientierungsrahmens erkennbar wird. Am Ende des Themas findet sich eine Synthese der beiden einander widersprechenden Orientierungen bzw. Orientierungsteile. Die Gemeinsamkeit der Erfahrungen dokumentiert sich zudem auch an folgenden Merkmalen: 1. Vertreter/innen einer Orientierungskomponente formulieren, noch bevor es zur Synthese von widersprüchlichen Orientierungsteilen kommt, ganz treffend Emotionen und Stimmungen von Vertreter/inne/n des zunächst widersprüchlichen Orientierungsteils, also der ‚Gegner/innen'. Dies vollzieht sich, ohne diese Emotionen bzw. Orientierungskomponenten zu ironisieren, wie das beim divergenten Modus der Fall ist (s.u.). 2. Ebenso wie beim parallelen Modus wird auch hier auf eine Pointe einer Erzählung oder einer Beschreibung ‚reagiert', bevor diese artikuliert wird, ohne diese zuvor gehört oder selbst erlebt zu haben. In einem der hier dargestellten Fälle wird eine Erzählung gar von der ‚Gegenseite' zu Ende geführt, ohne dass der Vertreter dieser ‚Gegenseite' bei der Begebenheit, die die Grundlage der Erzählung bildet, dabei war.

Typisches Merkmal des *univoken* Modus ist der gemeinsame Vollzug *gesamter* Diskursbewegungen durch mehr als eine/n Gesprächsteilnehmer/in. Dabei konnte gezeigt werden, dass es um ein und dieselben Erfahrungen, ein und dieselben Orientierungen bzw. Orientierungsprobleme geht. Es gibt in fokussierten Abschnitten des Diskurses keine primäre Sprecherin (vgl. zum Begriff „primärer Sprecher" u.a. Bublitz 1988 und Schwitalla 1992) als Subjekt der Darstellung. Der Modus Operandi der Gruppe, bzw. des Diskurses, fällt mit dem persönlichen Modus Operandi, dem persönlichen Habitus ihrer Teilnehmer/innen zusammen. Zudem konnte gezeigt werden, dass dort, wo die Erlebnisgrundlage aufgrund des Herganges der Dinge ‚Lücken' oder ‚Pausen' im gemeinsamen Erleben entstehen lässt, diese Erlebnisse durch deren intensive diskursive Bearbeitung (gegenseitiges Erzählen) zu gemeinsamen Erfahrungen gemacht werden.

Typisches Merkmal des *oppositionellen* Modus ist ein offenes Gegeneinander von Orientierungen, welches am Ende der Behandlung eines Themas nicht in eine gemeinsame Orientierung übergeführt wird. Es kommt zu Themenabbrüchen oder zu Eskalationen an Stellen des Themenwechsels. Unabhängig davon wurde die Verschiedenheit der Erfahrung an folgendem Merkmal gezeigt: Es erfolgen keine Formulierungen von Gefühlen oder Orientierungskomponenten der Teilnehmer/innen, welche die ‚gegnerische' Seite, die widersprechende Orientierung vertreten.

Typisches Merkmal des *divergenten* Modus ist die Falschrahmung. Das Gegeneinander der Orientierungen bleibt bzw. wird verdeckt. Dabei werden entweder Orientierungskomponenten durch deren Ironisierung zur Artikulation einer widersprechenden Orientierung genutzt oder faktische Darstellungen befürwortet, um sie dann in eine widersprechende Orientierung einzubauen. Dabei konnte gezeigt werden, dass es in diesen Diskursen um Macht geht, um die Frage, wer sich gegenüber den anderen durchsetzt. Einander widersprechende Orientierungen werden in den Konklusionen nur scheinbar in eine gemeinsame übergeführt, letztlich wird das strittige Thema aber in der Konklusion verlassen, die Synthese erweist sich als rituell. Unabhängig davon wurde die Verschiedenheit der Erfahrungen an folgenden Merkmalen gezeigt: 1. Es kommt zu Unterbrechungen, d.h., Gesprächsbeiträge werden z.B. mit Gewalt, mit Lautstärke durchgesetzt. Die unterbrochene Person kann ihren Beitrag nicht zu Ende führen oder wird nicht mehr gehört. 2. Auf der Basis ein und derselben Begebenheit werden zwei unterschiedliche Erfahrungen entfaltet.

4 Modus der Diskursorganisation und Repräsentation von Erfahrungsräumen

Der letzte Abschnitt des empirischen Teils beschäftigt sich mit der Veränderung der *Relation* zwischen unterschiedlichen Erfahrungsräumen innerhalb von Diskursen bzw. Gruppen und dem systematischen Zusammenhang zwischen dieser Relation und der Veränderung des Diskursmodus. Es wird gezeigt, dass die*selben* Teilnehmer/innen in ein und derselben Zusammensetzung auf der Basis unterschiedlicher Erfahrungsräume diskutieren. Es besteht die Möglichkeit, dass den einzelnen Teilnehmer/inne/n Erfahrungsräume gemeinsam sind. Je nachdem, ob und wie diese Erfahrungen innerhalb des Diskurses geteilt werden oder nicht, ändert sich systematisch der Modus der Diskursorganisation. Damit ist die Frage der *Genese* der Diskursmodi angesprochen, also – in Termini standardisierter Verfahren ausgedrückt – die Richtung des Zusammenhangs zwischen dem Diskursmodus und der Relation zwischen den durch die Teilnehmer/innen repräsentierten Erfahrungsräumen.

In den vorangegangenen Unterkapiteln des empirischen Teils wurde immer wieder herausgearbeitet, wie sich das Verhältnis der durch die einzelnen Teilnehmer/innen repräsentierten Erfahrungen in der Praxis des Diskurses, den Modi der Diskursorganisation, dokumentiert. Das Augenmerk galt der Generalisierung und Typisierung der Diskursmodi, im Sinne einer Abstraktion ihrer Merkmale über konkrete Erfahrungsräume und Themen hinweg. Dabei wurde das Verhältnis der Erfahrungen der Teilnehmer/innen, die Form der Sozialität, die sie repräsentierten, konstant gehalten. Bei „Buch" war es beispielsweise die Gemeinsamkeit, die Homologie hinsichtlich ihrer migrations- und generationstypischen Erfahrungen, ihrer geschlechtstypischen Erfahrungen ebenso wie fast verblüffende Homologien der Erfahrungen im Elternhaus (vor allem im Bereich Bildung und Geschlecht). Dahingehend repräsentiert der Diskurs der Gruppe „Buch" eine Form der Sozialität, die durch eine Gemeinsamkeit der Orientierungen gekennzeichnet ist. Die Teilnehmer/innen der Gruppe „Straße" zeigten homologe Erfahrungen, die nicht nur strukturidentisch, sondern identisch sind. Dieser Diskurs stand für eine Form der Sozialität, der sich durch (teilweises) Ineinanderfallen des persönlichen Habitus seiner Teilnehmerinnen auszeichnete. Die Gruppe „Schild" wies große Unterschiede der Erfahrungen auf. Dieser Diskurs repräsentierte eine Sozialität, die wir am Rande dessen verorteten, was man noch als Gruppe bezeichnen kann. (vgl. Kap. 3.2.1.1, am Ende Darstellung des Materials)[102] Die jeweiligen Diskussionen repräsentieren also – grob gesprochen – gemeinsame Erfahrungen, einen kollektiven Erfahrungsraum und damit eine Gruppe, oder sie repräsentierten unterschiedliche Erfahrungen und damit keine Gruppe. Alle anderen Einflussgrößen, wie die Ausprägung der Erfahrungsräume bis hin zum Sprachraum, die Anzahl der Teilnehmer/innen, aber auch die Art der Erhebung, wurden variiert.

In diesem Abschnitt werden wir sehen, dass die Form der Sozialität sich innerhalb eines Diskurses ändern kann. Jede/r einzelne Teilnehmer/in repräsentiert jeweils unterschiedliche Erfahrungsräume. Es kommt schließlich darauf an, ob sich der Diskurs auf der Grundlage von gemeinsamen oder unterschiedlichen Erfahrungsräumen vollzieht. Die jungen Frauen der Gruppe „Buch" repräsentieren alle denselben geschlechtstypischen Erfahrungsraum, ebenso wie denselben migrationsgenerationstypischen Erfahrungsraum, hinsichtlich der Erfahrungen mit dem Herkunftsland ihrer Eltern unterscheiden sie sich jedoch. Das heißt, jedes Individuum, jede/r Teilnehmer/in an einem Gespräch vereint in sich eine individuelle Kombination von Erfahrungsräumen bzw. Ausprägungen, Erfahrungen in Erfahrungsräumen, je nachdem wie sich diese im Laufe des Lebens aufgeschichtet haben (vgl. auch Kap. 1.2). Die Erfahrungen dabei sind als jeweils kollektive zu begreifen, die dann besonders dicht zur Artikulation kommen, wenn Individuen miteinander sprechen, denen diese Erfahrungen gemeinsam sind. Die reflexive Verarbeitung der jeweils spezifischen Kombination von Erfahrungsräumen kann als Identität bezeichnet werden. Das gilt für die individuelle (persönliche) ebenso wie für die kollektive Identität.

Wenn die Diskursmodi systematisch mit dem Verhältnis dieser Erfahrungsgrundlage variieren und nicht aufgrund anderer Besonderheiten der Gruppen, dann müssen die Modi auch innerhalb einer Diskussion variieren, wenn die Verhältnisse der Erfahrungsgrundlagen sich verändern. Dieser Aufweis gelingt durch eine Kontrastierung, eine komparative Analyse der unterschiedlichen Modi *innerhalb* einzelner Diskurse. Die Modi müssten innerhalb einer Gruppe systematisch mit dem Verhältnis der Erfahrungen der jeweiligen Teilnehmer/innen zueinander wechseln.

Wie schon erwähnt, klingt damit die Frage nach der Genese, nach der Richtung des Zusammenhangs zwischen der Relation der Erfahrungsgrundlagen, also der Sozialität, und den Modi der Diskursorganisation an. Zunächst erscheint es als plausibel, dass zuerst die Erfahrungen (der existenzielle Hintergrund und

102 Um welchen Erfahrungsraum es sich handelt, welche Typik repräsentiert wird, kann empirisch fundiert letztlich nur auf der Basis einer inhaltlichen komparativen Analyse herausgearbeitet werden (vgl. dazu Bohnsack 2001c und Nohl 2001b).

damit die Form der Sozialität) da sind und dann das Gespräch (der Modus der Diskursorganisation). Bei künstlich zusammengesetzten Gruppen lässt sich dagegen scheinbar wenig einwenden. Führen die Mitglieder einer Gruppe jedoch häufig Gespräche miteinander, erscheint es wiederum plausibel, dass die Erfahrungen ganz wesentlich durch den Durchgang durch diese Gespräche strukturiert sind. Wir haben es demnach letztlich mit einem dynamischen Verhältnis zu tun, bzw. ist es nicht eine Frage (der Richtung) des Zusammenhangs von der Form der Sozialität (dem Verhältnis von Erfahrungen) und der Praxis des Diskurses (der Diskursmodi), sondern vielmehr spricht die Form der Sozialität, wie gleichermaßen die Praxis des Diskurses sozialisiert.

Dabei können eben dieselben Teilnehmer/innen unterschiedliche Formen der Sozialität, also unterschiedliche Diskursmodi, sprechen, aber einander auch in eine gemeinsame Sozialität sprechen bzw. aus einer gemeinsamen Sozialität ‚heraussprechen'.[103] Dieselben Teilnehmer/innen können – wie oben angesprochen – insofern unterschiedliche Formen der Sozialität sprechen, als sie jeweils eine unterschiedliche Schichtung kollektiver Orientierungen in sich vereinen, d.h. Repräsentant/inn/en verschiedener Erfahrungsräume sind. Wenn die Erfahrungsräume, die die einzelnen Teilnehmer/innen repräsentieren, kongruent sind, sprechen sie ‚Gemeinsamkeit', wenn die Erfahrungsräume divergieren, sprechen sie ‚Unterschiede'.

Die Variation der Diskursmodi innerhalb einer Gruppe zeigt mithin, dass die einzelnen Teilnehmer/innen eines Gesprächs dabei Repräsentant/inn/en von mehreren unterschiedlichen kollektiven Erfahrungsräumen sind und nicht je ein Individuum je einen Erfahrungsraum vertritt. Wir werden nun Gruppen heranziehen, die uns in der Arbeit schon begegnet sind und auch Passagen mit einbeziehen, die schon interpretiert wurden. Die Achse der komparativen Analyse verändert sich dabei jedoch. In den letzten beiden Abschnitten bildeten die Diskursmodi die Achse des Vergleichs. Hier sind es nun die Verhältnisse der Erfahrungsräume der Teilnehmer/innen, wie sie auch innerhalb eines Diskurses wechseln können. Es kommen nur dort neue Passagen hinzu, wo sie eine Vervollständigung frei bleibender Möglichkeiten abdecken, die aufgrund der neuen Achse des Vergleichs entstehen.

103 An einem Fall, der in diese Arbeit nicht aufgenommen wurde, da noch entsprechende Vergleichsfälle fehlen, konnte ich herausarbeiten, dass die Kollektivierung von negativen Erfahrungen einzelner Teilnehmerinnen am Diskurs zu einem Auseinanderdriften der Orientierungen zwischen den Diskursteilnehmerinnen führte. Die Kollektivierungen basieren auf der Homologie migrationsgenerations- und geschlechtstypischer Erfahrungsräume. Durch die Kollektivierung der Erfahrungen wurden jedoch Erfahrungen, die jeweils nur von einer Teilnehmerin gemacht wurden, so sehr zu den eigenen, dass dies zu einer Neuorientierung der anderen führte, während diejenige, die selbst die Erfahrung gemacht hatte, sich noch mit ihrer Krise auseinander setzte. Hier könnte eine Möglichkeit der Milieubildung im Keim gefunden sein. Diese Frage zu beantworten, wird Aufgabe weiterer Forschungsbemühungen sein.

Die Passagen, die an anderen Stellen der Arbeit detailliert dargestellt wurden, werden in ihren für unseren Vergleich wichtigen Ergebnissen noch einmal beleuchtet.

4.1 „Schmetterling"

Die Gruppe „Schmetterling" hat in dieser Arbeit bereits an zwei Stellen einen Platz gefunden. Im Kapitel „Diskursanalyse der dokumentarischen Methode" (vgl. Kap. 2) diente uns die Passage „Türkinnen" als Beispiel für die Begriffe zur dokumentarischen Interpretation der Diskursorganisation. Dort wurde anschließend auch der Diskursmodus der Passage beleuchtet. Zuletzt wurde anhand der Passage „Grenzüberschreitungen" der divergente Modus herausgearbeitet. Nun geht es darum anhand dieser Passagen auf den Zusammenhang zwischen dem Verhältnis der Erfahrungen der Teilnehmerinnen und dem Diskursmodus hinzuweisen und sie um eine Passage zu ergänzen, in welcher sich ein weiterer Modus der Diskursorganisation zeigt.

Die Gruppe „Schmetterling" setzt sich, wie es im Kapitel „Divergente Diskursorganisation" (Kap. 3.2.2) schon ausführlich dargestellt wurde, aus drei Mädchen mit unterschiedlicher Herkunft und in unterschiedlichen Phasen der Berufsausbildung zusammen. Anke, die Älteste, ist 20 Jahre alt und kommt aus einem Bezirk im Osten Berlins. Sie macht eine Ausbildung zur Kindergärtnerin. Babette, die zentrale Figur der Gruppe, ist 18 Jahre alt und kommt aus dem Westen Berlins, wo sich die Einrichtung für Mädchen befindet, in der sich die Gruppe trifft. Babette sucht eine Lehrstelle. Christine ist 16 Jahre alt und stammt – nach eigenen Worten – aus (dem ehemaligen) „Jugoslawien". Sie lebt wie Babette in der unmittelbaren Nachbarschaft der Einrichtung für Mädchen. Christine geht noch zur Schule.

Auch der Verlauf der Diskussion wurde bereits genauer dargestellt, dennoch sei auf einige Eckpunkte auch an dieser Stelle hingewiesen, um die folgenden drei Passagen besser in den Gesamtverlauf der Diskussion einbetten zu können. Als Feldforscher/innen hatten wir eigentlich wenig Freude mit dieser Gruppendiskussion. Wir verbuchten sie nicht als „Erfolg". Wie bereits geschildert, verläuft die Gruppendiskussion eher zäh und dauert ca. 70 Minuten. Zu Beginn sieht es fast so aus, als würde die Diskussion gar nicht in Gang kommen. Erst die Frage, woher die Mädchen einander kennen bzw. wie sie einander kennen gelernt haben, vermag eine Passage in Gang zu setzen, die länger als eine Minute dauert. Die jungen Frauen finden in der Folge zwar auch selbst neue Themen, diese werden aber meist von Anke rasch abgebrochen. Nach etwa 15 Minuten finden sie keine Themen mehr. Babette fragt „Was sollen wir jetzt quatschen?" und schlägt eine Fernsehsendung aus dem Abendprogramm des Vortages vor. Auch dieses Thema ist rasch erschöpft. Es ging um Gewalt. Auch die Nachfrage zu Gewalt vermag kaum ein Gespräch auszulösen. Dann erfolgt eine Nachfrage zum Begriff „multikulturell", die immerhin zu einem lebendigen Gespräch führt, das fast vier Minuten dauert: die Passage „Türkinnen". Die Passage „Schweinefleisch" (s.u.) schließt, ausgelöst durch eine weitere immanente Nachfrage, unmittelbar daran an. Die lebendigste Passage „Grenzüberschreitungen" schließlich findet sich fast schon gegen Ende der Diskussion (vgl. Kap. 3.2.2.1 und 4.1.3).

4.1.1 Homologe Erfahrungen – parallele Diskursorganisation

Das Thema der Passage „Türkinnen" sind die Verhältnisse in Familien türkischer Herkunft im Wohn- bzw. Treffpunktbezirk der Mädchen (vgl. die formulierende Interpretation in Kap. 2.4.3.1). Es entwickelt sich im Anschluss an eine Aufforderung der Interviewerin zu „multikulturell (…) noch so ein bisschen was zu erzählen" (1–2).[104] Die Frage ist zwar immanent, dennoch dokumentiert sich in ihr die Unterstellung einer Nähe der Mädchen zu den Migrant/inn/en in ihrem Wohn- bzw. Treffpunktbezirk. Von dieser Nähe grenzen sie sich aber deutlich ab. Die Orientierung, die die Mädchen ausarbeiten, ist Distanz und Fremdheit gegenüber „Araber(n) und Türken" (13), derer es „hier so viele" (33) gibt. Durch den Kinderreichtum dieser Familien werden es sogar immer mehr, die Distanz und Fremdheit größer und damit bedrohlich. In dieser lebendigen Passage sprechen die Mädchen nicht – wie am Ende der beiden Passagen „Türkinnen" und „Schweinefleisch" (vgl. Kap. 2.4 und 4.1.2) – über die ‚Multikulturalität' innerhalb der eigenen Gruppe.[105]

Der Modus der Diskursorganisation, in welchem sie diese Orientierung ausarbeiten, ist parallel. Die Orientierung der Distanz und Fremdheit findet in ihrer Gesamtheit immer wieder Ausdruck in den je einzelnen Diskursbewegungen: In der Proposition, ebenso wie in deren Elaboration und Konklusion. Die Orientierung wird dadurch immer wiederholt (und tritt für die/den Interpretin/Interpreten immer deutlicher hervor).

Das Element der Wiederholung der Orientierung findet sich zudem auch auf einer ‚Mikro'- und einer ‚Makro'ebene der diskursiven Praxis. Validierungen und Konklusionen werden meist von zwei Sprecherinnen hintereinander oder überlappend realisiert und enthalten je wieder den Orientierungsgehalt. Zum Beispiel

104 Das Transkript der Passage findet sich in Kapitel 2.4.2.

105 Die Gruppe würde diesen Begriff im Zusammenhang mit ihrer eigenen unterschiedlichen Herkunft nicht verwenden. Wie an anderer Stelle angemerkt habe, schließt ‚multikulturell' die eigene Kultur meistens aus.

folgt einem zustimmenden „Mhm“ (7) ein „°Genau.°“ (9). Beide Äußerungen validieren eine Proposition, in der Fremdheit und Distanz zu türkischen und arabischen Einwanderern zum Ausdruck kommt. Damit ‚enthalten‘ sie letztlich diese Orientierung auch. Mit diesem doppelten Enthaltensein dokumentiert sich ein Fokus der Erfahrungsstruktur.

Noch deutlicher wird dieses Element der Fokussierung durch die Parallelität auf der ‚Mikro‘ebene in den Konklusionen. Sie sind durch wortgleiche Wiederholungen („Ja=ja is (…) hauptsächlich …“, 27–28, „Ja=ja das is hauptsächlich sagten wir ja auch …“, 30–31) und einen Rückbezug auf das zuvor Gesagte gekennzeichnet („M:m ich auch nich“, 95, „Ne ich auch nich“, 97). ‚Orientierungsträger‘ werden durch die ‚kollektive Stimme‘ als solche hervorgehoben.

Der Zyklus von Proposition, Elaboration und Konklusion, also ein abgeschlossener Dreischritt (vgl. Kap. 2.2.3.3), wiederholt sich mit dem Ausdruck desselben Orientierungsgehalts. ‚Distanz und eine bedrohlich wachsende Fremdheit‘ wird mithin auch auf der Ebene dieser übergeordneten Struktur des Gesprächs, auf der ‚Makro‘ebene, wiederholt und damit fokussiert.

Der Aufweis der gemeinsamen Erfahrungsgrundlage, also dass das Gespräch auf der Basis von homologen Erfahrungen stattfindet, ist gerade bei dieser Gruppe schwer zu führen, da die jungen Frauen kaum erzählen. Die Textsorte Erzählung ist das primäre Format zur Artikulation von Erfahrungen. Wenn hier erzählt wird, dann nur von einem Mädchen, und dieses läuft Gefahr von einem anderen ironisiert oder unter- bzw. abgebrochen zu werden, wie es sich u.a. in der Passage „Grenzüberschreitungen“ zeigt (Kap. 3.2.2.1 und 2.4). Der Aufweis einer gemeinsamen Erfahrungsgrundlage gelingt bei Gruppen, die mehr erzählen, leichter. Und hier ist auch der Punkt, bei welchem wir ansetzen können.

Die spärlichen Erzählungen in dieser Gruppendiskussion zeigen uns, dass ihre Teilnehmerinnen kaum über etwas verfügen, das gemeinsam erzählt werden könnte, trotz aller Freiheit hinsichtlich Form und Inhalt des Gesprächs, die von den Interviewer/innen ermöglicht wird. In üppigem empirischem Material (vgl. u.a. Bohnsack 1989, Loos 1999, Schäffer 1996 und 2003, Weller 2003 sowie „Buch“ in Kap. 3.1.1.1 und 4.2) lässt sich zeigen, dass Gruppen, die über gemeinsame Erfahrungen verfügen, sich auch dort zusammenfinden, diese Hauptteil und Höhepunkte des Gesprächs bilden (vgl. u.a. Bohnsack 1989, 1999, 2000a, Bohnsack/ Schäffer 2001, Nohl 2001a, Schäffer 2003). Auf den ersten Blick sieht es also so aus, als hätten die Teilnehmerinnen dieser Gruppendiskussion wenige gemeinsame Erfahrungen (vgl. auch die beiden nächsten Kapitel).

Dafür spricht auch, dass sich die Mädchen dort zusammenfinden, wo sie nicht *einander* – aufgrund einer unterschiedlichen Erfahrungskonstitution – fremd bleiben, sondern wo ihnen *andere* fremd sind. Es ist gerade dieses Thema, im Zuge dessen sich erstmalig eine längerer Selbstläufigkeit entwickelt. Die Erfahrung der Fremdheit gegenüber türkischen und arabischen Migrant/inn/en ist, wenn man so will, größer als die Erfahrung gegenseitiger Fremdheit. Hier finden sich ein Mädchen, deren Familie in dem Berliner Bezirk verwurzelt ist, ein Mädchen aus „Jugoslawien“, das erst „seit fünf Jahren“ dort wohnt, und ein Mädchen aus einem anderen Bezirk im Osten der Stadt. Sie teilen die Erfahrung des „Multikulturellen“, einer Fremdheit, mit der sie tagtäglich und unmittelbar konfrontiert sind, wie sich u.a. in der Passage „Schweinefleisch“ zeigt, die unmittelbar an die Passage „Türkinnen“ anschließt. Fremdheit und Distanz gegenüber türkischen und arabischen Einwanderern wird in dieser Passage am Thema Essen (wohl einer der alltäglichsten Bereiche) ausgearbeitet. Dabei wird die Veränderung, die von den Einwanderern ausgeht, als einseitig erlebt. In den (jeweiligen unterschiedlichen) Schulen der Teilnehmerinnen gibt es kein Schweinefleisch, was das Angebot einseitig macht. Es gibt nämlich nur „Rindfleisch“ (34). Ebenso partikular ist die Veränderung auf der Ebene des öffentlichen Angebots von Speisen, das „multikulturelle“ Essen hat bereits gesiegt und die Anpassung, welche die Mädchen leisten müssen, überwiegt. Klassenfahrten entfallen, weil die türkischen Mädchen nicht mitfahren dürfen. Das Verschwinden des Eigenen und die Bedrohung durch das Fremde wird wieder im parallelen Modus der Diskursorganisation ausgearbeitet.

In dem Moment, in dem es schließlich um die „deutschen Restaurants“ (72) geht, beginnt die gemeinsame Erfahrungsbasis wieder auseinander zu brechen. Es gibt die gemeinsame Erfahrung, dass das, was aus dem Herkunftsmilieu kommt, verschwindet. Christine betont aus „Jugoslawien“ zu kommen, welches es nicht mehr gibt. Anke ist der westberliner Bezirk lieber als ihr ‚Heimatbezirk‘, in dem es weder die „Brötchen“ noch das „Eis“ aus den DDR-Zeiten gibt, und Babette erinnert sich kaum noch, was es eigentlich für „deutsches Essen“ gibt. Was sie verbindet, ist das Erleben eines Bruches in ihrer Biographie (vgl. Bohnsack/Schäffer 2002, S. 254). Die Herkunftsmilieus selbst unterscheiden sich jedoch (s.u.).

In der Passage „Türkinnen“ kommt noch eine weitere Orientierung hinzu, welche ebenfalls im parallelen Modus der Diskursorganisation entfaltet wird (in genau denselben ‚Makro‘- und ‚Mikro‘strukturen wie Fremdheit und Distanz): Mutterglück darf nicht mit einer Schlechterstellung der Frau erkauft werden, weder innerhalb der Familie noch im öffentlichen oder im Arbeitsleben. Alle drei stehen Kindern positiv gegenüber und lehnen ganz vehement eine Ungleichbehandlung von Frauen (mit Kindern) ab. Den negativen Gegenhorizont verkörpern dabei die Geschlechterverhältnisse in türkischen Familien ebenso wie die öffentliche Meinung (in Deutschland) gegenüber Frauen mit Kindern, die arbeiten (wollen).

Es geht hier also um die Fragen des Geschlechterverhältnisses. Dabei drängt es sich auf, dass der Erfahrungsraum des Geschlechts zum Tragen kommt. Die

Gruppendiskussion selbst bietet leider im Zusammenhang mit dieser Orientierung keine weiteren ‚externen' Hinweise, die man als Dokumente für den Erfahrungsraum heranziehen kann. Man müsste, um den Aufweis zu leisten, dass diese Orientierung mit einem geschlechtstypischen Erfahrungsraum verbunden ist, eine komparative Analyse mit weiteren Jungen- und Mädchengruppen durchführen, was hier nur mit Bezug auf Vergleichsgruppen aus anderen Untersuchungen vollzogen werden kann (bspw. Breitenbach 2000). In Gruppen junger Männer in dieser Altersgruppe findet sich jedenfalls diese Orientierung nicht. Die Frage, welcher Erfahrungsraum hier zum Tragen kommt, kann an dieser Stelle ohne eine systematische komparative Analyse mit anderen Fällen nicht befriedigend geklärt werden, deshalb werfen wir nun einen Blick auf die Diskussion, wenn sich der Diskursmodus verändert.

4.1.2 Offene Erfahrungsunterschiede – oppositionelle Diskursorganisation

Wie wir gesehen haben, werden die Orientierung von Fremdheit und Distanz gegenüber Einwanderern, die sich durch einen partikularen Umgang mit kulturellen Differenzen auszeichnen, und die Bedrohung durch diese Fremdheit über mehrere Themen hinweg ausgearbeitet. Thematisiert werden: das Verhältnis von Einwohner/inne/n unterschiedlicher Herkunft im Wohnbezirk bzw. im Bezirk des Treffpunkts der Mädchen, die Stellung von Mädchen und Frauen in türkischen und arabischen Familien sowie das Essen in der Schule und im öffentlichen Bereich. Zwei Komponenten dieser Orientierung, die universelle Akzeptanz von Verschiedenheit und Vielfalt und die Tragik des Verwindens, werden in einer Konklusion deutlich, in der die Gruppe noch einmal Gemeinsamkeit spricht: Babette kennt „tausende jugoslaw"ische (80) Restaurants und „Italiener" (81). „Italiener" (83), stimmt Anke Babette überlappend ein, kennt sie „viele" (83). „Tausend" (85), hakt auch Christine nach „Italiener" (83) ein. Neben dem vielen „Döner" (48), „Falafel" (53) und „Chinesisch"en (53), das zuvor in der Passage angeführt wurde, gibt es „Italienisches Ei:s Pizza::" (90), setzt Anke fort. Dabei wird sie von Babette und Christine bestätigt. Das Verschwinden des Eigenen oder zumindest des für den Sozialraum bisher Typischen findet in dieser Konklusion zunächst leise seinen Ausdruck in der Klage darüber, dass man kein deutsches Restaurant kennt („°Aber n Deutschn?°", 87–88) und wird von Babette ausgeführt.

Im Anschluss an diese dichte Konklusion fällt Babette aber doch noch ein deutscher Gastronomiebetrieb ein, der sie ins Schwärmen geraten lässt (Schweinefleisch, 96–43):

96 Bf: Doch einen deutschen Eisladen kenn hier hinten an
97 |
98 Af: └( )
99
100 Bf: der Ecke
101 |
102 Af: └Ja ha:: das weiß ich auch
103 |
104 Bf: └Da machen sie=s selber

Babette schließt inhaltlich nahtlos an die Konklusion an. Die Aufzählung der Gastronomie im Bezirk wird lediglich fortgesetzt. Auf der Ebene der Orientierungen sieht es fast so aus, als würde sie bloß die Ausnahme formulieren, die die Regel – das Verschwinden des vermeintlich Eigenen, Deutschen gegenüber all den anderen Kulturen – bestätigt: Es gibt zumindest einen deutschen Eisladen.

Das Neue an dieser Proposition liegt nun in der Begeisterung für das Deutsche. Es dokumentiert sich, dass das eine deutsche Angebot, das man nun doch kennt, auch richtig gut ist. Es ist authentisch, weil „selber“ (104) gemacht und von daher offenbar auch von guter Qualität (wie ‚selbstgemachte Marmelade‘). Es entspricht den eigenen Qualitätsansprüchen, ist nicht nur Ausdruck des Deutschen, sondern es entspricht einem auch. Es reiht sich nicht in eine Anzahl von Beliebigkeiten ein, sondern ist etwas ganz Besonderes. Erst dadurch gewinnt diese Äußerung den Charakter einer Proposition.

Anke validiert Babettes Proposition mit ihrer eigenen Erfahrung an einer Stelle von Babettes Äußerung, an welcher der neue Orientierungsgehalt noch nicht zum Ausdruck gekommen ist. In der Begeisterung, mit der die Validierung hervorgebracht wird („Ja ha::“, 102), drückt sich aber auch schon die positive Bewertung des Eissalons aus. Die Begeisterung über den Eissalon wird in der Proposition und in der Validierung gleichzeitig verwirklicht. Damit ist sie fokussiert. Die Grenze zwischen einer kooperativ vollzogenen Proposition und dem Format Proposition/ Validierung verschwimmt hier ein wenig. Die Gemeinsamkeit in der Wahrnehmung, in der Erfahrung des Eissalons, kommt in jedem Fall klar zum Ausdruck.

Christines Wahrnehmung desselben Eissalons gestaltet sich anders, was sie ganz klar formuliert. Genau das führt aber zunächst zu einem großen Missverständnis (Schweinefleisch, 106–138):

106 Cf: └Darum
107 schmeckt er auch nisch (.)
108 |
109 Af: └Der hier an der Ecke?
110 nich der hier;
111 |
112 Cf: └Hä? (.) °du meinst der hier hintn°
113 |

114 Af: └Sie meint des wo=s das @
115 Spagettieis@ gibt @(.)@
116 |
117 Bf: └( ) na eben
118 |
119 Cf: └Hm?
120 |
121 Af: └Dieses Jachtek oder wie das
122 heißt @(.)@ Wo=s das (.) Spagettieis gibt
123 |
124 Bf: └Das gegenüber von Emilia
125 Stefans Schule de an=ner Ecke (.)
126 |
127 Cf: └Ach da (.) na
128 |
129 Bf: └Mit
130 dem Ei- mit dem Opa und-
131
132 Cf: darum meinte ich des darum meinte ich da hab ich
133 schon mal Eis gejessen des hat mir da nich
134 geschmeckt
135 |
136 Bf: └Doch. (.) °mir schmeckt des da°
137 |
138 Af: └ (Wir) ham das Spagettieis gegessen

Christine schmeckt das Eis in dem besagten Eissalon nicht, von Begeisterung über diesen Eissalon keine Spur. Anke und Babette sind überzeugt, dass Christine nicht von demselben Eissalon spricht. Es kommt zu langwierigen Beschreibungsversuchen. Schließlich wird klar, um welchen Eissalon es sich handelt und dass alle dort „schon mal Eis gejessen" (133) haben. Vor dem Hintergrund dieser Gewissheit wiederholt Christine, dass es ihr genau „da nich geschmeckt" (133–134) hat.

Die Geschmacksurteile klaffen auseinander. Auf einer rezeptiv-sinnlichen Ebene passt dieses authentisch deutsche Produkt nicht zu Christine. Hier gehen die Erfahrungen (‚Das Eis schmeckt bzw. schmeckt nicht') und von daher auch die Orientierungen (‚Es ist erstrebenswert, es ist nicht erstrebenswert') auseinander. Das heißt, auch um der guten Eiscreme willen muss man gerade den deutschen Eisladen nicht erhalten. Das Deutsche ist an und für sich nicht etwas, was unmittelbar auf einer habituell-sinnlichen Ebene zu Christine passt – ganz im Gegenteil, wie ihre Formulierung im grammatikalischen Anschluss an Babette deutlich werden lässt („da machen sie=s selber", 104; „darum schmeckt es auch nisch", 106–170). Gerade weil es authentisch Deutsch ist, passt es nicht zu ihrem Geschmack. Durch den grammatikalischen Anschluss wird zudem deutlich, dass sich beide auf der gleichen Ebene, dem Geschmacksurteil, bewegen.

Wie als könnte Anke nicht glauben, was Christine sagt, und damit den Widerspruch nicht glauben, stellt sie in Frage, ob sich Babette und Christine wirklich auf denselben Eissalon beziehen (vgl. 96, 100, 102). Für Anke und Babette ist das Geschmacksurteil bezüglich dieses – deutschen – Eissalons fraglos. Das deutsche Eis passt auf einer habituell-sinnlichen, einer ästhetischen Ebene zu ihnen. Christine ihrerseits kann dieser Infragestellung kaum folgen, „Hä?" (112), d.h. ‚Was meinst du?', fragt sie: Was stellt Anke hier in Frage? Christine versteht nicht, dass man ihr Geschmacksurteil diesen Eissalon betreffend nicht unmittelbar – habituell – nachvollziehen kann. Warum soll ein anderer gemeint sein? Im gegenseitigen Missverständnis dokumentieren sich zwei widersprüchliche Orientierungen im Zusammenhang mit einem Geschmacksurteil. Wieder kann erst die Konklusion klären, ob wir es mit einem oppositionellen oder einem antithetischen Diskurs zu tun haben.

Anke und Babette sind sich darüber einig, um welchen Eissalon es sich handelt. Sie bestätigen einander damit auch immer wieder ihre gemeinsame Orientierung, ihr gemeinsames Geschmacksurteil. Es erscheint schier unmöglich, dass dieses Geschmacksurteil auch anders ausfallen kann. Von daher muss in der Perspektive von Babette und Anke Christine von einem anderen Eissalon sprechen.

In der Bezugnahme auf das Spagettieis durch Anke dokumentiert sich eine relativ genaue Kenntnis der Angebote der Eissalons in der Gegend – sie können danach unterschieden werden. Diese Kenntnis teilt auch Babette. Man kennt das Angebot der Eissalons im Einzelnen. Die Besonderheiten des Angebots des fraglichen Eissalons vermögen bei dessen Identifizierung aber keine Eindeutigkeit herzustellen. Erst eine etwas genauere Ortsbeschreibung führt zu einer stichhaltigen Klärung auch für Christine, um welchen Eissalon es sich nun handelt. Das heißt, auch die Kriterien für die Identifikation von Eissalons unterscheiden sich. Das spricht für eine unterschiedliche Perspektive, eine unterschiedliche Erfahrung desselben Sozialraumes.

Nachdem Klarheit über den Eissalon hergestellt ist, zieht sich Christine in ihrem Geschmacksurteil auf ihre individuelle Erfahrung und Meinung zurück. Sie formuliert ihre widersprüchliche Position, womit die Rahmeninkongruenz an dieser Stelle aber offensichtlich wird. Auch Babette zieht sich auf ihr individuelles Geschmacksurteil zurück, was aber nichts daran ändert, dass der fast romantische positive Horizont des guten, selbstgemachten Deutschen, das habituell-sinnlich zu einem passt, der Position von Christine – zu der es eben nicht passt – entgegensteht.

In der Konklusion wird man sich über Allgemeinplätze einig, nämlich, dass Geschmacksurteile unterschiedlich ausfallen können (Schweinefleisch, 139–154):

Cf: └Also.
@(.)@ (.) also jeder hat sein sein Geschmack würd
|
Y1: └@(.)@

Cf: ich mal sagn; und da hats mir absolut nich
|
Bf: └Ja.
Cf: geschmeckt. (.) Also da äh schmeckt es mir hier
viel besser (1) Okay da is (ah:: nur)
@Stracchiatella@ @(.)@
|
Bf: └Nja:: der Rest schmeckt da oh:
nich
|
Cf: └@Ja@ @(.)@ (2)

Christine leitet das Ende des widersprüchlichen Austausches damit ein: Geschmacksurteile sind individuell, man kann sich darüber also nicht streiten. Sie betont aber noch einmal das Ihrige. Das macht deutlich, dass an dieser Stelle des Diskurses kein Weiterkommen ist, ohne auf eine andere Ebene zu gehen oder das Thema zu wechseln. In diesem Fall also Geschmacksurteile grundsätzlich zu durchdringen und nicht bei ihrer Ausprägung, ihrer Bewertung zu verweilen, denn in dieser Hinsicht bleibt Aussage gegen Aussage und auch Orientierung gegen Orientierung. Der erste Teil dieser rituellen Konklusion besteht somit aus einer Metarahmung: Jeder hat seinen Geschmack. Er ist etwas Individuelles.

Wie Bourdieu (1982) u.a. in „Die feinen Unterschiede" herausgearbeitet hat, ist gerade der Geschmack ein Lebensbereich, der sich als Dokument für unterschiedliche Habitus, also als Dokument der Distinktion, besonders eignet. Wir brauchen aber letztlich nicht Bourdieu, um zu der Erkenntnis zu kommen, dass sich in den unterschiedlichen Geschmacksurteilen, in der unterschiedlichen Erfahrung derselben Eiscreme unterschiedliche Habitus dokumentieren, mithin kollektive Erfahrungsräume und nicht ‚nur' je individuelle, kleine Vorlieben. (s.u.) Die Passage selbst gibt ebenfalls eine Menge Anhaltspunkte dafür. Zunächst verfolgen wir aber die Entwicklung der Konklusion weiter.

Die Gruppe bleibt nicht bei der Orientierung, die hier auch anklingen könnte, bei der Akzeptanz von Vielfalt. Dort, wo es offenbar so nah geht, beim Geschmack eines ganz konkreten Produkts, muss das Thema noch durch eine zweite ‚Runde' einer rituellen Konklusion abgeschlossen werden, um nicht auf bereits verlorenem Boden zu streiten.

Christine begibt sich nun auf neutralen Boden, ‚verlässt' Deutschland und bringt ihr Geschmacksurteil im Bezug auf einen national bzw. kulturell nicht näher spezifizierten Eissalon der näheren Umgebung zum Ausdruck. Hier werden sich auch Babette und Christine einig, besonders darüber, was sie nicht mögen. Mit der ausgearbeiteten Orientierung im Zusammenhang mit dem Deutschen hat dies aber nun nichts mehr zu tun. Das Thema kann jedoch ohne besonderen Gesichtsverlust abgeschlossen werden. Die zweite Runde der rituellen Konklusion ist somit eine durch Verschiebung des Themas.

Mit dieser Konklusion lässt sich nun der Modus der Diskursorganisation als oppositionell qualifizieren. Es wurden unterschiedliche Orientierungen diskutiert. Beim Genuss einer leckeren deutschen Eiscreme kommt Christine mit Anke und Babette nicht wirklich zusammen.

In diesem Kapitel ging es uns aber darum, dass sich hier nun das Verhältnis der Erfahrungsgrundlage von einer gemeinsamen bzw. einer geteilten zu einer unterschiedlichen verschoben hat. Für die letzte Passage konnten wir festhalten, dass die gemeinsame, die homologe Erfahrungsgrundlage eine größere Fremdheit gegenüber Kulturen mit partikularen Orientierungen ist als die Fremdheit gegenüber den kulturellen Unterschieden, die sich in der Gruppe selbst finden. Die Gemeinsamkeit besteht in einem strukturidentischen Erleben von Diskontinuität.

In der Auseinandersetzung über unterschiedliche Geschmacksurteile sind nun diese unterschiedlichen biographischen ‚Kulturveränderungsgeschichten‘ innerhalb der Gruppe berührt. Die Begeisterung jeder Einzelnen ist groß, wenn sie im unmittelbaren Anschluss je über ihr liebstes Eis spricht. Anke nimmt sogar eine „Salmonellen“vergiftung (172) in Kauf, wenn sie bei ihrem Kinderbetreuungsjob demnächst in „Polen“ (166) „das geilste Eis überhaupt“ essen wird. Hier scheint sich der ‚Ostgeschmack‘ noch erhalten zu haben, denn „DDR-Eis“ (192), gibt es nicht mehr, das „*hat* gut geschmeckt“ (192–193, Hervorhebung AP). Babette hat noch keinen Eissalon gefunden, in dem das Eis so gut schmeckt, wie in dem fraglichen, bei dem die Meinungen auseinander gehen. Und Christine „schmeckt das Eis immer noch am besten in @Jugoslawien@“ (185–185).

Die Proposition der Rückbesinnung auf das Eigene, das schwer oder gar nicht mehr zu bekommen ist, erfolgte durch die Interviewerin, die sich zum Zeitpunkt des Interviews in derselben Situation befand, in Berlin fern der Heimat Wien, wo es bekanntlich – fraglos – das beste Eis der Welt gibt. Sie schließt das Thema auch ab, indem sie auf die Wichtigkeit des Eigenen hinweist, womit sie jedoch in der Gruppe wenig Anklang findet.

Die Mädchen greifen eine andere Orientierung auf: die Suche nach habitueller Passung in der Fremde. Aber auch da lässt sich keine Einigkeit im Geschmacksurteil herstellen. Babette meint, das Eis in Italien sei gut, Christine, das in England. Anke fragt Babette nach dem Eis in Amerika, wo sie doch gewesen sei. Babette weiß es nicht mehr. Man versucht, über das Verhältnis von Preis und Quantität Einigkeit zu erzielen, aber auch das gelingt nicht. Dem Thema wird seine Relevanz abgesprochen.

Es erfolgt mithin eine rituelle Konklusion in Form einer Ausklammerung des Themas.

Die Mädchen haben in dieser Passage jeweils mehr oder weniger unterschiedliche Erfahrungsräume repräsentiert. Die Unterhaltung über Eis, besonders deutsches Eis, ist letztlich recht flau verlaufen. Dort wo jede über ihr je eigenes Eis gesprochen hat, wurde es plötzlich für einen Moment lebendig. Die Mädchen konnten sich dabei aber nicht gegenseitig steigern. Die Vorstellung, dass diese Steigerung bei Fans der jeweiligen Eiscreme möglich gewesen wäre, fällt leicht. Dass derartige Fans eine jeweils ähnliche biographische Kulturgeschichte mitbringen müssten, scheint auf der Grundlage der Passage ebenfalls evident. Dieser Aufweis müsste empirisch geleistet werden, indem man die Gruppenzusammenstellung nach diesen Gesichtspunkten strukturiert. Dennoch meine ich argumentieren zu können, dass es sich hier nicht nur um je individuelle Unterschiede handelt, sondern, dass hier unterschiedliche kollektive Erfahrungsräume innerhalb der Gruppe aufeinander geprallt sind.

4.1.3 Verdeckte Erfahrungsunterschiede – divergente Diskursorganisation

Bei der Diskussion über die unterschiedlichen Geschmacksurteile in Bezug auf Eis wurden die Unterschiede, sobald sie erkannt wurden, auch anerkannt, z.B. bei der ersten Formulierung der Opposition durch Christine. Babette und Anke haben sie zuerst nicht erkannt, dann aber, als allen ein Widerspruch allmählich klar war, kam es zu einer rituellen Konklusion des Themas.

Anders verhält es sich in der Passage „Grenzüberschreitungen". Hier steht Babettes Faszination an Grenzüberschreitung und Verstrickung und ihr autoritär kontrollierender Umgang damit dem vorsichtigen Umgang mit Verstrickung von Christine und der offenen pädagogischen Orientierung von Anke gegenüber. Auch in dieser Passage wird deutlich, dass ein und dasselbe Erlebnis unterschiedlich erfahren wird. In der Passage „Schweinefleisch" ist es z.B. der Konsum von Speiseeis, in der Passage „Grenzüberschreitungen" z.B. der Konsum von Haschisch. Unterschiede werden jedoch in der Passage „Grenzüberschreitungen" nicht anerkannt. Christine erlebte den Aspekt, dass sie nach dem Konsum von Alkohol und Haschisch *Babette* auf die „Hand kotzte", als amüsant. Ihr Verzicht auf eine Fortsetzung des Konsums von Haschisch lag in den unspektakulären, eher unangenehmen als angenehmen Folgen dieses Versuchs. Ihr Interesse an Verstrickung ist und bleibt mäßig. Babette ignoriert sowohl diese Orientierung als auch Christines Amüsement über die Situationskomik und argumentiert, dass ihr pädagogisches Eingreifen Christine vom weiteren Haschischkonsum abgehalten hat. Sie verfolgt diese Argumentation sogar entgegen einer konditionellen Relevanz, die sie selbst aufgeworfen hat, nämlich, dass es Christine *keinen* Spaß gemacht hat, ihr auf die Hand zu „kotzen“.

Auch Ankes Orientierung an einem offenen Umgang mit dem Konsum (leichter) Drogen wird nicht als unterschiedlich anerkannt. Die Feststellung von Anke, dass der Konsum des Genussmittels durch repressiven Umgang verdunkelt wird, in die Heimlichkeit rutscht und letztlich schwerer zugänglich wird, nutzt Babette als Untermauerung ihrer Orientierung: Es ist gut, wenn der Konsum nur heimlich erfolgt, denn dann wird er insgesamt weniger.

Es werden also Äußerungen, die einen bestimmten Orientierungsrahmen dokumentieren, in denen bestimmte Erfahrungen geäußert werden, in einen Orientierungsrahmen gestellt, der ihnen nicht entspricht. Sie werden falsch gerahmt. Die unterschiedlichen Erfahrungen bzw. Orientierungen kommen von daher kaum an die Oberfläche des Diskurses, werden verdeckt. Es werden immer wieder ‚Nebelbomben‘ geworfen.

Im Unterschied zur Passage „Schweinefleisch“ dokumentiert sich in der Passage „Grenzüberschreitungen“ ganz deutlich eine Orientierung von Babette an einer herausgehobenen Position in der Gruppe. Dabei geht es unter anderem darum, dass sie sich durchsetzt. Die verdeckten Orientierungsunterschiede stehen also in diesem Zusammenhang, um nicht zu sagen: im Dienst der Ausübung von Macht.

Der Erfahrungsraum, auf dessen Grundlage hier diskutiert wird, ist offenbar ein entwicklungstypischer, dabei wird auch ausgehandelt, wer die Nase vorn hat. In der Passage „Schweinefleisch“ tauchen die unterschiedlichen Erfahrungen im Nahbereich von geteilten Erfahrungen, nämlich jener der biographischen Diskontinuität auf. Es erscheinen mithin die Grenzen der Gemeinsamkeit. Im Umfeld von Gemeinsamkeit scheint offene Opposition leichter möglich zu sein (vgl. auch Kap. 3.2.2)

4.2 „Buch“

Die Gruppe „Buch“, die uns schon zu Beginn der Arbeit begegnet ist, dient uns als weitere Gruppe für den Aufweis, dass der Modus der Diskursorganisation systematisch mit dem Verhältnis der Erfahrungsgrundlage variiert.

Die Gruppe „Buch“ setzt sich, wie es in Kapitel 3.1.1.1 ausführlich dargestellt wurde, aus drei jungen Frauen türkischer Herkunft zusammen. Alle drei studieren an der Technischen Universität Berlin. Das heißt, diese Gruppe repräsentiert zwar denselben geschlechtstypische Erfahrungsraum wie die Gruppe „Schmetterling“. Hinsichtlich der Migrations- bzw. der Migrationsgenerationslagerung unterscheiden sich die Gruppen aber, ebenso auch hinsichtlich der Bilingualität und des bildungsmilieutypischen Erfahrungsraums. Diese Unterschiede sind jedoch für die Stoßrichtung der komparativen Analyse, die in diesem letzten Unterkapitel des empirischen Teils verfolgt wird, weniger interessant.

Die Gruppen „Schmetterling" und „Buch" unterscheiden sich vor allem im Grad der Verschiedenheit der Erfahrungsräume, die durch die einzelnen Gruppenmitglieder repräsentiert sind. Wie wir sehen konnten, wurden in der Gruppe „Schmetterling" mehrere unterschiedliche Erfahrungsräume deutlich. In der Gruppe „Buch" dagegen konnten wir in Kapitel 3.1.1.1 große Gemeinsamkeiten in der Erfahrungsgrundlage der drei jungen Frauen empirisch herausarbeiten. Sie repräsentieren nicht nur alle drei dieselbe Migrationsgenerationslagerung und dieselbe Bildungsmilieutypik. Auch hinsichtlich der Erfahrungen in der Herkunftsfamilie, ihrer besonderen Stellung in der ethnischen Community, repräsentiert durch den Vater und seinen Umgang mit seinen Töchtern bzw. seiner Tochter, ließen sich verblüffende Gemeinsamkeiten aufzeigen. Dennoch, auch Diskurse, in denen sich in vielen Erfahrungsdimensionen Gemeinsamkeiten finden lassen, weisen unterschiedliche Diskursmodi auf, je nachdem auf welcher Erfahrungsgrundlage der Diskurs geführt wird.

4.2.1 Homologe Erfahrungen – parallele und antithetische Diskursorganisation

In der Passage „fließend Deutsch" lässt sich die Orientierung ‚Amüsement durch Provokation' zunächst in sechs aufeinander folgenden Diskursbewegungen herausarbeiten. Sie folgt in zwei weiteren Diskursbewegungen, wird aber erweitert und ergänzt um die Orientierung einer Umkehrung der Verhältnisse in der Interaktion zwischen deutschen und türkischen Migrant/inn/en. (Betrachtet man die gesamte Passage, mit ihrem antithetischen Beginn, wird diese Orientierung schon früher deutlich. s.u.) Beleidigungen, wie sie die drei jungen Frauen als Repräsentantinnen einer bestimmten Migrationslagerung erfahren, werden umgekehrt in Mitleid gegenüber den Beleidigern. Die Orientierungslosigkeit der jungen Frauen gegenüber Behörden wird umgekehrt in eine situative Orientierungslosigkeit der Beamt/inn/en. Der Aufklärungsbedarf der Migrantinnen wird umgekehrt in einen Aufklärungsbedarf der Deutschen usw., letztlich wird aus Ohnmacht Handlungsfähigkeit.

Der parallele Stil konnte in dieser Passage, ebenso wie in der Passage „Türkinnen" aus der Gruppe „Schmetterling", auf der ‚Mikro'- und der ‚Makro'ebene der Diskursorganisation herausgearbeitet werden. Dasselbe wurde für die Gruppe „Buch" auch im Zusammenhang mit der Passage „Eltern" gezeigt.

Die Erfahrungsgrundlage, auf der die Passage „fließend Deutsch" basiert, ist die gemeinsame Migrationsgenerationslagerung. Im Zuge der Passage wird gegen Ende hin deutlich, dass die Eltern der jungen Frauen jeweils ähnliche Erfahrungen als Migrant/inn/en im öffentlichen Leben in Deutschland machten. Diese bedingten auch ihre homologen Erfahrungen, wie bei ihren Kindern. Die Dimension der Migrationsgenerationslagerung wird in dieser Gruppe ganz stark überlagert von homologen Erfahrungen innerhalb der Herkunftsfamilie: Entgegen dem Druck der türkischen Community, in welche die Väter der jungen Frauen eingebettet sind, unterstützen sie die Bildungsorientierungen ihrer Töchter und setzen sich für deren Anerkennung auch in der türkischen Community ein. Diese und weitere ähnliche Erfahrungen in der Herkunftsfamilie dokumentieren sich in der Passage „Eltern“, welche ebenfalls parallel organisiert ist.

Der zweite Modus der Diskursorganisation, in welchem ebenfalls homologe Erfahrungen zum Ausdruck kommen, der antithetische, findet sich ebenfalls in der Diskussion der Gruppe „Buch“. Zum Beispiel kommt es zu Beginn der Passage „fließend Deutsch“ zu einem antithetischen Austausch (fließend Deutsch, 1–15):

Bf: Darüber haben wir doch das letzte Mal gesprochen, dass wir
|
Cf: └Ne, °ja°

Bf: uns schon freuen wenn uns mal jemand anlächelt, oder jetzt
freundlich ist bei ner Behörde obwohl das ist doch was ganz
Selbstverständliches natürlich sollte man freundlich
| |
Cf: └Ja └Ja ja

Bf: sein gegenüber von Menschen, und das wir uns darüber
freu::en und glücklich sind ja: dieser war doch ganz lieb
oder? @(.)@ das muss doch sein.
|
Cf: └°@(.)@

Berfin wirft das Thema auf: Personen des öffentlichen Lebens, bei „einer Behörde“ (6). Sie freut sich über Freundlichkeiten, die selbstverständlich sein sollten.

Sie wünscht sich in ihrer Proposition (1–13), dass Freundlichkeit im öffentlichen Leben etwas „ganz Selbstverständliches“ (6–7), „natürlich“ (7) sein sollte. Sie sollte also quasi allgegenwärtig, bei Behördenmitarbeiter/inne/n habituell verankert sein und gegenüber allen Menschen gleich sein. Dieses Ideal entspricht aber nicht ihren Erfahrungen. In ihrer Freude über die wenigen Ausnahmen, in denen ihr Freundlichkeit entgegengebracht wird, dokumentiert sich das Erleben von Ausgrenzung in den vielen anderen Kontakten. Sie betrachtet die häufigere unfreundliche Behandlung als Bestätigung, dass die jungen türkischen Frauen anders behandelt werden als andere Menschen. Freundlichkeiten sind nur die Ausnahme, die die Regel der Ausgrenzung bestätigen. Darin wird deutlich, dass sie letztlich – egal, ob ihr nun freundlich oder unfreundlich begegnet wird – eine

Fremdheitsrelation, eine Ausgrenzung, die von den Behördenmitarbeiter/inne/n – nicht von ihr – ausgeht, mitkonstruiert.

Am Beginn ihrer Proposition verweist Berfin auf ein gemeinsames Gespräch zu diesem Thema. Sie führt so fort, als würde sie nur das gemeinsame Ergebnis dieses Gesprächs wiedergeben, und spricht in der gesamten Proposition von „wir“ bzw. „uns“ (1, 5, 11). Ayla widerspricht Berfin jedoch. Somit kann sich Berfins Beitrag nicht um eine bloße Zusammenfassung eines zurückliegenden Gesprächs handeln (fließend Deutsch, 17–43):

Af: └Ach das (.) das is aber das is jet- ich find äh=es is
jetzt schon die Ausnahme wenn jemand mal nicht zu dir
freundlich ist. finde ich ähm also so wie ich=s da jetzt im
WG-Bezirk oder so mit was ich es da jetzt Krankenkasse
|
Cf: └Mhm

Af: wenn ich weiß ich vom äh für die vom ähm von der Uni diesen
Schein bei der Krankenkasse abgebe, (.) und=da
| |
Cf: └Mhm └Ja

Af: komm=wa schon ins Gespräch mit der Frau weil die mich da
schon lange kennt, und (.) es is eher es=is eher die Ausnahme
wenn jemand doch n' Vorurteil hat gegen dich,
oder (.)

Ayla sieht entgegen der Darstellung von Berfin „die Ausnahme“ darin, „wenn jemand mal nicht freundlich (…) ist“ (18). In ihrem Heimatbezirk kommt sie regelmäßig mit der „Frau“ (29) in der Krankenkasse „ins Gespräch“ (29). Sie kennen einander nun schon länger.

Ayla wirft damit genau das Gegenteil von Berfin auf. Sie erlebt die Ausgrenzungen als Ausnahme. Sie ist auch nicht an dem Ideal orientiert, dass ihr freundlich begegnet wird. Vielmehr genügt es ihr, wenn ihr – umgekehrt zu Berfins Proposition – nicht unfreundlich begegnet wird. Wie in Kapitel 3.1.2 schon gezeigt wurde, kann das Aufwerfen des exakten Gegenteils als Hinweis auf eine Antithese gewertet werden.

Ayla elaboriert ihre These mit einem Beispiel in Form einer abstrahierten Beschreibung. Mit Vertreter/inne/n öffentlicher Institutionen kommt sie ins Gespräch, wenn sie einander durch regelmäßig wiederkehrende Kontakte kennen gelernt haben. Freundlichkeit – so dokumentiert sich in Aylas Beispiel – wird erst durch eine persönliche Bekanntschaft, durch ein Kennenlernen über eine gewisse Zeit hinweg möglich und kann nicht, wie Berfin proponierte, als selbstverständlich und allgegenwärtig vorausgesetzt werden. In Aylas Beiträgen dokumentiert sich keine prinzipielle Fremdheitsbeziehung und Ausgrenzung, die von den Behördenmitarbeiter/inne/n ausgeht.

In ihrer Konklusion weist Ayla nun explizit auf den Aspekt der Ausgrenzung („n' Vorurteil hat gegen dich“, 31) durch Vertreter/innen öffentlicher Institutionen hin, der bisher nur implizit zum Ausdruck kam. Damit formuliert sie die Erfahrung der Ausgrenzung, die wir in Berfins Proposition herausarbeiten konnten. Es zeigt sich darin, dass auch ihr diese Erfahrung geläufig ist. Das heißt, es dokumentiert sich eine *homologe* Erfahrungsgrundlage. Ayla positioniert diesen Umgang von Behördenmitarbeiter/inne/n mit Personen bestimmter Herkunft in eine historisch zurückliegende Phase („es ist jetzt schon die Ausnahme“, 17–18). Fremdheit und Ausgrenzungen in Form von „Vorurteil“en (31) gehören der Vergangenheit an, Ausnahmen bestätigen die Regel der Vorurteilsfreiheit.

Unfreundlichkeit ist nicht unbedingt mit einer Ausgrenzung (Vorurteilen) gleichzusetzen. Hält man an einer Vorstellung von Freundlichkeit in anonymen Kontakten fest, wird man letztlich immer enttäuscht. Somit steht die Proposition ‚Kontakte mit Vertretern öffentlicher Institutionen stellen einen negativen Gegenhorizont dar, da man von ihnen systematisch ausgegrenzt wird‘ der These gegenüber ‚Derartige Kontakte stellen einen positiven Horizont dar, da man durch einen regelmäßigen Kontakt eine freundliche Beziehung aufbauen kann‘.

Unmittelbar anschließend reformuliert Ayla ihre Konklusion (fließend Deutsch, 32–43):

32	Af:	(.) wenn wenn die die kriegen ja meistens ähm schon
33		|
34	Cf:	└Mhm
35		
36	Af:	die sind ja schon geschockt wenn du da so ankommst, (.)
37		|
38	Bf:	└
39		@(.)@
40		
41	Af:	und fließend Deutsch sprichst, ...
42		|
43	Cf:	└mhm

Vertreter/innen öffentlicher Institutionen sind „geschockt“ (36), wenn junge Frauen, die ein Kopftuch tragen, „fließend Deutsch“ (41) sprechen. Mögliche Unannehmlichkeiten (durch unfreundliche Behandlung) sind nun nicht mehr auf der Seite der jungen Frauen, sondern auf der Seite der Vertreter/innen des öffentlichen Lebens. Der Spieß ist umgedreht.

Das heißt, in dieser Reformulierung der Konklusion vollzieht sich ein entscheidender Perspektivenwechsel. Mögliche Probleme, Schwierigkeiten bzw. eine

Fremdheitsrelation gehen nicht von den Behördenmitarbeiter/inne/n, sondern von den jungen Frauen aus. Sie sind in der Situation bestimmend, nicht ihr Gegenüber.

Die Orientierung, die in dieser Reformulierung zum Ausdruck kommt, lässt sich in etwa folgend zusammenfassen: Fließend Deutsch zu sprechen im Zusammenhang mit einer bestimmten äußeren Erscheinung („du da so ankommst", 35) ist insofern ein positiver Horizont, als man Personen im öffentlichen Leben damit verunsichern, provozieren kann. Den Orientierungsrahmen der Beamt/inn/en zu irritieren, amüsiert, wie sich im Lachen vom Berfin dokumentiert (zu dieser Interpretation vgl. auch Kap. 2.2.3.2 und 3.1.1).

Diese Orientierung stellt eine Synthese der beiden einander widersprechenden Positionen dar. In ihr ist die Auseinandersetzung mit einer Fremdheitsrelation beinhaltet. Zugleich stellen aber die Kontakte mit Behördenmitarbeiter/inne/n, mit Vertreter/inne/n von öffentlichen Institutionen, nun keine negative Erfahrung mehr dar. Dies gelingt dadurch, dass aus der Wahrnehmung des Erleidens, des Ausgeliefertseins eine Wahrnehmung des Handelns wird. Die Reaktionen auf diese Synthese geben ihr den Charakter einer Proposition. Da sie auch den antithetischen Austausch abschließt, sprechen wir von einer Transposition.

Wie die gesamte weitere Passage „fließend Deutsch" beruht auch dieser antithetische Austausch auf einer Gemeinsamkeit der Migrationsgenerationslagerun g, des familialen Umgangs mit Bildung und der Bildungsmilieutypik, der die jungen Frauen zuzuordnen sind, wie auch auf einer Gemeinsamkeit des Einzugsgebietes hinsichtlich des öffentlichen Sozialraumes.

4.2.2 *Offene Erfahrungsunterschiede – oppositionelle Diskursorganisation*

Bisher konnten wir bei der Gruppe „Buch" in vielen Bereichen eine große Homologie der Erfahrungen ihrer einzelnen Mitglieder herausarbeiten. So ergaben sich Gemeinsamkeiten bei den Erfahrungen im Kontakt mit öffentlichen Institutionen, im Bereich der Herkunftsfamilie und des Umgangs ihrer Väter mit der Öffentlichkeit der türkischen Community. Auch die Passage „Heimat" beginnt mit dem für diese Gruppe ganz typischen parallelen Modus. Dabei geht es um die mangelnden Deutschkenntnisse der Eltern und anderer türkischer Jugendlicher und Kinder. Man ist sich einig darüber, dass es bei den Eltern daran liegt, dass sie nur für eine kurze Zeit nach Deutschland – fünf bis zehn Jahre – kommen wollten, um Geld zu verdienen, und dann wieder in die Türkei zurückkehren wollten. Sie wollen es immer noch – aber sie können nicht. Diese Feststellung reizt die jungen Frauen zum Lachen, zum einen über die Gemeinsamkeit ihrer Eltern. Zum anderen lachen sie, weil sie eine Diskrepanz entdeckt und formuliert haben zwischen der

Intention, die ihre Eltern – immer noch – bekunden, und ihrem Handeln bzw. ihren Handlungsorientierungen, die den jungen Frauen besser zugänglich sind als den Eltern selbst.

Im Anschluss an dieses gemeinsame Lachen formuliert Ceyda folgende Proposition (Heimat, 84–102):

Cf: └und dadurch dass
ich ja auch hier geboren hier aufgewachsen bin und mein
Heimatland oder Herkunftsland meiner Eltern nur aus dem
Urlaub kenne ahm=ist das halt auch n bisschen schwierig zu
ahm= ja sozusagen zu sagen ja ist das nun meine Heimat oder
was ist jetzt meine Heimat aber wenn man merkt dass man
überwiegend ja dass ein Großteils seines Lebens und seine
Geburt auch in einem Land hat dann ist das schon auch ein ja
(.) ein großes Stückchen Heimat geworden für einen was man
nicht aufgeben will weil auch die Schwierigkeiten in dem
anderen Land auftreten dass man sich dort nicht mehr
einfügen kann obwohl bestimmte Grundprinzipien von den
Eltern mitgegeben worden sind aber das ähm= (.) ich seh das
so dass sich das vermischt hat dass wir sowohl von der
deutschen Kultur als auch von der türkischen Kultur was haben
und dass wir unseren eigenen Weg auch suchen wollen und
nicht unbedingt den Weg den die Eltern auch einem vorgeben
|
Af: └Mhm

Ceyda arbeitet sich ganz vorsichtig und implizit dazu hin, dass sie im Gegensatz zu ihren Eltern nicht einmal mehr die Intention hat, in das „Herkunftsland" ihrer „Eltern" (86) zurückzukehren. In dieser vorsichtigen und mühsamen Annäherung dokumentiert sich zum einen, dass ihr die Heimat ihrer Eltern fremd ist. Ceyda kennt sie „nur aus dem Urlaub" (86–87), einer Zeit, in der man keinen Verpflichtungen nachgeht, wie der Arbeit oder der Ausbildung. Sie zweifelt daran, ob sie sich dort „einfügen" (95) kann. Das heißt, der Ort, an dem sie keinen alltäglichen Verpflichtungen nachgeht, bleibt ihr – wahrscheinlich gerade auf der Ebene dieser Alltäglichkeit – fremd. Zum anderen dokumentiert sich eine Diskrepanz mit den eigenen Eltern. Das Land, in dem sie geboren und aufgewachsen ist, ist „ein großes Stück Heimat geworden" (92). Es ist nicht ganz selbstverständlich Heimat. Hier scheint wieder die Perspektive der Eltern anzuklingen. Die Türkei wird als Heimat postuliert, die Handlungspraxis sieht anders aus. Ceyda, die diesen Widerspruch erkennt, stellt in ihrer eigenen Handlungspraxis fest, dass diese eben in Deutschland verankert ist, und formuliert von daher ganz vorsichtig, dass das Land, in dem sie geboren ist, „Heimat geworden" ist (92) als eine Gewissheit, die zunehmend in ihr gewachsen ist, aber auf der Ebene des expliziten Wissens und der Kommunikation im Elternhaus eben keine Selbstverständlichkeit darstellt.

Ihre Eltern konnten ihr nur („Grund-)Prinzipien“ (95) mitgeben, die sich auf einer theoretischen Ebene befinden, die passende Handlungspraxis bleibt eben eine, in die man sich „einfügen“ (95) muss bzw. „nicht mehr einfügen kann“ (94–95), die mithin fremd ist. Dennoch sieht sich Ceyda einer Erwartung der Eltern gegenüber, dass ihre Kinder den „Weg“ (100) zu Ende führen, den sie selbst nicht mehr beenden werden, was eine Rückkehr in die Türkei bedeutet, die für Ceyda aber keine Rückkehr mehr, sondern ein Aufbruch in die Fremde darstellen würde.

Diese Erwartung der Eltern scheint Ayla zu kennen, noch bevor Ceyda den Gedanken zu Ende geführt hat, schaltet sie sich mit einem bestätigenden „Mhm“ (102) ein. Im unmittelbaren Anschluss, also auch überlappend mit Ceyda, formuliert Berfin folgenden Beitrag (Heimat, 104–125):

```
Bf:                       └Ja bei mir ist das
      aber immer noch vorhanden also ich möchte immer noch
                |
Af:             └Nä?

Bf:   zurück das das kommt wahrscheinlich daher da ich da eben
      sechs Jahre lang gelebt habe und mich da auch äh= (.) ehrlich
      gesagt äh= wohl gefühlt habe jetzt besser als hier weil äh=
      also hier bekommt man das auch richtig mit von außen ja du
      bist Ausländerin du bist anders und hast eben weniger Rechte
      aber in der Türkei da ist das ebend nicht der Fall und wenn ich
      mir denke dass wenn ich da so eine gesicherte Zukunft
      bekommen könnte jetzt so ne Arbeitsstelle und so dann würd
      ich doch schon wieder zurück wollen (.) ja das wär mir doch
                                 |
Af:                              └mhm

Bf:   lieber (.) mhm
                |
Af:             └Jetzt mit der Sprachentwicklung was du gesagt
      hast was ich auch (.) ähm total schrecklich finde jetzt (.)
      hm=auf Grundschulen ...
```

Berfin möchte den Weg ihrer Eltern zu Ende führen, der Wunsch zurückzukehren ist bei ihr „immer noch vorhanden“ (105). Das heißt, im Gegensatz zu Ceyda erlebt sie ihre Biographie in Kontinuität mit der ihrer Eltern, die trotz der langen Zeit, die sie in Deutschland verbrachten, immer noch zurück in ihre Heimat wollen. Berfin hätte höchstens ‚immer‘ in die Heimat (der Eltern) zurückkehren wollen können, aber nicht ‚immer noch‘. Sie begründet es damit, dass sie „sechs Jahre lang“ in der Türkei gelebt hat. Sie hat also nicht ‚nur ihren Urlaub‘ dort verbracht, sondern sechs Jahre Alltäglichkeit dort erlebt. Sie wird zumindest „von außen“ seltener als fremd behandelt als in Deutschland. Dennoch scheint die Rückkehrorientierung nicht ganz bruchlos zu sein, denn eine Rückkehr kommt nur dann in Frage, wenn sie in der Türkei eine „gesicherte Zukunft" (115) in Form einer „Arbeitsstelle" (116) hätte bzw. „bekommen könnte" (116). Die Möglichkeiten der Umsetzung ihrer Orientierung erscheinen ihr als ziemlich unsicher. Sie schätzt somit das Enaktierungspotenzial als zweifelhaft ein.

Berfin formuliert hier also nicht bloß eine gegenüber Ceyda gegenteilige Intention. Es sind mehrere Orientierungskomponenten, die sich hier unterscheiden: Wie schon erwähnt, erlebt sie ihre Biographie im Gegensatz zu Ceyda in Kontinuität mit ihren Eltern. Für sie ist die Türkei nicht nur Urlaubsland, sondern ein Land, in dem sie einen Teil ihres Lebens verbracht hat. Sie hat im Gegensatz zu Ceyda tatsächlich die Möglichkeit einen Vergleich zu ziehen. Auch das Erleben von Fremdheit scheint bei Ceyda und Berfin unterschiedlich gelagert zu sein. Während es bei Ceyda um ihre Gewohnheiten und Selbstverständlichkeiten im alltäglichen Lebensvollzug zu gehen scheint, geht es Berfin darum, wie sie von anderen, insbesondere im öffentlichen Leben, behandelt wird. Zuletzt unterschieden sich die beiden Orientierungen noch hinsichtlich der Einschätzung der Möglichkeit ihrer handlungspraktischen Umsetzung. Ein Leben in Deutschland, Ceydas Vorstellung für die Zukunft, ist für sie auf der Ebene der Handlungspraxis eine Selbstverständlichkeit und bedeutet lediglich eine Weiterführung des Gegenwärtigen. Diese Vorstellung offen zu vertreten, scheint zumindest gegenüber den Eltern schwierig zu sein. Bei Berfin dokumentiert sich, dass ihre Vorstellung für die Zukunft, ein Leben in der Türkei, eine Rückkehr in die Heimat und zugleich einen Aufbruch mit Unsicherheit bedeuten würde. Sie sucht nach einer Reduktion dieser Unsicherheit in Form einer sicheren Arbeitsstelle.

Es dokumentieren sich also Unterschiede im Umgang mit der eigenen Biographie (im Verhältnis zu den Eltern), unterschiedliche Erfahrungen in und mit der Türkei, ein unterschiedliches Erleben von Fremdheit mit ein unterschiedlicher Umgang mit der Zukunft. Berfin formuliert hier eine ganz klare, offene Opposition zu Ceydas Proposition. Es werden also markante Differenzen innerhalb der Gemeinsamkeit des migrationstypischen Erfahrungsraums deutlich. Eine derartige Differenz in der Gemeinsamkeit ermöglicht offenbar eine offene Opposition.

Es wird hier auf der Grundlage unterschiedlicher Erfahrungen diskutiert, die man – nah beim Text bleibend – als ‚die Türkei als Urlaubsland' und ‚sechs Jahre Leben in der Türkei' bezeichnen kann. Zur Konstruktion dieser Erfahrung gehört, wie wir im Text sehen, auch die Herkunftsfamilie und ihre Binnenstruktur. Dies wird aber nicht elaboriert.

Ayla meldet schon ganz zu Beginn von Ceydas Ausführungen Ungläubigkeit an („Nä?", 107). Das könnte ein Hinweis darauf sein, dass sie sich eher auf der Seite der Proposition befindet. Interessant ist nun ihre Reaktion im Anschluss an diese oppositionelle Gegenüberstellung: Sie zaubert ein anderes, bereits zuvor diskutiertes Thema aus dem Hut, die Sprachentwicklung in der Grundschule. Sie begibt sich damit in ein Gesprächsumfeld, dessen Tauglichkeit für die Diskussion bereits geprüft wurde. Das heißt, hier findet sich keine Konklusion, sondern schlicht ein Themenwechsel, mit dem der oppositionelle Diskurs abgebrochen wird, eine rituelle Beendigung.

4.3 „Rabbit" – Ergänzung der komparativen Analyse

Auch aus der Gruppe „Rabbit" sind zwei Passagen Gegenstand der Analyse (vgl. Kap. 3.1.1.5 und 3.1.3.2). In der Passage „Relationship" wird als negativer Gegenhorizont eine Entfremdung der Frauen von sich selbst in Beziehungen mit Männern deutlich. Als Kern dieses negativen Gegenhorizonts entfalten die Frauen die Unmöglichkeit einer weiblichen Realisierung naher, entspannter Beziehungen im Beisein von Männern. Deren Orientierungen gewinnen bei der Verwirklichung, der Enaktierung freundschaftlicher Beziehungen die Oberhand, selbst wenn es den beteiligten Frauen zuwider läuft. Sie entfremden sich von ihren Orientierungen. In mehreren aufeinander folgenden Diskursbewegungen wird diese Orientierung immer wieder mehr oder weniger vollständig ausgearbeitet.

In dieser Passage ist ganz klar, dass die Erfahrungen mit je unterschiedlichen beteiligten Männern und Frauen gemacht werden. Dort und da verschiebt sich auch der Schwerpunkt der Orientierung. Es bleibt aber dieselbe Orientierung – auf der Grundlage homologer Erfahrungen. Zu suchen ist der gemeinsame Erfahrungsraum, der hier zur Artikulation kommt, dem Augenschein nach beim Geschlecht und der Generationslagerung der Frauen.

Die zweite Passage, „Reading the Daily Mail", die in dieser Arbeit besprochen wurde, weist weniger ein Nacheinander einer Orientierung auf, vielmehr wird die Orientierung gleichzeitig in einer Diskursbewegung realisiert, wie es für den univoken Modus der Diskursorganisation typisch ist. Die Mutter des Bekannten einer Teilnehmerin verkörpert gleichermaßen wie die Tageszeitung „Daily Mail" einen negativen Gegenhorizont. Dabei wird über die Metaphorik dieser Tageszeitung der negative Gegenhorizont für alle drei Teilnehmerinnen am Diskurs auf dieselbe Art und Weise ‚greifbar' – in doppeltem Sinn: Sie (er)fassen ihn in derselben Art und Weise, und er ist quasi in einem gegenständlichen Ding geronnen, welches man in die Hand nehmen kann. Das In-die-Hand-nehmen des gegenständlichen Dings, seine haptische Erfahrung, ist für die drei Frauen identisch, weil die Erfahrung des Sinns, der in der Zeitung vergegenständlicht ist, derselbe ist. Damit kommt nicht nur eine strukturhomologe, sondern eben eine identische Erfahrung, mit ein und demselben Massenmedium, zum Ausdruck.

Massenmedien sind Träger bildungsmilieutypischer Orientierungen, ebenso wie generationstypischer und sozialräumlicher Orientierungen. Zumindest diese dürften in der identischen Erfahrung (mit) der „Daily Mail" bei den drei Frauen aus der Gruppe „Rabbit" zusammenfallen. Hinsichtlich des Erfahrungsraums Geschlecht haben wir es in dieser Gruppe mit homologen Erfahrungen zu tun. Der Diskursmodus ist parallel. In der Überlagerung der Erfahrungsräume Bildungsmilieu, Generation und sozialräumliche Bindung kommt es zu identischen Erfahrungen mit der „Kulturobjektivation" Zeitung. Der Diskursmodus ist univok.

4.4 Zusammenfassende Darstellung: Formen der Sozialität und Diskursorganisation

Im Diskurs ein und derselben Zusammensetzung von Personen können unterschiedliche Formen der Sozialität repräsentiert sein, wie wir im vorangegangenen Kapitel an drei Diskursen gesehen haben. Dort, wo sich der Diskurs auf der Ebene gemeinsamer Erfahrungen bewegt, wo ein konjunktiver Erfahrungsraum zur Artikulation kommt, zeigen sich andere formale Praxen der Diskursgestaltung als dort, wo unterschiedliche Erfahrungen zum Ausdruck kommen, wo auf der Basis unterschiedlicher Erfahrungsräume miteinander gesprochen wird. Das Verhältnis der Erfahrungsräume und ihre Artikulation im Diskurs wurde noch in homologe gegenüber identischen Erfahrungen differenziert und in unterschiedliche Erfahrungen, die einander schlicht gegenüberstehen und solche, die eine höhere Geltung gegenüber anderen Erfahrungen beanspruchen.

Anhand des Diskurses von „Rabbit" lassen sich *zwei Formen der Sozialität*, d.h. zwei Formen der Vergemeinschaftung der Frauen, beschreiben: Ihre geschlechtstypischen Erfahrungen sind homolog. Sie wurden zwar mit jeweils unterschiedlichen Männern und Frauen gemacht, die Erfahrungen hatten jedoch eine ganz ähnliche, eine homologe Prozessstruktur. Die Frauen bilden hier eine Gruppe, sind Repräsentantinnen eines geschlechtstypischen Erfahrungsraumes als Form der Sozialität. In der diskursiven Praxis artikuliert sich die Form der Sozialität im parallelen Modus der Diskursorganisation.

Die zweite Form der Sozialität ist durch eine Identität der Erfahrungen der Frauen gekennzeichnet. Derartige Erfahrungen sind dadurch gekennzeichnet, dass zugleich mehrere Erfahrungsräume in ihrer Überlagerung gleich gestaltet sind. Das bringt mit sich, dass ein und derselbe Gegenstand oder ein und dasselbe Ereignis, also identische ‚Kulturobjektivation', auch in derselben Art und Weise wahrgenommen werden. Den persönliche Habitus haben wir als die je individuelle Aufschichtung von Erfahrungsräumen, wie sie im Laufe eines persönlichen Lebens erworben wurden, gefasst. Von daher kann man bei dieser Form der Sozialität von einem Ineinanderfallen persönlicher Habitus und, soweit deren reflexive Verarbeitung betroffen ist, auch von einem Ineinanderfallen persönlicher Identität sprechen. Die Metaphorik des Ineinanderfallens hinkt zwar ein wenig, da der konjunktive Erfahrungsraum der individuellen, reflexiven Einordung der Erfahrungen in eine individuelle Biographie und damit Identität vorgeordnet ist. Unserer Vorstellung hilft sie jedoch m.E., da wir im alltäglichen Denken eher vom Individuum als Entität als vom konjunktiven Erfahrungsraum ausgehen. Identische konjunktive Erfahrung bzw. das Ineinanderfallen von Identität bzw. persönlichem Habitus drückt sich in einem gleichzeitigen Vollzug ganzer Diskursbewegungen aus. Ohne im Einzelnen zu hören, was die andere sagt, wird derselbe Sinn mit unterschiedlichen Worten zur gleichen Zeit artikuliert. Man kann vollständig darauf vertrauen, dass das ‚Richtige' gesagt wird.

Anhand des Diskurses von „Buch" lassen sich ebenfalls *zwei Formen der Sozialität* beschreiben: Die Basis des Diskurses bildet über weite Strecken eine Homologie der Erfahrungen im Bereich einer Migrationsgenerationslagerung. Die drei jungen Frauen gehören derselben Einwanderungsgeneration an. Dabei finden sich große Ähnlichkeiten des Umgangs ihrer Eltern mit der Erfahrung der Migration, ihrer Aufnahme im Einwanderungsland und mit ihrer Rückkehrorientierung. Zudem sind die Erfahrungen ihrer Mütter mit Bildung im Herkunftsland und die Positionierung ihrer Väter gegenüber ihren Töchtern im Rahmen der türkischen Community in Deutschland strukturidentisch.

Die gegenwärtige Positionierung der jungen Frauen in Deutschland stellt sich in einer eher kurzen Diskurseinheit am Beginn eines langen parallelen Austausches als Dilemma dar. Trotz ihrer großen Kompetenzen bezüglich des öffentlichen Lebens in Deutschland werden sie wegen ihres äußeren Erscheinungsbildes ausgegrenzt. Bis dahin wird der Diskurs antithetisch geführt. Die Lösung liegt in einer Verkehrung der Verhältnisse. Es wird deutlich, dass die Orientierung der jungen Frauen nicht in die Richtung einer vollständigen Integration geht, sondern einer selbstständigen Position, zu der auch die Repräsentation ihrer Migrationsgeschichte in der Öffentlichkeit gehört. Die Anerkennung dieser eigenständigen Position wird provoziert, erzwungen. Die Entfaltung dieser Orientierung erfolgt parallel. Das heißt, die Homologie der Erfahrungen, die Sozialität als ‚Gruppe' in diesem Sinne, repräsentiert sich sowohl in einer antithetischen als auch in einer parallelen Bezugnahme.

Nicht in allen Erfahrungsräumen, die das Gespräch berührt, sind die Erfahrungen homolog. Es findet sich mithin noch eine zweite Form der Sozialität.

Eine der jungen Frauen hat im Gegensatz zu den anderen beiden sechs Jahre in der Türkei gelebt. Aus dieser und aus Erfahrungen in ihrer Herkunftsfamilie resultiert eine Rückkehrorientierung, welche sich bei den anderen beiden jungen Frauen nicht findet. Die Erfahrungsunterschiede und damit die Begegnung zweier unterschiedlicher konjunktiver Erfahrungsräume als Form der Sozialität repräsentiert sich im oppositionellen Modus der Diskursorganisation.

Anhand des Diskurses von „Schmetterling“ lassen sich *drei Formen der Sozialität* zeigen: Die Teilnehmerinnen erscheinen auf den ersten Blick sehr unterschiedlich. Sie stammen aus unterschiedlichen sozialräumlichen Herkunftsmilieus, weisen Altersunterschiede auf und, wie sich im Diskurs zeigt, auch ein unterschiedliches entwicklungstypisches Stadium, und sie unterscheiden sich hinsichtlich ihrer Erfahrungen im Bereich der Ausbildung. Dennoch verbindet die drei etwas. In homologer Weise erleben sie eine tief greifende Veränderung ihres jeweiligen Herkunftsmilieus und damit einen Bruch in ihrer Biographie. Auch im Erfahrungsraum Geschlecht zeichnen sich homologe Erfahrungen ab. Auf der Grundlage dieser Erfahrungen bilden die Teilnehmerinnen von „Schmetterling“ eine Gruppe. In der Diskursorganisation repräsentieren sich diese Homologien in einer parallelen Diskursorganisation.

Die Erfahrungen innerhalb der jeweiligen Herkunftsmilieus unterscheiden sich, es zeigen sich habituelle Unterschiede. Die Form der Sozialität hier ist wieder das Aufeinandertreffen von unterschiedlichen Erfahrungsräumen, eine Distinktion bzw. Disjunktion im Gegensatz zur Konjunktion, die wir zuvor im Zusammenhang mit dem biographischen Bruch beschrieben haben. Artikuliert wird diese Form der Sozialität im oppositionellen Modus.

Im Bereich der entwicklungstypischen Erfahrungen mit Grenzüberschreitungen und Aktionismen sowie deren moralischer Verarbeitung unterscheiden sich die Mädchen ebenfalls. Zwei der beiden beanspruchen in dieser Hinsicht jeweils eine übergeordnete Geltung. Sie ringen miteinander um die Machtverteilung. Die Form der Sozialität ist hier ‚der Versuch der Nostrifikation des einen Erfahrungsraumes durch den anderen‘. Auf der Ebene des Diskursmodus drückt sich dies in einer divergierenden Organisation aus.

4.4.1 Übersicht: Diskursmodus und Verhältnis von Erfahrungen

ob und wie Erfahrungsbasis geteilt wird	*gemeinsamer Orientierungsrahmen: inkludierende Modi*			*Rahmeninkongruenz: exkludierende Modi*	
	struktur-identische Erfahrungen		identische Erfahrungen, partielles Zusammenfallen der Identität	nichtgeteilte Erfahrungen: offene Erfahrungsunterschiede	nichtgeteilte Erfahrungen: Falschrahmungen
Modus der Diskursorganisation	*parallel*	*antithetisch*	*unisono*	*oppositionell*	*divergent*
Gruppe „Schmetterling", Passage:	**• Türkinnen • Schweinefleisch (Teil1)**			**• Schweinefleisch (Teil2)**	**• Grenzüberschreitung**
Erfahrungsraum	geschlechtstypisch/sozialräumliche Veränderung bzw. biographischer Bruch			sozialräumliche Wurzeln	Entwicklungstypik
Gruppe „Buch", Passage:	**• fließend Deutsch**	**• fließend Deutsch**		**• Heimat**	
Erfahrungsraum	Migrationsgenerationslagerung und Sozialraum	Migrationsgenerationslagerung und Sozialraum		familiale Migrationsgeschichte	
Gruppe „Rabbit", Passage:	**• Relationships**		**• Daily Mail**		
Erfahrungsraum	geschlechtstypisch		bildungsmilieutypisch, sozialräumlich, generationstypisch ...		

5 Forschungsperspektiven

5.1 Rückblick

In dieser Arbeit wurden auf empirischem Weg formale Strukturen der Diskursorganisation, formale Strukturen der Verständigung, rekonstruiert und systematisiert, die weitgehend jenseits unseres intentionalen Zugriffs liegen und kollektiv entfaltet werden. Ihre Unabhängigkeit von konkreten Erfahrungsräumen, wie z.B. dem Geschlecht oder dem Sprachraum, wurde aufgewiesen, ebenso wie ihre Abhängigkeit von der Gemeinsamkeit oder Unterschiedlichkeit der Struktur von Erfahrungen, welche die Grundlage des Diskurses bilden.

Die in dieser Arbeit systematisch dargestellten Modi der Diskursorganisation leisten einen Beitrag zur methodologischen Weiterentwicklung qualitativer Methoden im Bereich der Gesprächsanalyse, insbesondere für die Interpretation bzw. Auswertung von Gruppendiskussionen und Gesprächen: In der interaktiven Bezugnahme in Gesprächen, insbesondere in deren formaler Gestaltung, dokumentieren sich zutiefst kollektiv hervorgebrachte Strukturen. Diskursbewegungen, als kleinste einzelne Elemente, können von einzelnen Beteiligten wie von mehreren vollzogen werden. Diskurseinheiten beinhalten grundlegend drei unterschiedliche Diskursbewegungen. Mit Berücksichtigung dieser drei Diskursbewegungen lässt sich entscheiden, ob ein Sinnzusammenhang von den Beteiligten geteilt wird oder nicht. Das heißt, auf dieser Grundlage lässt sich entscheiden, mit welcher Form der Sozialität man es in dieser Diskurseinheit zu tun hat. Auf diese Weise können Milieus im Sinne konjunktiver Erfahrungsräume auf der Grundlage formaler Diskursstrukturen differenziert werden. Die Interpretation von Diskursen auf der Grundlage der dokumentarischen Methode, also die dokumentarische Diskursanalyse, konnte mithin weiterführend systematisiert und formalisiert werden.

Für weitere Forschungsbemühungen eröffnet die vorliegende Arbeit die im folgenden Kapitel zur Diskussion gestellten Felder.

5.2 Ausblick

5.2.1 Erweiterung der Typologie

Die Typologie der Modi der Diskursorganisation beinhaltet fünf unterschiedliche Modi. Bei den drei inkludierenden Modi, also jenen, die sich auf der Grundlage gemeinsamer Erfahrungen entfalten, konnte auf deutlich mehr empirisches Material und Erfahrungen aus der Forschungspraxis zurückgegriffen werden als bei den zwei exkludierenden Modi, jenen, die sich auf der Grundlage unterschiedlicher Erfahrungen entfalten. Gerade bei den exkludierenden Modi drängt sich die Vermutung auf, dass die Typologie um weitere Modi ergänzt werden muss.

Diskurse, die für dieses Forschungsinteresse eine aufschlussreiche Grundlage bilden könnten, sind neben Tischgesprächen, wie sie von Keppler (1994) und jüngst von Bohnsack, Gebhart, Kraul und Wulf (2001, vgl. auch Bohnsack 2003a) untersucht wurden, Gespräche und Debatten aus dem öffentlichen Leben sowie aus anderen beruflich motivierten Kontexten. Denn hier müssen Gespräche (weiter-) geführt werden, auch wenn sie nicht auf der Basis gemeinsamer Erfahrungen eine für die Teilnehmer/innen als inspirierend erlebbare Dramaturgie entfalten. Die hier vorliegenden Ergebnisse zeigen, dass sich der Diskurs in offenen und freiwilligen Gesprächen, wenn er Erfahrungsunterschiede berührt, sehr rasch von diesen Unterschieden weg wieder zu homologen Erfahrungen bewegt.

Anders scheint es in Gesprächen zu sein, in welchen zumindest die Repräsentant/inn/en eines Erfahrungsraumes einen höheren Geltungsanspruch für ihre Erfahrungen bzw. Orientierungen beanspruchen als die Repräsentant/inn/en eines unterschiedlichen Erfahrungsraumes, also im divergenten Modus. Dieser Diskursmodus erstreckt sich oft über lange und mehrere Passagen.

5.2.2 Der divergente Modus und machtstrukturierte Verhältnisse

Im empirischen Material, in welchem bisher der divergente Modus genauer beleuchtet wurde, fanden sich klare Hinweise auf eine Machtstruktur im Verhältnis der im Diskurs aufeinander treffenden Erfahrungsräume. Bei „Schmetterling" kommt es neben einseitiger Falschrahmung auch zu Falschrahmungen der Falschrahmung, also einer reflexiven Falschrahmung. Das heißt, die Falschrahmungen sind wechselseitig. Bis zur rituellen Konklusion bleibt letztlich unentschieden, welche der beiden Parteien mit der jeweiligen Nostrifikation, also der Vereinnahmung, von Orientierungskomponenten der anderen Partei erfolgreicher sein wird. Bei der Familie „Schiller" sind die Falschrahmungen einseitig, werden nur von der Seite der Erwachsenen vorgenommen. Während in der Familie „Schiller" die Hierarchie feststeht, wird im Diskurs der Mädchen eine Hierarchie ausgehandelt.

Im Sinne von Luhmann (1975) lässt sich Macht definieren als die Chance, jemandem den eigenen Code (mehr oder weniger unbemerkt) aufzuzwingen bzw. aufzwingen zu können (vgl. zur Verwendung dieses Machtbegriffs in der Gesprächsanalyse Bohnsack 2003a, S. 234f.). Diese Beschreibung passt zu der empirischen Rekonstruktion der Diskurspraxis, wie sie hier geleistet wurde. Die Frage für weitere Forschungsbemühungen ist, ob beim divergenten Modus der Diskursorganisation weitere empirische Evidenz für den Ausdruck einer Machtstrukturierung gefunden werden kann.

5.2.3 Der antithetische Modus und Orientierungsdilemmata

Mit dem antithetischen Modus konnte gezeigt werden, dass eine gemeinsame Erfahrungsgrundlage nicht immer Konfliktfreiheit bedeutet. Die intensive komparative Analyse drängt die Frage auf, was nun dazu führt, dass es zwei ganz unterschiedliche Modi der Verständigung auf der Basis homologer Erfahrungen gibt. Das Material der vorliegenden Arbeit beinhaltet Hinweise, dass im antithetischen Modus Orientierungsdilemmata repräsentiert sind.

Im Diskurs der Gruppe „Sand" haben wir es mit dem Dilemma der Entfremdung vom Habitus der Elterngeneration zu tun, ohne eine alternative Habitualisierung im Bereich von Liebesbeziehungen bzw. Beziehungen für die Gründung einer eigenen Familie ausbilden zu können. Im Diskurs der Gruppe „Mantel" besteht das Dilemma in der Preisgabe von Erfahrungswissen aus der Intimität einer Liebesbeziehung, welches diskreditierende Folgen für das Mädchen haben kann. Im Diskurs von „Buch" geht es bei ihrem antithetischen Austausch um das Dilemma als besondere, da migrationsgelagerte Einwohnerinnen Deutschlands im öffentlichen Leben wahrgenommen zu werden und dennoch keine Form der Ausgrenzung erleben zu wollen. In dem Moment, in dem dieses Dilemma gelöst wird, verläuft der Diskurs in einem parallelen Modus.

Auch in allen weiteren parallel organisierten Passagen, welche in dieser Arbeit behandelt wurden, finden sich keine Orientierungsdilemmata.

5.2.4 Variation des Erfahrungsraums Geschlecht beim univoken Modus

Der univoke Modus der Diskursorganisation konnte über viele zentrale Erfahrungsräume hinweg variiert werden, wie z.B. den Sprachraum. Dennoch blieb die Frage offen, ob sich der univoke Modus auch unabhängig von geschlechtstypischen Erfahrungsräumen findet, da er bisher nur in Diskursen aufgewiesen werden konnte, die ausschließlich von Frauen geführt wurden.

5.2.5 Kollektivierung von Erfahrungen im Diskurs und Milieudrift

In einem Diskurs junger Frauen, der in diese Arbeit nicht aufgenommen wurde, da noch entsprechende Vergleichsfälle fehlen, konnte ich herausarbeiten, dass die Kollektivierung von negativen Erfahrungen einzelner Teilnehmerinnen am Diskurs zu einem Auseinanderdriften der Orientierungen zwischen den Diskursteilnehmerinnen führte. Die Kollektivierungen basieren auf der Homologie migrationsgenerations- und geschlechtstypischer Erfahrungsräume. Durch die Kollektivierung negativer Erfahrungen, die jeweils nur von einer Teilnehmerin gemacht wurden, werden diese so sehr zu den eigenen, dass dies zu einer Neuorientierung der anderen führt, während diejenige, die selbst die Erfahrung gemacht hat, sich noch mit ihrer Krise auseinander setzt. Hier könnte eine Möglichkeit der Milieubildung im Keim gefunden sein. Diese Frage zu beantworten, wird Ziel weiterer Forschungsbemühungen sein.

5.2.6 Primärsozialisation und Diskursmodi

Die Anschlussmöglichkeiten der Modi der Diskursorganisation an die Kontextuals ierungsanalysen von Gumperz und Cook-Gumperz wurden diskutiert und gezeigt. Eine Gemeinsamkeit der Analyseansätze liegt darin, dass je näher die ethnische Zugehörigkeit der Gesprächsteilnehmer/innen ist (mit Gumperz ausgedrückt) oder je strukturähnlicher gemeinsame Erfahrungen sind, desto eher sich ein „gemeinsamer Rhythmus" („common rhythm", Gumperz/Cook-Gumperz 1981, S. 436) im Gespräch etabliert bzw. eine „umfassende Verhaltenssymmetrie" („overall behavior symmetry", Erickson/Shultz 1982, S. 169, vgl. auch Bohnsack 2003a, S. 122f.) hergestellt werden kann. In den Termini der dokumentarischen Methode kann dieses Phänomen als ‚habituelle Übereinstimmung' bezeichnet werden.

Stern (u.a. 1985 und 1997, vgl. auch Dornes 1993) bezeichnet in seinen einflussreichen Studien zur Mutter-Kind-Interaktion, in welchen er diese minutiös rekonstruiert, „attunement" bzw. „affect attunement" (Stern 1985, S. 138) als eine zentrale Komponente in dieser Interaktion. Sie ermöglichen es, Gemeinsamkeit herzustellen und Gefühle bzw. Affekte zu teilen (a.a.O., S. 141). Dort, wo diese Interaktionsqualität in der Beziehung zwischen Mutter und Kind grundlegend misslingt, sind klinische, psychische Auffälligkeiten beim Kind zu erwarten (a.a.O., S. 185ff.). Die empirische Rekonstruktion des „attunements" bei Stern weist große Gemeinsamkeiten mit dem „attunement" bei Gumperz bzw. der habituellen Übereinstimmung der dokumentarischen Methode auf, welche die theoretische Grundlage der vorliegenden Arbeit bildet. Stern selbst hebt ebenfalls den Zusammenhang von Spracherwerb und „attunement" hervor: Er bezeichnet es als "a stepping stone toward language" (a.a.O., S. 161). Das heißt, von Beginn an lässt sich konjunktive Erfahrung und Interaktion in Termini habitueller Übereinstimmung beschreiben.

Die Interaktionsmodi zwischen Mutter und Kind, wie sie Stern rekonstruiert, zeigen ebenfalls verblüffende Ähnlichkeiten mit den Hauptergebnissen der vorliegenden Untersuchung. Teilen Mütter mit ihren Kindern ein Erlebnis, eine Freude, einen Schreck, ein enthusiasmiertes Spiel komplett, dann stimmen sie in Rhythmus, kleinsten Zeiteinheiten, Sinnesmodalität, Intonation usw. mit ihrer Stimme und ihrer ganzen Körperlichkeit in die Körperlichkeit des Kindes ein, (vgl. u.a. Stern 1985, S. 146f.). (Das lässt sich, nach meinen Erfahrungen, auch bei Geschwistern beobachten.) Dies würde dem univoken Modus entsprechen. Der Austausch in drei unterschiedlichen Schritten, ‚Diskursbewegungen', findet sich ebenfalls in den Beobachtungen von Stern. Des Weiteren spielt das Element der Wiederholung von lustvollen präverbalen Interaktionen (vgl. Stern 1997), also das zentrale Element des parallelen Modus, auch bei Stern eine wichtige Rolle. Das ‚Misslingen' des „attunements" kann als oppositioneller Modus verstanden werden. Eine genaue Analyse möglicher weiterer Gemeinsamkeiten, aber auch Unterschiede der vorliegenden Arbeit mit Sterns Arbeiten verspricht fruchtbar zu sein.

Zudem finden sich hier Anknüpfungspunkte zu Mannheims (1980, S. 205ff.) Konzept der „Kontagion", der elementarsten Form des Erkennens, sowohl von gegenständlichen Dingen als auch von anderen Menschen. Hier liegt m.E. die Basis für die Primordialität der Kollektivität, wie sie uns mit dem konjunktiven Erfahrungsraum begegnet. Im Lichte des „attunements" könnte die Kontagion dazu beitragen, eine Theorie des ‚konjunktiven Spracherwerbs' zu entwickeln, da mit Kontagion eine „Aufnahme des Gegenübers in das Bewusstsein" angesprochen ist (a.a.O., S. 206).

> „[U]nsere Erkenntnis" eines anderen Menschen spielt sich mithin „nicht im leeren Raume des Geschehens überhaupt" ab, „sondern (...) unsere der ersten Kontagion folgende Erfahrung" ist „stets *fundiert* (...) durch jene spezifische *existentielle Beziehung* zum Gegenüber, die sofort aufleuchtet und sich neu konstituiert, sobald wir uns auf ihn (...) einstellen, sei es daß wir ihm wieder begegnen, sei es daß wir seiner und seinem Fernsein in Form von Sehnsucht und Erinnerung gedenken." (Mannheim 1980, S. 210)

Literatur

Adorno, Theodor W. 1966. Negative Dialektik. Frankfurt a. M.

Auer, Peter 1986. Kontextualisierung. In: Studium der Linguistik 19/20. S. 22–47

Auer, Peter 1999. Kontextualisierung – John Gumperz. In: Auer, Peter (Hrsg.) Sprachliche Interaktion. Eine Einführung anhand von 22 Klassikern. Tübingen. S. 148–163

Austin, John L. 1994. Zur Theorie der Sprechakte (How to do things with words). Stuttgart (urspr. 1962, 1975 Oxford)

Behnke, Cornelia 1990. Sexualität von Mädchen und „Verwahrlosung" – Eine empirische Analyse von Mädchendiskussionen. unveröff. Magisterarbeit. Erlangen

Behnke, Cornelia 1997. „Frauen sind wie andere Planeten." Das Geschlechterverhältnis aus männlicher Sicht. Frankfurt a. M./New York

Bergmann, Jörg R. 1981. Frage und Frageparaphrase: Aspekte der redezuginternen und sequenziellen Organisation eines Äußerungsformats. In: Winkler, Peter (Hrsg.) Methoden der Analyse von Face-to-Face-Situationen. Stuttgart. S. 128–142

Bohnsack, Ralf 1983. Alltagsinterpretationen und soziologische Rekonstruktion. Opladen

Bohnsack, Ralf 1989. Generation, Milieu und Geschlecht. Ergebnisse aus Gruppendiskussionen mit Jugendlichen. Opladen

Bohnsack, Ralf 1992. Dokumentarische Interpretation von Orientierungsmustern. Verstehen – Interpretieren – Typenbildung in wissenssoziologischer Analyse. In: Meuser, Michael/Sackmann, Reinhold (Hrsg.) Analyse sozialer Deutungsmuster. Pfaffenweiler

Bohnsack, Ralf 1997b. Gruppendiskussionsverfahren und Milieuforschung. In: Friebertshäuser, Barbara/ Prengel, Annedore (Hrsg.) Handbuch qualitativer Forschung in der Erziehungswissenschaft. Weinheim/München. S. 492–502

Bohnsack, Ralf 1997c. „Orientierungsmuster": Ein Grundbegriff qualitativer Sozialforschung. In: Schmidt, Folker (Hrsg.) Methodische Probleme der empirischen Erziehungswissenschaft. Baltmannsweiler. S. 49–61

Bohnsack, Ralf 1999. Rekonstruktive Sozialforschung. Einführung in Methodologie und Praxis qualitativer Forschung. Opladen

Bohnsack, Ralf 2000a. Gruppendiskussion. In: Flick, Uwe/Kardorff, Ernst von/Steinke, Ines (Hrsg.) Qualitative Forschung. Ein Handbuch. Reinbek b. H. S. 369–384

Bohnsack, Ralf 2000b. Jugendliche als Täter und Opfer – Das Fehlen der Jugend in der Forschung zur Jugendkriminalität. In: Sander, Uwe/Vollbrecht, Ralf (Hrsg.) Jugend im 20. Jahrhundert. Sichtweisen – Orientierungen – Risiken. Neuwied und Berlin. S. 316–336

Bohnsack, Ralf 2000c. Typenbildung, Generalisierung und komparative Analyse. Grundprinzipien der dokumentarischen Methode. In: Bohnsack, Ralf/Nentwig-Gesemann, Iris/Nohl, Arnd-Michael (Hrsg.) Die dokumentarische Methode und ihre Forschungspraxis. Grundlagen qualitativer Forschung. Opladen. S. 225–252

Bohnsack, Ralf 2001a. Dokumentarische Methode. In: Hug, Theo (Hrsg.) Wie kommt Wissenschaft zu ihrem Wissen? – Band 2: Einführung in die Methodologie der Sozial- und Kulturwissenschaften. Baltmannsweiler: Schneider. S. 326–345

Bohnsack, Ralf 2001b. Diskursorganisation und Fokussierung in Gesprächen als Indikator für kollektive Orientierungen. Entwurf für einen Projektantrag. Manuskript. Berlin

Bohnsack, Ralf 2001c. Events, Efferveszenz und Adoleszenz: "battle" – "fight" – "party". In: Gebhard, Winfried/Hitzler, Ronald/Pfadenhauer, Michaela (Hrsg.) Events. Zur Soziologie des Außergewöhnlichen. Opladen. S. 77–93

Bohnsack, Ralf 2001d. „Heidi": Eine exemplarische Bildinterpretation auf der Basis der dokumentarischen Methode. In: Bohnsack, Ralf/Nentwig-Gesemann, Iris/Nohl, Arnd-Michael (Hrsg.) Die dokumentarische Methode und ihre Forschungspraxis. Opladen

Bohnsack, Ralf 2003a. Rekonstruktive Sozialforschung. Einführung in qualitative Methoden. 5. Auflage – Opladen

Bohnsack, Ralf 2003b. Fokussierungsmetapher. In: Bohnsack, Ralf/Marotzki, Winfried/ Meuser, Michael (Hrsg.) Hauptbegriffe Qualitativer Sozialforschung. Opladen. S. 67–68

Bohnsack, Ralf 2004. Standards nicht-standardisierter Forschung in den Erziehungs- und Sozialwissenschaften. In: Zeitschrift für Erziehungswissenschaft (ZfE), 7. Jg., Beiheft Nr. 3 (Beiheft der Zeitschrift für Erziehungswissenschaft zum Thema „Standards und Standardisierung in der Erziehungswissenschaft", hrsg. von Ingrid Gogolin, Heinz-Hermann Krüger, Dieter Lenzen, Thomas Rauschenbach)

Bohnsack, Ralf/Gebhart, Winfried/Kraul, Magret/Wulf, Christoph 2001. Erziehung und Tradition. Tradierungsprozesse in Familien. Antrag für ein Forschungsprojekt bei der Deutschen Forschungsgemeinschaft. Berlin/Koblenz

Bohnsack, Ralf/Loos, Peter/Przyborski, Aglaja 2001. „Male Honor" – Towards an understanding of the construction of gender relations among youths of Turkish origin. In: Baron, Bettina/Kotthoff, Helga. (eds.) Gender in Interaction. Amsterdam/Philadelphia. S. 175–207

Bohnsack, Ralf/Loos, Peter/Schäffer, Burkhard/Städtler, Klaus/Wild, Bodo 1995. Die Suche nach Gemeinsamkeit und die Gewalt der Gruppe. Hooligans, Musikgruppen und andere Jugendcliquen. Opladen

Bohnsack, Ralf/Nentwig-Gesemann, Iris/Nohl, Arnd-Michael 2001. Die dokumentarische Methode und ihre Forschungspraxis. Grundlagen qualitativer Sozialforschung. Opladen

Bohnsack, Ralf/Nohl, Arnd-Michael 2000. Jugendkulturen und Aktionismus. In: Zinnecker, Jürgen/ Merkens, Hans. Jahrbuch Jugendforschung. Folge 1. Opladen

Bohnsack, Ralf/Schäffer, Burkhard 2001. Gruppendiskussionsverfahren. In: Hug, Theo (Hrsg.) Wie kommt Wissenschaft zu ihrem Wissen? Band 2: Einführung in die Forschungsmethodik und Forschungspraxis. Baltmannsweiler. S. 324–341

Bohnsack, Ralf/Schäffer, Burkhard 2002. Generation als konjunktiver Erfahrungsraum. Eine empirische Analyse generationsspezifischer Medienpraxiskulturen. In: Burkhart, Günter/Wolf, Jürgen (Hrsg.)

Lebenszeiten. Erkundungen zur Soziologie der Generationen. (Martin Kohli zum 60. Geburtstag). Opladen. S. 249–273

Bohnsack, Ralf/Wild, Bodo 1997. Cliquen, Banden und Vereine: Die Suche nach Milieuzugehörigkeit. In: Behnken, Imke/Schulze, Theodor (Hrsg.) Tatort: Biographie. Opladen. S. 161–180

Bourdieu, Pierre 1982. Die feinen Unterschiede. Kritik der gesellschaftlichen Urteilskraft. Frankfurt/M.

Breitenbach, Eva 2000. Mädchenfreundschaften in der weiblichen Adoleszenz. Eine fallrekonstruktive Untersuchung von Gleichaltrigengruppe. Opladen

Bublitz, Wolfram 1988. Supportive fellow-speakers and kooperative conversations. Discourse topics and topical actions, participant roles and 'recipient action' in a particular type of everyday conversation. Amsterdam/Philadelphia

Bußmann, Hadumod 2002. Lexikon der Sprachwissenschaft. Stuttgart

Coates, Jennifer 1996. Women Talk. Conversation between Women Friends. Oxford UK/Cambridge USA

Coates, Jennifer 2003. Men Talk. Stories in the Making of Masculinities. Oxford UK/Malden USA

Dornes, Martin 1993. Der kompetente Säugling. Die präverbale Entwicklung des Menschen. Frankfurt a. M.

Ehlich, Konrad 1986. Interjektionen. Tübingen

Erickson, Frederick/Shultz, Jeffrey 1981. The Counselor as Gatekeeper: Social Interaktion in Interviews. New York u.a.

Flick, Uwe/Kardorff, Ernst von/Steinke, Ines (Hrsg.) 2000. Qualitative Forschung. Ein Handbuch. Reinbek.

Flick, Uwe/Kardorff, Ernst von/Steinke, Ines 2000a. Was ist qualitative Forschung. In: Flick, Uwe/ Kardorff, Ernst von/Steinke, Ines (Hrsg.) Qualitative Forschung. Ein Handbuch. Reinbek. S. 13–29

Garfinkel, Harold 1967. Studies in Ethnomethodology. Englewood Clifs/New Jersey

Garfinkel, Harold 1981. Das Alltagswissen über soziale und innerhalb sozialer Strukturen. In: Arbeitsgruppe Bielefelder Soziologen (Hrsg.) Alltagswissen, Interaktionen und gesellschaftliche Wirklichkeit 1 und 2. (5. Auflage) Opladen (urspr. 1959 Manuskript anlässlich des vierten Weltkongresses für Soziologie)

Goffman, Erving 1974a. Frame Analysis. An Essay on the Organization of Experience: Harmondsworth

Goffman, Erving 1974b. Das Individuum im öffentlichen Austausch – Mikrostudien zur öffentlichen Ordnung. Frankfurt a. M.

Goffman, Erving 1981. Forms of Talk. Philadelphia

Granzner, Stefanie 2003. Wie verstehen Kinder das Kinderfernsehen? Diplomarbeitsprojekt. Univ. Wien.

Gühlich, Elisabeth/Hausendorf, H. 2000. Vertextungsmuster Narration. In: Text- und Gesprächslinguistik. HSK 16.1. S. 369–385

Gumperz, John J. 1982a. Discourse Strategies. Studies in Interactional Sociolinguistics. Cambridge/ London/New York

Gumperz, John J. 1982b. Language and Social Identity. Cambridge

Gumperz John J. 1992. Contextualisation Revisited. In: Auer, Peter/Diluzio, Aldo (Hrsg.) The Contextualization of Language. Amsterdem/Philadelphia. S. 39–53

Gumperz John J. 1994. Contextualization und Understanding. In: Duvanti, Allessandro/Goodwin, Charles (eds.) Rethinking Context: Language as an Interaction Phenomenon. Chambridge. S. 229–252

Gumperz, John J./Cook-Gumperz, Jenny 1981. Ethnic Differences in Communicative Style. In: Fergusan, C. A./Heath, S. H. (Eds.) Language in the USA. Cambridge. S. 430–445

Günthner, Susanne 1996. Sprache und Geschlecht: Ist Kommunikation zwischen Frauen und Männern interkulturelle Kommunikation? In: Hoffmann, Ludger (Hrsg.) Sprachwissenschaft: Ein Reader. Berlin/New York. S. 235–259

Günthner, Susanne/ Knoblauch, Hubert A. 1997. Gattungsanalyse. In: Hitzler, Ronald/Honer, Anne (Hrsg.) Sozialwissenschaftliche Hermeneutik. Opladen. S. 281–307

Gurwitsch, Aron 1976. Die mitmenschlichen Begegnungen in der Milieuwelt. Berlin/New York

Harrer, Melanie 2002. Gestaltung von Online Focus Groups. Diplomarbeit an der Universität Wien. Wien

Habermas, Jürgen 1981. Theorie des kommunikativen Handelns. Band 1. Handlungsrationalität und Gesellschaftliche Rationalisierung. Frankfurt a. M.

Heinzel, Frederike 2000. Kinder in Gruppendiskussionen und Kreisgesprächen. In: Heinzel, Frederike (Hrsg.) Methoden der Kindheitsforschung. Ein Überblick über Forschungszugänge zur kindlichen Perspektive. Weinheim/München

Hug, Theo (Hrsg.) 2001. Wie kommt Wissenschaft zu ihrem Wissen? Einführung in die Methodologie der Sozial- und Kulturwissenschaft. Bd. 3. Hohengeren

Hymes, Dell 1974. Foundations in Sociolinguistics: An Ethnographic Approach. Philadelphia

Kallmeyer, Werner (Hrsg.) 1986. Kommunikationstypologie. Handlungsmuster, Textsorten, Situationstypen. Düsseldorf

Keppler, Angela 1994. Tischgespräche – Über Formen kommunikativer Vergemeinschaftung am Beispiel der Konversation in Familien. Frankfurt a.M.

Kleist, Heinrich von 2001 [1805]. Sämtliche Werke und Briefe. 9. Auflage, hrsg. von Helmut Sembdner, München

Knorr-Cetina, Karin 1988. Das Naturwissenschaftliche Labor als Ort der ‚Verdichtung' von Gesellschaft. In: Zeitschrift für Soziologie. Jg. 17. Heft 2. S. 85–101 (unter Mitwirkung von Amann, Klaus/ Hirschauer, Stefan und Schmidt, K.H.)

Knorr-Cetina, Karin 1989. Spielarten des Konstruktivismus. Einige Notizen und Anmerkungen. In: Soziale Welt. Jg. 40. Heft 1 u. 2: „Über Soziologie" – Jubiläumsheft zum 40. Jg. S. 87–96

Kromrey, Helmut 1986. Gruppendiskussionen. Erfahrungen im Umgang mit einer weniger häufigen Methode der empirischen Sozialforschung. In: Hoffmeyer-Zlotnik, J.H.P. (Hrsg.) Qualitative Methoden in der Datenerhebung der Arbeitsmigrantenforschung. Mannheim

Labov, William 1980. Sprache im sozialen Kontext. Eine Auswahl von Aufsätzen. Königstein/Ts

Labov, William 1980a. Regeln für rituelle Beschimpfungen. In: Ders. Sprache im sozialen Kontext. Eine

Auswahl von Aufsätzen. Königstein/Ts. S. 250–286

Labov, William 1980b. Der Niederschlag von Erfahrungen in der Syntax von Erzählungen. In: Ders. Sprache im sozialen Kontext. Eine Auswahl von Aufsätzen. Königstein/Ts. S. 287–328

Lalouschek, Johanna/Przyborski, Aglaja/Schmidt, Catharine 1995. Changing Identities in a Changing Europe. Projektbericht gefördert vom österr. Bundesministerium für Wissenschaft und Forschung. Wien

Lamnek, Sigfried 1995. Qualitative Sozialforschung. Bd. 1 (Methodologie) und Bd. 2 (Methoden und Techniken) Weinheim

Lamnek, Siegfried 1998. Gruppendiskussionen. Theorie und Praxis. Weinheim

Liebig, Brigitte/Nentwig-Gesemann, Iris 2002. Gruppendiskussionen. In: Kühl, Stefan/Strodtholz, Petra (Hrsg.) Methoden der Organisationsforschung. Ein Handbuch. Reinbek bei Hamburg

Lipp, Wolfgang 1985. Stigma und Charisma. Über soziales Grenzverhalten. Berlin

Loos, Peter 1999. Zwischen pragmatischer und moralischer Ordnung. Der männliche Blick auf das Geschlechterverhältnis im Milieuvergleich. Opladen

Loos, Peter/Schäffer Burkhard 2001. Das Gruppendiskussionsverfahren. Theoretische Grundlagen und empirische Anwendung. Opladen

Luhmann, Niklas 1975. Macht. Stuttgart

Luhmann, Niklas 1990. Die Wissenschaft der Gesellschaft. Frankfurt a. M.

Lunt, Peter/Livingstone, Sonia M. 1996. Rethinking the Focus Group in Media Research. Journal of Communication. 46. S. 79–98

Mangold, Werner 1960. Gegenstand und Methode des Gruppendiskussionsverfahrens. Frankfurt a. M.

Mangold, Werner 1973. Gruppendiskussionen. In: Handbuch der empirischen Sozialforschung, Bd. 2., 3. Aufl. Frankfurt a. M. S. 228–259

Mannheim, Karl 1964. Wissenssoziologie. Neuwied

Mannheim, Karl 1980. Strukturen des Denkens. Frankfurt a. M. (urspr. unveröff. Manuskripte 1922–1925)

Matza, David 1964. Delinquenzy and Drift. New York/Sydney

Mayring, Philipp 1997. Qualitative Inhaltsanalyse. Grundlagen und Techniken. 6. Aufl. Weinheim

Mayring, Philipp 2000. Qualitative Inhaltsanalyse. In: Flick, Uwe/Kardorff, Ernst von/Steinke, Ines (Hrsg.) Qualitative Forschung. Ein Handbuch. Reinbek. S. 468–475

Mead, George Herbert 1968. Geist, Identität und Gesellschaft. Aus der Sicht des Sozialbehaviorismus. Frankfurt a. M. (urspr. Mind, Slef and Society. 1934. Chicago)

Merton, Robert K. 1987. The Focused Interview and Focus Groups – Continuities and Discontinuities. In: Public Opinion Quaterly. 51. S. 550–556

Merton, Robert K./Kendall, Patricia L. 1979. Das fokussierte Interview. In: Hopf, Christel/Weingarten, Elmar (Hrsg.) Qualitative Sozialforschung. Stuttgart. (ursp.: Dies. 1946. The Focused Interview. In: American Journal of Sociology. 51. S. 541–557)

Meuser, Michael 1998. Geschlecht und Männlichkeit. Soziologische Theorie und kulturelle Deutungsmuster. Opladen

Meuser, Michael 1999. Multioptionale Männlichkeiten? Handlungsspielräume und habituelle Dispositionen. In: Honegger, Claudia/Hradil, Stefan/Traxler, Franz (Hrsg.) Grenzenlose Gesellschaft? Teil 2. Opladen. S. 151–165

Meuser, Michael 2000. Entgrenzte Geschlechterverhältnisse? Enttraditionalisierung und habituelle Rahmen. In: Hettlage, Robert/Vogt, Ludgera (Hrsg.) Identitäten in der modernen Welt. Wiesbaden. S. 217–238

Meuser, Michael 2001. Repräsentationen sozialer Strukturen im Wissen. Dokumentarische Methode und Habitusreproduktion. In: Bohnsack, Ralf u.a. Die Dokumentarische Methode und ihre Forschungspraxis. Opladen. S. 207–221

Morgan, Davis L. 1998. The focus group guide book. Thounds Oaks, Calif. u.a.

Nentwig-Gesemann, Iris 1999. Krippenerziehung in der DDR. Alltagspraxis und Orientierungen von Erzieherinnen im Wandel. Opladen

Nentwig-Gesemann, Iris 2003. Kollektive Praktiken von Kindern am Beispiel von Konversationen und Spielsituationen. Habilitationsprojekt am Fachbereich Erziehungswissenschaft und Psychologie. Freie Universität Berlin.

Nestler, Erich 1996. Pneuma: außeralltägliche religiöse Erfahrungen und ihre biographischen Kontexte. Konstanz

Nießen, Manfred 1977. Gruppendiskussion – Interpretative Methodologie Methodenbegründung Anwendung. München

Nohl, Arnd-Michael 1996. Jugend in der Migration – Türkische Banden und Cliquen türkischer Jugendlicher in empirischer Analyse. Baltmannsweiler

Nohl, Arnd-Michael 2001a. Migration und Differenzerfahrung. Junge Einheimische und Migranten im rekonstruktiven Milieuvergleich. Opladen

Nohl, Arnd-Michael 2001b. Komparative Analyse: Forschungspraxis und Methodologie dokumentarischer Interpretation. In: Bohnsack, Ralf/Nentwig-Gesemann, Iris/Nohl, Arnd-Michael (Hrsg.) Die dokumentarische Methode und ihre Forschungspraxis. Grundlagen qualitativer Forschung. Opladen. S. 253–274

Oevermann, Ulrich u.a. 1976. Die Methodologie einer <<objektiven Hermeneutik>> und ihre allgemeine forschungslogische Bedeutung in den Sozialwissenschaften. In: Soeffner, Hans-Georg (Hrsg.) Interpretative Verfahren in den Sozial- und Textwissenschaften. Stuttgart. S. 352–433

Peirce, Charles 1967. Schriften zum Pragmatismus und Pragmatizismus. Hrsg. von Karl-Otto Apel. Frankfurt a. M.

Pollock, Friedrich (Hrsg.) 1955. Gruppenexperiment. Ein Studienbericht. Frankfurter Beiträge zur Soziologie. Bd. 2 Frankfurt a. M.

Pomerantz, Anita 1978. Compliment responses. Notes on the cooperation of multiple constraint. In: Schenkein, Jim (Ed.) Studies in the organization of conversational interaction. New York. S. 79–112

Polanyi, Michael 1966. The Tacit Dimension. New York

Przyborski, Aglaja 1994. Jungendliche Identität: Übergänge und Differenzen. Ein Vergleich der Identitätsentwicklung von Jugendlichen in der ehemaligen DDR und in Österreich. unveröff.

Diplomarbeit. Wien

Przyborski, Aglaja 1998. Es ist nicht mehr so wie es früher war. Adoleszenz und zeitgeschichtlicher Wandel. In: Behnke, Klaus/Wolf, Jürgen. Stasi auf dem Schulhof. Der Missbrauch von Kinder und Jugendlichen durch das Ministerium für Staatssicherheit. Berlin. S. 124–143

Przyborski, Aglaja 2002. Strukturmerkmale jugendlicher Aktionismen – Ergebnisse einer dokumentarischen Interpretation jugendkultureller Phänomene. Manuskript. Wien

Reichertz, Jo 2000. Objektive Hermeneutik und hermeneutische Wissenssoziologie. In: Flick, Uwe/ Kardorff, Ernst von/Steinke, Ines (Hrsg.) Qualitative Forschung. Ein Handbuch. Reinbek/ Hamburg. S. 514–524

Sacks, Harvey 1995. Lectures on Conversation. Oxford UK/Cambridge USA

Sacks, Harvey/Schegloff, Emanuel A./Jefferson, Gail 1978. A Simplest Systematics for the Organization of Turn Taking for Conversations. In: Schenkein, Jim (Ed.) Studies in the Organisation of Conversational Interaktion. New York. S. 5–77

Schäffer, Burkhard 1996. Die Band – Stil und ästhetische Praxis im Jugendalter. Opladen

Schäffer, Burkhard 2001. „Ein Blick sagt mehr als tausend Worte". Zur generationsspezifischen Inszenierung pädagogischer Blickwechsel in Spielfilmen. In: Ehrenspeck, Yvonne/Schäffer, Burkhard (Hrsg.) Film- und Photoanalyse in der Erziehungswissenschaft. Ein Handbuch. Opladen

Schäffer, Burkhard 2003. Generation – Medien – Bildung. Medienpraxiskulturen im Generationenvergleich. Opladen

Schiffauer, Werner 1983. Die Gewalt der Ehre: Erklärungen zu einem türkisch-deutschen Sexualkonflikt. Frankfurt a. M.

Schiffauer, Werner 1987. Die Bauern von Subay: Leben in einem türkischen Dorf. Stuttgart

Schütz, Alfred 1971. Gesammelte Aufsätze. Bd. 1. Das Problem der sozialen Wirklichkeit. Den Haag

Schütz, Alfred 1974. Der sinnhafte Aufbau der sozialen Welt. Eine Einleitung in die verstehende Soziologie. Frankfurt a. M.

Schütze, Fritz 1977. Die Technik des narrativen Interviews in Interaktionsfeldstudien – dargestellt an einem Projekt zur Erforschung von kommunalen Machtstrukturen. Universität Bielefeld. Fakultät für Soziologie. Arbeitsberichte und Forschungsmaterialien Nr. 1

Schütze, Fritz 1987. Das narrative Interview in Interaktionsfeldstudien. Erzähltheoretische Grundlagen. Studienbrief der Fernuniversität Hagen. Teil I. Merkmale von Alltagserzählungen und was wir mit ihrer Hilfe erkennen können. Hagen

Schwitalla, Johannes 1992. Über einige Weisen gemeinsamen Sprechens. Ein Beitrag zur Theorie der Beteiligungsrollen im Gespräch. In: Zeitschrift für Sprachwissenschaft. Band 112. Heft 1. Göttingen. S. 68–98

Searl, John R. 1971. Sprechakte. Ein sprachphilosophischer Essay. Frankfurt a. M. (urspr. 1969 Speech Acts. Cambridge)

Slunecko, Thomas 2002. Von der Konstruktion zur dynamischen Konstitution. Beobachtungen auf der eigenen Spur. Wien

Soeffner, Hans-Georg 1989. Anmerkungen zu gemeinsamen Standards standardisierter und nicht-standardisierter Verfahren in der Sozialforschung. In: Auslegung des Alltags – Alltag der Auslegung.

Zur wissenssoziologischen Konzeption einer sozialwissenschaftlichen Hermeneutik. Frankfurt a. M. S. 51–65

Soeffner, Hans-Georg 1992. Die Ordnung der Rituale. Die Auslegung des Alltags 2. Frankfurt a.M.

Städtler, Klaus 1986. Sozialisatorische Interaktion in der Spracherwerbsphase. unveröff. Magisterarbeit. Erlangen

Städtler, Klaus 1998. Der Fall ist das, was die Welt ist. Zur Interpretation technischer Dinge. In: Siefkes, Dirk/Eulenhöfer, Peter/Stach, Heike (Hrsg.) Sozialgeschichte der Informatik. Kulturelle Praktiken und Orientierungen. Wiesbaden. S. 123–134

Steinke, Ines 2000. Gütekriterien qualitativer Forschung. In: Flick, Uwe/Kardorff, Ernst von/Steinke, Ines (Hrsg.) Qualitative Forschung. Ein Handbuch. Reinbek. S. 319–331

Stern, Daniel N. 1985. The Interpersonal World of the Infant. A View from Psychoanalysis and Developmental Psychology. New York

Stern, Daniel N. 1997. Mutter und Kind. Die erste Beziehung. (3. Aufl.) Stuttgart

Streek, Jürgen 1983. Konversationsanalyse. Ein Reparaturversuch. In: Zeitschrift für Sprachwissenschaft 2, 72–104

Vitouch, Peter/Przyborski, Aglaja/Städtler-Przyborski, Klaus 2003. Versprich mir nicht auf einmal stumm zu sein. Radiohören als Inszenierung von Entertainment und Infotainment – eine Studie über die Wahrnehmung der Konsumenten bezüglich Privatradio. In: Rundfunk & Telekom Regulierungsanstalt-GmbH (Hrsg.) 5 Jahre Privatradio in Österreich. Schriftenreihe der Rundfunk & Telekom Regulierungsanstalt-GmbH. Band 1/2003. S. 55–77

Volmerg, Ute 1997. Kritik und Perspektiven des Gruppendiskussionsverfahrens in der Forschungspraxis. In: Leithäuser, Thomas u.a.: Entwurf zu einer Empirie des Alltagsbewusstseins. Frankfurt a. M.

Wahrig, Gerhard 2000. Deutsches Wörterbuch. (neu hrsg. von Wahrig-Burfeind, Renate) Gütersloh/ München

Weller, Wivian 2003. Hip Hop in Berlin und São Paulo: Ästhetische Praxis und Ausgrenzungserfahrungen junger Schwarzer und Migranten. Opladen

Wild, Bodo 1996. Kollektivität und Konflikterfahrungen. Modi der Sozialität in Gruppen jugendlicher Fußballfans und Hooligans. Dissertation an der Freien Universität Berlin. Berlin

Wohlrab-Sahr, Monika 1999. Konversion zum Islam in Deutschland und den USA. Frankfurt/New York

Wohlrab-Sahr, Monika 2003. Objektive Hermeneutik. In: Bohnsack, Ralf/Marotzki, Winfried/Meuser, Michael (Hrsg.) Hauptbegriffe Qualitativer Sozialforschung. Opladen. S. 123–128

Wohlrab-Sahr, Monika/Przyborski, Aglaja 2005 (geplanter Erscheinungstermin). Zur Praxis qualitativer Sozialforschung: Ein Arbeitsbuch. Oldenbourg Wissenschaftsverlag. München/Wien.

Wulf, Christoph u.a. 2001. Das Soziale als Ritual. Zur performativen Bildung von Gemeinschaften. Opladen

Transkriptionssystem

⌊	Beginn einer Überlappung bzw. direkter Anschluss beim Sprecherwechsel Ein direkter Anschluss beim Sprecherwechsel bzw. ein Wechsel mit minimaler Pause ist in manchen Transkripten auch durch einen Beginn am Anfang der Zeile ohne Häkchen erfasst. Die Lehrzeile beim Sprecherwechsel dient der besseren Lesbarkeit. In Sequenzen, in denen zwei oder mehr Personen zugleich sprechen, gewinnt man so mehr Platz. Spricht eine Person sehr lange ohne die Beteiligung der anderen, wird dagegen Platz gespart, also in Sequenzen geringerer interaktiver Dichte.
(.)	kurzes Absetzen, Zeiteinheiten bis knapp unter einer Sekunde
(3)	Anzahl der Sekunden, die eine Pause dauert Ab 4 Sekunden Pause erfolgt die Notation in einer Extrazeile. Auf diese Weise wird das Schweigen der ganzen Gruppe zugeordnet, was bei längeren Pausen meist dem Eindruck des Gehörten ganz gut entspricht. Ein technischer Vorteil liegt darin, dass Verschiebungen durch Korrekturen nur bis zu diesen Pausen Veränderungen bei den „Häkchen" nach sich ziehen.

(Gruppe „Ring", Passage „Eingangspassage", Zeile 56–74):

56	Cf:	Also ich hab=n Realschulabschluss mit zwei
57		Komma sechs (.)
58		|
59	Y1:	⌊mhm

```
                    |
Cf:                 └e:h Durch- Durchschnitt (.)
          und eh also ich hab keine Ausbildung

(6)

Y1:       mhm
            |
Af:         └Darf ich jetzt was sagen?
                            |
Y1:                         └Ja klar @(.)@
                                      |
Af:                                   └Ach so
          (.) ne und zwa:r is=det jetzt so mit den
          Ausbildungsplätzen
```

nein	betont
nein	laut (in Relation zur üblichen Lautstärke der Sprecherin/des Sprechers)
°nee°	sehr leise (in Relation zur üblichen Lautstärke der Sprecherin/ des Sprechers)
.	stark sinkende Intonation
;	schwach sinkende Intonation
?	stark steigende Intonation
,	schwach steigende Intonation
viellei-	Abbruch eines Wortes
oh=nee	Wortverschleifung
nei:n ja:::	Dehnung, die Häufigkeit vom ::: entspricht der Länge der Dehnung

(doch)	Unsicherheit bei der Transkription, schwer verständliche Äußerungen
( )	unverständliche Äußerungen, die Länge der Klammer entspricht etwa der Dauer der unverständlichen Äußerungen
((rülpst))	Kommentar bzw. Anmerkungen zu parasprachlichen, nichtverbalen oder gesprächsexternen Ereignissen; die Länge der Klammer entspricht im Fall von parasprachlichen Äußerungen etwa der Dauer der Äußerung.
@nein@	lachend gesprochen
@(.)@	kurzes Auflachen
@(3)@	3 Sekunden Lachen

Groß- und Kleinschreibung

Hauptwörter werden groß geschrieben, und beim Neuansetzen eines Sprechers oder einer Sprecherin am Beginn eines „Häkchens" wird das erste Wort mit Großbuchstaben begonnen. Nach Satzzeichen wird klein weiter geschrieben, um deutlich zu machen, dass Satzzeichen die Intonation anzeigen und nicht grammatikalisch gesetzt werden.

Zeilennummerierung

Zum Auffinden und Zitieren von Transkriptstellen wurde innerhalb einer Passage durchlaufende Zeilennummerierung verwendet. Bei Zitaten aus einer Passage geben die Zeilennummern Aufschluss darüber, wie die Zitate in den Verlauf der Passage einzuordnen sind.

Maskierung und Abkürzungen

Allen Personen einer Gruppendiskussion wurde alphabetisch, beginnend bei A, ein Buchstabe zugewiesen. Diesem Buchstaben wurde je nach Geschlecht f (für feminin) oder m (für maskulin) hinzugefügt. Dieser Buchstabe blieb bei allen Erhebungen (z.B. Beobachtungsprotokollen) bestehen, an denen die Person beteiligt war. Für den vorliegenden Text erhielten alle Diskussionsteilnehmer/innen erdachte Namen beginnend mit deren jeweiligen Buchstaben. Konnte eine Äußerung keiner Produzentin keinem Produzenten eindeutig zugeordnet werden, wurde ein ? (Fragezeichen) statt des Buchstabens gesetzt. Wenn mehrere Teilnehmer/innen gleichzeitig eine oder mehrere Äußerungen vollziehen und nicht klar identifizierbar sind, wird mehrere mit me abgekürzt. Die Interviewer/innen erhielten die Maskierung Y1 und Y2 etc. Namen, die von Teilnehmer/inne/n genannt wurden, wurden durch erdachte Namen ersetzt. Bei allen Namen wurde versucht, den Kulturkreis, aus dem ein Name entspringt, beizubehalten, bspw. könnte Mehmet zu Kamil oder Nadine zu Juliette werden.
Ortsangaben wurden maskiert.

12546649R00192

Printed in Poland
by Amazon Fulfillment
Poland Sp. z o.o., Wrocław